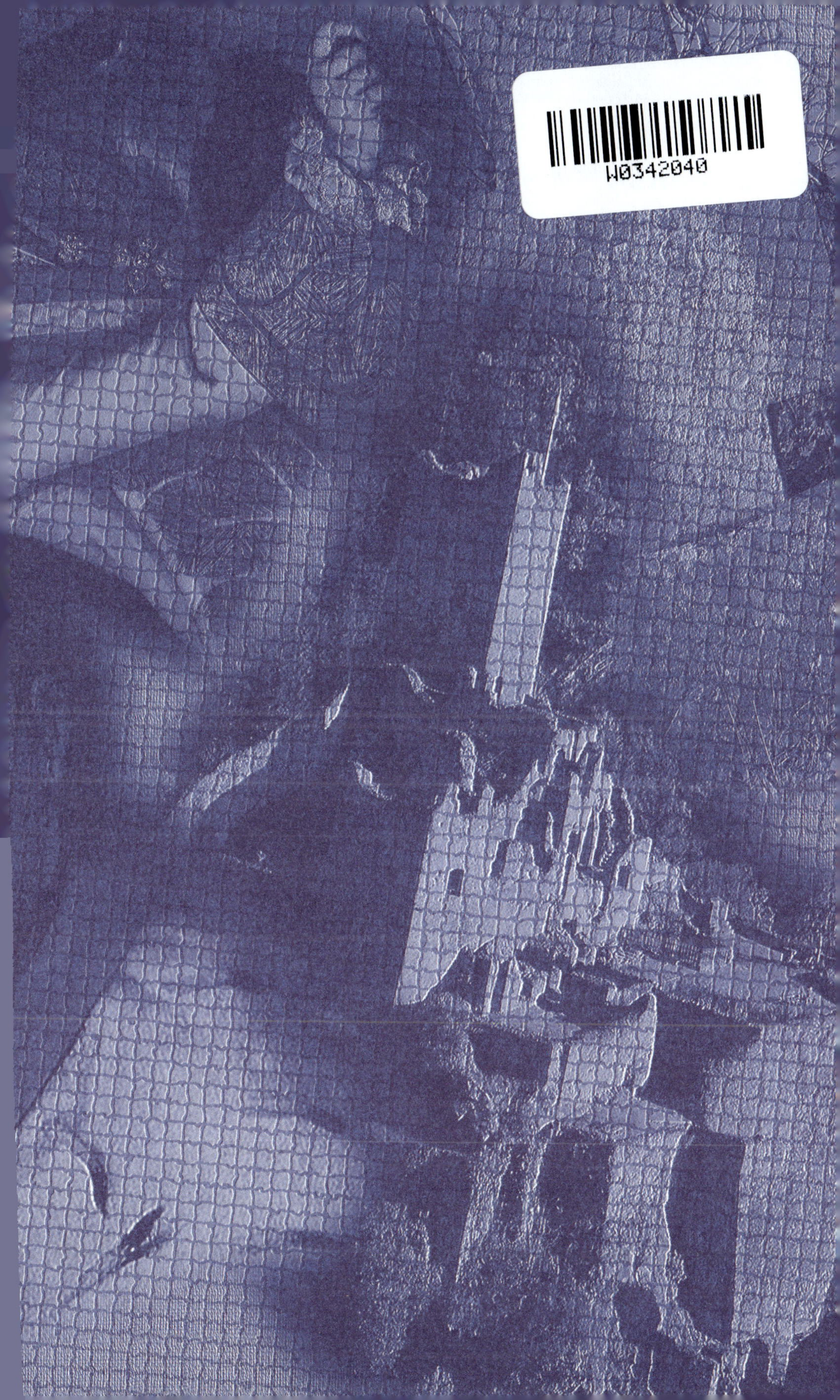

Die eindrucksvolle Geschichte der Eifel
kühn erzählt von Hans Jürgen Sittig

für Brigitte

Die eindrucksvolle

Geschichte der Eifel

kühn erzählt

von Hans Jürgen Sittig

Ich bin ***dankbar*** *für*

die hervorragende Arbeit des verstorbenen Dr. Heinz Renn bei seinem Grundlagenwerk „Die Eifel“

und

für technische Unterstützung meiner Arbeit durch Brigitte Euler, Lisa Schmitz und Conny Schulte sowie durch Walter Heck, Hans Christian und Jan Martin Sittig.

Die wunderbare Bearbeitung meiner „Familienfotos“ im zweiten Teil der Bildtafeln geht auf das Konto meines Sohnes Hans Christian Sittig. Ich wusste immer, es würde sich mal auszahlen, ihn unnachgiebig in ein Design-Studium zu drängen!

Sehr dankbar denke ich an die Zeit zurück, als ich als Eifelrückkehrer aus Bonn mit meiner jungen Familie zunächst in Heckhuscheid bei Prüm und später dann auch in Ellscheid bei Daun sehr freundlich aufgenommen wurde und wir als 4-köpfige Familie Teil der Dorfgemeinschaft werden konnten.

3. Auflage
Hans Jürgen Sittig, Die eindrucksvolle Geschichte der Eifel

Einbandgestaltung: Derek Gotzen für agilmedien, Niederkassel
Cover: Foto von Hans Jürgen Sittig
Layout und Satz: paquémedia, Ebergötzen

Printed in Hungary 2017

ISBN 978-3-939722-63-2

www.regionalia-verlag.de

Inhalt

Die *Angst* vor der Zeitmaschine

Wie es dann doch noch zum Buche kam

Es wird wohl kaum jemanden verwundern, dass mein Verleger mir als gebürtigem Eifeler und Eifelautor ein Geschichtsbuch vorschlug, in dem ich mich nicht mit den historischen Aspekten der Erfindung der Bienen durch die Maya und auch nicht mit der Geschichte der Melktechniken frühmongolischer Ziegenhirten befassen sollte, sondern mit unseren Vorfahren in der Eifel – ja, mit der Geschichte der Eifel überhaupt. Meinen Gegenvorschlag in Richtung einer geschichtlichen Betrachtung der Erstbesiedlung Helgolands durch polynesische Piraten hatte er zuvor schon abgeschmettert mit dem Hinweis, die hätten es – wie man seit neulich weiß – nur bis Norderney geschafft, wo sie seinerzeit im Schlick stecken geblieben waren.

Da Verleger im Leben von Autoren Menschen mit gewisser Bedeutung sind, legte ich es nicht weiter auf eine Konfrontation an und gab schließlich klein bei. Zu diesem Zeitpunkt war ich ja noch ahnungslos, wie viel Mühsal und Freude zugleich mir das In-Worte-Fassen der Geschichte der Eifel bereiten würde. Selbst meine Eltern gaben mir in diesem im wahrsten Sinne des Wortes „historischen Moment" meines Schreiberling-Daseins weder Warnung noch Ermunterung mit auf den Weg, sondern stellten nur mal wieder die an dieser Stelle völlig unangebrachte Frage: „Wann zieht der Junge endlich aus seinem Jugendzimmer aus?"

Ich bin da ja der Auffassung, dass man als jugendlicher 55-Jähriger nicht überstürzt mit solchen Dingen umgehen sollte. Bei derartig grundlegenden Entscheidungen ist wohlüberlegtes Handeln gefragt, dem ein gewisser Reifungsprozess vorangegangen sein sollte. Also sagte ich meinen Eltern schließlich, um wieder etwas Ruhe einkehren zu lassen, dass ich das Thema nach Beendigung meiner Pubertät noch einmal aufgreifen wolle.

Wohlüberlegtes Handeln ist auch geboten bei der Herangehensweise an ein Geschichtsbuch. Während man mir aber das Thema als solches ja sozusagen aufgezwungen hatte, wurde ich bei der zweitwichtigsten Frage zum Buch ganz unerwartet völlig mir selbst überlassen: Über welchen Zeitraum sollte sich die Beschreibung der vergangenen Ereignisse in meiner Heimat erstrecken? Hier war ich nun plötzlich ganz meinem eigenen mehr oder minder ausgeprägten Spürsinn für das Wesentliche und Richtige überlassen. Welchen geschichtlichen Zeitrahmen also würde ich mit der erforderlichen Kompetenz beschreiben können? Zunächst lag die Antwort quasi schon auf der Hand: Der Zeitraum von meiner Geburt in der Eifel bis heute schien mir angesichts meiner bescheidenen Fähigkeiten durchaus noch handhabbar. Doch mein Verleger konnte sich mir mittels eines kleinen Tobsuchtsanfalls dahin gehend verständlich machen, dass er nicht an eine unscheinbare Biografie im Groschenheftformat gedacht hatte, sondern mehr an ein umfassendes Werk mit einer deutlich weiter gespannten geschichtlichen Dimension.

Wo aber beginnen, wenn nicht in diesem entzückenden Jahr 1957, in dem uns Freddy Quinn mit Arien von wahrlich musikhistorischer Größe beeindruckte? Der Blick in Richtung einer sich anscheinend unendlich erstreckenden Vorzeit der Eifel mit ihren unzähligen, lange zurückliegenden dunklen Kapiteln ängstigte mich. Ich fürchtete mich geradezu davor, mich in grauer Eifelvorzeit verlieren zu können, wo ich schließlich auch Freddy Quinns „Junge, komm bald wieder“ nicht mehr hören würde, sodass ich möglicherweise für immer in irgendeiner grausamen Frühzeit zwischen ewig hungrigen und mich jagenden Raubsauriern verloren ginge. Doch nach vielen ängstlich durchwachten Nächten in meinem Wohnzimmer, in dem ich sehr zum Unwillen meines Vermieters und anderer

Hausbewohner mein Lagerfeuer nicht herunterbrennen ließ, wurde mir klar, dass es nur diesen einen Weg geben konnte: Ich musste die Furcht vor der ungewissen Zeitreise überwinden und mich mutig auf den Weg durch die Epochen machen. Anders würde ich mein Ziel nicht erreichen können. (Hat denn wirklich jemand geglaubt, ich wohnte noch bei meinen Eltern, wie anfangs beschrieben?)

Also spürte ich schließlich in mich hinein, wo auf der Zeitskala meines rationalen Geschichtsgeigerzählers eine Anzeige den Startpunkt für einen Einstieg in die Eifelgeschichte vermerken würde.

Und tatsächlich: Wie ich es schon geahnt hatte, gab es den ersten kleinen Ausschlag-Impuls bei Julius Cäsar und dem von ihm geführten Gallischen Krieg, der die Römer damals auch in die Eifel führte. Mein äußerst fragwürdiges und wackelig auf einer schwachen Drei ruhendes großes Latinum hatte also doch noch in mir fortgelebt, wenn auch sicher nur auf molekularer Basis. Aber immerhin: Der Hinweis war nicht unberechtigt, denn es war die Zeit vor etwa 2000 Jahren, als uns ein gewisser Jesus Christus einen neuen Glauben und eine neue Zeitrechnung bescherte. Das bot sich äußerst markant als Startpunkt an. Da würden auch in unserer Region, da war ich mir sicher, markante Spuren aus dieser Zeit aufzustöbern sein. Prompt wurde meine Annahme schon bestärkt durch die Erinnerung an eine unübersehbare römische Hinterlassenschaft in Trier. Weil dieses Tor so sperrig war, hatten es die Römer schließlich gar nicht mehr mit nach Hause genommen, sondern einfach so rumstehen lassen. Was ja auch nicht so verwunderlich war, weil es sich um eine völlige Fehlkonstruktion handelte. Die Porta Nigeria erwies sich nämlich später bei allen Ballsportarten als völlig ungeeignet und wurde auch vom DFB nicht mal versuchsweise in die engere Wahl der Tor-Prototypen genommen. Jetzt steht es halt immer noch so rum, so schwarz, weil die Stadt Trier kein Geld hat, um es mal nett anstreichen zu lassen. Die Trierer sollen sich ja inzwischen auch weitestgehend daran gewöhnt haben – da kann man es jetzt auch stehen lassen. Und mit ein paar gelben oder roten Tulpen davor als Kontrast zu dem ollen schwarzen Stein ist das sogar ein ganz passables Fotomotiv.

Der „römische Gedanke“ als Anfangspunkt „meiner Geschichte“ durchzuckte mich jedoch nur ganz kurz, bis mir dann doch erstaunlich rasch ins Bewusstsein kam, dass die Römer hier bei uns wohl auch nicht die Ersten waren. Bevor wir sie jedoch auf dem Weg in die noch frühere Geschichte vor ihrer Zeit verlassen, muss ich an dieser Stelle ganz deutlich sagen: Die Römer haben sich wirklich enorme Verdienste erworben, für die wir ihnen heute noch dankbar sein können: Die Erfindung von Pizza, ungeeigneten Politikern und Badezimmern mit heißem Wasser hat sich bis heute als wertvoller Bestandteil unserer Zivilisation gehalten. Sie haben es sich deshalb wirklich verdient, dass man sie deutlich erwähnt, wenn man durch die Geschichte geht.

Aber wie gesagt: Sie waren nicht die ersten Menschen in der Eifel. Vor ihnen soll es auch schon sogenannte Kelten gegeben haben, die noch keine Badezimmer hatten. Aber laut der Niederschriften eines römischen Geschichtsschreibers – war es nicht der berühmte und als besonders glaubwürdig geltende Enormus Irrtumus? – sollen sie wohl aufgrund ihres Lebens in feuchten Wäldern viel mit Atemwegsinfekten zu tun gehabt haben. Es heißt ja auch heute noch „Mein Kind ist schwer erkeltet“. Doch selbst die Kelten waren nicht die „Ersten“ bei uns. Denn lange vor ihnen und den Römern gab es auch noch diese Griechen, die Erfinder der Demokratie und der Rentenzahlung an Tote. Manche Griechen hatten von Geburt an sogar nur ein Auge. Odysseus zum Beispiel hatte viel Ärger mit so einem Einäugigen in seiner Nachbarschaft. Der hieß Zyklop und machte in Schafen. Eigenartigerweise hatten aber alle Griechen, die Mathematiker waren, zwei Augen. Aber einäugige Schafhalter benötigten ja auch damals schon nur relativ selten den Satz des Pythagoras, weil auch die griechischen Schafe vor 2500 Jahren nur wenige ebene rechtwinkelige Dreiecke aufwiesen.

Ach ja, worauf ich hinauswollte: Diese Griechen müssen auch hier bei uns gewesen sein, denn ihre Eifeler Nachfahren haben genetisch immer noch diese altbewährte Bauweise im Blut. Wenn ich durch ein Eifeler Neubaugebiet komme, sehe ich immer wieder diese säulengestützten Vordächer. Leider haben diese vielen bei uns lebenden griechischstämmigen Architekten und Bauherren das mit den Kapitellen, also den oberen Säulenabschlüssen, nicht mehr so richtig drauf und ich kann nur ganz selten mal erkennen, ob die jetzt eher dorisch, ionisch oder korinthisch sind. Man kann also kaum noch die ursprüngliche Abstammungsregion dieser Neubaugebietsgriechen erahnen. Schade eigentlich, man könnte sonst mal an der Tür klingeln und die auf Griechisch mit einem herzlichen „Kalimera, ti kanis?“ („Guten Tag, wie geht's?“) überraschen, am besten natürlich mit einem leichten korinthischen Akzent (also mit mehr k drin, also „Kalikmera, tik kaniks?“). Ha, da würde der Ouzo-Vorrat im Nachbau eines typisch peleponesischen Gewölbekellers wahrscheinlich kaum ausreichen für so 'ne nette Überraschung.

Als ich wieder nüchtern war, fand ich heraus, dass auch die Griechen hier nicht die ersten Siedler waren. Denn noch vor denen müssen hier auch die Sumerer gelebt haben, die mit der berühmten Keilschrift. Das ist ganz offensichtlich, denn ein paar meiner Mitschüler haben auch so geschrieben, jedenfalls nach Meinung unserer Lehrer. Steht nicht auch in der Chronik von Simmerath, das nördlich von Monschau in der Rureifel liegt, dass es ganz, ganz früher mal Sumerath hieß? Ich erinnere mich nicht so genau.

An dieser Stelle meiner Überlegungen war mein innerer Drang zur „Spurensuche“ mit der brennenden Frage „Wer war noch früher in der Eifel?“ längst heftig entflammt.

Plötzlich standen die Steinzeitler vor meinem geistigen Auge und raunten mir mit einem wirklich noch sehr rudimentären Eifeler Platt zu, dass ich sie ja nicht übergehen solle.

Ich passierte die 100.000-Jahre-Marke und immer noch weiter drängte die Frage nach dem „Davor“. Mein Forscherdrang kam nun nicht mehr zur Ruhe. Nach einer Pause mit eher unscharfen Bildern tauchten unvermittelt die Dinosaurier auf. Die brachten nun allerdings definitiv nichts mehr an Tönen hervor, die man noch entfernt als Eifeler Platt hätte durchgehen lassen können, selbst wenn man phonetisch noch einige Dörfer nahe der luxemburgischen Grenze berücksichtigt.

Schließlich wurde mir klar, dass es kein Halten mehr geben konnte: Ich musste ganz bis zum Anfang gehen, bis dorthin, wo ALLES begonnen und wo auch die Eifel ihren Ursprung hatte, wenn auch nur auf molekularer Basis.

Vom *Chaos* bis zum Riesentier

Vom Urknall bis zu den Sauriern

Bevor wir allerdings ganz am Anfang beginnen, muss ich zunächst schon an dieser Stelle bekunden, wie schmerzhaft dieser Prozess und diese Rückschau waren. Ich kann das nicht länger für mich behalten. Als ich mich nämlich präziser mit den Epochen zu befassen begann, führte meine feiner justierte Wahrnehmung schließlich schon in sehr früher Arbeitsphase zu einer ungeheuerlichen Erkenntnis, die ich Ihnen nun leider auch schon an dieser Stelle weitergeben *muss*. Ich halte diese bittere Wahrheit einfach nicht mehr länger alleine aus, die von hartherzigen Geologen als unbestreitbarer Fakt in ihren Berichten über die Entwicklung des frühen Europa mal eben so ganz beiläufig erwähnt wird. Anstatt uns, den für ihre Sensibilität berühmten Eifelern, diese Fakten verschlüsselt und eher unverständlich zuzuführen, knallen uns diese gefühllosen Experten die brutale Wahrheit völlig ungeschönt um die Ohren: Wir haben die beste Zeit der Eifel längst verpasst.

Wie man es auch dreht und wendet, nur dieser eine Rückschluss ist möglich.

Nach einem ersten Verdacht, den Urzeitforscher nach Gesteinsfunden in der Eifel äußerten, entwickelten sich die Erkenntnisse schließlich zur brutalen Gewissheit: Wir hatten hier mal ein tropisches Meer!

Stellen Sie sich das mal vor – ein richtiges Meer. So mit Palmen und Strand und warmem Wasser.

Selbst jetzt noch, viele Monate nachdem ich davon Kenntnis erhalten habe, kann ich es noch immer nicht fassen und ich nehme seither immer wieder meinen Terminkalender zur Hand, um zu schauen, wo ich noch eine zweiwöchige Depression einbauen könnte.

Ich liebe das Wasser. Wann immer es möglich ist, strebe ich ihm zu. Ich liebe es, in seiner Nähe zu verweilen oder gar in ihm selbst. Wasser schenkt mir ein Gefühl der Ruhe und Entspannung. Eine funktionierende Toilettenspülung ist einfach ungemein entspannend.

Kaum ein Umstand kann mich bremsen, wenn ich ein Gewässer sehe oder höre. Nur bei Gewässern, die ich riechen kann, wird mein Enthusiasmus schon mal ein wenig gebremst. Ansonsten kann mich kaum etwas aufhalten auf dem direkten Weg zum beglückenden Nass. Selbst wenn ich mich erst mal wie der Prinz von Dornröschen durch weiträumigen Brombeerdschungel hacken muss, bevor mir anschließend ein paar Hektar zarte Brennnesseln mit ihrem charakteristischen Liebreiz die letzten Meter zum Ufer versüßen. Hauptsache ist doch, dass ich mich – erschöpft am Ufer zusammengebrochen – nach geglückter Selbstreanimation in Ruhe der Dornenextraktion widmen und im Wasser die geschwollenen Hautpartien kühlen kann, um dann nach ein paar Minuten der Freude darüber, es geschafft zu haben, verwundert von einer Gruppe älterer Senioren vom Eifelverein bestaunt zu werden, die schwebend leichten Schrittes dem wassernahen Uferweg folgen, der mir irgendwie entgangen war.

Früher war meine Freude noch ganz ungetrübt über das, was uns unsere heimischen Gewässer zu bieten hatten, sei es der sanfte Wellenschlag an den Ufern unserer verwunschenen Eifelmaare oder das charaktervolle Rauschen unserer wilden kleinen Flüsse und Bäche, die unsere herrlichen Wälder durchziehen. Meine Welt war in Ordnung bis zu jenem Moment, da mir gewahr wurde, dass ich die Zeit verpasst hatte, als sich quasi hinter Großmutters morschem Gartenzaun die Côte d'Eifel mit feinem Sand und türkisfarbenem Wasser erstreckte. Nun wird allerdings dieses immer wieder vor meinem Auge entstehende exotische Bild wieder viel zu rasch meiner Fantasie entrissen und weicht der bitteren Erkenntnis des Verlustes.

Aber dann kam die Trotzphase: Ich stemmte mich gegen den Verlustschmerz und suchte nach etwas anderem Exotischem, das uns vielleicht auch in der Jetztzeit ein kleiner Trost sein könnte. Und siehe da, ich fand tatsächlich etwas: Entlang vieler unserer Fließgewässer erstrecken sich Bestände einer im 19. Jahrhundert aus Indien importierten Pflanze. Ja, Indien, dieses betörend intensive exotische Land, in dem Kardinäle als Vorgesetzte heilige Kühe haben. Und was konnte uns Indien Exotisches schenken? Das „Drüsige Springkraut" erinnert mit seinen wunderschönen rosafarbenen Blüten sogar an Orchideen und es sticht nicht, brennt nicht und färbt auch nicht groß ab. Zugegeben, der Name „Drüsiges Springkraut" klingt ein bisschen ekelig, aber „drüsiges Fettgewebe" klingt ja auch nicht gut, obwohl es sich dabei um eine Frauenbrust handelt. Also bitte, da fühlen sich die meisten ja auch nicht abgestoßen. Das Springkraut hat nur einen klitzekleinen Nachteil: Die Pflanze wird bis zu zwei Meter hoch und man findet gelegentlich das Zielgewässer gar nicht mehr. Dann muss man es eben so ähnlich machen wie ich in der schon beschriebenen Brombeer-Brennnessel-Aktion: voller Hoffnung mittendurch.

Aber wir sind schon viel zu sehr abgewichen von meinem Lieblingsthema, von meinem Traum: vom Meeeeer.

„Ach nääå, watt woar datt schüng", würde der Kölner sagen. Aber Köln lag damals noch unter Wasser und die Kölner waren noch als Ammoniten unterwegs. Nein, das waren keine Mönche, sondern Kopffüßer (Cephalopoden), die wir heute als Tintenfische kennen. Ihren Namen verdanken sie ihrem spiralig eingerollten Gehäuse, das an das Widdergehörn des Gottes Ammon erinnert.

Die zahlreichen deutschen Ammonitenfunde, vor allem auf der Schwäbischen Alb, sollen sogar mal zu Überlegungen geführt haben, sie als Wappentier für Deutschland zu verwenden. Für diese Entscheidung sollen vor allem Kölner gestimmt haben. Aber wie man beim Blick auf den gut gemästeten Vogel im Deutschen Bundestag unschwer erkennen kann, haben sich dann doch die Züchter von Grill-Adlern durchgesetzt.

Gesteine mit Ammonitenfunden lassen Vermutungen über die Lebensräume dieser alten Kopffüßer zu. So geht man davon aus, dass manche außer in Köln auch im Freiwasser der flachen Schelfmeere lebten, während andere mehr am Boden zu finden waren oder sich sogar in Höhlen zurückzogen. Vermutlich die, die später zu Neandertalern wurden und die noch später, als die Ansprüche an den Aufenthalt in Höhlen immer größer und differenzierter wurden, den Kölner Dom bauten.

Ich mag dieses Bild von der Eifel, als sie noch nahe am Äquator lag und das Klima dem der heutigen Südsee glich, noch nicht loslassen. In Gedanken habe ich mich immer wieder an diesen sicher ganz entzückenden Eifelgestaden verloren, wo ich mir ein ums andere Mal zwei Palmen für meine Hängematte auswähle. Doch mit dieser Eifelphase habe ich schon zu weit vorgegriffen. Denn es gab ja auch schon lange davor „etwas". Und so schwer es mir jetzt auch fällt: Wir müssen uns an die richtige Reihenfolge halten und uns nun endlich noch viel weiter nach vorne wagen, sozusagen zum wahren Anfang.

Die Wissenschaftler sagen, die Eifel (zumindest auf molekularer Basis) und der ganze andere Kram, der Kosmos genannt wird, seien vor 13,7 Milliarden Jahren aus einem einzigen Punkt im sogenannten Urknall entstanden. Das sei allerdings nicht im Sinne einer Ausdehnungsexplosion zu verstehen, sondern ... irgendwie anders. Etwas verwirrend für einen einfachen Eifelburschen wie mich. Vor allem auch nachdem es Wissenschaftler gibt, die der Urknalltheorie widersprechen und darauf verweisen, dass es auch schon vorher „etwas" gab. Hier holt mich nun gnadenlos meine Vergangenheit als Schüler eines altsprachlich-humanistischen Gymnasiums ein, der damals das eher geringe Ausmaß an Physikstunden nicht als schmerzhafte Entbehrung empfand. Allerdings mit der üblen Folge, dass ich heute nicht einmal in der Lage bin, alle Aspekte der Urknalltheorie selbst nachrechnen zu können. Schlimmer noch: Da ich dann auch in Chemie und Mathematik eher von Bach'schen Fugen und Chopins Nocturnes träumte statt von freundlichen Wasserstoffatomen oder von Euklids Algorithmus, verfügte ich später auch nur über eine sehr begrenzte mathematisch-analytische Auffassungsgabe. Das wiederum führte unausweichlich zu noch dramatischeren Spätfolgen: hinein ins unstete Schicksal eines knipsenden Feld-Wald-und-Wiesen-Autors, der schließlich nach langen Jahren ausländischer Irrfahrten doch noch den Weg zurückfand an die nährende Brust seiner Heimat. Hat da jemand vielleicht schnell ein Tempo für die Früchte meiner Rührung?

Danke, ich habe mich wieder gefangen. Aber nun noch einmal zurück zur umstrittenen Urknalltheorie. Da gibt es interessanterweise für das, was vor dem Urknall existiert hat, anscheinend auch keine wirklich befriedigende Erklärung. Wir gläubigen Menschen tun uns da ja leicht: Das Vorher ist nicht wirklich wichtig. Wichtig ist nur, dass Gott dann mal die Sache in Gang gebracht hat und der Evolution und der Entwicklung der Eifel ihren Lauf ließ.

Lassen Sie mich an dieser Stelle bitte etwas einfügen, auch wenn die Personen, die ich hier zitiere, meines Wissens weder aus der Eifel stammen noch jemals hier gewohnt oder gezeltet haben. Wären sie Eifeler gewesen, hätten sie ihren Standpunkt zweifelsohne mit gleicher Klarheit zum Ausdruck gebracht – nur in einem anderen Dialekt:

„Ich habe niemals die Existenz Gottes verneint. Ich glaube, dass die Entwicklungstheorie absolut versöhnlich ist mit dem Glauben an Gott. Die Unmöglichkeit des Beweisens und Begreifens, dass das großartige und über alle Maßen herrliche Weltall ebenso wie der Mensch zufällig geworden ist, scheint mir das Hauptargument für die Existenz Gottes.“

Charles Darwin (1809 bis 1882), englischer Naturforscher
und Begründer der Evolutionstheorie

„Die Naturwissenschaften braucht der Mensch zum Erkennen, den Glauben zum Handeln. Religion und Naturwissenschaft schließen sich nicht aus, wie heutzutage manche glauben und fürchten, sondern sie ergänzen und bedingen einander. Für den gläubigen Menschen steht Gott am Anfang, für den Wissenschaftler am Ende aller Überlegungen.“

Max Planck (1858 bis 1947), deutscher Physiker
und Nobelpreisträger (1918)

„Der erste Trunk aus dem Becher der Naturwissenschaft macht atheistisch, aber auf dem Grund des Bechers wartet Gott."

Werner Heisenberg (1901 bis 1976), deutscher Physiker und Nobelpreisträger (1932)

So weit die Stimmen dreier sehr berühmter Naturwissenschaftler, die gerne in der Eifel Urlaub gemacht hätten, aber nie die Zeit dafür fanden.

Besonders interessant scheint mir doch gerade die Sache mit dem Punkt, aus dem alles entstanden sein soll. Wenn wir also bisher an der Bedeutung von Punkten gezweifelt haben, wie seinerzeit einige meiner Mitschüler, so wissen wir jetzt, wie verdammt wichtig diese Dinger sein können. Auch wird uns im Nachhinein endlich klar, warum unseren Deutschlehrern – noch bevor die Urknalltheorie infrage gestellt wurde – die Interpunktion so wichtig war. Sie haben in jedem Punkt die potenzielle Quelle eines neuen Kosmos gesehen, bei dessen Entstehung sie unmittelbar hätten dabei sein können, und zwar als Mitverantwortliche. Sie hätten sagen können: „Ich war dabei! Fast hätte Friedwart Müller, dieser mangelhafte Schüler, diesen Punkt gar nicht erst gemacht. Oder an der falschen Stelle. Aber ich habe ihn korrigiert und war mitverantwortlich." Unter diesem Aspekt erlangen auch die schwarzen Punkte, die Fliegen auf aufgehängter frischer Wäsche hinterlassen, eine ganz andere Anmutung. Hausfrauen, die weiter der Theorie der Kosmosentstehung aus Punkten zuneigen, müssen sich ja stets fragen, ob sie nicht kurz vor der Geburt eines neuen Kosmos stehen. Verbunden mit der noch schwereren Frage: Fliege vertreiben oder sch... lassen, wegwischen oder drauflassen.

Jedenfalls nehmen wir jetzt einfach mal an, dass es tatsächlich doch zu diesem ominösen Urknall kam. Es soll sogar Männer geben, die sagen, sie könnten sich daran erinnern. Was natürlich völliger Unfug ist. Das sind nur Erinnerungen des Unterbewusstseins an die Kindheit, als eine zärtliche Mutter auf der Dezibelbasis eines startenden Jumbos „*G! E! R! D! !!!!!!!!! Räum dein Zimmer auf!!!!*" intonierte. So etwas bleibt eben bei manch zart veranlagten Männern auf der Festplatte des Unterbewusstseins als ein schroffes Biografieelement in Erinnerung. Obwohl: Können wir bei Johannes Heesters sicher sein, dass er nicht vielleicht doch? Immerhin war er auch der letzte Europäer, der noch selbst lebende Dinosaurier gesehen hat – in der Eifel. Leider können wir ihn ja nun dazu nicht mehr befragen.

Die Geschichte der Eifel seit diesem Urknall – was für ein gigantischer Zeitraum tat sich da vor mir auf. Da können selbst die Adelsgeschlechter mit ihren sogenannten alten Stammbäumen nur demütig werden, denn was sind schon ein paar hundert Jahre angesichts der Dimension der Eifelgeschichte? Ganz zu schweigen von meinem eigenen Stammbaum, der offenkundig nur bis ins 19. Jahrhundert zurückzureichen schien. Das war allerdings beschämend angesichts der Tatsache, dass sich die Wurzeln anderer Familien noch bis ins frühe Mittelalter verfolgen lassen. Bei meinen Vorfahren dagegen muss es dann wohl eher zu einer spontanen „Bildung" gekommen sein, sodass sie „plötzlich da waren". Vielleicht aus so einer Art „moderner Ursuppe", möglicherweise einer Pfütze, die unbeachtet und geschützt zwischen einem Stall und einer Scheune lag, wer weiß. Jedenfalls waren wir dann auch da. Relativ spät zwar, aber dafür hatten wir zumindest keinen mordenden und brandschatzenden Raubritter in unserer Linie. Für so etwas hatten wir einfach keine Zeit mehr in den paar Entwicklungsjahren, mal ganz abgesehen davon, dass dieser nicht IHK-geprüfte Berufszweig im 19. Jahrhundert auch schon längst nicht mehr zeitgemäß war – außer in der hohen Politik. Aber ich will es an dieser Stelle zumindest schon mal andeuten: Im Rahmen meiner Recherchen stellte sich dann jedoch ganz unerwartet eine völlig neue Situation ein im Hinblick auf die Dimension unseres Stammbaumes. Selbst der Hochadel kann uns nach meinen neuesten Erkenntnissen nur noch heftig beneiden angesichts des Zeitraums, in dem meine Vorfahren schon aktive Teilnehmer am Weltgeschehen waren. Aber darauf möchte ich später an geeigneterer Stelle noch einmal eingehen.

Kommen wir zurück zum Ursprung des Ganzen: als Gott eine neue Ära in Gang setzte. Gerade so wie wir es zu Beginn des neuen Jahres machen, wenn wir es um Punkt Mitternacht mal ordentlich knallen lassen, in Erwartung und Vorfreude auf neue und bessere Dinge in der nachfolgenden Zeit.

Wie zu erwarten war, arbeitete Gott natürlich in anderen Dimensionen: Wenn schon ein Knaller, dann aber einer von der ganz großen Sorte, wie sie uns bis heute selbst im Fachhandel nicht mehr angeboten werden.

Dass sich Gott dann allerdings etliche Milliarden Jahre Zeit ließ bis zur Erschaffung der Erde, mag zunächst verwundern. Aber vielleicht war er ja auch einfach nur lange unterwegs auf der Suche nach einem guten Ohrenarzt. Oder er hatte sonst noch Termine oder er sammelte einfach eine Zeit lang außerhalb die besten Zutaten für das, was dann Erde werden sollte. Vielleicht hat er aber auch in den gut neun Milliarden Jahren nach dem Urknall zunächst mal einiges ausprobiert, bis er sich dann vor rund 4,6 Milliarden Jahren zur Fertigstellung der Erde entschloss. Dann sind die anderen Planeten in unserem Sonnensystem vielleicht nur erste Versuchsmodelle mit „kleinen" Schönheitsfehlern. Denn da können in der Regel Leute wie Sie und ich nur unter starken Einschränkungen leben. Die Venus zum Beispiel ist mit einer Durchschnittstemperatur von rund 480 Grad (was Blei zum Schmelzen bringt) definitiv zu heiß für einen normalen Eifeler. Aber auch der trockene Mars ist nicht so richtig kuschelig bei durchschnittlich minus 55 Grad. Trotzdem prüft die NASA ja dort gerade mit diesem kleinen fahrbaren Untersatz mit dem Namen „Curiosity", ob man da nicht wenigstens ein paar Roboter ansiedeln kann. Da denkt man vor allem an eine robuste Sorte, der es nicht so schnell langweilig wird und die aufgrund ihrer stabilen Psyche auch nicht so sehr leidet, wenn ihr auf dem Balkon die Geranien eingehen, was bei minus 55 Grad immer wieder vorkommt.

Bei unserer Erde lief es ja etwas besser, wie wir wissen: Zunächst zwar anscheinend auch nur ein Haufen Staub und Steine und Eisen und noch ein bisschen hiervon und davon. Doch zusammen mit Gravitationsvorgängen reichte das schließlich für den Karrierestart als feurig glühende Materiekugel. Auf diesem frühen Schmelztiegel von Elementen war allerdings an irgendeine Form von Leben noch nicht im Entferntesten zu denken. Es gab weder eine mit den heutigen Verhältnissen vergleichbare Atmosphäre noch gab es Wasser in der uns bekannten Version. Aber das war überhaupt nicht schlimm, denn damals gab es vor allem eins im Überfluss: Zeit. Und im Verlaufe von Hunderten von Millionen Jahren ordnete sich die Erdmaterie weiter unter dem Einfluss der Schwerkraft. Schwere Metalle etwa gelangten in den Erdmittelpunkt, während leichtere Substanzen und Materialien außen blieben und den Erdmantel bildeten. Durch weiter fortschreitende Abkühlung verfestigte sich die äußerste Schlacke zur Erdkruste.

In sage und schreibe mehr als vier Milliarden Jahren seit seiner Entstehung kühlte sich der Glutball Erde allmählich zu einem mit äußeren Schalen verfestigten Planeten ab. Schließlich hatten sich Kontinente gebildet, die sich auf der Erdoberfläche hin und her und aufeinander zubewegten.

Doch diese äußere Kruste, die Schalenstücke, die ganze Kontinente bildeten, waren keineswegs starr. Weitverbreiteter reger Vulkanismus transportierte flüssiges Gesteinsmaterial nach außen. Aus diesem Gesteinsbrei, der Lava, entwichen die unterschiedlichsten Gase, vor allem aber auch Wasserdampf. Dieses Gasgemisch war noch eine giftige Uratmosphäre - mit sehr hoher Luftfeuchtigkeit, aber noch ohne Sauerstoff. Bei den vergleichsweise niedrigen Außentemperaturen kondensierte der Wasserdampf schließlich an den allgegenwärtigen Ascheteilchen zu Wassertropfen, die zunehmend an Größe und Gewicht gewannen. Und dann fiel irgendwann der erste Regen. Und es muss wohl ununterbrochen geregnet haben in den nachfolgenden Jahrmillionen. Und aus den ersten Pfützen müssen sich kleine Seen gebildet haben, aus denen sich irgendwann größere Seen von gewaltigen Ausmaßen bildeten. Und aus kleinen Bächlein müssen große reißende Flüsse geworden sein, die die am tiefsten liegenden Gebiete der Erde mit ihrem Wasser geflutet haben müssen, bis die ersten Ozeane entstanden waren.

Die frühen Ozeane waren eine Wassersuppe mit verschiedensten Bestandteilen und chemischen Verbindungen. Man geht davon aus, dass sich in dieser Ursuppe auch Bestandteile aus Fett und Eiweißen befanden in Form von langkettigen Aminosäuren. Denn das waren die entscheidenden Bausteine für die Bildung ersten Lebens. Bestimmte Fette und Aminosäuren müssen Verbindungen eingegangen sein, die sich schließlich sogar reproduzieren konnten: Das Wunder des Lebens hatte begonnen.

Erste primitive Bakterien sind demnach vor rund 3,5 Milliarden Jahren auf der Bildfläche erschienen. Und das besonders Entscheidende ihrer frühen Existenz war der Umstand, dass sie als Grundlage ihres Stoffwechsels die Photosynthese entwickelten, die sozusagen als Abfallprodukt Sauerstoff an die Atmosphäre abgab. Diese Bakterien-Fürze waren schließlich DIE entscheidende Basis für die Weiterentwicklung allen Lebens auf unserem wunderbaren Planeten. Es stellte sich die unverzichtbar lebenserhaltende Atmosphäre (zusammengesetzt aus den beiden griechischen Worten für „Dunst" und „Kugel") ein, die von der Erdanziehung festgehaltene Lufthülle. Sie besteht bis in eine Höhe von beinahe 100 Kilometern überwiegend aus einer Gasmischung mit 78 Prozent Stickstoff und rund 21 Prozent Sauerstoff. Das sei hier nur schon einmal zu Ihrer Beruhigung erwähnt. Denn falls Sie einmal den Mut zur Besteigung des höchsten Eifelberges aufbringen sollten, der 749 Meter Höhe erreichenden Hohen Acht, dann können Sie davon ausgehen, dass Ihnen auch auf dem Gipfel immer noch genügend Sauerstoff zur Verfügung stehen wird.

Aber vielleicht haben Sie diese Sorge ja gar nicht und gehören eher zu den Menschen vom Schlage Reinhold Messners. Der versuchte ja zum Beispiel auch immer wieder mal, ganz ohne Sauerstoff zu überleben. Was ihm erstaunlicherweise sogar gelungen ist, und zwar gänzlich ohne den Effekt, dass er sich dabei in ein frühes Bakterium zurückentwickelt hätte. Aber wer weiß, vielleicht ist das ja noch ein Projekt für seine Altersaktivitäten oder für sein nächstes Leben. Sicher hat er sich auch dafür wieder Spektakuläres vorgenommen.

Der Sauerstoff war jedenfalls eine der wesentlichen Grundlagen für die weiter fortschreitende Entwicklung immer komplexerer Lebensformen.

Am Anfang stand beispielsweise eine Phase, in der wir Eifeler noch einzellige Amöben waren, ebenso wie die Bayern oder Sachsen und andere. Man nimmt an, dass wir damals alle noch denselben Dialekt hatten. Die feinere Differenzierung muss erst sehr viel später eingesetzt haben. Die Forscher gehen davon aus, dass es so etwa vor 540 Millionen Jahren zu einer enormen Zunahme an Lebewesen kam. Wobei sich die Entwicklung auch enorm auffächerte und wohl auch erste Lebewesen mit der Eroberung des Festlandes begonnen haben. Sicher solche als Erste, die es noch weit hatten oder hoch hinausmussten, wie die Mongolen oder die Nepalesen. Dagegen sind die Vorfahren von Leuten wie Franziska van Almsick, Michael Groß und Michael Phelps sicher noch ein wenig länger im Wasser geblieben.

Ja, die Eroberung des Festlandes: was für ein gewaltiger Schritt, hinaus aus dem vertrauten nassen Element und hinein in ein Leben im Trockenen, für das sich die meisten von uns erst einmal so etwas wie Beine zulegen mussten. Die bayerischen Lurche sind wahrscheinlich auch ein wenig früher an Land gegangen als wir, denn sie haben es ja immerhin bis Süddeutschland geschafft. Und das ist für einen Lurch schon eine ziemliche Strecke, wenn man beispielsweise Vlissingen in den südlichen Niederlanden als Landungszone annimmt. Wir Eifeler sind dann wohl etwas später (und gemäß unserer Natur auch etwas vorsichtiger) an Land gekrabbelt und dann gleich im ersten Gebirge hängen geblieben, das sich aus der Ebene reckte: in der Eifel. Es gibt ihn ja auch heute noch: den „Berg-Typ", den es eher in die höheren Regionen zieht, und den Küstentyp, der die Meeresnähe liebt. Wahrscheinlich sind wir sogar zeitgleich mit unseren Verwandten, den niederländischen Lurchen, gelandet. Nur sind die gleich im ersten Sumpf hinter den Dünen geblieben, während wir weitergekrabbelt sind bis hinter Roetgen. Trotz der Jahre, die seit der gemeinsamen Landung in Südholland ins Land gegangen sind, ist unsere nahe Verwandtschaft noch immer ganz offensichtlich und klar nachweisbar. Dazu genügt schon ein kurzer Blick auf unsere Sprachen, etwa bei der Bestellung eines weiteren Bieres. Das niederländische „Ick will no än Heineken häwwen" erfährt seine Entsprechung im „Esch däät naach e Bitburjer hollen". Zwillingshafter können Sprachen ja wohl kaum sein.

Es war noch die Zeit vor der Entstehung eines neuen Superkontinents mit dem Namen Pangäa, der alle Landmasse in sich vereinigte. Er entstand aus dem nördlichen Kontinent Laurussia und dem südlicheren Kontinent Gondwana. Zwischen diesen beiden Landmassen lag zunächst noch das Devonmeer.

Die nördliche Küstenlinie dieses tropischen Meeres verlief zeitweise beispielsweise auf Höhe von Südirland über Südengland und Aachen bis in den Raum Danzig. Nur dass im Gegensatz zu den Aachenern die Iren, Engländer und Danziger später zumindest ein Ersatzmeer gekriegt haben. Allerdings zu deutlich schlechteren Konditionen. Nichts mehr mit tropisch. Nord- und Ostsee haben heutzutage nur noch dann etwas von Südsee, wenn von einem Frachter ein offener Container mit Kokosnüssen über Bord geht. Und die armen Aachener sitzen inzwischen völlig auf dem Trockenen, seit sich so vor rund 360 Millionen Jahren die Erde zu heben begann und sich das Meer konsequenterweise wieder zurückziehen musste.

Das Gebiet des heutigen Mitteleuropa faltete sich auf. Das Ausmaß dieser Hebung und Faltung soll tatsächlich dem des Himalaya entsprochen haben. Kaum vorstellbar, dass Teile der Eifel einmal zehnmal so hoch emporgereicht haben sollen wie heute. Zum Glück nicht für immer. Erstens habe ich wie recht viele andere mir bekannte (Ex-)Fallschirmspringer auch extreme Höhenangst (kein Widerspruch, denn die erzeugt das Gehirn nur bei einer Verbindungslinie nach unten in die Tiefe, die man in einem Luftfahrzeug, im freien Fall oder am Schirm nicht hat), zweitens friere ich schnell und drittens soll der Yakbuttertee mancher Himalayastämme ein übles Gebräu sein, das einem den Magen umdreht. Da lob ich mir doch die normale Milch einer Eifelkuh. Und die MUH ist so was von froh, dass sie mit ihren Lkws nicht irgendwelchen verstreuten Yaks in fünfeinhalbtausend Metern hinterherfahren muss. Die MUH-Fahrer können durchaus auch schon winterlich vereisten Eifelstraßen ausreichend Fahrspaß abgewinnen. Dabei fällt mir außerdem auch noch Chinas ausgeprägte Zuneigung zu hochgelegenen westlichen Nachbarländern ein: Nepal haben sie schon „eingegliedert“. Da mag ich mir die Eifel als weitere nordwestchinesische Provinz gar nicht erst vorstellen. Die bleibt doch besser weiter die schöne kleine Eifel als „Wilder Westen“ eines ordentlichen demokratischen Deutschlands. Obwohl sich die Nepalesen über so nette Nachbarn, wie wir es sind, sicher sehr gefreut hätten.

Aber wir waren ja noch bei dieser gigantischen Faltung. Durch das Zusammendriften von Laurussia und Gondwana kam es also zur Auffaltung zum sogenannten variszischen Gebirge, das zur Basis für das heutige Mitteleuropa wurde. Und noch heute gibt es uralte und sehr bekannte Gebirge aus jener Zeit, wie etwa die 400 Millionen Jahre alten nordamerikanischen Appalachen oder auch sehr viel näher bei uns der bis 300 Millionen Jahre alte Ural. Und jetzt raten Sie mal, welches süße kleine Mittelgebirge noch viel älter ist? 300 bis 400 Millionen Jahre ist ja wohl kaum ein nennenswertes Alter im Vergleich zum ältesten Stück der Eifel: Der flache und bis 600 Meter hohe Höhenrücken im Nordwestzipfel der Eifel südlich von Aachen, das Hohe Venn, besteht im Zentrum aus rund 500 Millionen Jahren alten *kambrischen* Schichten. Ich muss hier mal gerade schnell das Oberhemd wechseln. Bei stolz geschwellter Brust fliegt mir immer mal wieder der eine oder andere Knopf weg. Bei meiner Erstkommunion haben die verdammten Hemden doch alle noch gepasst.

Unsere „kleine" Eifel ist erdgeschichtlich also ganz offensichtlich schon sehr, sehr früh mit dabei gewesen. Und das erklärt auch manches erst später aufgetretene Phänomen. Denn angesichts der Kenntnis dieses astronomischen Alters kann und muss man auch Verständnis dafür aufbringen, dass die Eifel sehr viel später gelegentlich in ihrer Entwicklung nicht ganz so schnell und nicht ganz so weit vorne dabei war. Das sind einfach leichte „Ermüdungserscheinungen", wie sie nach einer halben Milliarde Jahre durchaus mal vorkommen können.

Als aber dann der Urkontinent Pangäa schließlich vor etwa 200 Millionen Jahren zerbrach, fand sich unsere Eifel auf der Platte „Laurasien" wieder (mit den späteren Teilstücken Nordamerika und Eurasien).

Noch ohne *Amsel*, *Fink* und *Specht*

Die ersten deutschen Wälder

Werfen wir noch einmal einen Blick auf die frühe Zeit der Landhebung zur Zeit des Erdzeitalters mit dem Namen Karbon, das vor 350 Millionen Jahren begann. Das Meer wich also allmählich zurück und erste Stücke von „Deutschland", das wohlgemerkt zu jener Zeit noch am Äquator lag, tauchten allmählich aus den Fluten auf. Und wie schon gesagt: die uralte Eifel ganz vorne mit dabei – als Insel. Wie Hawaii. Ist das eine Vorstellung? Die Bacardi-Werbung hätte man in der Eifel drehen können, Reggae hätte bei uns seinen Ursprung gehabt. Nun ja, menschlich gesehen waren wir ja noch nicht ganz so weit, mehr so auf der Stufe der Knochen- und Knorpelfische, die es wahrscheinlich seit weit mehr als 400 Millionen Jahren gibt. So alt ist also schon der Knorpel. Kein Wunder, dass es die vielen Bandscheibenvorfälle gibt. Eine wirklich unangenehme körperliche Erfahrung, wenn ein solch uralter Fischknorpel in uns den Geist aufgibt.

Das weichende Devonmeer hinterließ auch in der Eifel deutliche Spuren bis in unsere Zeit. Unter anderem auch das berühmte Gerolsteiner Kalkriff mit dem Namen „Gerolsteiner Dolomiten", das besonderen Ausdruck in den Felsformationen „Hustley", „Munterley" und „Auberg" findet. Dieses rund 380 Millionen Jahre alte Riff war überwiegend von inzwischen ausgestorbenen Kolonien bildenden Korallen und Schwämmen gebaut worden.

Der Landentstehungsprozess setzte sich fort. Immer mehr „Inseln“ verbanden sich und schließlich lag ein geschlossenes Flachland vor. Hier fanden sich schließlich weite, sumpfige Flächen, in denen sich Pflanzen wie baumartige Farne, Bärlappgewächse und Schachtelhalme in Form von riesigen Sumpfwäldern ausbreiteten. Manche dieser Gewächse erreichten einen Stammdurchmesser von bis zu zwei Metern und reichten bis zu 40 Meter in die Höhe. In diesem tropischen „Ur-Wald“ lebten neben urtümlichen Amphibien vor allem auch sehr viele Insekten. Besonders auffällige Erscheinungen sollen Riesenlibellen gewesen sein, die über Flügelspannweiten von einem halben Meter und mehr verfügten. Das war noch die Zeit, als Insektenspray nur als letzte Notlösung galt und man für ein Picknick eher eine ordentliche 45er-Magnum zwischen das Teeservice packte – besser noch eine Schrotflinte. Die amerikanische „National Rifle Association“, die heutzutage nach Amokläufen mit vielen Toten in den USA ja hartnäckig die Auffassung vertritt, dass es immer noch zu wenig Waffen in der Bevölkerung gibt, hätte damals von mir aus ruhig einen ersten kleinen Infostand an einem besonders schlimm von Libellen befallenen Sumpf haben können. Dann hätten sie vielleicht doch mal ein klein wenig mehr genutzt als geschadet.

Zwar gab es wohl solch ganz dichten Urwald anscheinend nicht unmittelbar in unserer Eifel, dafür aber umso mehr und nicht allzu weit von ihr entfernt in nordöstlicher Richtung: Am Unterlauf der Ruhr muss es einen besonders üppigen derartigen Sumpfwald gegeben haben. Denn er hinterließ eine äußerst markante Spur. Aus dem abgestorbenen Pflanzenmaterial bildete sich über die Jahrmillionen unter hohem Druck schließlich die Steinkohle.

In den 65 Millionen Jahren, die das Zeitalter des Karbon andauerte, wuchs das schon erwähnte variszische Gebirge zu seiner maximalen Größe. Aber auch an diesem „Himalaya Europas“ nagte der Zahn der Zeit. Und wenn dieser Zahn viele Millionen Jahre Zeit hat, dann schafft er was weg. Am Ende des folgenden Zeitalters mit dem Namen Perm, also vor etwa 285 Millionen Jahren, war das meiste von diesem mächtigen Gebirge schon wieder abgetragen und lockte auch den damals noch sehr jungen Reinhold Messner nicht mehr hinter dem Ofen hervor.

Vor etwa 250 Millionen Jahren - zu Beginn des Zeitalters Trias (und zu Beginn der Dinosaurierzeit) - lagerten große Flüsse auf ihrem Weg zum Meer Unmengen von Sand und Geröll ab. Diese alten Ablagerungen zeigen sich beispielsweise noch heute als gewaltige rote Gesteinsabfolgen von Buntsandstein im Tal der Rur und dort besonders gut sichtbar etwa bei Nideggen. Ab der Periode des Muschelkalks (rund 240 bis 205 Millionen Jahre) wurden wieder Teile der Eifel vom Meer überflutet. Ein Meeresarm verlief quer durch die Eifel und verband das in Süddeutschland gelegene Meeresbecken mit einem sich in Nordeuropa erstreckenden Meeresbecken. Diese Becken waren mit dem Urmittelmeer (Thethys) weiter im Süden verbunden, was sich heutzutage noch in den Fossilien der Muschelkalkzeit zeigt, die in der Eifel zu finden sind. Dabei erweist sich das sogenannte Mechernicher Triasdreieck zwischen Kreuzau, Kall und Kommern als einziges Gebiet der Eifel, in dem es oberflächennahe Aufschlüsse und Fundstätten gibt, wo Geologen und andere Fossil-Junkies ohne einen 1100 Euro teuren Baggerführerschein an das Zeug rankommen können.

In abgetrennten Meeresarmen muss das Wasser schließlich verdunstet sein, wodurch große Salzablagerungen entstanden, die später in Salzbergwerken zum Abbau kommen sollten. Eines dieser Salzlager ist inzwischen zu trauriger Berühmtheit gelangt: die „Asse", die nahe der Ortschaft Remlingen im Landkreis Wolfenbüttel liegt.

Schon vor mehr als hundert Jahren trieben Bergleute einen ersten Schacht in das Lager Asse, um Salz abzubauen. Da dieser erste Schacht bald voll Wasser lief, trieben die Bergleute 1906 an anderer Stelle einen neuen Schacht in die Tiefe, Asse II genannt. Zuerst gewann man Kalisalz, das sich als Dünger verkaufen ließ. Dann wurde Steinsalz gefördert. Als auch dieser Abbau unrentabel wurde, schloss man die Zeche schließlich im Jahre 1964. Aber man fand doch noch eine weitere Verwendung: Bis zum Jahr 1978 wurden 125.000 Fässer mit schwach radioaktiven und 1300 Fässer mit mittelradioaktiven Abfällen in den unterirdischen Hallen des

Bergwerkes deponiert. Und es ginge noch viel mehr hinein: Rund 700 Meter unter der Erdoberfläche finden sich 3,5 Millionen Kubikmeter Hohlraum auf 20 Etagen, der Ort unseres heutigen „Atomskandals".

Warum dieser Ausflug ins entfernte südöstliche Niedersachsen? Mich erinnerte das an eine ganz andere und ganz besondere Atompräsenz, die wir uns auch in unserer Eifel „eingefangen" haben. Aber dazu später mehr.

Meist ziemlich *groß* und recht gefräßig

Dinosaurier in Deutschland und in der Eifel

Werfen wir nun aber mal einmal einen Blick auf die Tierwelt der Urzeit, unter der sich schließlich auch erste Exemplare unserer frühesten Vorfahren befunden haben müssen. Am Ende des Erdaltertums (Paläozoikum), das vor 541 Millionen Jahren begann und vor 252 Millionen Jahren endete, kam es zum größten Artenaussterben der bisherigen Erdgeschichte. Man geht davon aus, dass innerhalb eines Zeitraums von „nur" zehn Millionen Jahren etwa bis zu 90 Prozent aller damals existierenden Arten verschwanden. Doch diese „Katastrophe" führte auch dazu, dass das beginnende Erdmittelalter (Mesozoikum) mit der Evolution ganz neuer Tier- und Pflanzenarten begann. Bis hin zur Entwicklung der Dinosaurier.

Und jetzt kommt es: Ja, auch in Deutschland fand man Überreste von Dinosauriern mit einigen durchaus spektakulären Skelettbestandteilen und Fußabdrücken, die eindeutig die Existenz der Saurier auch auf „deutschem Boden" belegen.

Die Zeit der Dinosaurier währte etwa vom Zeitalter des mittleren Trias vor rund 250 Millionen Jahren bis vor 65 Millionen Jahren, als sie alle ausstarben. Saurierarten hatte es allerdings auch schon zuvor gegeben, die als sogenannte Archosaurier bezeichnet werden, wobei ein in Afrika bzw. im damaligen Gondwanaland lebender Saurier als der früheste „Dinosaurier" angesehen wird. Da aber zu jener Zeit vor dem Auseinanderbrechen des Urkontinents Pangäa die komplette Landmasse noch verbunden war, konnten sich die Dinosaurier in allen klimatisch geeigneten Räumen ausbreiten und gelangten schließlich auch in unsere Region und bis nach „Deutschland". Auch wenn es unmittelbar bei uns in der Eifel (noch) keine Funde gibt, so können wir aufgrund der geologischen und klimatischen Gegebenheiten davon ausgehen, dass sich die in anderen Teilen Deutschlands gefundenen Saurier auch in unserer Region herumgetrieben haben. Denn die meisten von denen waren wirklich ziemlich gut zu Fuß unterwegs.

Der erste Nachweis eines „deutschen" Dinosauriers datiert auf das Jahr 1834, als der Nürnberger Arzt Dr. Johann Friedrich Engelhardt in einer Tongrube nordöstlich der fränkischen Metropole etwa 45 einzelne Knochen einer bislang unbekannten „Riesenechse" fand. Der Frankfurter Paläontologe Hermann von Meyer, einer der bedeutendsten Paläontologen des 19. Jahrhunderts, stellte das Tier drei Jahre später der Öffentlichkeit vor und nannte es nach seinem Entdecker Plateosaurus engelhardti. Aufgrund der Schwere und Hohlheit der Gliedmaßenknochen bescheinigte Meyer dem Plateosaurus eine Verwandtschaft zum schon bekannten Iguanodon und zum Megalosaurus.

Dabei war „Engelhardts flache Echse" weltweit erst der fünfte gefundene Dinosaurier überhaupt. Zu dieser Zeit, als noch der Bayernkönig Ludwig I. regierte und ein Jahr vor der Fahrt der ersten Eisenbahn von Nürnberg nach Fürth, befanden sich die Erkenntnisse zu dieser Art von Tieren noch im Anfangsstadium.

Es waren gerade erst zehn Jahre vergangen, dass man in Südengland eigenartige fossile Zähne und Knochen gefunden hatte. Man vermutete, dass sie von riesigen ausgestorbenen Echsen stammten. Doch der Name „Dinosaurier" war damals noch nicht Bestandteil der wissenschaftlichen Welt. Erst 1841 prägte der englische Zoologe und Anatom Richard Owen zum ersten Mal den Begriff „Dinosauria".

Dieser Plateosaurus aus dem Raum Nürnberg wurde auf ein Alter von über 200 Millionen Jahren datiert und zählte damit auch zu den älteren Dinosauriern. Als Zugehöriger zu den sogenannten Prosauropoden zählte der Plateosaurus auch zu den Vorfahren der gigantischen Sauropoden, die als langhalsige Pflanzenfresser mit bis zu 40 Metern Länge die größten Dinosaurier überhaupt waren.

Die Rekonstruktion dieses ersten in Deutschland gefundenen Dinosauriers ergab eine Körperhöhe von etwa 2,30 Metern und eine Gesamtlänge von beinahe sechs Metern, wobei der relativ kleine Kopf auf einem langen, giraffenartigen Hals gesessen hatte. Sowohl die Zähne als auch der flache Unterkiefer mit einem Gelenk für relativ große Hebelbewegungen wiesen den Plateosaurus als Pflanzenfresser aus. Bei dieser Körperhöhe war klar, dass selbst Balkone im Hochparterre noch nicht sicher waren vor Plateosaurus-Fraß, denn man geht davon aus, dass er sich zum Erreichen höher gewachsener Pflanzen auch auf den Hinterbeinen aufrichtete. Während der späteren Entwicklung nachfolgender Prosauropoden kam es sowohl zu einer Verkleinerung der Zähne als auch zur Verringerung der Zahnzahl, die den Anforderungen der jeweils zur Verfügung stehenden Nahrung besser entsprach.

Der Plateosaurus bewegte seinen massigen Körper auf vier Füßen, wobei sein Schwanz etwa die Hälfte seiner Körperlänge ausmachte. Als Nahrung dienten ihm wohl auch verschiedene Nadelholzgewächse, da könnten abgenagte Weihnachtsbaumkulturen in Ihrer Nähe eventuell ein Hinweis auf Plateosaurus-Befall sein. Aber er fraß auch große Baumfarne, wie sie uns ebenfalls als Fossilien bekannt sind.

Man fand schließlich heraus, dass der Plateosaurus anscheinend die Größe seines Körpers an die jeweiligen Umweltbedingungen anpassen konnte, sodass es zu Varianten sowohl mit etwa fünf Metern Körpergröße kam als auch zu Exemplaren von rund zehn Metern. Man vermutet, dass diese friedlichen Tiere in kleinen Herden umherstreiften. Ein vollständiges Skelett eines Plateosaurus wurde später auch noch in Halberstatt in Sachsen-Anhalt gefunden. Auch dieses ostdeutsche Exemplar soll zu Lebzeiten keine Kopfbehaarung aufgewiesen haben.

Die meisten Plateosaurier wurden allerdings während dreier Grabungen in Trossingen (Baden-Württemberg) gefunden, in der Zeit zwischen 1911 und 1932. Auf 80.000 Quadratmetern Fläche wurden 750.000 Kubikmeter Erde abgetragen. Der Lohn dieser Mühen waren beinahe 100 Funde mit 35 vollständigen oder fast vollständigen Skeletten.

Schauen wir an dieser Stelle noch einmal kurz auf die kontinentale Situation: Im Süden Deutschlands lag zu Lebzeiten dieses ersten gefundenen Plateosaurus, also vor 200 Millionen Jahren, ein Meer, das sich beim Auseinanderbrechen Pangäas auch nach Norden immer weiter ausdehnte. Es soll ein eher flaches, tropisches Meer gewesen sein, das auch im Bereich Deutschland zum Teil große Riffstrukturen und eine Reihe von Inseln aufwies. Auch damals, runde 150 Millionen Jahre nach dem früheren und so entzückenden Devonmeer, wären unser Land und die Eifel klimatisch und badetechnisch ein Top-Urlaubsparadies gewesen, das den Vergleich mit der Karibik nicht hätte scheuen müssen. Aber aus gutem Grund hielten sich damals die Buchungen ziemlich in Grenzen. Denn anders als im Devon gab es jetzt hier vor Ort schon „Anwohner“, gegen die eine Horde besoffener Hooligans so gefährlich war wie ein Rudel aggressiver Regenwürmer. Gewisse gewöhnungsbedürftige „deutsche“ Dinosaurier durchstreiften das Land, die meine frühere Begeisterung für die erste Version der „Tropeneifel“ nun ein klein wenig bremsen. Da waren auch bei uns gigantische Fleischfresser darunter, die sich auch ohne Buchungsbestätigung „all inclusive“ von Hotelgästen ernährt hätten.

Aber schauen wir zum Angewöhnen zunächst einmal auf einen eher kleineren Vertreter der „deutschen“ jagenden Dinosaurier-Zunft. Das erste vollständige Dinosaurier-Skelett der Welt wurde 1859 im Solnhofer Plattenkalk gefunden, dem Ort, an dem auch der berühmte Urvogel Archaeopteryx entdeckt wurde. Der nur 80 Zentimeter lange Compsognathus soll es trotz seiner geringen Körperlänge auf eine Geschwindigkeit von bis zu 64 km/h gebracht haben. Lange hielt man diesen kleinen, vogelartigen Saurier für den nächsten Verwandten des Urvogels Archaeopteryx.

Das war ja nur ein relativ kleiner „deutscher“ Raubsaurier. Aber es gab hierzulande auch größere Exemplare. Wir können uns glücklich schätzen, dass zum Beispiel die sogenannten Sichelklauen-Dinosaurier nicht mehr in unseren Wäldern unterwegs sind. Ihre fossilen Klauenabdrücke im niedersächsischen Obernkirchen waren erste Hinweise auf ihre Existenz in Europa. Als Jagdwaffe besaßen sie eine hochgeklappte Klaue an den Hinterbeinen. Diese Spuren in Niedersachsen gehörten wahrscheinlich zu dem knapp einen Meter großen Troodon, der zu der oft als „Raptoren" bezeichneten Tiergruppe gezählt wird.

Trotz seiner noch verhältnismäßig bescheidenen Körpergröße war dieser fleischfressende Dino in Gesellschaft weiterer Artgenossen durchaus in der Lage, einem einsamen fußkranken Eifelwanderer Stress zu machen, obwohl er quasi nur ein Zwerg war gegenüber den richtig großen und gefährlichen Raubsauriern. Zwar hat der berühmte T-Rex (Tyrannosaurus Rex) als möglicherweise gefährlichster Jäger der Kreidezeit sowohl in Deutschland als auch in ganz Europa keine Spuren hinterlassen. Aber sein Vorgänger Allosaurus schon, der mit bis zu elf Metern Länge und zwei Tonnen Gewicht als T-Rex des Jura-Zeitalters gilt. Man hält es für möglich, dass sie andere Sauropoden, die als friedliebende Vegetarier unterwegs waren, auch im Rudel jagten. Wenn diese Burschen auf Raub aus waren, konnten sie einem ein gemütliches Sonntagspicknick auf dem Eifelsteig regelrecht verderben. Ganz schlimm war es beim Grillen. Die Biester hatten relativ gute Nasen und konnten angeblich zwischen Cordon bleu und Holzfällersteak unterscheiden. Wenn so einer am abendlichen Grillfeuer auftauchte, gab es nur eines: Ruhe bewahren, Souveränität ausstrahlen und keine hektischen Bewegungen machen. Wer der Pfanne am nächsten war, schob diese vorsichtig in Richtung des Besuchers und alle zogen sich schließlich langsam, sehr langsam zurück. Ob es tatsächlich hilfreich war, während des langsamen Zurückweichens von den leckeren Rehen zu erzählen, die man noch bei der Ankunft ins nahe Gebüsch hatte fliehen sehen, ist unter Fachleuten strittig.

Diese Burschen waren auch nicht die einzigen Fleischfresser, derentwegen sich damals die Haltung von Rindern in der Eifel noch als unrentabel erwies. Liliensternus etwa war kein Blümchen, sondern ein Raubsaurier mit bis zu sieben Metern Körperlänge und lebte vor etwa 215 bis 200 Millionen Jahren. Andere von Sauriern stammende Fährten bei Barkhausen in Niedersachsen weisen auf weitere und noch größere Raub-Dinos hin. Eventuell auf einen Megalosaurus, der der erste überhaupt beschriebene Dinosaurier war und über den man trotzdem noch sehr wenig weiß. Es gilt nur als sicher, dass auch er bei seinen fast zehn Metern Länge von ein paar Frikadellen nicht satt wurde.

Ebenfalls in Niedersachsen, also von uns aus nur zweimal um die Ecke, fanden sich bei Münchehagen fossile Spuren von gigantischen Vegetariern, den sogenannten Sauropoden. Klingt wie „saurer Boden“ und genau für den waren die damals verantwortlich. Denn die konnten durchaus mal schnell auf einen Schlag eine Badewanne voll Pipi ablassen. Schließlich gehörten diese Kerle wie etwa der langhalsige Aptosaurus oder der Brontosaurus mit 26 Metern Körperlänge zu den größten jemals existenten Landtieren der Erdgeschichte überhaupt.

Es lebten allerdings auch weitere bedeutend kleinere Sauropoden in Deutschland und im Bereich der Eifel. Der Europasaurus etwa maß „nur“ maximal sechs Meter. Da unser Land vor 150 Millionen Jahren überwiegend unter Wasser lag, konnten die vorhandenen Inseln eher „kleinere“ Tiere ernähren. Sie benötigten bedeutend weniger Nahrung als ihre riesigen Verwandten und waren zugleich als Inselbewohner meist von größeren Fressfeinden isoliert. Zu dieser Zeit war eine Wanderung auf der Insel „Eifel“ wohl am sichersten.

Friedliche Eifelwanderer müssen auch die Iguanodonten gewesen sein, die auch als „Kühe der Kreidezeit“ bezeichnet werden. Sie zählen zu den am häufigsten gefundenen und auch am besten erhaltenen Dinos. Sowohl die vielen Knochenfunde als auch zahlreiche Spuren beweisen, dass sie vor etwa 120 Millionen Jahren in Deutschland unterwegs waren. Bei bis zu zehn Metern Länge und einem Gewicht von drei bis vier Tonnen (was auf der Waage etwa einem ausgewachsenen Indischen Elefanten entspricht) waren sie eine durchaus wahrnehmbare Spezies. Allerdings verfügten diese „Kühe der Kreidezeit“ über keine nennenswerten Euter und waren somit landwirtschaftlich nicht von Interesse. Aber man vermutet, dass diese friedlichen Tiere, die 1825 vom britischen Arzt Gideon Mantell als zweite Dinosaurierart überhaupt beschrieben wurden, auch bei uns in großen Herden unterwegs waren, wobei sich ihr Name Iguanodon (Leguanzahn) auf den Umstand zurückführte, dass ihre Zähne denen eines Leguans glichen.

Viel auffälliger dagegen war noch ein anderer „deutscher" Pflanzenfresser: der mit mächtigen Stacheln und Panzerplatten ausgerüstete und bis zu neun Meter lange Stegosaurus. Der war ja auch mal eine Zeit lang in der Diskussion als Wappentier für eine Fahne von Krauss-Maffei, der Panzerbau-Firma von diesen beiden Sängern, die beide Peter heißen.

Der Fund eines „schrecklichen" T-Rex, die man ja überwiegend in USA ausgegraben hat (wo die heute kaum auffallen würden zwischen Las Vegas und dem einen oder anderen Präsidenten), ist uns zwar bisher in Deutschland versagt geblieben. Dennoch zählen einige deutsche Funde zu den spektakulärsten überhaupt, angeführt vom „bayerischen" Urvogel Archaeopteryx, der überraschenderweise doch nichts mit Asterix und Obelix zu tun hat, denn dafür war er ein wenig zu alt. Der Vogel war im Solnhofener Plattenkalk bis ins kleinste Detail erhalten geblieben. Aus dieser Fundstelle stammt ja auch das erste komplett erhaltene Skelett eines Dinosauriers, nämlich des vorhin schon erwähnten Compsognatus, ebenso wie der am besten erhaltene Fleischfresser Europas, der Juravenator.

Noch deutlich häufiger als Knochen wurden bisher Fußabdrücke von Dinosauriern gefunden. Die ältesten in Deutschland gefundenen Spuren, wahrscheinlich von kleineren fleischfressenden Raubsauriern, wurden in Franken und Baden-Württemberg entdeckt und sollen zum Teil über 200 Millionen Jahre alt sein. Im schon erwähnten Münchehagen fand sich aber auch der 71 Zentimeter lange Abdruck eines noch nicht genau identifizierten Raubsauriers. Bei der Schuhgröße kann man allerdings davon ausgehen, dass diese Spezies als Haustier für eine kleine Etagenwohnung eher ungeeignet war.

Oft ist es schwer, die Millionen Jahre alten Fährten einer bestimmten Saurierart zuzuordnen. Manchmal reicht es nur für die Bestimmung einer bestimmten Saurier-Gruppe. Sehr wenig verraten sie auch über das Aussehen ihres Verursachers. Aber sie geben Hinweise auf andere Lebensaspekte, etwa ob es sich um ein auf zwei oder vier Beinen laufendes Tier gehandelt hatte oder ob es Herdentiere waren und ob sie sich etwa ruhig vorwärtsbewegten oder vielleicht laufend auf der Flucht waren.

Fazit: Es gab auch in Deutschland und in der Eifel eine ganze Reihe richtig „knackiger“ Dinosaurier, die auch für einen „Jurassic-Park“ zwischen Daun und Hillesheim ausreichend Spannungspotenzial geliefert hätten.

Je *größer*, desto ausgestorbener

Das Ende der Dinosaurier – in der Eifel und weltweit

Die Zeit der Dinosaurier endete ziemlich „abrupt" vor 65 Millionen Jahren. Nachdem der Physik-Nobelpreisträger Luis Alvarez 1980 seine These vom Einschlag eines riesigen Meteoriten als Ursache formuliert hatte, wurde in den 90er Jahren des vorigen Jahrhunderts von Wissenschaftlern ein 200 Kilometer großer Krater im Golf von Mexiko entdeckt. Man führt ihn auf den Einschlag eines etwa zehn Kilometer dicken Meteoriten zurück. Und tatsächlich ereignete sich diese Katastrophe vor 65 Millionen Jahren. Einerseits löste sie eine gewaltige Flutwelle rund um die Erde aus, andererseits schleuderte der Einschlag gewaltige Mengen Staub in die Atmosphäre, was zu einer andauernden Kälteperiode geführt haben muss. Dennoch gehen die Forscher inzwischen davon aus, dass auch zusätzliche starke vulkanische Aktivitäten rund um den Globus zur Klimaveränderung führten, verbunden mit einer fortschreitenden Kontinentalverschiebung. Den daraus resultierenden zeitlich relativ „schnell" folgenden Veränderungen waren die Dinosaurier nicht gewachsen. Wahrscheinlich gingen zunächst große Anteile der Vegetation zugrunde und die Nahrung reichte nicht mehr für die großen pflanzenfressenden Dinos. Als sie starben, fiel auch das Futter für die großen räuberischen Dinos weg. Beide Dino-Varianten zeigten sich außerstande, eine mehrjährige Fastenzeit durchzustehen. Doch obwohl nicht alle, aber doch die meisten von uns allem Anschein nach viel besser denken können als so ein Brachiosaurus dumpfbackus, würden wir eine solche Fastenzeit heute wahrscheinlich auch nicht überstehen. Dabei starben außer den Dinosauriern wohl auch noch rund 50 Prozent der übrigen Lebewesen aus. Und so wie das erste gigantische Massensterben rund 187 Millionen Jahre zuvor zum Startpunkt für die Dinosaurier geworden war, so begann nun nach den Sauriern die Erdneuzeit als die Zeit der Säugetiere.

Vom *Bienchen* bis zum *Krokodil*

Das Eckfelder Maar und seine „Schätze“

„Nur“ schlappe 21 Millionen Jahre nach der Dinosaurier mordenden Katastrophe findet sich ein Ereignis in der Eifelurzeit, das zu einem ganz speziellen Kapitel der Eifelgeschichte werden sollte. Nein – nicht die Geburt von Johannes Heesters. Die kam noch ein bisschen später. Ich meine ein geologisches Ereignis. Und diesmal sind wir nicht auf Funde in anderen Bundesländern angewiesen. Hierbei geht es um das Zentrum der Eifel selbst: um das rund 45 Millionen Jahre alte Eckfelder Maar zwischen Gillenfeld und Manderscheid an der Grenze zwischen den Landkreisen Vulkaneifel und Wittlich. Es ist nicht nur das älteste aller Eifelmaare, sondern es gilt mit seinem aus wissenschaftlicher Sicht reichen Schatz an Informationen auch als einer der sensationellen geologischen und prähistorischen Funde des vergangenen Jahrhunderts.

Alles begann mit dem für die Zeit von vor 45 bis 24 Millionen Jahren regen Vulkanismus im Bereich der Hocheifelregion. Auch im Fall des Eckfelder Maares muss vor gut 44 Millionen Jahren flüssiges Magma durch verschiedene Klüfte in Richtung Erdoberfläche aufgestiegen sein. Doch sollte es – wie bei anderen Maaren auch – nicht unbeeinflusst ganz nach oben gelangen. Als der glühende, flüssige Brei auf das Grundwasser stieß, kam es einige hundert Meter tief in der Erde zu mächtigen Explosionen. Die freigesetzte Energie riss einen beinahe einen Kilometer breiten und über 200 Meter tiefen Krater in die Eifelerde und das ausgeworfene Material bildete zusätzlich noch einen Wall um den Trichter. Dieser füllte sich maartypisch mit Grundwasser und bildete einen zwischen 110 und 150 Meter tiefen See mit steilen Uferwänden. Entscheidend für die Konservierungsfunktion des Sees war jedoch nicht in erster Linie die eher sauerstoffreiche obere Wasserschicht, sondern der untere sauerstoffarme Teil mit einer hohen Anreicherung an gelösten Mineralien. Bei den steil abfallenden Ufern und der Tiefe des Sees kam es praktisch kaum zu einer Umwälzung des Wasserkörpers. Und so begrenzt die Zahl der Arten im Wasser selbst war, lebte dagegen im umgebenden, üppig wachsenden subtropisch-tropischen Urwald eine große Zahl von Tieren der verschiedensten Gattungen. Viele von ihnen gerieten im Laufe der Zeit ins Wasser, ertranken und sanken auf den Grund des Sees. Hier setzte die Arbeit von Bakterien ein, die die Kadaver langsam zersetzten. Nach und nach bedeckten die fortwährend im See absinkenden Sedimentpartikel die Überreste und aus dem ursprünglichen weichen Faulschlamm bildete sich verfestigter Ölschiefer, in dem die chemischen Prozesse schließlich zu einer erstaunlichen Erhaltungssituation geführt haben, sodass beispielsweise Käfer in ihrem ursprünglichen Farbzustand erhalten blieben, aber auch Säugetiere in ihrer Haut oder mit Haaren und Fell oder gar mit dem Inhalt ihres Magens.

Die Üppigkeit des Uferwaldes, in dem wohl auch viele Lianen wuchsen, dokumentiert sich inzwischen auch dadurch, dass beinahe 800 unterschiedliche Blüten und Blütenstände verschiedener Blumen gefunden wurden, abgerundet durch den Fund einer Honigbiene, die mit den letzten von ihr gesammelten Pollen an Hinterbeinen und Körper präpariert werden konnte.

Doch das Spektrum der Tierarten geht weit über das der Insekten hinaus: Es fanden sich auch Muscheln und Schnecken, Krebse und Spinnen, Fische und Amphibien, Reptilien (Panzerplatten von Schildkröten und Kieferstücke vorzeitlicher Krokodile), Vögel und mehr als 20 verschiedene Säugetierarten, darunter Fledermäuse ebenso wie Überreste zweier Affenarten – und natürlich das berühmte Eckfelder Urpferd, dessen erstes Exemplar 1991 entdeckt wurde. Es folgten bis heute noch fünf Skelette. Der erste Fund war eine trächtige Stute, deren Mageninhalt man sogar noch bestimmen konnte.

Das kostbare Ölschiefersediment, das so viele wertvolle Bestandteile enthielt, wurde noch im 19. Jahrhundert für Braunkohle gehalten. Die Brennbarkeit ergab sich aufgrund des hohen Anteils von organischem Material, sodass das bräunliche Sediment ab 1854 abgebaut wurde. Möglicherweise fand es auch Verwertung in der Eisenschmitter Eisenhütte. Doch als die Zeit der Eifeler Eisenindustrie zu Ende ging, stoppte glücklicherweise auch der Abbau in Eckfeld.

Dafür begann 1987 eine ganz neue Ära des „Abbaus": Ein erstes Grabungsteam des Naturhistorischen Museums Mainz begann mit seiner Arbeit. Und so begann die Erfolgsgeschichte des Forschungsprojektes der Landessammlung für Naturkunde Rheinland-Pfalz. Dabei geht es jedoch bei Weitem nicht nur um das Auffinden Millionen Jahre alter Lebensformen. Die Entdeckungen am Eckfelder Maar haben noch eine weit größere Bedeutung mit einer auch in unsere Zukunft reichenden Dimension: durch wertvolle Hinweise für die aktuelle Klimaforschung. Denn der Ölschiefer birgt in seiner feinen Schichtung sozusagen einen Bericht über die klimatischen Verhältnisse der damaligen Zeit über einen Zeitraum von Tausenden von Jahren. Und da das Klima damals viele Charakteristika des heute vorausgesagten Treibhausklimas hat, ist das Aufspüren der damals aufeinanderfolgenden klimatischen Verhältnisse ein wichtiger Hinweisgeber für eine denkbare Zukunft. So finden sich beim Eckfelder Maar erstmalig Möglichkeiten zum Vergleich mit heute ablaufenden Prozessen und eventuell bevorstehenden Entwicklungen. Dieses älteste Eifelmaar gilt damit als ein einzigartiges Archiv der Erdgeschichte, in dem über einen nach menschlichem Maß gewaltigen Zeitraum von 250.000 Jahren noch von Menschen unbeeinflusste Veränderungen des Klimas mit ihren Auswirkungen auf die Umwelt dokumentiert sind.

Mehr als *40 Millionen* Jahre – und noch immer keine *Ruhe*

Der Eifelvulkanismus

Auch in den folgenden 40 Millionen Jahren passierte noch das eine oder andere. Man kann sich das ja gar nicht alles merken. Vor allem aber hinterließen uns die paar Jahre ein außergewöhnliches geologisches Phänomen, wie es sich in Ausprägung und Vielzahl der damit zusammenhängenden Einzelereignisse sonst nirgends in Europa finden lässt. Ich meine natürlich den Eifelvulkanismus und die dadurch entstandenen Vulkane und Maare.

Das Eckfelder Maar steht ganz am Anfang dieser vulkanischen Aktivitäten der Eifel. Bis zum jüngsten Ausbruch vor rund 10.000 Jahren, der zur Bildung des Ulmener Maares führte, gab es insgesamt weitere etwa 770 Eruptionen im gesamten Eifelgebiet.

Da fragt man sich natürlich früher oder später: Warum das gerade hier? Warum diese auffällig hohe Konzentration von Vulkanausbrüchen ausgerechnet in unserer Eifel?

Früher nahm man an, dass es sich wie in anderen Erdregionen um die Entladungen eines sogenannten Mantel-Plume handelte. Das bedeutet, dass sich im Erdmantel eine Art riesige Blase mit flüssigem Magma befindet, die von Zeit zu Zeit zur Erdoberfläche hin Material freisetzt, um es mal ganz knapp und vereinfacht auszudrücken. Doch nach und nach bröckelte diese Theorie durch aktuellere Erkenntnisse über die geologischen Verhältnisse seit der Zeit vor rund 40 bis 30 Millionen Jahren. Mehr und mehr geht man inzwischen davon aus, dass die Entstehung und die Aktivitäten der mitteleuropäischen Vulkane (wie zum Beispiel auch im französischen Zentralmassiv) auf die Gebirgsbildung der Alpen zurückzuführen sind. Die Auffaltung der Alpen begann im Zuge des Aufeinanderprallens der afrikanischen und der europäischen Platte. Das hatte nachhaltige Auswirkung auf das Spannungsfeld innerhalb der europäischen Erdkruste. Daraus resultierte zum einen eine spektakuläre sogenannte Riftbildung von Südfrankreich bis zur Nordsee mit dem Oberrheingraben, der, wenn er sich nicht mit Sediment aufgefüllt hätte, heute 4000 Meter tief wäre, also doppelt so tief wie der Grand Canyon. Zum anderen muss es zu Masseverschiebungen in der Erdkruste gekommen sein, und zwar ganz besonders unter den Vulkangebieten. So konnte schließlich durch eine besondere Situation von Materialverschiebung und -veränderung in der Tiefe unterhalb unserer Eifel vulkanisches Material nach oben gelangen und zu den uns bekannten Aktivitäten führen, und zwar vor allem in den drei Hauptgebieten des Eifelvulkanismus.

Der Hocheifelvulkanismus zwischen Boos und Adenau südlich der mittleren Ahr war als erste Zone aktiv und „produzierte“ über 400 Eruptionsstellen oder Vulkane und das in einem Zeitraum von vor etwa 40 bis vor 15 Millionen Jahren. Seine bekanntesten Gipfel sind die 749 Meter hohe Hohe Acht als höchster Eifelgipfel und der weiter westlich auf 678 Meter aufragende und 34 Millionen Jahre alte Basaltkegel der Nürburg inmitten der berühmten Rennstrecke.

Die Osteifelvulkane starteten ihre Karriere vor etwa 500.000 Jahren und hinterließen rund 120 Vulkane. Ganz zum Schluss ihrer Aktivitäten lieferten sie ihr markantes Meisterstück: den heute 3,3 Quadratkilometer großen Laacher See, den größten See in Rheinland-Pfalz. Vor knapp 13.000 Jahren entleerte sich dort eine riesige Magmakammer zum letzten Mal in gewaltigen Explosionen, auf die ich noch bei den steinzeitlichen Menschen der Eifel zurückkommen werde.

Die rund 240 Westeifelvulkane haben wesentlich das Landschaftsbild auf einer Strecke von etwa 50 Kilometern zwischen dem moselnahen Bad Bertrich und Ormont an der belgischen Grenze mitgeprägt. Aus dem leicht welligen bis hügeligen Land strecken sich immer wieder Vulkankegel empor und verleihen der Eifellandschaft ein markantes, unverwechselbares „Gesicht". Und dankenswerterweise neigten auch einige der Explosionskrater meiner unmittelbaren Umgebung in der Region Daun zur Maarbildung. Der Explosionstrichter füllte sich später mit Wasser, wie es ja auch schon beim Eckfelder Maar geschehen war. Das sieht heute nicht nur entzückend aus, es badet sich auch ganz wunderbar in diesen Maarseen, die eine der Hauptattraktionen unseres Vulkanlandes wurden.

Trotz des heißen Themas Vulkanismus kamen auch wir Eifeler nicht drum herum, auch eine merkliche Abkühlung in Kauf nehmen zu müssen, obwohl die heiße Phase unserer Vulkane noch nicht abgeschlossen war. Aber vor rund drei Millionen Jahren begann dieser neue Prozess, der sich durch allmählich sinkende Temperaturen bemerkbar machte: Das Eiszeitalter war erreicht, in dem auch wir uns heute noch befinden. Aber während der gesamte norddeutsche Raum von Schnee und Eis bedeckt war ebenso wie die Alpen und ihre Randgebiete, blieb die Eifel im Bereich dazwischen zumindest von einer Vereisung verschont. Aber „warm" war das trotzdem nicht. Trotzdem müssen sich ein paar aus „dem Süden" stammende, sogenannte erste Menschen auf den Weg in den Norden gemacht haben. Vielleicht weil ihnen der Arzt was erzählt hat von der guten Eifelluft, schwer zu sagen – aber recht hatte er. Und irgendwann müssen tatsächlich ein paar von denen hier angekommen sein. Und die sind dann auf die gestoßen, die schon da waren. Aber der Reihe nach.

*Leder*hosen nicht aus Bayern

Die Steinzeit

Angeblich sollen ja die ältesten Funde menschlicher Überreste in Europa mit einem Alter von 1,2 Millionen Jahren in der Höhle „Sima del Elefante“ bei Burgos in Nordspanien gefunden worden sein. Nach dem, was mir da allerdings manchmal morgens im Spiegel begegnet, wird der Titel nach der Ausgrabung meiner Gebeine ganz sicher in die Eifel kommen.

Apropos Alter: Dies ist das erste Buch, das ich unter Beanspruchung einer Brille geschrieben habe. Dabei habe ich mich lange gesträubt und wollte das Unausweichliche nicht wahrhaben. Erst nach dieser kleinen Begebenheit beim letzten Campingausflug hatte ich dann ein Einsehen. Denn da bin ich eines Abends in so eine Waschkabine eingerückt, in der schon einer war. Bis ich dann irgendwann gemerkt habe, dass ich meinem Nachbarn die Zähne geputzt habe, hatte der schon ganz wundes Zahnfleisch. Ich hab mich entschuldigt und ihm nur noch schnell beim Mundausspülen geholfen.

Wirklich peinlich so was. So konnte es natürlich nicht weitergehen. Gar nicht auszudenken, was mir bei einem Toilettengang noch alles hätte passieren können. Also musste eine Brille her. Seitdem kann ich mir endlich auch wieder die Fußnägel schneiden. Das mit den vorne offenen Schuhen, also Sandalen, das war vor allem auch im Winter auf Dauer keine Lösung.

Einen großen Fortschritt brachte die Brille auch dadurch, dass ich endlich mal gesehen habe, mit was für einer Frau ich zusammen war. Ohne die abstehenden Ohren und das Tattoo in altdeutscher Schrift auf dem kahlen Kopf hätte ich sie vielleicht auch sehend genommen. So ein klein wenig misstrauisch war ich ganz zu Anfang ja schon, als ich während der Hausarbeit beim Schuheputzen immer diese großen schwarzen Pumps mit den langen Schnüren in die Finger bekam. Ein Nachbar und pensionierter Schuhfachverkäufer, also ein ausgewiesener Experte, hat mir dann verraten, dass die Dinger eigentlich Springerstiefel heißen. Wir haben uns dann ganz einvernehmlich getrennt. Weil ich nichts auf dem Konto hatte, hat sie nur meine Musikanlage und den 50-Zoll-Fernseher mitgenommen, der zuvor vom Wohn-/Schlafraum bis ins Badezimmer über die Wanne reichte. Der Kasten hätte mich ja auch nur vom Schreiben abgehalten.

Dank Brille sehe ich nun selber klar und kann endlich ein ganz eigenständiges Leben führen. Jetzt kann ich auch selbst die Fernsehzeitung lesen und muss nicht mehr länger meine Mutter anrufen und fragen, welchen Fernsehtipp sie hat, was eigenartigerweise immer damit endete, dass ich Pilcher geguckt habe.

Ich erinnere mich noch, dass uns seinerzeit ein bedeutender amerikanischer Wissenschaftssender, dessen Namen mir leider entfallen ist, mit der Zeichentrickserie „Familie Feuerstein“ einen ersten authentischen Einblick in das Leben von Steinzeitmenschen verschafft hat. Seitdem hat mich diese Faszination nicht mehr verlassen. Wobei mich damals vor allem das friedliche Zusammenleben von Steinzeitlern mit Dinosauriern nachhaltig beeindruckt hat. Die haben das unmöglich Scheinende noch geschafft. Deshalb habe ich auch erst kürzlich mal wieder den Versuch unternommen, schlichtend zwischen zwei streitenden Menschen zu vermitteln. Es gelang mir allerdings nicht. Was vielleicht auch daran lag, dass der eine von den beiden nur wie ein Steinzeitler aussah und möglicherweise gar keiner war.

Wer sonst kennt ein Rezept mit Hyäne?

Vom Neandertaler zum Cro-Magnon-Menschen

Vor rund 200.000 bis 300.000 Jahren sollen die ersten Neandertaler aufgetaucht sein. Ein bisschen gruselig wird mir da schon, wenn ich mir vorstelle, dass da mal jemand in Manderscheid wegen ein paar Gartenkräutern hinters Haus wollte. Als er dann die Hintertür aufgemacht hat, standen sie also da: Bis zu 1,60 Meter groß und bei 60 bis 80 Kilogramm recht stämmig (Typ Berti Vogts ohne Nationaldress). Was sagt man in solch einem Fall? Geht erst mal zum Friseur, dann könnt ihr auf einen Kaffee vorbeikommen? Vielleicht mochten die gar keinen Kaffee. Immer wieder dieser Stress bei der Begegnung von Kulturen. Wen hätte man da auch fragen können, zum Beispiel an einem Sonntagmorgen, wenn die Touristinformation garantiert noch zuhatte.

Na jedenfalls haben Fossilienfunde an über 80 verschiedenen Orten ein Bild ihres ausgedehnten Verbreitungsgebietes von Europa bis Asien gegeben. In der West-Ost-Ausdehnung reichte es von Südspanien bis Usbekistan und Tadschikistan und in der Nord-Süd-Ausdehnung von Norddeutschland bis Israel. Auf den Britischen Inseln und in Skandinavien fand man keine Spuren. Wer kann ihnen das übel nehmen: Nur Fish & Chips und Knäckebrot hätten selbst die nicht vertragen.

Die Forschung spricht davon, dass die Neandertaler immerhin über einen Zeitraum von etwa 250.000 Jahren Europa „beherrschten“. Bisher hat es keine menschliche Spezies mehr auf eine solch lange Zeit gebracht. Das sollte uns zu denken geben. Für den Fall, dass uns doch mal die Zivilisation um die Ohren fliegt, wäre es vielleicht ein Plan B, über die Einführung eines weiteren schulischen Nebenfaches „Neandertaling“ nachzudenken, das sich mit den Lebensweisen und Techniken der Neandertaler beschäftigt. Denn die sollen bei Weitem nicht die primitiven keulenschwingenden Frühmenschen (das konnten die allerdings auch) gewesen sein, für die sie lange gehalten wurden. Sie konnten mit ausgefeilten Jagdtechniken und einem ersten fürsorglichen Sozialsystem offenbar ihr Überleben sehr lange sichern. Damit gelang ihnen auch die Anpassung an die besonders rauen Lebensbedingungen während der Eiszeiten. In der Vulkaneifel als zentralem Gebiet der Eifel wurden nur in der sogenannten Buchenlochhöhle am Gerolsteiner Munterley-Plateau Spuren steinzeitlicher Menschen gefunden: behauene Quarze, Feuersteine und eine knöcherne Lanzenspitze. Aber Knochenfunde belegen, dass die Höhle auch wesentlich größere „Gäste“ beherbergte: Höhlenbär, Wollnashorn und Mammut. Es gibt da zwar eine Treppe, die den im steilen Hang liegenden Höhleneingang zugänglich macht. Aber ich bin mir ziemlich sicher, dass es die damals noch gar nicht gab. Und Mammuts mögen definitiv keine Treppen. Die Buchenlochhöhle jedenfalls begann ihre Karriere schon vor rund 1,8 Millionen Jahren, als ein kleiner Spalt im Kalkgestein war, der mehr und mehr ausgewaschen wurde.

Weitere Spuren aus dem Zeitraum von vor 80.000 bis vor 30.000 Jahren fanden sich in der Kakushöhle bei Eiserfey südlich von Mechernich in der Nordeifel. Es handelte sich um Schaber und Spitzen und um eine bestimmte Art des Faustkeils, den man „Micoque-Keil“ nennt und der typisch war für die Zeit von vor 60.000 Jahren bis vor 40.000 Jahren. Man fand dort allerdings auch Reste vom Wollnashorn, Riesenhirsch, Rentier, Bison, Pferd, Moschusochsen, Wolf, von einer Hyäne, vom Braunbären, Höhlenbären und Höhlenlöwen, Biber, Murmeltier und Stachelschwein. Na ja, die Haltung von Haustieren ist eben Geschmackssache. Oder eine enorme

Herausforderung, wenn man weiß, dass sich beispielsweise Biber und Stachelschweine überhaupt nicht vertragen. Oder waren das gar keine Haustiere in „dem“ Sinne, sondern die haben die alle aufgegessen? Oder erst als Haustiere und dann ... Wobei die haarigen Tierchen wie etwa die Moschusochsen in der zugigen Kakushöhle vor allem im Winter sehr wertvolle Dienste leisten konnten. Die haben sich sicher mit Moschusochsen zugedeckt, denn die haben heute noch das längste Tierhaar überhaupt mit beinah 70 Zentimetern Länge. Aber das Tolle ist vor allem die feine Unterwolle, die in Relation zum Gewicht achtmal wärmer ist als Schafswolle. Wer es also geschafft hatte, so einen 300 Kilogramm schweren Bullen für die Nacht ruhigzustellen, der hatte es richtig warm. Nachfahren unserer Neandertaler halten heute sogar in Alaska domestizierte Moschusochsen und kämmen die feine Unterwolle aus. Aus den 2,5 Kilogramm Wolle pro Jahr entsteht ein Wollgarn von rund 18 Kilometern Länge mit einem Handelswert von rund 8000 US-Dollar. Vergessen Sie's, das ist keine Geschäftsidee für die Eifel. Die „Schafsochsen“ brauchen sehr kalte und vor allem extrem trockene Luft. Ihre Wiederansiedlung ist sogar im norwegischen Gebirge nur in einer einzigen Region geglückt, im Dovre-Fjell. An zwei Tagen habe ich dort mal 27 von den Tieren hoch über der Baumgrenze aufspüren können. Selbst in Nordnorwegen waren sie zuvor schon in zu feuchter Kaltluft an Lungenentzündung eingegangen.

Noch eine kleine Anmerkung zum Thema Haustier und Essen: Sollte Ihnen irgendwann mal ein Rezept in die Hände fallen mit „Hyäne an Bratkartoffel und Stachelschweinstachelmus“, dann schreiben Sie mir doch bitte. Oder nein, doch nicht, lieber nicht. Ich glaube mich jetzt doch zu erinnern, dass meine Mutter früher immer sagte: „Junge, Finger weg vom Stachelschweinstachelmus – das verträgst du nicht.“

Erst im Sommer 1856 nahm die Entdeckung unserer „ersten“ Urmenschen ihren Lauf, als Arbeiter in einem Kalksteinbruch im Neandertal östlich von Düsseldorf 16 Knochenstücke fanden, die schließlich als Schädelfragmente des ersten deutschen Homo neanderthalensis bestimmt wurden. Man vermutet, dass die Neandertaler, lärmempfindlich wie sie waren, dem landschaftlich reizvollen

Neandertal den Vorzug vor einem Leben in der Stadt gaben. Doch haben sie wohl die Keulenboutiquen auf der Düsseldorfer Kö durchaus zu schätzen gewusst. Aber an dienstfreien Tagen und Sonntagen (der freie Samstag kam erst später), wenn die damals noch führenden Keulen-&-Fashion-Läden von Stone & Prada oder von Keuli (aus denen später Gucci wurde) geschlossen hatten, sind sie wohl immer wieder aufgebrochen, um nach einem erlebnisreichen Tag abends zufrieden mit einem Körblein voller Pilze und Mammuts aus unserer wunderschönen Eifellandschaft heimzukehren. Und irgendwann mögen die einen oder anderen die Eiserfeyer Höhle als angemessenen Wochenendwohnsitz oder gar als Hauptdomizil angenommen haben, wenn das mit dem Nachsenden der Post irgendwann geklärt war. Ja, die mit den oben erwähnten „Haustieren“ waren ganz sicher Dauermieter.

Ansonsten muss man davon ausgehen, dass das Leben der Neandertaler durchaus auch gefährlich war, denn alle Knochenfunde belegen Verletzungen. Im Irak zum Beispiel wurden die Knochen eines verkrüppelten Mannes gefunden, der aber gar nicht am Irakkrieg teilgenommen hatte. Trotzdem wies er mehrere Knochenbrüche auf und war wohl auch auf einem Auge blind, was von einer Schädelverletzung herrührte. Dabei sage ich ja immer: Männer, guckt genau hin, mit welchen Frauen ihr euch zusammentut. Aber die meisten sind ja, was das angeht, ziemlich beratungsresistent. Jedenfalls scheint dieser Iraker doch noch fast 40 Jahre alt geworden zu sein, was bedeuten könnte, dass sich Angehörige um ihn gekümmert haben. Vielleicht ja sogar seine Schwiegereltern, weil die so ein schlechtes Gewissen hatten. Aber wenn dieser Fall damals durch die Presse durch ist, wundert es mich überhaupt nicht, dass die Irakis schließlich Muslime geworden sind. Da steht doch beispielsweise irgendwo in den Papieren, dass Frauen ihre Männer nicht mehr mit der Eisenpfanne auf den Hinterkopf schlagen dürfen, selbst dann nicht, wenn die mal wieder drei Stunden beim Bauchtanz hängen geblieben sind und auch den Müll nicht runtergebracht haben. In einer älteren Fassung stand auch noch, dass Frauen generell – auch bei Mangel an anderen geeigneten Materialien – Männern keine Arme abreißen durften, um sie dann damit zu verprügeln.

In der Eifel kam so etwas nie vor. Die Eifelfrauen sind ja für ihren Liebreiz und ihre Sanftheit bekannt. Aber die Partnerbörsen waren damals noch im Aufbau und Eifelfrauen damit auch nicht im Angebot im Irak. Die hätten sich gefreut.

Wir können jedenfalls froh sein, dass wir diese knuffigen Eifelhöhlen haben, sonst hätten wir heute wohl gar keine Nachweise von Neandertalern in der Eifel. Denn ihre wohl aus Holz und Fellen erstellten „normalen" Behausungen konnten die Jahrtausende natürlich nicht überstehen und verrotteten, ohne Spuren zu hinterlassen.

Aber auch sie selbst verschwanden vor rund 30.000 Jahren (fast) spurlos, obwohl sie mit ihrer wohl robusten Natur, ihren Fertigkeiten und ihrem Sozialleben eigentlich als sehr lebenstüchtig erschienen für ihre damalige Umwelt. An ihre Stelle trat jedoch der sogenannte Cromagnonmensch, der von Fachleuten als intelligenter und noch lebenstüchtiger angesehen wird. Doch soll es unter Kölnern den einen oder anderen geben, der der Theorie vom ausgestorbenen Neandertaler vehement entgegentritt: „Soo ne Quaatsch, de sinn doch nitt ussjestorwe, die lewwen doch immer noch a Stücksche dä Rhing runner opp dä schäl Sick! Inn dämm Dorf, watt mett D ahnfängt!"

Ob diese Kölner nun recht haben oder nicht: Die Neandertaler haben uns jedenfalls ein unumstößliches Erbe hinterlassen. Der Genetiker Svante Pääbo, selbst kein Neandertaler, sondern schwedischer Mediziner, fand 2010 mit seinem Team heraus, dass wir als Europäer zwischen einem und vier Prozent DNA vom Neandertaler geerbt haben. Also ich persönlich bin davon ohnehin fest überzeugt. Ich bin schon Leuten begegnet, also da lag der Prozentsatz ganz sicher noch etwas höher. Und das nicht nur im Hinblick auf ihren Gesichtsausdruck oder ihre Körperhaltung, sondern durchaus auch in Bezug auf ihre Denkweise. Und auch DIE pflanzen sich immer noch fort. Hat nicht auch dieser italienische, wie heißt er denn noch gleich? Also manchmal fallen mir, wahrscheinlich als Spätschaden des großen Latinums, nur noch die wissenschaftlichen Namen ein. Also dieser Homo eregidus berlusconiensis, hat der nicht auch Nachkommen? Ich lese einfach zu selten die italienische Bild-Zeitung.

Jedenfalls bedeutet dieser Anteil an Neandertaler in uns, dass die damals, also die und die noch pfiffigeren Cromangnonmenschen, irgendwie Sex gehabt haben müssen. Das ist auch völlig in Ordnung. Mancher mag es eben ein bisschen rustikal. Wenn ich da an die Römer denke. Hat man nicht im vom Vesuv verschütteten Pompeji einen Mann „mit" einer Ziege gefunden? Also wenn ich mir davon die Enkel vorstelle. Wussten Sie übrigens, dass die Neandertaler schon Lederklamotten gehabt haben sollen? Halt wie die Bayern. Aber genug jetzt mit den Vergleichen.

Eine Entdeckung in der südwestfranzösischen Region Dordogne führte im Jahre 1868 den Menschen auf die Weltenbühne, der den Neandertaler in Europa und auch in der Eifel verdrängt hatte. Am Rande des Kalksteinmassivs „Cro-Magnon" beim Ort Les Eyzies wurde ein Grab mit fünf Erwachsenen und einem Säugling gefunden. 30.000 Jahre hatten sie dort gelegen. Schließlich fand man heraus, dass diese Gattung Mensch Europa im Zeitraum zwischen 35.000 und 10.000 Jahre vor heute bewohnte. Was unter anderem bedeutet, dass einige von ihnen in der Eifel auch tatsächlich Zeuge wurden von ungeheuren geologischen Ereignissen, die ihnen kaum eine andere Region Europas hätte bieten können. Die Cromagnons hatten das gelegentlich sicher auch zweifelhafte Vergnügen, die jüngsten vulkanischen Eruptionen unserer Region mitzuerleben, wobei diejenigen von ihnen, die sich damals im Raum Andernach auf den östlichen Eifelhöhen oder im Rheintal aufhielten, die gewaltigste aller Explosionen in der Eifel erleben mussten oder ihr gar zum Opfer fielen. Denn wie schon erwähnt entlud sich vor knapp 13.000 Jahren der Laacher-See-Vulkan über mehrere Tage in einer Reihe von Explosionen, die vor allem die weiter östlich gelegenen Gebiete bis zum Rhein mit einer sieben Meter dicken Schicht aus Asche und Bims bedeckte. Der Rhein wurde aufgestaut und flutete das Neuwieder Becken bis hinauf nach Koblenz. Da wir authentische Fernsehbilder von Vulkanausbrüchen der letzten Jahrzehnte kennen, wird das Ausmaß der Laacher-See-Katastrophe nachvollziehbar. Seine errechnete Auswurfmenge von sechs Kubikkilometern festen Materials weist seine Eruption als eineinhalbmal so stark aus wie die des 1991 ausgebrochenen philippinischen Vulkans Pinatubo oder gar sechsmal so groß wie die des amerikanischen Mount St. Helens, der 1980 explodierte.

Auch wenn damals, verglichen mit der heutigen Bevölkerungssituation, nur wenige der Cromagnons Zeuge dieses Infernos wurden: Es muss an ihren Lagerfeuern noch lange ein Thema gewesen sein und sich ziemlich rumgesprochen haben. Denn anders als die Neandertaler ähnelten sie uns heutigen Menschen wohl schon sehr. Auch ihr Eifeler Platt soll schon sehr viel differenzierter gewesen sein als das ihrer Vorgänger. Also konnten sie auch entfernter lebenden Verwandten, die mal wieder ihre GEZ-Gebühren nicht gezahlt hatten und nicht im Bilde waren, durchaus wortreich davon berichten. Wobei es dem frühen Eifelplatt sicher noch an ausreichendem Vokabular für die Erläuterung oder Umschreibung vulkanologischer Fachtermini wie „Subduktionszone“ oder „pyroklastische Ströme“ fehlte.

Die Cromagnons ähnelten uns aber wohl auch schon sehr in ihren Körpermerkmalen - mit hohem Schädel und der steilen Stirn sowie einer eher hohen und schmalen Nasenöffnung über einem deutlich ausgeprägten Kinn. Dabei waren sie wohl auch relativ groß und muskulös, aber wahrscheinlich doch etwas robuster als wir heute.

Manche Funde weisen sie als geschickte Jäger und Hersteller von Werkzeugen aus, die in ihren Immobilien allerdings auch berühmte Höhlenmalereien hinterließen. Etwas, was Vermieter heutzutage auf die Palme bringt, wenn man es beim Auszug nicht wegmacht, war damals der Beginn der europäischen Kunst. Gut, dass da noch andere Richtlinien bei Vermietung und Renovierung galten. Aber diese Zeit hinterließ uns auch den Begriff „brotlose Kunst“, denn Brot gab es damals noch nicht.

Eines wurde bei der Erforschung dieses höher entwickelten Menschen, der uns biologisch schon so sehr ähnelte, deutlich: Unsere Nordeifel-Neandertaler aus der Kakushöhle bzw. ihre Nachfahren wurden wohl nicht gewaltsam von den mehr und mehr auftretenden Cromagnons ausgelöscht. Es soll vielmehr ein stiller Prozess gewesen sein, bei dem die neuen Bewohner durch eine Vielzahl von Überlebensvorteilen, die ihnen ihre höhere und überlegene Kultur bot, im Vorteil waren. Man geht davon aus, dass sie wahrscheinlich ursprünglich aus wärmeren Gefilden zu uns eingewandert sind, also aus Afrika oder dem Nahen Osten.

Zur *Freude* aller Apotheken

Die Kelten

In den höheren Eifelgebieten fanden sich kaum Siedlungsspuren aus der jüngeren Steinzeit (4000 bis 2000 v. Chr.), was allerdings nicht einem Mangel an Steinen zugeschrieben werden kann, wie spätere Generationen von Eifelbauern herausfinden durften.

Nachdem die Zeit mit den Neandertalern und den „Grong Mangjongs“, wie die Kölner sie liebevoll nannten, zu Ende gegangen war (die anscheinend alle verschwunden waren, um ihre Rente auf Mallorca durchzubringen), kamen die Kelten etwa um 600 v. Chr. in unsere Eifelregion. Da sie wohl immer wieder Stress mit den von Nordosten kommenden Germanen hatten, bauten sie zum Teil noch heute in Resten erhaltene Fliehburgen mit Steinwällen. Solche Steinwälle beispielsweise finden sich noch immer an verschiedenen Stellen in der Eifel, etwa in Schleid bei Bitburg, auf der Basaltkuppe der Steineberger Ley bei Steineberg südöstlich von Daun, als „Burscheider Mauer“ nahe Landscheid bei Wittlich und als sogenannte Hochburg bei Kordel.

In dieser sogenannten Eisenzeit (800 bis 100 v. Chr.) soll es im 5. Jahrhundert v. Chr. sogar mitten in der Eifel, nämlich in Hillesheim, die nach heutigen Erkenntnissen erste Anlage zur Eisenverarbeitung nördlich der Alpen gegeben haben. Der Markt verlangte eben nach neuen innovativen Materialien und die ollen Holzkeulen gerieten immer mehr aus der Mode (was nach so ein paar Tausend Jahren akzeptabel ist – im Vergleich zu dem heute oft überhasteten

Modewechsel). Jetzt verlangte es den Kunden nach schepperndem Metall. Entsprechend wandelte sich auch die Herangehensweise an die Beendigung eines Konfliktes. Die neue Variante „Arm oder Kopf abhacken“ (je nach Konfliktausmaß) statt „Schädel einschlagen“ fand immer mehr Zuspruch unter der männlichen Bevölkerung. Was man verstehen kann. Wenn mal genug geredet war und man es einfach nicht mehr hören konnte, dann war irgendwann der mit dem Kopf unterm Arm auch garantiert um neue Argumente verlegen. Doch, so ein Schwert war schon eine angesagte Sache, schaffte nachhaltig klare Verhältnisse und hinterließ bei präziser Handhabung in der Regel auch weniger Pflegefälle. Wobei auch ein hübscher kleiner Speer oder ein schicker Pfeil mit Eisenspitze durchaus zu überzeugen wusste. Jedenfalls hatten die Männer damit endlich mal wieder mehr Spaß beim „Diskutieren“. Auch wenn sie mal dringend nach Hause mussten, sei es fürs Tapezieren, den Abwasch oder das Babyhüten, dann konnten sie das jetzt noch nachdrücklicher zum Ausdruck bringen und waren dadurch in der glücklichen Lage, sich oft noch pünktlich bei ihrem Schatz zum Dienstantritt zurückmelden zu können.

Diese Andeutung einer „gewissen“ weiblichen Emanzipation findet auch Bestätigung in Form einiger Überlieferungen und Funde, durch die die durchaus hohe und geachtete Stellung der Keltenfrauen nachgewiesen scheint. So soll es sogar weibliche Fürstinnen gegeben haben und in einem Grab aus dem Raum Saarbrücken hatte man der Toten auch prachtvolle Grabbeigaben mitgegeben, was ein untrüglicher Hinweis ist für ihre herausgehobene Stellung. In diesem Zusammenhang ist es eine weitere interessante Erkenntnis, dass nicht nur Stammesoberhäupter ihren Interessen entsprechend Frauen bestimmten Männern „gaben“, sondern dass nach einigen Berichten auch Frauen selbst ihre Zukünftigen aussuchen durften. Andere Autoren berichten gar von an Kämpfen und Trinkgelagen teilnehmenden Frauen, was in manchen Stämmen ja auch so gewesen sein mag. Denn die Kelten lebten nicht als ein geeinigtes homogenes Volk in einer Staatsform, sondern waren Stammesverbände und Stämme mit gemeinsamen kulturellen Ausprägungen. Ihr Verbreitungsgebiet mit dem Rhein als Mittelachse ihres Kerngebiets reichte von der Türkei bis nach Spanien und von Italien bis nach Schottland. In Frankreich waren sie als Gallier bekannt und in der heutigen Schweiz als Helvetier.

Die Kelten unserer Region und der Eifel waren die Treverer, die auch Namensgeber ihrer späteren „Hauptstadt" Trier wurden. Ihr Gebiet reichte von der Nordeifel (wo sich noch weiter nördlich das Gebiet der Eburonen anschloss) und vom Rhein bis an die Maas und in die nördliche Pfalz. Die Eifel lag sozusagen im Herzen des keltischen Kernlandes.

Spätestens durch die Comicgeschichten von Asterix und Obelix wurde großen Teilen unserer Bevölkerung „keltisches Leben" (durch die Brille zweier belgischer Comicautoren) bekannt, nämlich das der Bewohner eines kleinen Gallierdorfes in der Bretagne. Eine der herausragenden Figuren dieser Hefte ist ein Druide.

Auch der berühmte Römer Gaius Julius Cäsar lernte die Kelten näher kennen. Ja genau, der Julius Cäsar, der schließlich als Diktator in Rom 44 v. Chr. dem ebenfalls berühmten Attentat zum Opfer fiel. Der hatte noch als Prokonsul zwischen 58 und 51 v. Chr. ganz Gallien bis zum Rhein erobert und berichtet in seinem Werk „Vom gallischen Krieg" von einer hoch entwickelten Kultur und von den Druiden, die zusammen mit adligen Kriegern an der Spitze ihrer Gesellschaft standen. Er berichtet auch, dass die Druiden für die Ausübung religiöser Handlungen Verantwortung trugen und als Lehrer und Richter tätig waren. Cäsar erwähnte zudem, dass sie als Folge ihres großen Ansehens keine Steuern zu zahlen hatten und auch nicht an Kriegshandlungen teilnehmen mussten.

Das wohlstrukturierte Wirtschaftsleben der Kelten wird auch als dem ihrer germanischen Nachbarn überlegen eingeschätzt. Zur Bestellung ihrer Äcker verwendeten sie schon sowohl natürliches Material wie Mist als auch „chemische" Zusätze wie Mergel und Kalk. Neben der Rinder- und Schweinezucht bauten sie verschiedene Getreide und Hülsenfrüchte wie Linsen an. Ein besonderer Wirtschaftszweig war allerdings wie schon angedeutet die Metallindustrie. Als bedeutendstes Material galt ihnen das Eisen, das natürlich für die Waffenherstellung enorm wichtig war. Aber sie verstanden sich auch auf die Gewinnung von Gold, Silber, Kupfer und Zinn.

Mit einem weitverzweigten Handelsnetz vor allem nach Südeuropa exportierten sie das von ihnen intensiv abgebaute Salz und auch Zinn zu den Völkern des Mittelmeeres. Nach den Schilderungen des römischen Autors Plinius standen in Rom sogar keltische Frauenkleider hoch im Kurs. Dass sie ab dem 4 Jahrhundert v. Chr. ihre eigenen Importe wie Seide, Öl und Wein mit selbst geprägten Münzen bezahlen konnten, ist ein weiterer Beleg für den Fortschritt ihrer Wirtschaft.

Auch als Handwerker und Künstler leisteten sie für ihre Zeit Außergewöhnliches. Zu ihren Erfindungen zählt unter anderem ein mit Veränderungen bis ins 19. Jahrhundert verwendeter zweiachsiger Wagen. Sie besaßen große Fertigkeit im Umgang mit Ton, Stoffen, Glas und Leder. Besonders aufwendig gestalteten sie Prunkhelme mit Auflagen von Bronze, Silber und Gold und eingearbeiteten Korallen.

Allerdings wurde von fünf ihrer „Städte" im Raum Eifel-Hunsrück nur eine einzige „Keltenstadt" auf der Eifelseite bei Pommern an der Untermosel angelegt. Auf dem sogenannten Martberg hoch über der Mosel gab es aus der Jungsteinzeit erste Siedlungsspuren. In der späten vorrömischen Zeit zwischen 500 und 100 v. Chr. erreichte die Siedlung ihren größten Zuwachs und wuchs im 1. Jahrhundert v. Chr. auf eine Gesamtfläche von immerhin 50 Hektar, was einem Rechteck mit einem Kilometer Länge und 500 Metern Breite entspricht. Darin fanden sich überwiegend Hofgruppen aus Wohnhäusern mit 25 bis 50 Quadratmetern und kleinere Speicherhäuser mit vier bis 15 Quadratmetern. Die Wichtigkeit als Ort von größerer regionaler Bedeutung lässt sich ableiten von Fundstücken von Metallwerkstätten und sogar von Münzgussformen. Das alles war jedenfalls bedeutsam genug, um es auch durch eine kilometerlange sogenannte Pfostenschlitzmauer zu schützen. Erst die zunehmende Romanisierung und die Gründung von Vicus Cardena (Treis-Karden) unten im Moseltal führten schließlich zur Aufgabe dieses Siedlungsstandortes, doch nahm die Bedeutung des heiligen Bezirks auf dem Martberg noch jahrhundertelang zu.

So erreichte der Ausbau dieses Tempelbezirks erst im 3. Jahrhundert n. Chr. seine maximale Größe und Bedeutung mit einem in keltisch-römischer Bauweise errichteten steinernen Umgangstempel, der durch eine 60 mal 70 Meter messende Wandelhalle nach außen abgegrenzt war. Als dann aber die Römer um 400 n. Chr. die Eifel und den deutschen Raum verließen, wurde auch der Tempelbezirk aufgegeben.

Weitere keltische Tempelbezirke, wenn auch kleiner, wurden in Pesch bei Bad Münstereifel, bei Nettersheim, Mürlenbach und Nattenheim ausgegraben. Bemerkenswert ist auch das Beispiel der ehemals 63 mal 46 Meter großen keltisch-römischen Tempelanlage „Juddekirchhof" auf einem Plateau oberhalb von Gerolstein. „Erst" 124 n. Chr. von Römern erbaut, diente dort schließlich ein Tempel der Verehrung des Herkules, während ein zweiter der keltischen Göttin Caivas geweiht war. Kelten und Römer hatten sich offenbar ganz gut miteinander arrangiert bzw. die Kelten hatten gelernt, unter den römischen „Besatzern" gut zurechtzukommen.

Langer *Frieden* mit Badezimmer

Die Zeit der Römer

Kommen wir also zu den Römern, die über einen relativ langen Zeitraum von immerhin rund 450 Jahren (51 v. Chr. bis etwa 400 n. Chr.) erheblichen Einfluss auf unsere Region hatten. Warum sie damals nicht auch schon „Italiener" hießen? Gemäß alter Tradition wurde seinerzeit das Volk bzw. wurden die Menschen noch nach ihrer Hauptstadt – in diesem Fall Rom – benannt, also als Römer. Allerdings ist die italienische Stadt Paparazz bis heute noch nicht gefunden worden.

Julius Cäsar hatte schließlich 51 v. Chr. Gallien, das Land der Kelten, über Frankreich bis zu uns in den Norden und an den Rhein erobert. Doch diese ersten militärischen Kräfte benötigten Nachschub und Verstärkung. Und da irgendein Heimkehrer von Cäsars ersten Truppen, wohl ein Scherzbold mit karnevalistischem Potenzial, der schon in Germanien gewesen war, das Gerücht gestreut haben muss, da im Norden gäbe es ein erfrischendes Meer, an dessen Gestaden man sich sogar völlig kostenfrei die Fangopackungen selbst anlegen könne (möglicherweise eine Anspielung auf den Schlick des Wattenmeeres), da gab es dann doch eine Menge Freiwillige für einen weiteren Ausflug mit personellem Nachschub nach Germanien. Viele davon schon Mitglied im italienischen Eifelverein, also wanderfreudig und mit festem Schuhwerk. Das war schließlich schon eine größere Wandergruppe, die sich da in Bewegung setzte: der Legat Gaius Molto Incontinentius mit seiner Legion von etwa fünfeinhalbtausend Mann, nordwärts Richtung Germanien. Die haben uns ja damals Germanen genannt, weil auf den Blutegelfallen, die sie zu der Zeit ausschließlich aus dem Norden importiert haben, „Made in Germany" stand.

Nachdem sie von Marseille aus nordwärts durch das Rhonetal gewandert waren, erreichten sie schließlich die Höhe der Schweiz, die sich rechts ihres direkten Weges erstreckte und damals auch schon zum Römischen Reich gehörte. Anstatt nun schön weiter dem kürzesten Weg nach Norden zu folgen, muss es wohl zunächst einmal zu einer längeren Reiseunterbrechung gekommen sein wegen eines Abstechers ins helvetische Kanton Pecunia, denn dort wussten die Menschen in Turicum (später Zürich) besonders gut mit Geld umzugehen.

Das zog sich ein wenig, bis alle besser verdienenden Offiziere schließlich ihr Schwarzgeld-Konto eröffnet hatten. Auch weil die meisten von ihnen ihren Reisepass vergessen hatten. Aber nach tagelangen Verhandlungen (und der Perspektive, dass manche der neuen Kontoinhaber von ihrem Ausflug nach Germanien ohnehin nicht zurückkehren würden) hatten die Schweizer ein Einsehen und akzeptierten irgendwann auch die abgelaufenen Schülerausweise.

Da es aus der sich dann anschließenden Zeit keine Überlieferungen gibt, kann man den weiteren Ablauf nur vermuten und das Nachfolgende für die wahrscheinlichste Version halten:

Die Legion gelangte wohl doch noch eines Tages in die Pfalz, wo sie erst mal eine Verschnaufpause in Kaiserslautern machte. Nach einer Runde Kicken auf dem Betzenberg und einem Extrabecher Latte macchiato brachen sie dann wieder auf. Zunächst hielten sie sich auf Westkurs, der sie durch einen nicht enden wollenden Wald führte. Als sie dann „Das Wandern ist des Römers Lust" anstimmten, da ging dem Gotthilf Fischer aber das Herz über. Dem kommen heute noch die Tränen der Rührung, wenn man ihn darauf anspricht. Aber dann waren sie plötzlich verstummt, weil sie ziemlich gestaunt hatten, dass da plötzlich mitten im Wald ein Zaun war. Ein richtiger großer Zaun. Mit einem großen Schild, auf dem „Vorsicht! Ende der zivilisierten Welt" stand. Hinter dem Zaun das Saarland, das aber damals noch niemand kannte, außer dem unbekannten Weisen, der das Schild angebracht hatte. Nein, der beide Schilder angebracht haben musste. Denn auf der saarländischen Seite gab es auch ein Schild an diesem Zaun. Da stand drauf: „Vorsicht! Ende der Welt!"

Da haben sich die gut 5000 Kerle erst mal auf einen schnellen Espresso zusammengesetzt und kurz beraten. Ja, das waren so viele. Die Hälfte brauchten sie ja schon allein, um dieses blöde nigerianische Tor zu schleppen, diese „Porta Nigeria", ein Souvenir von Gaius Molto Incontinentius von seinem letzten Afrikafeldzug. Da sich daheim kein Platz dafür gefunden hatte, hatte er es einfach mitgenommen.

Sie haben dann also beratschlagt: Legat Incontinentius und seine fünf Tribune und die Männer diskutierten darüber, was zu tun sei. Nach zwei Tagen fällten die ersten sechs die demokratische Entscheidung, einfach weiterzuziehen und den Zaun zu ignorieren. Hätte ja auch ein raffiniert getarnter Baustellenzaun sein können. Dabei hatte die Formulierung „Vorsicht! Ende der zivilisierten Welt" ja aus römischer Sicht auch etwas Verlockendes. Aber auch den Typen von der Wander-Gewerkschaft war die Entscheidung ganz recht. Zusätzlich zu der Schlepperei von dem blöden Tor noch weitere ungewisse Aufgaben hinter einem ominösen Zaun zu übernehmen war nicht in ihrem Interesse. Also zog die ganze Truppe nun nordwärts. Man muss noch wissen, dass die Gastarbeiteridee damals noch nicht so ausgereift war. Das Ignorieren des Zaunes war aber vor allem auch im Sinne der Kerle, die keine Lust hatten, dieses verdammte afrikanische Tor auch noch über diesen Zaun zu schaffen.

Apropos Zaun. Die Römer kannten sich übrigens hervorragend mit Zäunen aus. Sie hatten auf diesen Wandertouren sogar ihren eigenen Zaun dabei: den sogenannten Limes. Das war so eine Art transportabler Jägerzaun. Nur etwas größer.

Auf jeden Fall sind sie die Saar abwärts und standen schließlich vor diesem doch schon etwas größeren Fluss, der ihnen das Vorankommen verwehrte. Bei den bereits in der Region lebenden Kelten hieß er „Moseal". Aber Gaius Incontinentius behauptete später immer, er habe den Fluss ganz unabhängig davon „Mosella" genannt (nämlich nach seiner gleichnamigen Schwiegermutter – nur um bei ihr ein paar schäbige Pluspunkte zu machen, der Schleimer).

Jedenfalls war zunächst an ein Weiterkommen nicht mehr zu denken, denn der Logistik-Offizier Marcus Dementius hatte vergessen, die Schwimmflügelchen einzupacken. Also zunächst keine Flussüberquerung, sondern vorläufige Endstation, bis die Nachlieferung aus der Heimat da war. Und das konnte dauern. DHL lieferte damals noch mit einachsigen Karren aus.

Wenigstens konnten sie endlich mal das leidige Tor auf einer größeren ebenen Fläche abstellen – ein erster kleiner Anfang für die sich später einstellende Entwicklung von Trier. Allerdings legten sie ihr erstes Lager dann doch nicht im Talgrund am Ufer der Mosella an, sondern hoch über dem Fluss auf dem Petrisberg. Angeblich, um es dem aus Frankreich stammenden Koch zu erschweren, jeden Tag Froschschenkel aufzutischen.

Es war das Jahr 30 v. Chr. Erst 14 Jahre später gründeten sie dann unmittelbar an der Mosel und in der Nähe einer ehemaligen keltischen Kultstätte die eigentliche Stadt. Das Nordtor von Colonia Augusta Treverorum stand ja praktischerweise auch schon da.

Dass schließlich die Ausdehnung des römischen Herrschaftsbereiches bis zum Rhein reichte, genügte den Römern jedoch nicht. Sie verfolgten auch weiterhin das Ziel, sogar noch die germanischen Siedlungsgebiete bis zur Elbe unter die Herrschaft Roms zu bringen. Doch der berühmte germanische Cherusker-Fürst Arminius, der noch als junger Mann selbst zum römischen Offizier ausgebildet und als zuverlässiger Verbündeter Roms sogar in den römischen Adelsstand erhoben worden war, wendete sich schließlich gegen Rom und nutzte sein Potenzial der Kenntnis römischer Kriegsführung.

So geriet der römische Statthalter und Oberbefehlshaber der römischen Rheinarmee Publius Quinctilius Varus im Jahre 9 n. Chr. mit drei Legionen aus Fußtruppen und zusätzlichen Reiterkohorten sowie Nachschub- und Unterstützungskräften und Pferden (es heißt, der gesamte Zug habe eine Länge von bis zu 20 Kilometern gehabt) in einen Hinterhalt des vermeintlichen Verbündeten Arminius. Innerhalb von drei Tagen wurde die gesamte römische Streitmacht mit ihren 18.000 oder gar mehr Soldaten ausgelöscht. Nur die Zivilisten des Begleittrosses sollen verschont worden sein.

Einige Jahre später versuchte der römische Feldherr Germanicus mit sage und schreibe acht Legionen, Arminius zu besiegen und die Herrschaft der Germanen zu brechen. Zwei Jahre lang durchstreifte er mit seinen gewaltigen Truppen Germanien, aber er konnte in diesem für die römische Kriegstaktik so schwierigen Land mit seinen Wäldern und Sümpfen keine eindeutigen Siege erringen.

Schließlich gaben die Römer um 16 n. Chr. (Gründungsjahr von Trier) ihre rechtsrheinischen Siedlungen und die meisten Kastelle auf und zogen sich bei uns im Westen wieder hinter den Rhein und im Süden hinter die Donau zurück. So behielten sie zumindest die linksrheinischen Karnevalshochburgen zwischen Köln und Mainz.

Die Eifel wurde schließlich militärisch geschützte Grenzprovinz hinter dem schon erwähnten Limes, der gleich auf der rechten Rheinseite im Raum Koblenz für eine gewisse Sicherheit sorgte. So ein Holzzaun war ja schließlich unüberwindbar, wie man es ja auch vom Jägerzaun weiß, der mal zur Abwehr streunender Jäger erfunden worden ist.

Die Geschichte der römischen Eroberung der Eifel kennt nun allerdings sowohl „Verlierer" als auch „Gewinner". Die in der Nordeifel ansässigen germanischen Eburonen wurden nicht nur unterworfen, sondern gar als Volksstamm gleich komplett ausgelöscht, was nur auf einen blöden Übersetzungsfehler zurückzuführen ist. Das germanische Wort für Aldi war damals noch ein etwas längeres germanisches Wortgebilde. Das übersetzte die völlig überforderte römische Fremdsprachenkorrespondentin schließlich leider mit „Die Römer sind alle Arschlöcher". Und das Unheil nahm seinen Lauf. Doch ihre germanischen „Verwandten", die Ubier, füllten dann die entstandene Einkaufslücke wieder auf und verwendeten fürderhin das Wort „Lidl".

Besser erging es den keltischen Treverern in der Südeifel. Diese Schleimer arrangierten sich mit den neuen Herren. Und so begann für die Eifel die längste friedvolle Periode nach Christi Geburt. Eine rund 200 Jahre währende Phase ohne einen Krieg hat unsere Eifel in den darauffolgenden rund 1600 Jahren bis heute nicht mehr erlebt.

Welche Bedeutung Trier schließlich hatte, kann kaum mehr verdeutlicht werden als durch den Umstand, dass nicht nur der Prokurator, der oberste römische Finanzbeamte, hier seine Residenz nahm. Das taten auch im 3. und 4. Jahrhundert die römischen Kaiser Postumus, Constantinus, Constantin, Valentinian und Gratian. An Konstantin den Großen erinnern ja auch heute noch die Kaiserthermen und die Konstantinbasilika. Erstaunlich ist auch die Tatsache, dass Trier vor rund 1700 Jahren eine „Weltstadt" war. Denn um 300 n. Chr. war sie mit einer höheren fünfstelligen Einwohnerzahl immerhin kurzzeitig die größte Stadt nördlich der Alpen, bis der Titel nach Köln ging.

Für die nördliche Lage hatte Trier ein relativ mildes Klima, das es den Römern etwas leichter machte, so fern von der Heimat zu leben. Trier entwickelte sich jedenfalls zum wichtigsten Stützpunkt hinter der direkten Frontlinie zu Germanien. Um militärisch allen Situationen gewachsen zu sein und auch kurzfristig auf eine Bedrohungslage reagieren zu können, mussten Straßen errichtet werden, die eine schnelle Verlegung von Truppen und Material möglich machten. Da zur damaligen Zeit das Maintal im Süden und das Lippetal im Norden als die Hauptverbindungswege nach Germanien galten, ergaben sich auch an den jeweiligen Mündungen der Flüsse in den Rhein militärische Schwerpunkte, also einmal in Mainz und zum anderen in Birten am Niederrhein. So entstanden in relativ kurzer Zeit die Heerstraßen über den Hunsrück bis nach Bingen und Mainz und durch die Eifel über die Wasserscheide zwischen den Flüsschen Prüm und Kyll, Schmidtheim usw. bis Köln.

Natürlich wurde die bedeutende Eifelstraße nach Claudia Ara Agrippinensium (Köln) gleich nördlich von Trier zunächst einmal nach Bedavicus (Bitburg) geführt, und zwar direkt an der Brauerei vorbei. Wer will es den mit Weinschorle groß gewordenen Römern übel nehmen, dass ihnen der Sinn mal nach etwas Herzhafterem stand und sie fürderhin auch dem Biere zusprachen.

Damals hieß das heute „Bitburger Drive" genannte alkoholfreie Bier noch „Bitburger Ride", weil die meisten römischen Offiziere nur einen Pferdeführerschein hatten.

Die Straße führte dann weiter über Ausava (Oos) und Icorigium (Jünkerath) hoch in die Nordeifel. Dort zweigte dann hinter Schmidtheim eine Straße ab in Richtung Rheinbach und Bonn. Die weiter nordwärts in Richtung Köln verlaufende Straße teilte sich jedoch auch bald wieder bei Marcomagus (Marmagen) in eine nördlichere Route über Zülpich und eine südlichere über Wesseling. Aus dem französischen Reims kam von Westen eine Straße, die über St. Vith und Gemünd führend in Zülpich Anschluss hatte an die Kölnstrecke. Eine weitere Verbindungsstraße führte von der ältesten belgischen Stadt Tongern bei Lüttich über Icorigium (Jünkerath), Hillesheim und Megina (Mayen) bis nach Confluentes (Koblenz).

Die Römer legten diese wichtigen gut ausgebauten Straßen natürlich nicht an, um die Entwicklung der Eifel voranzubringen. Doch genau das trat als erfreuliche Folgeerscheinung ein. Zunächst kam es zur Entstehung der wichtigsten Reisegrundlage der damaligen Zeit: Herbergen und Pferdewechselstationen waren unverzichtbar und wurden im Abstand der damals als machbar geltenden Tagesreisedistanz von um die 23 Kilometer gebaut. Doch einige dieser zunächst kleineren Ansiedlungen zogen weitere Handwerker und Kaufleute an, die Geschäfte betrieben oder als Schmied, Sattler oder Stellmacher (Räderbau für Karren) tätig waren. So wurden die römischen Straßen zu sich fortentwickelnden Lebensadern der Eifelbesiedlung.

Doch es blieb nicht nur bei der Besiedlung durch Menschen mit Handwerksberufen. Neben zahlreichen Einzelhöfen entlang der Straßen wurden auch prunkvolle römische Villen erbaut, die mit den für die damalige Zeit möglichen Luxusmerkmalen vom hohen Lebensstandard ihrer Bewohner berichten. Hier sei zum Beispiel die Villa Otrang bei Bitburg genannt. Die Anlage beeindruckt schon allein durch ihre Größe, denn der ummauerte Bereich weist eine Länge von 400 Metern und eine Breite von 130 Metern auf. Darin fanden sich einerseits sowohl die Pferdeställe als auch die Wohnungen des Personals, andererseits aber auch das fast 14.000 Quadratmeter große Grundstück für das Herrenhaus und schließlich die eigentliche Villa mit 60 Metern im Geviert. Fünf der insgesamt 13 Mosaikfußböden mit bis zu 100.000 kleinen bunten Steinchen (schwarz, weiß, grau, gelb und rot) sind in Otrang erhalten.

Da das Klima in der Eifel ein klein wenig abweicht vom italienischen, gingen die damaligen Bauherren auch auf diesen Unterschied ein und passten die römische Bauweise unserem geringfügig kühleren Klima an.

Auch der Blankenheimer Gutshof verfügte bei 240 mal 120 Metern Ausdehnung über enorme Ausmaße. Aber das besonders Beeindruckende an den römischen Bauten dieser Zeit ist in meinen Augen die Ausstattung sowohl mit einer Fußbodenheizung als auch mit einer Kanalisation. Und da die Römer das Baden liebten, fehlte es auch meist nicht an Bädern mit Kalt-, Warm- und Heißwasserabteilung. Und weil sie nicht nur auf sauberes Badewasser großen Wert legten, sondern auch auf reines Trinkwasser, bauten die Römer schließlich eine 97 Kilometer lange geschlossene Wasserleitung von Nettersheim bis nach Köln und versorgten die damals vermutlich von rund 30.000 Einwohnern bewohnte Stadt mit etwa 20 Millionen Liter klarem Wasser täglich. Natürlich war dieser Kanal auch eine architektonisch-technische Meisterleistung und zählte immerhin zu den längsten im gesamten Römischen Reich. Dieses Maß an Bewusstsein für sauberes Wasser und für Hygiene wurde nach den Römern beinahe 1500 Jahre lang nicht mehr so erreicht. Erst 1850 kam es wieder zum Aufleben von Wasserleitungen, nachdem jahrhundertelang nur der Gang zum Brunnen zu Wasser führte.

Da die vorhin genannten Römerstraßen auch als sichere Wege galten, hatte der Handel Vertrauen in ihre Nutzung und es kam zu lebhafter Handelstätigkeit aus dem Eifelraum in den Süden und von dort zu uns. Überlieferungen sprechen von Eifelwaren als wichtigen Erzeugnissen für das Römische Reich, etwa in Form von Kleidung, Waffen und Fleisch, das seine Grundlage in den großen Herden von Schweinen und Rindern in Eifel und Ardennen hatte. Darüber hinaus profitierten auch die niedriger gelegenen landwirtschaftlichen Gebiete von den Kenntnissen der Römer, denn die Eifeler begegneten nun auch dem Anbau von Kohl, Obst und Wein. Den Weinanbau haben uns die Römer ganz sicher regelrecht aufgedrängt. Ganz nach dem Motto: Je mehr Wein die Eifeler trinken, umso mehr Bier bleibt in Bitburg übrig. Als kleines Nebenprodukt blieben uns beispielsweise lateinische Namen als Lehenswörter für einige Obstsorten wie Pfirsich, Kirsche, Pflaume, Birne und Wein erhalten. Doch der von den Römern in Gang gesetzte Aufschwung unserer Eifel erfasste auch noch andere Berufszweige und die Verhüttung von Eisen, Blei, Kupfer und Zink entwickelte sich an vielen Orten in der Eifel. Mechernich wurde bekannt für seine Bleiförderung und in Mayen in der Osteifel und auch in Speicher in der Südeifel wurde Ton abgebaut und in Töpfereien weiterverarbeitet. Sowohl die Steine der niederrheinischen Stadt Xanten als auch die für den Hausbau in Köln wurden in der Eifel gebrochen. Und so lernte auch die einheimische Bevölkerung das Brennen von Ziegeln und den Bau von Häusern aus Stein. Auch aus diesem Themenfeld wurden schließlich römische Begriffe zum Ursprungswort für heute von uns verwendete Wörter, wie etwa Mauer, Keller, Fenster, Kammer, Pfeiler, Pforte oder Turm.

Aber es wurden auch weitaus feinere Produkte hergestellt als Häuser. Beispielsweise Geschirr aus feiner roter Erde, der sogenannten „terra sigillata". Neben Remagen und Sinzig am Rhein war vor allem Trier für seine große Produktion bekannt. Köln dagegen entwickelte sich als Produktionsort für Keramik aus weißem Ton, feine Gläser und Terrakotten, die auch große Bedeutung für tief religiöse Feste wie Karneval und Halloween hatte. Da wir gerade das Thema Religion berühren: Die Römer waren ja erstaunlich tolerant und ließen den einheimischen Kelten und Germanen ihren Glauben. Schließlich kam es ja wie schon erwähnt sogar zu gemeinsamen Tempelbezirken für keltische und römische Gottesverehrungen.

Die Kelten der Nordeifel übten beispielsweise die sogenannte Matronenverehrung aus. Sie verehrten drei mütterliche Gottheiten der Fruchtbarkeit, die ein Kind, einen Korb mit Früchten oder ein kleines Tier vor sich auf dem Schoß hatten. Die überwiegend als Bauern lebenden Menschen erhofften sich von ihnen Schutz und Segen sowohl für die Familie als auch für die Felder und das Vieh. Es wurden mittlerweile sowohl Tempelbezirke für die Verehrung dieser Göttinnen als auch sogenannte Matronensteine ausgegraben.

Da dieser alte Glaube sehr verwurzelt war, kam die Übernahme des christlichen Glaubens später auch nur sehr schleppend voran. Das hatte ja auch durchaus nachvollziehbare Gründe. Wie heißt es doch zum Thema Männer und Frauen: „Der Rheinländer mag Frauen roh lieber als Männer gekocht!“ Das sagt ja schon alles. Warum also drei Frauen eintauschen gegen einen einzigen älteren Herrn mit Bart und einem rebellischen Sohn, der als redseliger wandernder Früh-Hippie die netten Römer geärgert hat? Wobei es nicht überrascht, dass sich diese Entwicklung etwas schneller eher in den großen Flusstälern von Rhein und Mosel abspielte. Die waren immer etwas flotter als die Zentraleifeler, wenn sich ein neuer Trend zeigte.

Im Laufe der Jahrhunderte übernahmen die Einheimischen zunächst auch Sprache und Schrift der Römer, wie es Grabmäler und Weihesteine überlieferten. Die römische Herrschaft war anerkannt und man übernahm vieles von dem, was als gut befunden worden war. Wobei es nicht zur völligen Aufgabe von Selbstständigkeit kam, etwa beim Hausbau oder bei künstlerischer Gestaltung.

Die Eifel bildete zur Römerzeit zunächst einmal eine politische Einheit. Dann jedoch wurde sie in verschiedene Verwaltungseinheiten aufgeteilt: Der nördlichen Provinz Germanica Inferior mit Köln als Hauptstadt wurde die Nordeifel zugeschlagen, während die Südeifel mit Trier als Hauptort der südwestlichen Provinz Belgica Prima zugeordnet wurde. Das Osteifeler Maifeld fiel dagegen zur Provinz Germanica Superior mit Mainz als Hauptstadt. Der dem Rhein zwischen Andernach und Remagen zufließende Vinxtbach markierte die Grenze zwischen den beiden Provinzen Nieder- und Obergermanien.

Die bereits erwähnte sehr erfreuliche und erstaunlich lange währende Friedenszeit fand dann allerdings um 260 n. Chr. doch ein Ende. Denn die Franken hatten sich zwischen dem 2. und 4. Jahrhundert im Zentrum Germaniens zwischen Weser und Rhein ebenso wie die Alemannen weiter im Süden zunehmend zu großen Volksstämmen entwickelt. Dabei hatte Stiftung Warentest immer wieder auf Produktionsmängel bei den gängigen Birkenrinde-Kondomen hingewiesen. So aber nahm die Bevölkerung stetig zu und beide Stämme unternahmen schließlich auch immer mehr „Ausflüge“ von der germanischen Seite ins römische Gebiet. Einen ersten Einfall der Alemannen mussten die Römer schon zwischen 233 und 235 hinnehmen. Es zeichneten sich unruhige Zeiten ab, was die Römer unter anderem auch dazu veranlasste, Jünkerath und Bitburg mit einer Maueranlage zu befestigen. Was man im Falle Bitburg nur zu gut verstehen kann. Da hatten sie ziemliche Sorge vor dem zu großen Durst ungebetener Gäste aus Germanien. Ja, es wurde tatsächlich ernst. 275 marschierten sogar Franken und Alemannen durch römisches Gebiet gen Trier und plünderten und zerstörten die Stadt. Nach und nach büßten die Römer ihre Kraft im Eifel-Mosel-Raum ein, weil an anderen Stellen ihres Riesenreiches Konflikte ihre militärischen Kräfte banden und die Kosten für die Erhaltung aller Randgebiete zu hoch wurden. Rom konnte sich schließlich seinen Anteil an Germanien nicht mehr leisten. Außerdem nahm die Bedrohung für das römische Kernland Italien immer weiter zu.

Um 400 n. Chr. zogen die Römer endgültig ab und verließen Germanien und unsere Eifel. Denn inzwischen hatte sich in der Heimat der „Besuch“ der Westgoten angekündigt, sodass die römische Regierung der Auffassung war, alle Kräfte zu benötigen, um sich ausreichend um die anreisenden Gäste „kümmern“ zu können. So begann bei uns die fränkische Zeit.

Viehzeug, Flechtwerk und Toaster *im Grab*

Die Zeit der Franken (400 bis 750)

Nachdem die Römer das Land verlassen hatten, kamen die Franken in großer Zahl zu uns, magisch angezogen von der Aussicht, an der Mosel endlich mal einer echten Weinkönigin begegnen zu können. Den meisten der bisher ansässigen romanisch-keltisch-germanischen Bewohner konnten sie allerdings nicht begegnen, da die wohl aus Sorge um ihre Sicherheit und ihre Zukunft den römischen Truppen gefolgt waren. Aber es waren eben auch nicht alle gegangen und es gibt Belege, die für eine fortgesetzte friedliche Existenz der Verbliebenen auch mit den neuen Herren sprechen. Einige von ihnen mussten allerdings außerhalb ihres angestammten Ortes noch einmal neu anfangen und sich neue Behausungen bauen. Dr. Renn benannte hierzu in seinem bedeutenden und umfassenden Grundlagenwerk „Die Eifel" das Beispiel des Ortes Marmagen in der Nordeifel. Das neue Dorf, das die von den Franken als Welschen oder Walen benannten Romanisch sprechenden Menschen bezogen, wurde Walaheim genannt. Heute heißt es Wahlen. Es gibt aber zum Beispiel auch noch Waldorf bei Jünkerath und Walsdorf bei Hillesheim.

Während die „Übernahme" der ländlichen Gebiete der Eifel relativ rasch vonstattenging, ließen sich die Franken mit der Einnahme der großen Städte Zeit, da sie die direkte kriegerische Konfrontation und die Konsequenzen scheuten. So kommt es, dass sich die beiden großen „Römerstädte" Köln und Trier noch bis 460 bzw. bis 475 als nichtfränkische Städte halten konnten. Einen üblen „Streich" spielten die Franken allerdings den Kölnern damit, ihre geliebte Wasserleitung aus der Eifel zu zerstören und die Versorgung zu unterbrechen. Wir Eifeler können nur zu gut verstehen, dass den Kölnern das kristallklare Eifelwasser so gut schmeckte und als Badewasser lieb geworden war. Jetzt mussten sie sich notgedrungen mit sauberem Rheinwasser behelfen - ein „Abstieg" und Prestigeverlust, den die Düsseldorfer sicher mit einiger Schadenfreude zur Kenntnis nahmen. Einige Jahrhunderte später war jedenfalls das Wissen um die ehemalige Funktion des Kanals erloschen und es sollen sich die eigenartigsten Gerüchte um den Verwendungszweck der großen Wasserleitung gerankt haben. Die schmeichelhafteste Version war noch die, dass sie von den Römern als Zuleitung von Moselwein nach Köln verwendet worden war. Eine weniger freundliche Interpretation wird jedoch durch den Begriff „Teufelsader" zum Ausdruck gebracht.

In der ersten Phase der Besiedlung im 5. und 6. Jahrhundert hatten die Franken die Eifel wohl noch etwas zurückhaltend besiedelt. Sicher waren ihnen zunächst die zahlreichen Vulkane unheimlich. Konsequent zog die Hauptmasse des Volkes auch noch weiter nach Westen, um schließlich in Belgien und vor allem in dem Land zu siedeln, das ihren Namen erhielt: Frankreich. Bekanntermaßen gehört Französisch zu den romanischen Sprachen, denn die Franken übernahmen wesentliche Anteile der in Frankreich vorgefundenen Kulturelemente, wie sie von den Römern etabliert worden waren. Ein auch für uns ganz bedeutsamer Umstand wurde ihre Übernahme des Christentums. Denn später, im 7. und 8. Jahrhundert, kam es zu einer Rückkehrbewegung in unsere Region und diesmal zu einer deutlich stärkeren fränkischen Besiedlung der Eifel. Diese Besiedlungsphase hinterließ nun wirklich markante und bis heute spürbare Spuren in unserer Eifel.

So änderten sich beispielsweise sowohl das Siedlungsverhalten als auch die Bauweise von Höfen und Dörfern beinahe grundlegend gegenüber den römischen Verhältnissen. Diese hatten zum Beispiel noch ihre bevorzugten Einzelgehöfte eher auf Anhöhen angelegt, während die überwiegend der Viehzucht nachgehenden Franken sich an den geeigneten Viehweiden orientierten, in deren Nähe sie bauten

– oft auch in den Tälern der Flüsschen und Bäche. Aber auch die aus Stein errichteten römischen Gebäude waren für sie kein verlockendes Vorbild und sie bauten weiter in der ihnen vertrauten angestammten Weise wie schon zuvor in ihrem germanischen Ursprungsgebiet: Sie kombinierten weiterhin Wohnen und Stall unter einem Dach in Form des sogenannten Längseinhauses. Die Gesamtkonstruktion mit Wänden aus mit Lehm abgedichtetem Holz oder Flechtwerk mit einem Dach auf Ständern und Pfosten war ja auch viel romantischer als so eine riesige römische Steinhütte.

Interessanterweise wurden die begrabenen Toten in der südlichen Eifel zu Beginn der fränkischen Zeit bis ins 6. Jahrhundert manchmal auf den Grabsteinen noch mit romanischen Namen benannt. Erst im 7. Jahrhundert waren es dann beinahe ausschließlich fränkische Namen. Ein besonders spannender Umstand ergibt sich aus der Beobachtung, dass den Toten noch bis zum Jahr 700 Grabbeigaben in Form von Waffen (bei Männern) und Schmuck und Gerätschaften für Haushaltsführung (bei Frauen) mitgegeben wurden.

Da stand dann nach einem Todesfall die eine oder andere Familie plötzlich ohne Staubsauger oder Toaster da. Dem Einzelhandel war es nur recht. Dass dieser Brauch jedoch mit Beginn des 8. Jahrhunderts (gegen den Widerstand des Einzelhandels) endete, ist ein untrüglicher Hinweis dafür, dass die Eifeler inzwischen Christen geworden waren. Wir können froh sein, dass das aufgehört hat. Ein solch großes Grab wäre ja heute für viele unerschwinglich – mit so einem beigelegten Gefrierschrank. Jedenfalls scheint es mehr als wahrscheinlich, dass die gesamte Eifel im Zeitraum zwischen dem 6. und dem 8. Jahrhundert christianisiert wurde. Das wiederum führte dazu, dass Kapellen und Kirchen im unmittelbaren Bereich der alten noch heidnischen Grabfelder erbaut wurden, um die ehemals heidnischen Vorfahren noch mit „ins Boot“ zu kriegen. Zunächst waren es meist noch „einfache“ aus Holz oder Fachwerk errichtete Saalkirchen, die ausnahmslos bekannten Heiligen geweiht wurden. Besonders oft traf es Petrus, Johannes, Pancratius und Martinus, die nun als Dauerpatrone gefordert waren und die sich fortan beim Skatspielen zeitlich etwas einschränken mussten, weil sie ständig zu Kircheneinweihungen unterwegs waren.

Götter werden pensioniert

Christentum und erste Klöster

Nun setzte auch eine neue Phase der weiteren wirtschaftlichen Erschließung und Entwicklung der Eifel ein. Denn mit dem aufkommenden Christentum kam es auch zur Bildung erster Mönchsgemeinschaften und zur Gründung der ersten Klöster. Und da werden vor allem die Benediktiner genannt, die ganz nach der Devise ihres heiligen Namensgebers Benedikt handelten, nämlich „ora et labora“ - bete und arbeite. Die Ausrichtung auf harte körperliche Arbeit wurde als in den Augen Gottes besonders wohlwollend angesehene Lebenseinstellung gepriesen und von vielen Menschen voller Zustimmung angenommen. Und so entstanden die ersten Benediktinerklöster zunächst auch dort, wo die für das Überleben nötige Landwirtschaft besonders schwierig realisierbar war. Wie etwa das erste deutsche Eifelkloster überhaupt, das 648 an der Stelle des heutigen Malmedy an einem Ort entstand, der als besonders entlegene Einöde mit vielen wilden Tieren galt. Zwar siedelten später auch wallonische Menschen in der Klosterumgebung, doch gehörte Malmedy noch bis 1918 zum Deutschen Bund. Das Kloster hatte jedenfalls einen großen Wirkungsbereich, der weit in die östlichere Eifel bis an die obere Kyll, Ahr (Blankenheim) und Urft reichte. Erwähnenswert ist in diesem Zusammenhang aber auch eines: Hier tauchte zum ersten Mal der Begriff „deutsch“ (diustisk) auf im Gegensatz zu „wallonisch“ (walhisk).

Im Tal des heutigen deutsch-luxemburgischen Grenzflusses Sauer in der Region Trier kam es dann 698 zur Gründung des Klosters Echternach. Und eine der Großmütter Karls des Großen, Bertrada die Ältere, stiftete 721 zusammen mit ihrem Sohn Heribert die Abtei Prüm, auch hier auf einem schwer zu bearbeitenden Untergrund aus Schiefergestein.

Die nachhaltige Arbeit der Klöster, die viel Land gerodet und urbar gemacht hatten, führte auch zu weiterem Bevölkerungswachstum unter den Menschen der Umgebung, die sich mehr und mehr um die Klöster ansiedelten. Schließlich teilten die Franken auch die Eifel in einzelne Verwaltungsgebiete, sogenannte Gaue, auf. Als „Vorgesetzter“ fungierte ein Gaugraf, vielleicht vergleichbar mit dem heutigen Landrat. Als Vertreter des Königs setzte er dessen Verordnungen und Erlasse durch, rekrutierte wenn erforderlich Soldaten und fungierte auch als oberster Gerichtsherr. Die Gaubildung orientierte sich meist an Städten oder natürlichen Gegebenheiten wie Landschaftsräumen oder Flüssen. So erstreckten sich im Eifelraum etwa ein Ahrgau im Nordosten, ein Maiengau (Maifeld) im Südosten, ein Bidgau (Bitburg?) im Süden und der Carosgau (Prüm) und der Ardennengau im Westen.

Auch die Kirche brauchte ihre Verwaltungsbezirke und die Gaue wurden zu kirchlichen Dekanaten. Darüber erstreckten sich die beiden großen Kirchenprovinzen von Köln und Trier im Raum der ehemaligen römischen Provinzen Germanica Inferior (Niedergermanien) und Belgica Prima. Eine Ausnahme bildete das Maifeld südlich von Mayen, das in römischer Zeit der von Mainz aus regierten Provinz Germanica Superior (Obergermanien) angehört hatte. Das verleibte sich nun das Erzbistum Trier ein, das nun weit nach Nordosten reichte. Aber die Kölner machten das durchaus wett durch die Zugehörigkeit des sogenannten Eifelgaus, zu dem neben Münstereifel, Adenau und dem Oberlauf der Kyll vor allem auch die relativ weit im Süden liegenden Orte Daun und Ulmen gehören. Diese Grenzsituation zwischen den beiden Erzbistümern sollte später noch reichlich Anlass zu groben „Nachbarschaftshandlungen“ geben.

Ein *großer Karl* am Rand der Eifel

Die Zeit der Karolinger (750 bis 900)

Sowohl die Kelten als auch die Römer und Franken brachten auf ihre Art die Eifel weiter und setzten markante Impulse im Leben der Bevölkerung. Aber erst die Karolinger verschafften der Eifel eine weit über die Region hinaus wirkende Bedeutung. Die Vermutung, das könne etwas mit Karl dem Großen zu tun haben, ist dabei nicht ganz abwegig. Doch der Reihe nach.

Zunächst einmal waren da seine beiden männlichen Vorfahren Pippin der Ältere (peinlich diese mittelalterlichen Namen für Männer mit Blasenschwäche) und Arnulf von Metz. Wie es der Name schon andeutet, stammte die Familie des Arnulf von der oberen Mosel. Pippins Familie dagegen war von der unteren bis mittleren Maas und in der Eifel beheimatet. Sie hatten sogar in Rheinbach Besitzungen, also auf der „anderen" Eifelseite. Und sie eroberten immer mehr die Macht im Frankenreich. Entscheidend war dabei der Sieg von Tertry, bei dem Pippin der Mittlere (man kann sich vorstellen, wie der als Kind auf dem Schulhof gehänselt wurde bei dem Namen) als Hausmeier des fränkischen Teilreiches Austrasien (mit der Eifel) im Jahre 687 den Hausmeier von Neustrien und Burgund besiegte. Angesichts solcher Verantwortung und Erfolge muss man an dieser Stelle wohl konstatieren, dass man die Fähigkeiten der Hausmeister von heute zu sehr unterschätzt und ihnen viel zu wenig abverlangt. Jedenfalls führten diese Siege des mittleren Pippin schon zur Erringung der politisch wichtigsten Schlüsselposition. Aber sein

Sohn Karl Martell (das ist doch mal ein Name) machte die Sache „rund“, als er 732 mit seiner Streitmacht von 15.000 Mann die 20.000 arabischen Kämpfer von Abd ar-Rahman bei Tours und Poitiers besiegte. Martells Truppe war dabei von langobardischen, sächsischen und friesischen Kämpfern unterstützt worden. Was später als „Rettung des Abendlandes“ gefeiert wurde, hatte tatsächlich nicht die in diesem Begriff zum Ausdruck gebrachte gewaltige Bedeutung. Es ist bekannt, dass den in thermophysikalisch ungünstige Kampfkostüme aus dünnem Stoff und Tüll gewandeten Arabern das immer kühler werdende nordwestliche Europa nicht wirklich attraktiv erschien. Auch hätten sie sich mit ihren gerade mal 20.000 Mann weitab von ihrer spanischen Basis kaum auf lange Sicht halten können. Spanien gehörte ja damals komplett den muslimischen Mauren bzw. Sarazenen, wie sie auch genannt wurden. Zu der Zeit dauerten die spanischen Stierkämpfe im Schnitt zehn- bis zwölfmal so lange wie heute, weil sich die Stiere oft lange weigerten, vor Spielbeginn den Kopf gen Mekka zu neigen. Jedenfalls war dieser „Ausflug“ nach Nordfrankreich wohl eher als ein Raubzug im Stil der uns später noch beschäftigenden Wikinger zu sehen. Aber auch dieser Schlachtenerfolg Martells führte schließlich 751 konsequent zur Einsetzung seines Sohnes Pippin des Jüngeren – auch Pippin III., Pippin der Kurze oder Pippin der Kleine genannt – zum König (also mit den Namen hätte ich die Einschulung verweigert, der arme Junge). In der neustrischen Königsstadt Soisson (Nordfrankreich) ließ er, der bis dahin auch „nur“ Hausmeier (also Verwalter) gewesen war, sich von einer Versammlung von Franken zum König wählen, obwohl es ja schon einen gab. Schon sein Vater Karl Martell hatte als Verwalter des Reiches den rechtmäßigen, aber schwachen Merowingerkönig Childerich III. in ein nordfranzösisches Kloster gesperrt. Als die politische Lage jedoch 743 noch einmal eines standesgemäßen Königs bedurfte, wurde Childerich wieder freigelassen und auf den Thron gesetzt. Acht Jahre durfte der letzte Merowingerherrscher unter der Fuchtel der erstarkenden Karolinger König spielen, bis er 751 letztendlich abgesetzt wurde. Nun musste er endgültig mit seinem Sohn in das ihm schon bekannte Kloster einrücken. Da kannte er sich wenigstens aus.

Der neue kurze König Pippin, der sich zunächst den Papst gewogen gemacht hatte für dessen Zustimmung zur Krönung, starb 768. Seine Söhne Karl (747 oder 748 geboren) und Karlmann (751 geboren) teilten sich dann zunächst die Herrschaft. Doch als Karlmann schon 771 starb, wurde Karl Alleinherrscher. Da war er jedoch noch nicht „der Große" im politischen Sinne, aber körperlich war er das schon mit seinen 1,93 Metern. Der große Mann machte dann bald deutlich, wohin er strebte und wozu er fähig war.

Durch die Unterwerfung der Sachsen vergrößerte er schließlich sein an den Pyrenäen beginnendes Reich bis an die Elbe, was den Römern noch nicht gelungen war, obwohl auch die sich schon richtig Mühe gegeben hatten. Aber der für uns Eifeler entscheidende Punkt war der Umstand, dass die Eifel, die bis dahin als östliches Randgebiet – nun sagen wir mal wohlwollend –- keine herausragende Bedeutung hatte, sich nun im Zentrum des Reiches wiederfand.

Doch damit nicht genug: Die Bedeutung der Eifel erfuhr sogar noch einen weiteren, viel größeren Zuwachs, als Karl ab 794 das am nördlichen Fuß der Eifel liegende Aachen als seine dauerhafte Residenz wählte. Plötzlich stand die Eifel als Vorgärtchen einer Kaiserstadt im Rampenlicht und Aachen stand mehrmals zur Wahl für den Austragungsort des Chanson Frankovision.

Plötzlich tauchten auch bei uns Waren aus dem Norden Sachsens auf wie Tuche und Pelze. Aber auch die Eifel exportierte das Beste, was sie zu bieten hatte, etwa Moselwein, Waffen und Schmuck, Tonwaren oder auch die bekannten unverzichtbaren Mayener Basalt-Mühlsteine, die in keiner gut sortierten westeuropäischen Küche fehlen durften.

Ach, ich habe ja ganz die Krönung vergessen. Für eine „Kaiserstadt" benötigen wir ja zunächst mal einen Kaiser. König war er ja wie schon erwähnt zusammen mit seinem Bruder seit dem 9. Oktober 768. Als alleiniger König regierte er ab 771 immerhin 29 Jahre, bis er am ersten Weihnachtstag 800 von Papst Leo III. in Rom zum Kaiser gekrönt wurde. Kein zugezogener Eifeler (ich finde, da sollten wir großzügig sein und ihn als Wahl-Aachener doch „eingemeinden") hat jemals wieder einen solch langen Namen gehabt: „Karolus serenissimus Augustus a Deo coronatus magnus pacificus imperator Romanum gubernans imperium, qui et per misericordiam dei rex Francorum atque Langobardorum". Na ja, so heißen bei uns eigentlich nur die Bandwürmer, also die in adligem Darm.

Ja natürlich, die Übersetzung: „Karl, durchlauchter Augustus, von Gott gekrönter, großer Frieden stiftender Kaiser, das Römische Reich regierend, von Gottes Gnaden auch König der Franken und Langobarden". Da hätte man ja auch durchaus noch irgendwo Aachen unterbringen können – und Eifel. Als ob es jetzt darauf noch angekommen wäre. Jedenfalls liebte der Kaiser wohl sein Aachen und sicher schätzte er, der später an Gicht litt, auch ganz besonders die heißen Quellen der Stadt.

Aachen wurde mehr und mehr zum bedeutenden Mittelpunkt des Kaiserreiches. Hier hielt der Kaiser Hof, hier fällte er die wichtigen Entscheidungen und hier empfing er Abgesandte anderer Herrscher. Zu diesen gehörten auch solch exotische Gestalten wie der Gesandte des Patriarchen von Jerusalem und der des Kalifen Harun ar-Raschid von Bagdad. Wegen der aktuellen weltpolitischen Situation möchte ich an dieser Stelle kurz auf diesen Herrscher eingehen, denn er stammte aus der Stadt Balch in der gleichnamigen Provinz. Das ist bisher für uns noch nicht so spannend, aber ... Balch ist heute ein Vorort von Masar-e Scharif, der größten Stadt im Norden Afghanistans. Und die ist bisher noch Hauptstützpunkt der in Afghanistan im Einsatz befindlichen Bundeswehrsoldaten.

Vielleicht sollte man an dieser Stelle auch noch ein kleines Detail erwähnen, das diesen Harun als einen wirklich befähigten Politiker auswies: 786 stieß er seinen Bruder vom Thron und ließ ihn – sicher um ihm jahrelangen Gram zu ersparen – auch noch ermorden. Nur in einem Punkt schwächelte sein diplomatisches Feingefühl ein wenig, als er die Vorlieben westdeutscher Herrscher fehldeutete: Als er 798 eine Gesandtschaft Karls des Großen empfing, schenkte er unserem Herrscher statt der erhofften Haremsdamen – tatsächlich – einen Elefanten namens Abul Abbas. Außerdem hatte er noch eine leider sehr „moderne" Idee: Im Jahre 807 verfügte er, dass alle Christen und Juden Kennzeichnungen an der Kleidung zu tragen hatten (!).

Durch die Berufung einiger der gelehrtesten Männer seiner Zeit entwickelte Karl Aachen auch zu einem geistigen Zentrum Europas.

Die durch ihn veranlasste Bautätigkeit hinterließ uns solch prächtige Bauten wie die Pfalzkapelle mit dem berühmten Oktogon und den kaiserlichen Palast, der heute als Rathaus dient.

Die nahe Eifel war sowohl für den Kaiser als auch für seine Nachfolger bedeutsam als Jagdgebiet und Rückzugsort auf zahlreichen Hofgütern. Königshöfe existierten beispielsweise in Satzvey (wo wir heute noch die schönste und besterhaltene Wasserburg der Eifel und des Rheinlandes vorfinden), Rheinbach, Essig, Flamersheim, Hergarten und Vlatten. Der Königshof bzw. die Kaiser-Pfalz „Villa Duria" befand sich in Düren. Dort fanden in den Jahren 775 und 779 auch die beiden Reichstage statt, auf denen die Feldzüge gegen die Sachsen beschlossen wurden. Da Karls Streitmacht dazu auch immer von Düren aus aufbrach, soll er ganz besonders am Dürener Königshof gehangen haben.

Wenn Karl der Große unterwegs war (und er war viel unterwegs im Reich), nahm ein Geistlicher als symbolischen Schutz den Mantelteil des heiligen Martin mit auf Reisen: die sogenannte „cappa". Danach wurde der kirchliche Betreuer auch als „capellanus" bezeichnet, von dem sich später das Wort „Kaplan" ableitete, ebenso wie das Wort „Kapelle", nämlich der Ort, an dem die Reliquie aufbewahrt wurde. So gilt Düren als der Ort, an dem das Wort Kapelle zum ersten Mal überhaupt verwendet wurde.

Karl der Große starb schließlich im Jahre 814. Er fand seine letzte Ruhe in einem wertvollen Schrein im Chor des Aachener Domes. Aber auch unter Ludwig dem Frommen, Karls Sohn, blieb Aachen weiterhin Residenz des Reiches. In den nördlichsten Eifelausläufern gründete er schließlich das Benediktinerkloster Inda, das später in Kornelimünster umbenannt wurde. Dort verfasst der vom Kaiser eingesetzte Abt Benedikt von Anjane schließlich die für das abendländische Mönchstum verbindlich gewordenen Regeln.

So wurde Aachen unter den Karolingern und vor allem unter Karl dem Großen ein bedeutender Ort der Politik und des Geistes (was nicht immer ein Widerspruch sein muss) in Europa. Und die sich südlich der Kaiserstadt erhebende Eifel profitierte vom Glanz des Kaiserhauses, vor allem aber von zahlreichen Impulsen für das Leben der Menschen.

Skandinavischer Tourismus auf *Abwegen*

Die Wikinger-Plage

Heutzutage klagt man an allen Ecken und Enden über die Auswüchse des Tourismus. Die immer stärker steigenden Zahlen von Flugreisen ruinieren die Ozonschicht und das Klima, kleinste Naturrefugien wie die Malediven vermüllen immer mehr und an den Stränden europäischer Meere stöhnen die Besucher über die gemeinen Platzsicherungsstrategien, wenn Zeitgenossen aus mit dem Kolonialismus vertrauten Ländern mittels der Ausbringung riesiger Handtuchareale spätkoloniale Besetzungsmentalität an den Tag legen.

Dabei gab es schon in weit früherer Zeit erhebliche Probleme mit dem ungebührlichen Verhalten von „Touristen".

Nachdem in Dänemark die ersten Vorgänger von Neckermann-Reisen und TUI, Smörebröd- und Römmtömmtömm-Reisen, gegründet worden waren, kam es schon im frühen Mittelalter zu ersten ernsthaften Fehlentwicklungen in der Reisebranche. Die Reiseveranstalter hatten dem ausgeprägten Wunsch der Nordländer nach Aktivreisen zu viel Raum gegeben in der Art der Ausgestaltung dieser Ausflüge zu den südlichen Nachbarn. Natürlich war man zu jener Zeit bei Weitem nicht so empfindlich wie heute und ein abgehackter Kopf hatte damals nicht ein derartiges Irritationspotenzial wie zur heutigen Zeit. Aber Plündern, Brandschatzen und

Morden als Hauptbestandteil einer Erlebnisreise zu den Nachbarn? Man hatte ja damals grundsätzlich durchaus Verständnis für den Bewegungs- und Tatendrang nordeuropäischer Männer. Immer nur rumsitzen und frieren war nicht schön. Denn die Freizeitgestaltung war in diesen Zeiten für Männer ja eine viel schwieriger zu lösende Aufgabe als heute: kein Autotuning, keine Fußballübertragungen, ja, nicht mal ein Fußball. Dabei tendiert der Mann von jeher hin zu etwas „Rundem". Gelegentlich fand er es ja auch damals schon bei anderen „Menschen" - bei Frauen zum Beispiel. Aber auf Reisen und bei schlechter Laune und in einem anderen Kulturkreis? Was war da rund? Schnell lautete die Devise: Kopf ab und ganz viel Souvenirs mitnehmen. In den betroffenen Reiseländern wurde das jedoch oft als zu exzentrisch und leicht überzogen eingestuft.

Die aus Dänemark und auch von weiter nördlich kommenden Normannen oder Wikinger hatten in der zweiten Hälfte des 9. Jahrhunderts mit derart unerfreulichem Reisegebaren bereits weite Teile des ostfränkischen Reiches heimgesucht. Dann wandten sie sich auch dem Rheinland und der Eifel zu. 881 plünderten und brandschatzten sie Neuss, Jülich, Zülpich, Köln, Bonn und die Pfalz in Aachen. Dann richteten sie ihr Augenmerk auf die reichen Klöster der Eifel. Kornelimünster und Stavelot-Malmedy wurden ausgeraubt und teilweise zerstört. Im Januar 882 rückten sie gegen Prüm vor, wo sich die Landbevölkerung allerdings zur Wehr setzte. Doch gegen die Berufskrieger auf Tournee hatten sie keine Chance. Nur gut, dass das der alte Kaiser Lothar I. nicht mehr miterleben musste. Der Enkel Karls des Großen war 855 kurz nach der Aufteilung seines Reiches unter seinen Söhnen in der Abtei in Prüm gestorben und bestattet worden.

Bei den Wikingern offenbarten sich gleich mehrere Probleme im Zusammenhang mit der nordischen Mentalität. So gab es dort oben beispielweise im Gegensatz zu heute noch viel zu wenige Beamte und Angestellte, deren Urlaubskontingent solche monatelangen Reisen gar nicht erst zugelassen hätte. Nicht einmal Lehrer konnten sich da in den großen Ferien anschließen. Stattdessen gab es bei Weitem zu viele Freiberufler aus den Fachgebieten „Gewohnheitstotschläger", „Diplombrandschatzer", „Massenmörder" und „Genussplünderer".

Die empfanden nachhaltig Freude daran, den Aspekt einer Bildungsreise mit ihren beruflichen Interessen und Fähigkeiten zusammenzulegen. Und so ging zu Beginn des Jahres 882 das Prümer Kloster in Flammen auf. Noch in der Woche vor Ostern 882 erreichten sie Trier und legten auch noch den Dom in Schutt und Asche, ohne sich zuvor in irgendeiner Weise negativ über die architektonische Arbeit als solche geäußert zu haben.

Hier ein Zitat aus dem Originalbericht zu den damaligen schrecklichen Ereignissen aus den „Annales Vedastini 882“:

„Als die Normannen den Tod des Königs (Ludwig III.) vernahmen, überlassen sie sich ungemessenem Jubel und denken jetzt nicht mehr an Kampf, sondern nur an Beute. Sie brechen also mit all ihren Streitkräften aus ihrem befestigten Lager hervor und erobern Trier, die berühmteste Stadt Galliens, am 5. April, dem Tage des heiligsten Abendmahles des Herrn. Hier ruhten sie bis zum heiligen Ostertage die vom Marsche ermüdeten Glieder aus und verwüsteten das ganze Gebiet der Stadt ringsumher von Grund aus; dann lassen sie die Stadt in Flammen aufgehen und führen ihre Scharen nach Metz. Als dies der Bischof dieser Stadt erfuhr, vereinigte er sich mit dem Bischof Bertulf und dem Grafen Adalhard und rückt jenen aus eigenem Entschlusse zur Schlacht entgegen. Es kam zum Kampf und die Normannen blieben Sieger. Jener Bischof Wala fiel in der Schlacht, die Übrigen flohen. Die Heiden geben den Zug, den sie begonnen hatten, auf und kehren mit unermesslicher Beute in größter Schnelligkeit zu ihrer Flotte zurück.“

Man stelle sich nur mal vor, ein paar Eifeler würden das Geburtshaus von Hans Christian Andersen in der dänischen Stadt Odense, die auf der Insel Fünen liegt, ausrauben und niederbrennen. Mal ganz abgesehen davon, dass wir gar keine Drachenboote haben für eine Überfahrt – wir hätten jedenfalls für alle Zeiten verschissen und bräuchten uns da oben nicht mehr blicken zu lassen. Der Arla-Konzern würde sofort die Eifel und ganz Rheinland-Pfalz und NRW mit einer Frischkäse- und Margarinen-Sperre belegen, da bin ich sicher.

Die hatten damals aber ganz offensichtlich keinerlei Sorge, mit irgendeiner Sperre belegt zu werden, und tauchten zehn Jahre später schon wieder in der Eifel und in Prüm auf. Sie müssen also einen besonderen Narren an Prüm gefressen haben. Allein wenn ich da an die ehemalige Konditorei Endres mit ihren noch von Hand selbst gemachten „Bündchen" denke (ehemals die leckersten rosinenschweren Schneckenkuchen zwischen Wolga und Mississippi), kann ich die Prümbegeisterung ja verstehen. Aber ich käme doch nicht auf die Idee, erst das Mehl und die Rosinen zu klauen und dann die Konditorei niederzubrennen. So bescheuert muss man erst mal sein.

Kommen wir aber zunächst zur Vorgeschichte dieses erneuten Eifelbesuches der unerfreulichen Tournee-Plünderer im Jahre 892. Im Jahr zuvor hatte Arnulf von Kärnten, seit dem 11. November 887 ostfränkischer König, die Hauptmacht der Wikinger beim belgischen Ort Löwen an der Dyle besiegt. Die belgischen Fritten waren ihnen offensichtlich zum Verhängnis geworden. Denn ursprünglich sollen sie Belgien gar nicht auf ihrer Shoppingliste gehabt haben, aber dann hatte irgendeiner in der Kopenhagener Allgemeinen was von den einzigartigen „goldgelben Fritten" Belgiens gelesen. Das Wort „Gold" reichte da völlig aus.

Nach der Niederlage erreichten die Reste des geschlagenen normannischen Heeres nach Süden ausweichend schließlich auch wieder Trier und später dann Bonn, wo sich ihnen allerdings mutig eine Streitmacht entgegenstellte. Aber obwohl sie sich ja schon lange einen Namen gemacht hatten als üble Plünderer und Mörder, die dazu neigten, den grauen Alltag gerne mal mit dem frischen Rot eines Blutbades aufzuhübschen, stellten sie sich diesmal erstaunlicherweise nicht dem Kampf. Denn das Potenzial dieses neuen Feindes schien den Nordmännern wohl unkalkulierbar und damit auch bedrohlich. Also wichen sie aus und marschierten rasch ans andere Ende der Eifel bis zum Kloster Prüm, das ihnen ja auch schon bekannt war, auch im Hinblick auf die bescheidene Wehrhaftigkeit von Mönchen und Bauern.

Sie plünderten also wieder das Kloster und erschlugen wieder zahlreiche Menschen – einfach Mist, wenn man nix anderes gelernt hat. So „effektiv", wie die immer waren, würde es mich nicht mal wundern, wenn die meisten einen Abschluss von der IHK Kopenhagen hatten.

Als sie sich in Prüm ausgetobt hatten, soll ihnen die herrschende Hungersnot allerdings wenig Aussicht auf weitere Beute oder Nahrung in der Region geliefert haben. Also verließen sie die Eifel und wandten sich nach Nordwesten. Ein Teil setzte über nach England zu einem dort existierenden „Dänenlager“, während sich ein Teil im Raum nördlich der Seinemündung niederließ, wo es schon seit 911 die den Nordmannen überlassene Normandie gab.

Übrigens wurden alle Beschwerden beim Reiseveranstalter wegen des ungebührlichen Reiseverhaltens und alle Bitten um ein feineres Auswahlverfahren ignoriert. Als die Bürgermeister der damals niedergebrannten Städte die Sache schließlich vor ein paar Jahren endlich mal dem europäischen Gerichtshof vorlegten, überraschte man sie mit der Auskunft, dass die Fälle seit ein paar Hundert Jahren verjährt waren.

Der siegreiche König Arnulf, der endlich mal eine Wende gebracht hatte in puncto „unangemeldeter bewaffneter Besuch aus dem Norden“, residierte zwar in Regensburg, griff aber auch von dort erneut in die Geschichte der Eifel ein. Denn Arnulf hatte einen unehelichen Sohn mit Namen Swentibold, nach seinem mährischen Paten benannt, was sollte er da machen. Deshalb werden Kinder ja so früh getauft, damit sie nicht meckern können bei der Namensgebung. Ist ja auch ganz vernünftig, sonst gäbe es ja nur noch Kinder mit Namen von Pop- und Fußballstars.

Diesem seinem Swentibold übertrug der König 895 die Herrschaft über das *west*fränkische Lotharingien. Und somit kehrte ein König nach Aachen zurück, denn auch Swentibold wählte die Stadt Karls des Großen zu seiner Residenz. Was man durchaus nachvollziehen kann. Denn von allen Eifeldörfern war Aachen damals durchaus das größte und eines der schönsten obendrein. Wie man dort allerdings auf den Namen des neuen Königs reagierte, ist nicht überliefert. Aber wir kennen das doch: Prominente hatten ja schon immer etwas mehr Narrenfreiheit bei der Namensgebung für ihre Kinder. Denken wir nur an Bob Geldof und seine Frau Paula Yates: Gegen die Namen ihrer Töchter „Fifi Trixibell“, „Peaches Honeyblossom“ und „Pixie Frou-Frou“ wirkt Swentibold ja geradezu altbacken konservativ. Auch Frank Zappa bewies mit „Diva Thin Muffin Pigeen“ sein sensibles Händchen für Kindernamen. Zum Glück gibt es ja noch unseren Uwe Ochsenknecht, bei dessen Namenswahl man sich regelrecht entspannen kann: „Jimi Blue“, „Wilson Gonzalez“, „Cheyenne Savannah“ und „Rocco Stark“ haben doch im Klangbild schon beinahe so etwas Vertrautes wie bei „Fritz“ oder „Waltraud“. Jedenfalls merkt man sogleich, welcher Ethnie das jeweilige Kind zuzuordnen ist, etwa beim Ruf der Kindergärtnerin: „Wilson Gonzales, Wilson Gonzales, gib Fifi Trixibell sofort ihr Förmchen zurück und hör endlich auf, Thin Muffin Pigeen (wir bedienen uns hier aus Zeitgründen der Kurzform) an den Haaren zu ziehen!“

Jedenfalls hatte die Eifel endlich wieder einen ordentlichen Regenten, auch wenn es diesmal kein Kaiser, sondern „nur“ noch ein König war. Aber der versuchte sich trotz dieses Makels irgendwie bei uns nützlich zu machen und verlieh der von ihm 898 besuchten Klostersiedlung Münstereifel immerhin das Markt-, Münz- und Zollrecht. Dennoch blieb ihm, dem „Bayern“, dann doch die Anerkennung und Achtung der meisten übrigen Adligen verwehrt. Schlimmer noch: Bald schon verlor er sogar sein erst 30-jähriges Leben in einem Gefecht gegen seine Kontrahenten an der niederländischen Maas.

Unsere Eifel fiel jedenfalls wieder ans *ost*fränkische Reich. Doch Swentibold hatte einen Halbbruder, den legitimen Sohn Arnulfs. Dieser junge Bursche, „Ludwig IV. das Kind“ genannt, wurde nach Arnulfs Tod im Jahre 900 mit sieben Jahren zum König des Ostfrankenreichs gewählt. Da der aber auch nicht lange durchhielt und mit nur 18 Jahren starb, erlosch mit ihm auch das ostfränkische Karolingergeschlecht. Doch im Westfrankenreich regierte noch ein Karolinger und so schloss sich „unser“ Lotharingien wieder dem *west*fränkischen Reich an. Das war vielleicht ein Hin und Her. Wenn die Leute aus Mallorca zurückkamen, haben die erst mal gefragt, zu wem sie denn nun inzwischen wieder gehörten. Erst Heinrich I. eroberte Lotharingien als König der Ostfranken wieder zurück und so entstand im Jahre 925 zum ersten Mal so etwas wie ein deutsches Reich, dem die Eifel nun fortwährend angehörte. Nun ja, nicht ganz, da kamen ja noch die 20 französischen Jahre am Ende des 18. Jahrhunderts und Beginn des 19. Jahrhunderts.

Zwischen *zugigen* Burgen und *zarten* Kirchen

Das Hoch- und Spätmittelalter (900 bis 1500)

Im 10. Jahrhundert gehörte die Eifel zunächst immer noch zum Herzogtum Lotharingien. In der zweiten Hälfte des Jahrhunderts kam es jedoch zur Aufteilung in Niederlothringen (Nordeifel) und Oberlothringen (Südeifel). Und bei der Grenze zwischen beiden Gebieten orientierte man sich wieder am schon in der Zeit der Römer existenten Grenzverlauf auf der Wasserscheide der Hocheifel und am Vinxtbachtal.

Machtpolitisch hatten sich zunächst noch die Herzöge als Machtfaktoren über den Grafen und unter dem König etabliert. Doch nach und nach verloren sie wieder ihre Macht, vor allem im Verlauf des 12. Jahrhunderts. Aber sie waren nicht die einzigen „Verlierer“ im ewig währenden Kampf um Macht und Positionen. Auch die Gaugrafen mussten „Federn lassen“, und zwar zugunsten der Bischöfe, denen mehr und mehr gräfliche Rechte eingeräumt wurden und die damit auch weltliche Positionen besetzten. Beispielhaft dabei das Vorgehen des Trierer Erzbischofs Ratbod (auch hier ein wahrscheinlich begründeter Verdacht auf einen mährischen Patenonkel), der 902 den Bitburger Gaugrafen aus seinen Rechten in Tier verdrängen konnte. So fielen die Rechte der Münzprägung, der Zollerhebung und Gerichtsbarkeit neben weiteren Verwaltungsrechten mehr und mehr auch an andere Bischöfe. Dadurch geriet allerdings auch das Grafensystem „in Bewegung", das auf verschiedenen Wegen Veränderungen oder auch Vergrößerungen erfuhr. Mal war es eine Heirat hier oder ein Kauf dort oder zwischendrin ein kleiner Gewaltakt, der zum erwünschten Ergebnis führte. Jedenfalls entstanden so beispielsweise unter den Erben auch neue Grafschaften, die sich mal nach dem Stammsitz oder aber nach der neu erbauten Burg benannten. Damit einher ging die Erkenntnis, dass sich ihre Macht am besten stabilisieren oder erweitern ließ, wenn ihnen eine ordentliche Burg als befestigte Basis zur Verfügung stand. Dieser Gedanke griff schließlich sehr um sich, da auch andere Edelleute diesen Zusammenhang erkannten. Man tauschte sich ja schließlich auch untereinander aus, so beim Kegeln oder Après-Ski.

Dabei basierte die ganze Aktion eigentlich auf einem Strukturförderungsprogramm der Handwerkskammern in Aachen, Koblenz und Trier, die dem Maurerhandwerk neue Impulse und Perspektiven geben wollten. Seit die Franken dieses leidige Flechtwerk- und Lehm- und Fachwerkgebaue etabliert hatten, mussten sich die meisten Maurer mit irgendwelchen Ersatzjobs durchschlagen wie Rüstungspolierer oder Backstubenentstauber oder was auch immer.

Die Kammer-Initiative entpuppte sich jedenfalls als DER Hit – die Aktion „Burg muss her" wurde ein voller Erfolg, denn mehr und mehr Adlige kamen auf den Geschmack. Beispielsweise der Edelherr von Blankenheim, der seinerzeit seine Burg an einer geeigneten Stelle hoch über einem Felsen errichten ließ. Denn dafür war sein ursprünglicher Wohnort, das topografisch ungünstiger gelegene heutige Blankenheimerdorf mit seinem eher flachen Umland, ungeeignet. Zu Füßen der Burg kam es dann auch zur Ansiedlung von Handwerk und Gewerbe und den dazugehörigen Menschen, die als Bürger für den Schutz der Burgsiedlung zuständig waren. Oft gesellten sich noch weitere Dörfer der Umgebung als der Burg zugehörige Mitbürger dazu. Und so schafften es zum Beispiel die Edelleute von Blankenheim 1380, in den Grafenstand aufzusteigen. Das Prinzip sagte auch anderen Edelherren zu und sie versuchten es mit gleicher Methode, indem sie ihre schon bestehenden Herrensitze weiter befestigten oder sich sogar ebenfalls eine neue Burg bauten.

Dieses muntere Burgenbauen führte zu etwa 140 nachgewiesenen Eifelburgen im 11. und 12. Jahrhundert. Besonders weit brachten es die Herren von Arenberg in Aremberg am gleichnamigen Vulkan. Waren sie im 12. Jahrhundert noch als Burggrafen verzeichnet, so erreichte ihre Herrschaft über mehrere Stufen schließlich Mitte des 17. Jahrhunderts den hohen Status eines Herzogtums.

Doch noch einmal zurück nach Blankenheim, das erstmals 1115 genannt wurde und zunächst mit Schleiden und Gerolstein verbandelt war. Doch dann hatte der Edelherr von Blankenheim 1272 die strategisch geniale Idee, sich mit einer Tochter aus dem luxemburgischen Grafengeschlecht zu vermählen. Wir wollen ihm eine glühende Liebe nicht in Abrede stellen, aber die Sache führte als kleines Nebenprodukt zu einer deutlichen Mehrung seines Ansehens und seines Vermögens. Na ja, das waren ja damals auch nur Menschen. Wenn man heute jemanden fragt „Willst du lieber A: arm sterben oder B: reich heiraten“, dann – machen wir uns nix vor – nehmen die meisten nach einer halben Stunde Bedenkzeit natürlich wie zu erwarten war C: reich geboren werden.

Aber bei den Blankenheimern ging es ja noch weiter nach oben: 1468 fiel das Ganze zunächst an Manderscheid. Und das Grafengeschlecht derer von Manderscheid-Blankenheim entwickelte sich in den nachfolgenden Jahrhunderten zur machtvollsten Eifeldynastie überhaupt.

Werfen wir mal einen Blick auf Daun (vom keltischen Wort Dunum), den heutigen Wohnort eines berüchtigten Schreibers von Eifelkrimis. Sein Name fängt – wenn ich mich recht erinnere – vorne mit großem S an und endet dann mit ... ich glaube es klingt so ähnlich wie „igitt“. Aber das soll uns hier nicht ablenken. Jedenfalls tauchten die ersten Edelleute von Daun im frühen 11. Jahrhundert erstmalig auf. Wo sie sich bis dahin rumgetrieben hatten, ist nicht überliefert. Auf dem sich über dem Liesertal erhebenden Basalthügel, auf dem schon die Kelten um 700 eine Befestigungsanlage errichten hatten, bauten sie die erste Burg. 1075 wurde erstmals einer von ihnen namentlich erwähnt: Adalbero de Duna. Wahrscheinlich hatte der auch die erste Pizzeria in Daun. Doch obwohl die es damals noch etwas lockerer mit der Verhütung nahmen, starb diese

Linie 1163 aus. Einer der höheren Angestellten der erloschenen Herrschaft, ein Ricardus de Duna, machte unter gleichem Firmennamen weiter, also „de Duna". Klingt ja auch gut. Und da sich außer der Pizzeria nach und nach auch andere Gewerke und weitere Bürger ansiedelten, erhielt Daun schließlich 1346 auch die Stadtrechte. So entwickelte sich das entzückende Städtchen zur Perle der Vulkaneifel und ist mit mittlerweile fünf Pizzerien der vulkanische Ort mit der höchsten Pizzeriendichte außerhalb Italiens. Nur am Ätna soll es noch mehr geben.

Um noch einmal darauf zurückzukommen: Die „fürnehmen" Familien und Adelsgeschlechter der Eifel sprossen samt ihren Burgen besonders üppig zwischen dem 10. und 12. Jahrhundert. Heimbach wurde erstmals so um 1000 erwähnt, Dollendorf an der oberen Ahr „tauchte" 1077 auf, die Manderscheider Burgen zum ersten Mal so um 1140. Die dazu passenden Edelfreien von Manderscheid sind durch eine Urkunde von 1142 erstmals erkennbar.

Graf Ulrich von Are erbaute die Nürburg 1166, während Monschau erstmals 1198 bezeugt wurde. Bei so viel edlen Menschen sei doch mal auch ein kurzer Blick auf die „normalen" Menschen erlaubt. Und da wir eben die Maurer hatten, schauen wir doch noch mal auf sie: Tatsächlich, das waren 200 sehr gute Jahre für die Maurerzunft. Und interessant war's auch. Wo lernen denn junge Leute heute noch das Mauern von Zinnen und Verließen? Und wer mauert heutzutage noch einen 30 Meter hohen Bergfried am Stück, wo's alle am Rücken haben. Kein Wunder, dass man heute neue Burgen nur noch in Fertigbau kriegt.

Hier noch einige andere Eifelburgen und ihre Entstehungszeiten:

Olbrück	1050
Falkenstein an der Sauer	11. Jahrhundert
Reifferscheid	um 1100
Löwenburg Gerolstein	1115
Burg Kerpen	12. Jahrhundert
Eltz	12. Jahrhundert
Burg Schönecken	1230
Genovevaburg Mayen	1281

Während sich also in der eigentlichen Kernzone der Eifel mit ihrer Mittelgebirgsausprägung eine ganze Reihe „kleinerer" Grafschaften oder Adelshäuser hielt oder neu entwickelte, formierten sich außerhalb und die Eifel umgebend größere Kräfte mit bedeutend größeren Territorien. Im Norden Jülich und Köln und im Süden Trier und Luxemburg. Auch sie streckten ihre Hände nach der Eifel aus und versuchten, die dort schon etablierten kleineren Adelsterritorien unter ihre Macht zu bringen. Diese standen allerdings unter dem Schutz des Königs bzw. des Kaisers und konnten nicht mal eben so gewaltsam übernommen werden. Da mussten die „Großen" schon etwas „feinfühliger" vorgehen, indem sie „dezent" Druck ausübten, was für die Eifeler Edelleute darauf hinauslief, dass sie sich ihre Immobilie plus Ländereien abkaufen ließen oder dass sie ihren Herrschaftsbereich quasi wie „bessere Mieter" als Lehen behielten und weiter nutzten. Dafür mussten sie allerdings auch gegebenenfalls ihre Burgen und eine angemessene Zahl von Soldaten zur Verfügung stellen, wenn der Lehensherr in einen Krieg eintrat. Dieser wiederum gewährte dafür seinen Lehensnehmern Schutz.

Die beiden kirchlichen Fürstentümer Trier und Köln hatten zunächst etwas die Nase vorn vor Jülich und Luxemburg. Was nicht zuletzt daran lag, dass sie sich im 11. und 12. Jahrhundert der besonderen Gunst des Kaisers erfreuten. Diesen Vorteil nutzend, vermochte es der Erzbischof von Köln lange, den Grafen von Jülich die Expansion zum Rhein zu verwehren. Jülich selbst wurde 1239 sogar während eines Krieges gegen Köln zerstört. Erst 1279 konnten die Jülicher Grafen einen Frieden schließen mit dem Kölner Erzbischof Siegfried von Westerburg, der wohl, wie wir aufatmend feststellen, keinen mährischen Patenonkel hatte.

Aber auch der Trierer Erzbischof vermochte es, in der Südeifel die Luxemburger in Schach zu halten und ihre Expansionsgelüste zu bremsen.

Obwohl Kölns Interessen in der Hauptsache Gebieten in nördlicher und östlicher Richtung galten (so war dem Erzbistum im Jahre 1180 das durchaus attraktive Herzogtum Westfalen zugefallen), warf man auch ein Auge auf die nahe und so reizvolle Eifel mit ihren von Raben und Wölfen verseuchten lauschigen Wäldern. Von absolutem Vorteil erwies sich dabei der Umstand, dass das Erzbistum bereits über die Erbrechte der Grafschaften am Rhein hinauf bis Andernach verfügte. Dieser schlanke Zipfel nach Süden wurde langsam „etwas" verbreitert, im Ahrtal bis Altenahr und weiter nordwestlich bis Münstereifel, Steinfeld, Urft, Wahlen, Marmagen, Zingsheim und Weyer. Weyer war insofern wichtig, als sich ganz in der Nähe unsere schon vertraute Steinzeithöhle bei Eiserfey befand. Die wollten die Kölner natürlich mit im Portfolio haben, schon allein um gelegentlich studieren zu können, wie „der Düsseldorfer" (na ja, eigentlich „Neandertaler" aus Mettmann – aber seien wir da nicht so kleinlich) damals vor 80.000 Jahren so gelebt hat.

Damit hatte sich der Kölner Erzbischof schon ein ordentliches Stück Eifel eingeheimst und der Unterlauf der Ahr war fürs ruhige Forellen- oder Lachsfischen auch gesichert.

Dennoch: Die Kölner hatten den Grafen von Jülich zwar lange vom Rhein fernhalten können, aber der sicherte sich dafür umso größere Anteile an der nordwestlichen Eifel. Allein eine Heirat brachte ihm Ende des 12. Jahrhunderts die westliche Nordeifel an der Rur zwischen Monschau, Kornelimünster und Düren. Und auf einem Sandsteinfelsen hoch über der Rur fand er schließlich auch die beste Position für seine Burg, die er zur „Freude" geeigneter Nachbarn „Nideggen" nannte, was sich sinnigerweise aus dem Wort „Nid" für „Neid" und „Egg" für „steiles Felsmassiv" zusammensetzte. Zwischen 1191 und 1393 war die Burg dann Residenz der Jülicher Grafen.

Die Spannungen zwischen den Rivalen aus Köln und Jülich führten im 13. Jahrhundert zu immer neu auflodernden militärischen Konflikten und Kriegen. Aber da die Burg Nideggen als sehr schwer einnehmbar galt, musste Jülich umso mehr herhalten für den Groll des Kölner Erzbischofs, der die Stadt 1214, 1239 und 1278 brandschatzen und zerstören ließ. Umso erstaunlicher dabei der Umstand, dass aber auch zwei der Kölner Erzbischöfe in die Hände des Jülicher Grafen gerieten und als Gefangene auf dessen „felsiger Neidburg" längere „Eifelferien" verbringen mussten. Bei Konrad von Hochstaden waren es im Jahre 1241 „nur" neun Monate, bevor er gegen eine geeignete Ablösesumme rechtzeitig zum Rosenmontagszug an den Rhein zurückkehren durfte. Engelbert von Falkenburg gefiel es sogar so gut in seinem Verließ, dass er auf drei Jahre verlängerte (1267 bis 1271), bis er sich wieder nach Köln verabschiedete.

Leider verzeichnet nicht einmal das Ende des 13. Jahrhunderts eine friedvolle Phase. Im Gegenteil: Der Streit um das Erbe des zwischen Aachen und Lüttich gelegenen Herzogtums Limburg führte schließlich zur blutigsten Schlacht, die jemals im Mittelalter auf rheinischem Gebiet in der Nähe der Eifel stattfand. Limburg war von besonderem Interesse, da es nicht nur die Landverbindung zwischen Maas und Rhein darstellte, sondern hier auch ein bedeutendes Segment der Straße von Flandern bis tief in den Osten an die Elbe verlief.

So standen sich schließlich am Morgen des 5. Juni 1288 auf der Fühlinger Heide bei Worringen im Norden Kölns zwei Heere gegenüber. Das war zwar ein ganzes Stück weg von der Eifel, aber dennoch waren „wir“ in einigen Punkten direkt betroffen. Vor allem gab es da den Sachverhalt, dass nahezu alle Edelleute, Ritter und Grafen der Eifel auf einer der beiden Seiten zu finden waren. So gesehen galt diesem Tagesausflug gewisser bedeutender Eifeler, der gute Aussichten aufs Erschlagenwerden beinhaltete, in unserem „Gebirge“ durchaus Aufmerksamkeit.

Man vermutet, dass sich insgesamt etwa 10.000 Kämpfer gegenüberstanden. Auf der einen Seite natürlich der Jülicher Graf und weitere Gleichgesinnte wie beispielsweise die aus Kleve, Holland, Brabant und aus der Stadt Köln, nämlich die Kölner Patrizier. Wie zu erwarten war, standen ihnen der Kölner Erzbischof, Flandern, Luxemburg und andere gegenüber.

Manche hätten sich gewünscht, an diesem Tage doch eine „Butterfahrt“ auf dem Rhein unternommen zu haben mit der Konsequenz, dass sie am Abend mit der soundsovielten leidigen Heizdecke heimgekehrt wären. Wahrscheinlich einige von den etwa 1100 sofort getöteten Kämpfern oder den 700 später noch ihren Verletzungen Erlegenen. 600 Gefallene sollen in Massengräbern beerdigt worden sein. Verständlich, wenn man weiß, dass viele Männer durch Feindeinwirkung oder noch mehr durch Pferdehufe unkenntlich geworden waren. Das Plündern von Kleidung oder von zur Identifikation geeigneten Insignien oder Wappen war auch nicht hilfreich für eine Personenerkennung.

Dabei ist es ganz interessant, dass mittelalterliche Reiterschlachten eher darauf abzielten, möglichst viele hochgestellte Gegner als Gefangene abzuführen, und nicht darauf, sie auf dem Schlachtfeld zu töten. Lebende Adlige, Ritter und Edelleute waren eine wichtige Kriegsbeute, mit deren Lösegeld man die eigenen Kosten etwas auffangen konnte. Sicher reichte ein guter Deal hier und da auch mal für einen kleinen Zugewinn, mit dem man den meckernden Kindern daheim auch mal wieder das Taschengeld um ein paar Taler erhöhen konnte.

In Worringen sollen sich sogar relativ viele der sogenannten Panzerreiter, also Ritter in Rüstung auf Pferd, ihrem überlegenen Feind als Gefangene überlassen haben, um nicht doch noch vom besonders wütenden und mit großer Härte kämpfenden Fußvolk der bergischen Bauern und Kölner Soldaten erschlagen zu werden. Womit wir bei den Siegern und Verlierern angekommen wären. Zu den Siegern gehörte der Graf von Jülich neben der Stadt Köln und Brabant. So erhielten die Brabanter schließlich auch das strittige Herzogtum Limburg. Und nachdem Ruhe eingekehrt war, konnten sich ambitionierte Tüftler in Brabant endlich wieder ganz entspannt der Fertigung allerersten Autoteile widmen. Die waren schon so ausgereift, dass man die etwas später in einem ostdeutschen Kleinstaat für ein Fahrzeug gleichen Namens verwendet hat. Oder wie hieß dieser geile Schlitten noch mal?

Ach so, da gab es ja auch noch die Verlierer, darunter auch unser Eifeler aus dem Südwesten, der Graf von Luxemburg, als Geselle und Leidensgenosse vom ebenfalls geschlagenen Kölner Erzbischof. Auf den waren die Kölner Edelbürger oder Patrizier so sauer, dass sie ihm den Zutritt zur Stadt nur noch an drei Tagen im Jahr gewährten – über Karneval. Da hing also der Haussegen richtig schief. Das ging sogar so weit, dass sogar Eifeler, die in einem Erzbischofskostüm am Kölner Karneval teilnehmen wollten, an den Stadttoren abgewiesen worden sein sollen. Aber schlimmer noch: Der arme Kerl selber musste sich nach neuen Räumlichkeiten umsehen. Zum

Glück fanden sich dann in Brühl und später auch in Bonn angemessene Immobilien als geeignete Residenz.

Das war dem Grafen von Jülich als Gewinner ziemlich egal. Er hatte sich gemäß seinen Plänen als „Großmacht“ im Norden der Eifel stabilisiert. Dabei war eine weitere Expansion in der Nordeifel noch immer möglich.

In der Mitte des 14. Jahrhunderts fand sich die Blütezeit des Jülicher Grafentums. Wilhelm V., ab 1328 Markgraf und Reichsfürst, ab 1338 Reichsmarschall und ab 1356 Herzog, war nicht nur mit dem Kaiser verwandt, sondern auch mit dem englischen König Eduard III. Wegen seiner Unterstützung im englisch-französischen Krieg ernannte ihn der englische König 1340 zum „Earl of Cambrigde“ und „Pair of England“. Er hat aber anscheinend trotzdem nur sehr selten in England Ferien gemacht. Aus gutem Grund. Stammt nicht von ihm der berühmte Spruch „ Lewer kaal Fööß un klare Sicht in der Eifel als feuchte Fööß im Newwel opp dä jruß Insel zweschen Nurdsee un Atlantik!“?

Begünstigend für die stabile politische Lage im Norden der Eifel wirkte sich auch aus, dass Wilhelm den Papst dazu veranlassen konnte, seinem Bruder Walram das Erzbistum Köln zu übertragen. Bruder sein war zwar in der Geschichte nicht immer ein zwingender Grund für kuschelige Harmonie. Aber Erzbischof Walram (wahrscheinlich nach seinem mährischen Patenonkel Milram) zeigte sich während seiner Regentschaft als verständiger und einvernehmlicher Nachbar.

Das seit 1313 mit Stadtrechten versehene Nideggen erreichte jedenfalls unter Wilhelm seine Hoch-Zeit. Er erweiterte auch seine Burg und es entstand der mit 16 mal 61 Metern immerhin drittgrößte Rittersaal der damaligen Zeit.

Aber wie zuvor schon angedeutet: Die bereits im Besitz des Grafen befindlichen Territorien genügten noch nicht ganz seinen Ansprüchen. So verleibte er sich 1336 auch noch Münstereifel und umliegende Ortschaften ein. 1355 folgte für eine Weile auch Euskirchen, während die Burg Monschau schließlich 1435 mit einem weiten dazugehörenden Umland auch noch ganz an Jülich fiel. Selbst die recht weit entfernte Grafschaft Neuenahr geriet unter seine Lehensherrschaft. Neuenahr wurde schließlich im folgenden Jahrhundert (1558) ganz angegliedert.

Mit all diesen Erfolgen und Machtgebieten im größten Teil der Nordeifel war der Herzog von Jülich mit seiner markanten Nidegger Burg immerhin der mit der höchsten Macht und mit dem höchsten Rang ausgestattete „Eifelfürst“, der auch am längsten in der Eifel residierte. Im ganzen Reich gab es nur noch acht weitere Adlige (sieben Kurfürsten und einen Pfalzgrafen), die über ihm bzw. zwischen ihm und dem König standen.

Mit der Verwaltung der weitläufigen Jülicher Eifel waren damals immerhin schon zehn Ämter befasst: Maubach, Nörvenich, Düren, Kornelimünster, Nideggen, Heimbach, Monschau, Euskirchen, Münstereifel und ab 1558 auch Neuenahr im äußersten Osten. Diesen Ämtern unterstanden wiederum verschiedene Gerichtsbezirke mit vielen Dörfern. Die Unterherrschaften Zievel, Wachendorf, Wildenburg, Pesch, Eicks und Dreiborn unterstanden ebenfalls der Oberhoheit des Jülicher Herzogs. Zwar reichten Vorstöße Jülichs auch bis ins Quellgebiet der Flüsse Ahr, Urft, Olef und Urft und bis nach Giescheid, Wildenburg, Bleibuir, Tondorf, Nettersheim, Schmidtheim und Blankenheim, aber sie machten keine Versuche, die noch südlichere Eifel unter ihre Herrschaft zu bringen, als sei die höchstgelegene zentrale Eifelregion eine Art unsichtbarer Grenzraum. Aber auch der sich weiter südlich anschließende Raum war ja, wie wir wissen, nicht leer.

In der Südeifel gab es ja auch immer noch die beiden bedeutenden Herrschaftsdynastien: die der Grafen von Luxemburg und die der Kurfürsten von Trier.

Die Trierer waren besonders aktiv bei ihren Expansionsbemühungen, sodass ihnen schließlich an der unteren Mosel Cochem gehörte, aber auch Mayen, wo der Trierer Kurfürst Heinrich II. von Finstingen 1280 die erste Burg erbaute. Sie sollte seine regionalen Interessen gegenüber dem Kurfürsten von Köln sichern. Sein Nachfolger Bohemond I. (wieso hatten die eigentlich alle mährische Patenonkel?) schaffte es sogar, König Rudolf I. von Habsburg dazu zu bringen, Mayen im Jahre 1291 die Stadtrechte zuzuerkennen. War auch höchste Zeit für die „Welthauptstadt der Mühlsteine“. Aber damit nicht genug: Über Münstermaifeld hinaus erfolgte eine Erweiterung bis an die Lahn. Erzbischof Balduin (1307 bis 1354) erweiterte ebenfalls fleißig weiter den trierischen Herrschaftsbereich, immer die Kölner bzw. Jülicher Konkurrenz im Auge. Er konnte Hillesheim erwerben und die Grafschaft Daun wurde ebenfalls übernommen. Später dann, in der ersten Hälfte des 15. Jahrhunderts, folgten auch noch Teile der Manderscheider Ländereien.

1374 kam die vom Kloster Prüm gegründete Herrschaft Schönberg (heute Belgien), zu der auch Manderscheid und Losheim gehörten, dazu. Wichtig war dann auch 1383 der Erwerb der Burg und Herrschaft Schönecken, was die Umklammerung des Klosters Prüm perfekt machte. Aber es dauerte noch bis ins späte 16. Jahrhundert (1576), bis sich die Trierer die fürstliche Abtei mit ihren Besitztümern einverleiben konnte. 1545 fiel auch die Grafschaft Virneburg bei Mayen in Trierer Besitz. Das waren schließlich recht große Anteile der Eifel, die verwaltet werden wollten. Dazu installierte der Trierer Kurfürst in der Osteifel ein sogenanntes Niederstift, zu dem die Ämter Kempenich, Mayen, Münstermaifeld, Monreal und Kaisersesch gehörten, sowie ein „Oberstift" für die mittlere und die Westeifel. Hier waren es die Ämter Daun, Hillesheim, Ulmen, Wittlich, Manderscheid, Kyllburg, Pronsfeld, Schönecken und Schönberg.

Die Grafen von Luxemburg hatten durchaus auch ihre Ambitionen in Richtung Moseltal. Doch die strategisch entscheidenden Städte Trier und Metz gehörten zur Kirche. Zwar führten erbitterte Kämpfe gegen Trier im 11. und 12. Jahrhundert auch zu Erfolgen. Doch waren sie nicht in Landerfolg umsetzbar, da der Kaiser auf Seiten der geistlichen Herrscher war. Als die Luxemburger statt auf das nicht zu erringende Moselland ein verschärftes Auge auf den belgischen Raum an der Maas warfen, unterlagen sie bei diesen Ambitionen auch noch dem Bischof von Lüttich.

So blieb ihnen nur noch die Möglichkeit, sich weiter nach Westen in die Ardennen auszudehnen. Diese neue Strategie führte letztlich zu einem unerwarteten Ergebnis. Nachdem die Luxemburger im frühen 13. Jahrhundert das Recht erhalten hatten, in St. Vith (heute Belgien) Zoll und andere Gebühren zu erheben, wendete sich offenbar ihr Blatt, denn statt durch kriegerische Handlungen den Einfluss zu vergrößern, kam der nun wie von allein. So erklärte sich der Herr von Monschau und Valkenburg im Jahre 1271 zum Lehensmann des Grafen von Luxemburg. Recht viele weitere Edelherren folgten diesem Beispiel, obwohl der Luxemburger unmöglich so viele hübsche Töchter gehabt haben kann. Oder es lag an den Startguthaben für die Luxemburger Banken. Egal, sie meldeten sich jedenfalls noch im 13. Jahrhundert freiwillig, wie die meisten Edelherren der Ländereien um Bitburg und Daun, also die von Manderscheid, Malberg, Falkenstein, Neuerburg, Schönecken, Daun und Virneburg. Doch auch weiter im Norden kamen Herrschaftsgebiete dazu, wenn auch manche zeitlich sehr begrenzt: Neue Lehensmänner wurden die Herren von Kronenburg, Dollendorf, Wildenburg, Reifferscheid und Schleiden.

Die Hochzeit des Herrn von Blankenheim mit einer Tochter aus dem Hause Luxemburg 1271 wurde ja schon erwähnt. Mit Luxemburger Geld konnte er noch einige Güter im Raum Nettersheim erwerben.

Gerne hätten die Luxemburger auch noch die zu den Klöstern Prüm und Stavelot-Malmedy gehörenden Ländereien „übernommen". Aber die Nummer war ihnen dann doch zu heiß im Hinblick auf deren Rückhalt bei der Krone. Die Expansion weiter hinein in den westlichen Ardennenraum klappte dagegen ganz gut. Aber dann kam ja 1288 eine „kleine" Zäsur durch die schmerzliche Niederlage in der Schlacht von Worringen, bei der der Graf, seine drei Brüder und viele Ritter Luxemburgs ihr Leben verloren. Damit war die weitere Luxemburger Expansion gestoppt. Dafür ergaben sich andere Möglichkeiten. Denn zunächst wurde der minderjährige Sohn des in Worringen gefallenen Grafen, der um 1285 geborene Balduin, Erzbischof und Kurfürst von Trier, was auf Betreiben des französischen Königs Philipp IV. zurückging. Immerhin regierte Balduin dort fast ein halbes Jahrhundert von 1307 bis zu seinem Tod am 21. Januar 1354. Er wiederum unterstützte die Wahl seines Bruders Heinrich zum König. Der wurde am 6. Januar 1309 in Aachen zum König Heinrich VII. und schließlich 1312 in Rom auch noch zum Kaiser gekrönt. Eine ganz ordentliche Karriere für zwei Luxemburger Jungens.

Dann aber verblasste die Bedeutung Luxemburgs. Zwar wurde es 1354 durch Kaiser Karl IV., einen Enkel Wilhelms VII., von der Grafschaft zum Herzogtum erhoben. Doch die Interessen der Herrscher hatten sich vom Westen mehr in den Raum Prag und nach Osten verlagert. 1442 verkaufte die letzte Herzogin von Luxemburg das Land sogar an das französische Haus von Burgund, an Philipp den Guten, Sohn des Herzogs Johann ohne Furcht und seiner Gemahlin Margarete von Bayern (das sind doch mal Namen, das Verbot mährischer Patenonkel trug endlich nachhaltige Früchte). So gehörte die luxemburgische Eifel jedenfalls auch mal 40 Jahre zu Burgund. Die Freunde eines gepflegten Roten werden wohl nicht gemeckert haben.

Zu Luxemburg ist noch anzumerken, dass es als einziger der vier in die Eifel wirkenden Herrschaftsbereiche auch die sonst geltende Trennungslinie an der zentralen Wasserscheide nach Norden hin überschritt und zeitweise bis Kall, Dreiborn, Hellenthal und Gemünd reichte.

„Interessant“ ist das Verhalten jener Edelleute im zentralen Hochland zu nennen, die immer im Grenzbereich zwischen den vier großen Herrschaften lagen. Manche lavierten sich mehr oder weniger geschickt durch die Zeit, indem sie mal auf die eine und dann wieder auf die andere Seite wechselten, je nach Vorteilslage. Die waren halt auch nur Menschen. Renn nennt in seinem Werk das Beispiel des jeweiligen Herrn von Dollendorf an der oberen Ahr. Der war um 1250 mit dem Luxemburger Grafen verbunden, doch 20 Jahre später hatte er eine Fehde mit ihm. Wenig später stand er gegen Köln auf der Seite des Jülicher Grafen. Dann gab er sich unter die Lehensherrschaft des Kölner Erzbischofs. Nach ein paar Jahren war er wieder ein Gefolgsmann Luxemburgs, was ihn jedoch nicht davon abhielt, in der Schlacht von Worringen wieder als Mann des Jülicher Grafen gegen Luxemburg und den Kölner Erzbischof anzutreten. Ein paar Jahre später waren es dann wieder enge Bindungen zu Köln, dann wieder zu Luxemburg. Also bei einem Bewerbungsgespräch für einen leitenden Posten in einer anderen Branche als der mittelalterlichen Politik hätte der Personalchef eines Unternehmens möglicherweise gewisse Bedenken formuliert hinsichtlich einer Eignung unter dem Aspekt der „Loyalität“.

Erstaunlicherweise bemerkten sogar die betroffenen Lehensherren selbst irgendwann dieses muntere Wechselspiel. Vor allem den Luxemburgern und Kölnern mutete dieses Gebaren schließlich als unangemessen an. Die hatten in jenen Zeiten wirklich noch ein sehr fein justiertes Wahrnehmungspotenzial, was sicher zum Teil auch auf das gute Essen zurückzuführen war: viel Wild und Schnaps. Schließlich fanden sie das Ganze so wenig amüsant, dass sie schließlich sogar das dem Dollendorfer gehörende Kronenburg schleifen lassen wollten. Aber dazu kam es dann doch nicht, es fand sich keine passende Schleife. Stattdessen kuschelte der wechselfreudige Herr wieder ein paar Jahrzehnte mit Köln, bevor er nach einer Trierer Phase doch wieder ganz bei den Luxemburgern landete. So flexibel ist nicht mal die FDP.

Dieses Beispiel eines lange vollzogenen Lehensherren-Wechselspiels war in dieser Intensität wohl doch eine Ausnahme. Fakt war jedoch, das sich die Eifeladligen überwiegend in lehensrechtlicher Abhängigkeit befanden. Doch sie suchten schließlich den „Ausbruch" aus dieser Fessel der Abhängigkeit. Dazu bot sich Gelegenheit, als sich Ende des 15. Jahrhunderts freie und sogenannte reichsunmittelbare Geschlechter in Kreise zusammenschlossen, in denen sie politische Mitbestimmung ausübten. Dieses Verfahren wollten auch die Eifelgeschlechter übernehmen und meldeten sich in einem Reichskreis an. Wäre es dazu gekommen, hätte dies die Anerkennung ihrer Selbstständigkeit bedeutet. Das war natürlich überhaupt nicht im Sinne der vier großen, schon erwähnten Machtblöcke in den Randzonen der Eifel. Sie wollten ihre abhängigen Lehensnehmer nicht aufgeben und versuchten sowohl mit Gewalt als auch vor Gericht, den Status quo zu halten. Um noch stärker auftreten zu können, verbündeten sich die Eifeler Adligen 1512 schließlich sogar mit den Westerwälder Grafen und mit denen aus den Niederlanden, 1520 auch noch mit den Grafen von Westfalen und Niedersachsen. Doch nur die wenigsten der Eifelherren hatten schließlich Erfolg, wie etwa die Blankenheimer, Reifferscheider und Arenberger. Die überwiegende Zahl der „edlen" Eifelgeschlechter blieb abhängig. Das ausstiegsfreudige Virneburg etwa musste bei Trier bleiben und Neuenahr kam 1545 unter die Herrschaft von Jülich. Und gemäß kaiserlicher Verfügung von 1548 mussten sich Kall, Schleiden, Kronenburg und Neuerburg endgültig dem Herzogtum Luxemburg unterstellen.

Dass die Freiheit von der Lehensherrschaft jedoch auch ihre Tücken hatte, erfuhr beispielsweise die am Rande des Maifelds ansässige Herrschaft Pyrmont, die dort auf ihrer Ende des 12. Jahrhunderts errichteten Burg im Elztal saß. 1521 wurden sie im Reichsmatrikel als selbstständige Landesherrschaft genannt. Das klang gut auf der Visitenkarte: „Freier Herr von Pyrmont", hatte allerdings auch einen ganz kleinen Nachteil: Es bedeutete auch, dass Pyrmont einen Anteil für die Unterstützung des Reichsheeres zu erbringen hatte. In diesem Fall einen Reiter und vier Fußsoldaten. Das war eben damals die militärische Basisformation: fünf Mann und ein Pferd als Notration. Und einer durfte auf der Notration sitzen und sie bewachen. Aber selbst die Gestellung einer solch kleinen Formation war für manche kleine Herrschaften schon eine Nummer zu groß. Auch die Pyrmonter waren offensichtlich doch nicht *so* vermögend und sahen als einzigen Ausweg dann wohl nur noch die Aufgabe ihrer „Freiheit" und die Unterstellung unter den Erzbischof von Trier.

Bauern, Kreuzzug und die *Pest*

Die Lebensverhältnisse der Eifeler im Mittelalter

In der Zeit zwischen 900 bis 1250, dem sogenannten Hochmittelalter, waren die meisten Eifeler Bauern. Als freie Pächter kümmerten sie sich allerdings nicht nur um ihr Pachtland, sondern hatten auch noch den Hof ihres Herrn zu bewirtschaften. Außerdem leisteten sie ihren Herren Abgaben, die meist aus Naturalien bestanden. Damit ging es den hiesigen Bauern besser als denen in östlichen deutschen Regionen, in denen die Leibeigenschaft herrschte, die es in dieser offiziellen Form im Rheinland und der Eifel so nie gab. Was nicht bedeutet, dass es nicht hier und da Abhängigkeiten gab, die sich wie Leibeigenschaft anfühlen konnte. Jedenfalls ging es den Eifelbauern in dieser Hinsicht damals noch ganz ordentlich. In den höheren Teilen der Eifel konnten sie immerhin Dinkel und Hafer anbauen und neben der Schweinezucht auch noch ein paar Rinder halten. Aber auch der Weinanbau an Mosel und Ahr entwickelte sich weiter hin zum Terrassenbau. Lange Arbeitstage ermöglichten ein bescheidenes Leben. Die klimatisch und vom Boden her besonders begünstigten Lagen wie im südlichen Bitburger Land oder in der Osteifel im Gebiet von Pellenz und Maifeld waren dabei natürlich ertragreichere und stabilere Bauernregionen. Doch in den schwierigeren Geländen der übrigen Eifel kehrte auch schnell mal Not ein, wenn es zu Missernten kam oder wieder mal ein Krieg herrschte, was oft gleichbedeutend war mit geraubtem

Vieh, niedergebrannten Höfen und verwüsteten Feldern. Mal abgesehen von den üblicherweise auch noch erschlagenen Menschen.

Doch im 11. und 12. Jahrhundert beruhigte sich die politische Lage allmählich und unter der Wahrnehmung friedlicherer Zeiten reagierten die Menschen ganz eigenartig: In vielen Bevölkerungsschichten war eine erhöhte Kuschelfrequenz zu verzeichnen, die erstaunlicherweise auch noch zu steigenden Geburtenraten führte. Zwischen 1050 und 1200 kam es so zu einer Verdoppelung der Bevölkerung. Die etablierte Dreifelderwirtschaft (abwechselnd war jeweils eines von drei Feldern in drei Jahren mal mit Wintersaat, mal mit Sommersaat und mal ohne Saat im Ruhezustand zu bewirtschaften) konnte für die gewachsene Bevölkerung keine größeren Erträge hervorbringen. Für die, die in der Heimat bleiben wollten oder mussten, gab es nur eine Alternative: das weitere Roden des Waldes und das Kultivieren bisheriger Ödlandflächen. Doch allein die Gewährleistung von ausreichend Nahrung war ja nicht die einzige Aufgabe: Die zusätzlichen Menschen brauchten überdies auch noch Behausungen. So entstanden neue Dörfer und Siedlungen. Auch änderte sich die Handhabung des Erbrechts, denn es konnten nun auch jüngere Brüder des Erstgeborenen einen Hof erwerben.

Solch friedlichere Zeiten, in denen Spatzen ihre Nester in die Rüstungen bauten und das Schwert nur noch zum Kartoffelschälen taugte, waren jedoch nicht für alle heißblütigen jungen Männer erträglich. Zum Glück gab es auch damals schon erste Organisationen (frühe Vorläufer der Pfadfinder), die Abhilfe schufen und jungen reisefreudigen Männern interessante Perspektiven offerierten, allen voran die Kreuzritter. Vor allem junge Adlige, die schon einen Pferdeführerschein hatten, buchten immer wieder gerne bei den für ihre Reisen in den sonnigen Süden bekannten Herren.

So konnte der 1175 geborene Heinrich von Ulmen am von Papst Innozenz III. im Jahre 1198 ausgerufenen Vierten Kreuzzug teilnehmen und kam dabei ganz schön rum. Nach Ägypten kam er allerdings dann doch nicht, obwohl das als Reiseziel ausdrücklich im Prospekt genannt worden war. Denn das sollte bei diesem von 1202 bis 1204 stattfindenden Ausflug zunächst einmal erobert werden und darauf soll er sich auch richtig gefreut haben. Dummerweise fielen Kreuzzüge auch ausdrücklich nicht unter die Reiserücktrittversicherung.

Die Einnahme Ägyptens als Kerngebiet der Jerusalem bedrohenden Muslime schien zwar der geeignete und notwendige erste strategische Schritt zu sein vor der Rückeroberung der Heiligen Stadt. Jedoch ergaben sich im Laufe der ersten Phase des Kreuzzuges neue Umstände, die zu einem Umdenken und zur Änderung des Reiseziels führten. So überfiel die überwiegend aus französischen und venezianischen Rittern bestehende Streitmacht mit ihren 20.000 Mann gegen die Bedenken des Papstes 1204 das christliche Konstantinopel. Und nach dem Scheitern politischer Lösungen plünderten sie es dann auch noch. Wahrscheinlich hatte einer der Kreuzfahrer „Die Memoiren eines Wikingers" gelesen und den anderen davon erzählt. Das konnte auch unser wackerer Heinrich nicht verhindern. Als aufrechter Eifeler hat er ganz sicher zunächst auch mal nur ein ganz klein bisschen geplündert. Vielleicht 'ne kleine Halskette für die Oma oder ein Handtäschchen für die jüngere Schwester. Nix Großes. So ein einzelnes Pferd konnte ja schließlich auch nicht alles heimschleppen. Aber trotz Heinrichs Bescheidenheit beim Plündern sollen die griechisch-orthodoxen Christen ziemlich sauer gewesen sein. Bis auf ganz wenige Ausnahmen. Und die kamen dann auch prompt in den Regionalnachrichten: „Die Bewohner der Bosporusstraße 29 bedanken sich ausdrücklich, dass die netten Männer aus Venedig gestern den Sperrmüll mitgenommen haben, den vorgestern unser Sperrmüllwagen stehen gelassen hat." So was passierte aber nur denen, die die äußerst hilfreiche kleine Fibel „Plündernswertes richtig erkennen" nicht gelesen hatten. Aber das waren wirklich nur Ausnahmen. Tatsächlich sollen die Plünderungen sowohl gigantisch als auch sehr zerstörerisch gewesen sein. Dabei hatten die geraubten Schätze nach heutigen Maßstäben insgesamt einen Wert von mehreren 100 Millionen Euro. Manchen Kreuzfahrern ging es jedoch nicht nur um Gold und Edelsteine. Konstantinopel besaß zahlreiche wertvolle und sehr begehrte Reliquien. So berichtete ein Ritter und Augenzeuge:

„In dieser Kapelle fand man ganz reiche Reliquien, denn man fand da zwei Stücke vom wahren Kreuz Christi, so groß wie das Bein eines Mannes

und ungefähr so lang wie ein halber Klafter (ein Klafter war etwa das Maß zwischen den ausgestreckten Armen eines Mannes, also rund 1,80 Meter), ... *auch das Eisen der Lanze, mit der unser Herr in die Seite gestochen wurde, zwei Nägel, die durch die Mitte seiner Hände und die Mitte seiner Füße geschlagen wurden, die Tunika, die er trug und die von ihm genommen wurde, als sie ihn auf den Kalvarienberg führten, und ... die gesegnete Krone, mit der er gekrönt worden ist.*"

Auch hierbei kam Heinrich von Ulmen wieder ins Spiel, hatte er doch zeitweise sogar das Amt des Stadtkommandanten von Konstantinopel inne. 1207 befanden sich einige der besonders wertvollen Reliquien in seinem Besitz, die er in Deutschland König Philipp von Schwaben überbringen sollte, darunter ein Zahn von Johannes dem Täufer und ein besonders aufwendig gestaltetes goldenes Behältnis mit Stücken vom Kreuz Jesu. (Wo der Zahnarzt von Philipp den Zahn dann beim König einbauen wollte, ist nicht überliefert. Ich bin nur froh, dass die heute nicht mehr so arbeiten.)

Tatsächlich schaffte es Heinrich von Ulmen auch, unversehrt und mit den Reliquien in die Heimat zurückzukehren. Doch anstatt die wertvollen Mitbringsel beim König abzuliefern, überließ er sie verschiedenen kirchlichen Institutionen. Seine Schwester Irmgard, Vorsteherin des Augustiner-Chorfrauen-Stifts Kloster Stuben bei Bremm an der Mosel, erhielt 1208 von ihm dieses kostbare goldene Behältnis mit den Kreuzstücken, das als Staurothek bezeichnet wird (heute eines der Prunkstücke des Diözesanmuseums in Limburg/Lahn). Weitere Kreuzpartikel übergab er an die Trierer Abtei St. Eucharius - St. Matthias (zurückgehend auf das 5. Jahrhundert, mit dem einzigen Apostelgrab in Deutschland und nördlich der Alpen) und an das Kloster Maria Laach.

Den Backenzahn von Johannes dem Täufer behielt er jedoch zunächst einmal selbst und soll ihm daheim eine kleine Kapelle gebaut haben. Seine Schwester hatte ihm wohl schon ans Herz gelegt, ihn dem Zisterzienserkloster in Heisterbach bei Bonn zu schenken. Doch erst als er sich in Gefangenschaft des aus der Pfalz stammenden Werner von Bolanden befand, überließ er den Zahn den Heisterbachern, was auch zu seiner Freilassung geführt haben soll.

Heinrich von Ulmen, der erfahrene Kreuzritter aus der Eifel, nahm trotz seiner bereits 42 Jahre (ein Alter, in dem heutzutage manche Männer schon mal überlegen, von wann bis wann sie ihre Midlife-Crisis nehmen sollen) von 1217 bis 1221 auch noch am sogenannten Fünften Kreuzzug teil. Dabei sollte es nach Damiette gehen, einer Stadt in Ägypten. Und natürlich wollte Heinrich nach der Stornierung seiner ersten Ägyptentour nun endlich mal dahin. Das „Hin“ klappte diesmal sogar, doch wurden die Kreuzfahrer dort schließlich geschlagen und viele verloren ihr Leben. Aber Heinrich hatte auch diesmal das Glück auf seiner Seite und konnte nach der Gefangenschaft wieder in seine Eifelheimat zurückkehren und in Rente gehen. Das genaue Todesjahr des bis dahin am weitesten gereisten Eifelers ist nicht bekannt, soll aber in den 1230er Jahren gelegen haben.

Dies ist vielleicht die geeignete Stelle, um auch noch einige andere außerhalb der Eifel tätige und wirkende Adlige zu nennen. Denn es nahmen zum Beispiel auch noch andere Herren an den Kreuzzügen teil. Wie etwa Hartmann von Arenberg, der als Ahnherr derer von Arenberg (obere Ahr) angesehen wird und der am Ende des Ersten Kreuzzuges 1099 fiel. Auch ein Ulrich von Daun soll unter den Kreuzfahrern gewesen sein. Doch erst einer seiner späteren Nachfahren brachte es – auch ganz ohne Kreuzfahrterfahrung auf dem Mittelmeer – zu großer Bekanntheit und hohem Ruhm: Leopold Joseph Graf von Daun. Er war zwar 1705 selbst nicht mehr in Daun geboren, sondern in Wien (was man ihm ja nun wirklich nicht vorwerfen kann), und wurde dann ein ruhmreicher Feldmarschall der berühmten österreichischen Kaiserin Maria Theresia. Schon sein Vater Wirich Philipp Lorenz war österreichischer Feldmarschall, während sein Großvater Wilhelm Johann Anton Graf von Daun 1657 als erster Dauner in die Dienste der Alpenmonarchie getreten war und es auch als Erster zum Feldmarschall gebracht hatte. Durch bedeutende Siege auf europäischen Schlachtfeldern gestalteten so die „Dauner Heerführer“ die Politik jener Zeit also entscheidend mit.

Zurück zu den unmittelbar aus der Eifel stammenden Edelherren, von denen einige auch zu den Rittern des Deutschen Ordens zählten, einer geistlichen Ordensgemeinschaft, die während des

Dritten Kreuzzuges um etwa 1190 entstanden war. Zu ihr gehörten etwa Eberhard und Gerhard von Virneburg, Johannes von Falkenstein, Gerhard von Malberg, Heinrich von Bollendorf, Wilhelm von Wittlich, Johann von Neuenahr sowie Otto von Schleiden und Otto von Kerpen sogar als Hochmeister des Ordens. Mal so ganz nebenbei: Merken Sie das auch – diese Namen? Das neue Taufgesetz, das endgültig mährische Patenonkel ausschloss, zeigte allmählich seine nachhaltige Wirkung.

Na jedenfalls hatten viele Eifeladlige hohe kirchliche Positionen in Köln, Trier und Lüttich inne. Die Herren von Blankenheim stellten zum Beispiel oft die Stiftsherren von St. Gereon in Köln oder auch den Bischof von Straßburg bzw. Utrecht.

Wie am Beispiel des Heinrich von Ulmen gesehen, waren zwar die Kreuzzüge geeignete Abenteuerreisen für unternehmungslustige Adlige. Doch das einfache Volk musste andere Möglichkeiten finden, um mal ein bisschen rumzukommen und neue Eindrücke zu gewinnen. So kam es trotz der zuvor erwähnten friedlicheren Phase in der Eifel auch zu Auswanderungen, als etwa im 12. und 13. Jahrhundert viele Südeifeler und solche aus dem Moseltal nach Siebenbürgen (Rumänien) oder nach Kroatien, Slowenien, Galizien (zwischen Polen und Ungarn) und die Bukowina („Buchenland" zwischen Rumänien und Ukraine) auswanderten. Dort gab es damals noch mehr Wölfe und Bären als bei uns, was die Viehhaltung für einen adrenalinsüchtigen Bauern deutlich spannender machte. Noch heute leben in Rumänien, das immerhin von der Fläche her so groß ist wie Deutschland ohne Rheinland-Pfalz, die meisten Braunbären Europas, geschätzt mehr als 6000 Tiere. Trotzdem müssen sich bei rund 21 Millionen Menschen immer noch 3500 Rumänen einen Bären teilen. Eine eklatante Unterversorgung, über die das EU-Parlament geflissentlich hinwegsieht!

Wer als Bauer diese Art von naturnaher Spannung der Viehhaltung unter Raubtieraugen nicht brauchte, der beließ es bei einer Übersiedlung in die aufstrebenden Städte im die Eifel umgebenden Flachland. Die bezogen ihre Anziehungskraft daraus, dass sie als Handels- und Wirtschaftszentren neue Lebens- und Arbeitsperspektiven bieten konnten, über die die Eifel so nicht verfügte.

Eine wirklich grundlegende Veränderung der Wirtschaftslage in der Eifel setzte sich dann jedoch am Ende des 13. Jahrhunderts in Bewegung und hatte ihren endgültigen Durchbruch im 14. Jahrhundert: die Geldwirtschaft.

Dabei war es den Eifeler Menschen mit der naturalen Tauschwirtschaft nicht schlecht gegangen. Mit den rein landwirtschaftlichen Erträgen konnte sich, von Zeiten der Missernten abgesehen, unsere anspruchslose Bevölkerung durchaus ernähren, auch wenn es nach Abgabe der Fronherrenanteile nicht für große Rücklagen reichte. Immerhin entstanden auch noch in der Zeit vor der Geldwirtschaft, also im 11. und 12. Jahrhundert, die meisten der weit über 100 Eifelburgen. Also musste es auch zu dieser Zeit eine gewisse wirtschaftliche Fundierung gegeben haben.

Zwar war dann auch noch nach 1300 eine Bezahlung mit Naturalien in kleinerem regionalem Zusammenhang möglich. Aber in den Dimensionen großer überregionaler Handelsbeziehungen wurde die Verwendung von Geld zunehmend unverzichtbar. In der Eifel fehlten jedoch große Geldeinnahmequellen. Immer noch bewegten sich auf den großen Handelsstraßen im Flachland außerhalb der Eifel rege Verkehrsströme, die an den jeweiligen Zollstellen der Territorialgrenzen reichlich Abgaben erbrachten. Doch die über die Eifel verlaufenden alten Römerstraßen oder die erst im 12. Jahrhundert gebaute Krönungsstraße, die von Frankfurt kommend ab Sinzig quer durch die Nordeifel nach Aachen führte, waren vergleichsweise bescheiden frequentiert. Besonders ergiebig waren dagegen die Zollstellen an Rhein und Mosel, die reichlich Geld in die Kassen der jeweiligen Herrschaft brachten.

Aber der Eifel standen noch keine nennenswerten Geldeinnahmen aus Gewerbe oder Bergbau zur Verfügung. Um diesem Umstand abzuhelfen, kamen einige pfiffige Zeitgenossen auf die Idee zur Ausübung eines neuen Handwerks: Wegelagerei. Das Überfallen und Ausplündern von Kaufleuten oder Pilgern und anderen Menschen auf der Durchreise wurde jedoch überwiegend als recht unerfreuliches Gebaren gewertet und rief schließlich Widerstand auf den Plan: 1335 wurde der Herr von Schleiden zum Vorsitzenden einer Schutzorganisation berufen, in der sich zehn Eifelherrschaften zusammengeschlossen hatten. Sie wollten dem räuberischen Tun ein Ende bereiten.

Dennoch bereitete der Geldmangel weiterhin Probleme. Als eine der Folgen wurden die Waldrodungen eingestellt, was allerdings auch mit einem anderen und noch viel größeren Unheil einherging: Die Pest suchte Deutschland heim – und verschonte auch die Eifel nicht.

Im Sommer 1347 hatte die Seuche von Zentralasien kommend Konstantinopel erreicht und wurde von dort über Schiffe zunächst weiter an die europäische Mittelmeerküste „ausgeliefert". Deutschland erreichte sie schließlich aus dem Westen über Nordfrankreich und aus dem Süden aus der Schweiz kommend. Im August 1349 erreichte sie Frankfurt und im November war sie in Köln angekommen. In den letzten Monaten des Jahres 1349 muss sie also auch unsere Eifel erreicht haben. Europaweit starben nach Vermutungen rund 18 Millionen der insgesamt etwa 60 Millionen Menschen, was einem Anteil von immerhin fast 30 Prozent entspricht. Das war auch der Umfang des Tributs, den Deutschland der schrecklichen Krankheit zollen musste. Und auch die Eifel „leistete" mit Tausenden von Toten ihren Anteil. Manche kleine Ortschaft verwaiste im 14. Jahrhundert, wie etwa das prominente Beispiel des Örtchens Weinfeld am „Totenmaar" (heute meist „Weinfelder Maar" genannt) bezeugt, das völlig aufgegeben wurde und schließlich auch ganz verschwand – bis auf die kleine Kapelle über dem Nordufer.

Doch ein Problem, das heutzutage oft allein mit dem 20. Jahrhundert und der Zeit der Nazis in Verbindung gebracht wird, tauchte auch in jenen Pestjahren schon in übelster Weise auf: die Judenverfolgung. Seit dem 13. Jahrhundert duldete man hierzulande als Geldverleiher Juden und Lombarden aus Italien. Man brauchte in den Jahren, da die Geldquellen noch rar waren, das geliehene Geld dieser „Fremden". Doch als die Pest auftrat, wurden vorrangig die Juden als Sündenböcke verfolgt und viele bezahlten bei den folgenden Progromen mit ihrem Leben. Die jüdischen Gemeinden von Koblenz, Trier, Wittlich und Köln wurden so schon Ende August 1349 vernichtet, als die Pest dort gerade erst angekommen war.

Heutzutage hört man immer wieder mal den Ausdruck „um die Märkte anzukurbeln". Damals ging es auch in der Eifel darum, mehr Handel und Gewerbe zu etablieren bzw. auszubauen. Ein Weg, so hatte man richtig erkannt, war beispielsweise die Steigerung der Wollproduktion. Die Schweinezucht wurde also eingeschränkt, dafür wurden umso mehr Schafe gehalten, die – so hatte man in langjährigen Versuchsanordnungen herausgefunden – als Einzige in der Lage waren, das wertvolle Naturprodukt in einer ordentlichen Qualität und Menge zu liefern. Bei früheren Versuchen mit Eichhörnchen hatten sich trotz des durchaus gefälligen Farbtones die Probanden als zu kompliziert und schwierig in der Handhabung herausgestellt. Vor allem zeigte sich das mit dem Einsammeln auf den Bäumen beauftragte Fachpersonal schnell überfordert und rasch demotiviert. Allein in diesem Punkt ergab sich schon ein gravierender Vorteil bei den Schafen, die sich bei Weitem nicht so kletterfreudig zeigten wie die kleinen roten Mitbewerber.

Wo kalkarmes Wasser zu finden war – also vor allem in den von Schiefer geprägten Eifelgebieten –, gab es das erforderliche und geeignete Wasser für die Verarbeitungsschritte. Münstereifel erwies sich als ein besonders geeigneter Standort, in dem auch erstmals die Wasserkraft als Energiequelle und Antrieb für die Hämmer verwendet wurde. 1339 hatten die Münstereifeler Wollweber das Recht erhalten, ihre Tuche mit einem eigenen charakteristischen Zeichen zu versehen. Der Erfolg weitete sich aus und 1344 wurden die Tuche bereits urkundlich in Köln als Qualitätstuche hervorgehoben. Das war natürlich lange vor der Zeit der Papiertaschentücher. Damals war es noch en vogue, ein kapitales Stück Nasensekret in ein genau für diesen anspruchsvollen Job bemessenes Stück Tuch zu applizieren und es noch eine Weile aufzuheben. Vielleicht als Dünger für den kleinen Bonsai – man weiß es nicht mehr. Damals ging man tatsächlich noch etwas ehrfürchtiger mit Körperausscheidungen um als heute, wo man alles rasch in Papier entsorgt.

Doch auch die Lederindustrie fasste hier an der Erft Fuß und es entstanden Gerbereien für das bald begehrte Eifeler Leder, das auch aus Adenau, Prüm und Malmedy geliefert wurde.

Aber auch die Eifeler Bodenschätze wurden zunehmend erschlossen und verkauft. Beispielsweise auch immer noch die berühmten Basaltlava-Mühlsteine aus Mayen. Das war eben Qualitätsware aus

Deutschland. Da kamen auch die Franzosen mit ihren gallischen Hinkelsteinen nicht ran, die sich durch ihren unrunden Lauf beim Mahlen als deutlich weniger effektiv erwiesen.

Die Lavaströme bei Mayen waren schon lange nicht nur das älteste, sondern auch bedeutendste Steinbruchgelände nördlich der Alpen, und das bereits über einen nachgewiesenen Zeitraum von rund 7000 Jahren. Erstaunlich dabei, dass dort nicht nur im 19. Jahrhundert 600 Arbeiter im Einsatz waren, sondern dass es auch schon zu Zeiten der Römer ebenso viele gewesen sein sollen.

Die Steine wurden überwiegend bis nach Andernach an den Rhein transportiert und begannen dort per Schiffszustellung ihre Exportkarriere, die viele auch bis nach England brachte.

Aber auch die Eisenindustrie erlebte einen ersten Aufschwung. Ortsnamen wie Ahrhütte, Kronenburgerhütte, Eiserfey oder Eisenschmitt erinnern noch an diese Zeit, in der Eisenhütten und Hammerwerke an den Flüssen Ahr, Kyll, Salm und Olef in Betrieb waren.

Trotz der sich entwickelnden Geschäfte behielt die Eifel natürlich ihren geografisch etwas verkehrsungünstigen Charakter bei. Aber wie kriegte man die Produkte nach draußen bei einer begrenzten Kapazität von langsamen Pferdefuhrwerken? Als sogenannte kleine Lösung mussten gelegentlich auch ahnungslose Wanderer, die die Eifel bis zu diesem Moment noch mit verklärtem Blick durchstöbert hatten, in den sauren Apfel beißen und sich in den entlegeneren Eifelgebieten für den Heimweg noch die eine oder andere Kiepe Eisenteile aufladen lassen, beispielsweise für eine Eilzustellung nach Düren oder Euskirchen. Was immer wieder auch zu Beschwerden vor allem von Wanderern aus dem Raum Trier oder Koblenz führte, die oft von ihren Verwandten als vermisst gemeldet wurden, weil sich die Heimkehr ein klein wenig verzögerte. Die wussten ja auch von nichts. Fragen Sie nicht nach dem Handynetz – auch nicht besser als heute.

Die begrenzte verkehrstechnische Erschließung führte allerdings auch dazu, dass sich im gebirgigen Teil keine großen Städte entwickelten. Die beiden großen Städte der Erzbischöfe und die Städte der beiden weltlichen Landesherren lagen im Norden und im Süden

1 **Albrecht Dürer (1471–1528), Karl der Große**
Germanisches Nationalmuseum Nürnberg

Karl der Große entschied sich trotz seiner 1 Meter 93 Körpergröße sportlich gegen Basketball und für das Golfspielen. Hier sehen wir ihn in seinem Turnierdress mit seinem Lieblingsschläger und mit einem (katholischen) Golfball mit Kreuz (was sich auf Dauer nicht bewährte).

2 Manderscheid, Niederburg, Fotografie von Hans Jürgen Sittig

Die Niederburg gilt als Manderscheids urigste Immobilie, allerdings zieht es im Winter ein wenig.

3 **Burg Nideggen, Fotografie von Hans Jürgen Sittig**

Geschickt wählten die Baumeister der Nidegger Burg den Sandstein der Umgebung als Baumaterial, so dass die Burg für anrückende Feinde fast nicht wahrnehmbar war.

4 Abtei Maria Laach, Fotografie von Hans Jürgen Sittig

Zwar gilt die Basilika von Maria Laach als eines der schönsten romanischen Bauwerke Deutschlands, doch sollte man wegen der latenten Ausbruchgefahr des nahen Laacher See-Vulkans vor einem Besuch immer erst einen Geologen konsultieren für eine aktuelle Lageeinschätzung.

5 **Arnold Böcklin (1827–1901), Die Pest**

Kunstmuseum Basel

An dieser Stelle muss dem Künstler widersprochen werden: Die Pest kam nachweislich nicht auf einem hässlichen Fledermaus-Storch nach Europa, sondern per Schiff.

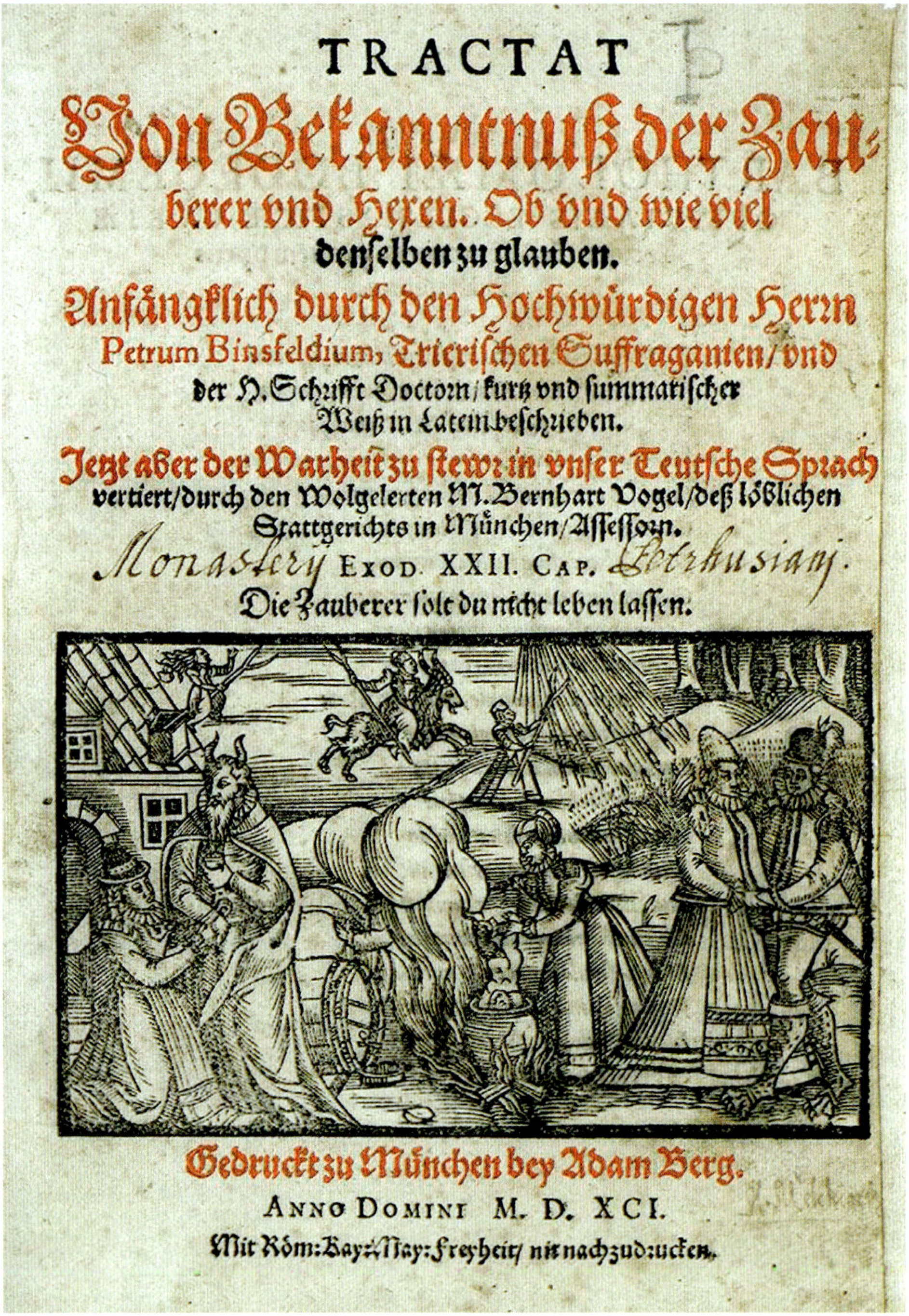
TRACTAT

Von Bekanntnuß der Zauberer vnd Hexen. Ob vnd wie viel denselben zu glauben.

Anfänglich durch den Hochwürdigen Herrn Petrum Binsfeldium, Trierischen Suffraganien/ vnd der H. Schrifft Doctorn/ kurtz vnd summatischer Weiß in Latein beschrieben.

Jetzt aber der Warheit zu stewr in vnser Teutsche Sprach vertiert/ durch den Wolgelerten M. Bernhart Vogel/ deß löblichen Stattgerichts in München/ Assessorn.

EXOD. XXII. CAP.

Die Zauberer solt du nicht leben lassen.

Gedruckt zu München bey Adam Berg.

ANNO DOMINI M. D. XCI.

Mit Röm: Kay: May: Freyheit/ nit nachzudrucken.

6 Peter Binsfeld, Tractatus confessionibus maleficarum et saguarum, Titelblatt, München 1591, erstmalig erschienen 1589

Archiv Regionalia Verlag

Wie man auf dieser Abbildung unschwer erkennen kann, besaß der Teufel schon damals ein Handy (linke Hand), was nur bestätigt, was viele Menschen schon immer sagten: Das ganze moderne Zeug ist Teufelswerk.

7 **Pestkreuz von 1665 in Schalkenbach bei Ahrweiler**
wikimedia commons (Ramessos)

Pestkreuze in der Eifel erfüllten alle in sie gesteckten Erwartungen: Sie wurden nie von der Krankheit befallen.

8 **Leopold Joseph Graf von Daun, zeitgenössisches Ölgemälde, 18. Jahrhundert**
wikimedia commons (o.A.)

Der Graf lebte zwar selbst nicht mehr in Daun, aber er zeigte noch immer die bei seinen Dauner Vorfahren von der frischen Eifelluft hervorgerufenen typischen roten Wangen. Und er hing sehr an seinem vom Urgroßvater selbst gedrechselten original Eifeler Wanderstock.

9 **Kurfürst Maximilian Franz (1756–1801), Gemälde 19. Jahrhundert**
wikimedia commons (o.A.)

Wie man hier deutlich erkennen kann, war genetisch das Männermodell „Gregor Gysi" schon im 18. Jahrhundert angelegt.

10 **Wappen des „Département de Rhin-et-Moselle“, des von Napoleon Bonaparte annektierten linksrheinischen Gebietes zwischen Bingen und Bonn (1798–1814)**

Stadtarchiv Koblenz

Selbst französische Historiker rätseln noch immer über die Bedeutung des Motives mit der jungen Dame: An der rechten Hand ein Nistkasten für Steinkäuze und links ein Stab mit Zwergenmützchen.

10 **Wertstempel des „Département de la Roer“ des von Napoleon annektierten linksrheinischen Gebietes des Niederrheins und von Teilen der Nordeifel, Hauptstadt: Aix-la-Chapelle (Aachen)**

Gemeindearchiv Weilerswist

Auch diese Abbildung sorgt für Irritation: Eine Dame versucht einen in einem viel zu kleinem Vogelbauer gehaltenen Steinadler mit Petersilie zu füttern, obwohl nachweislich die wenigsten Adler vegetarisch orientiert sind.

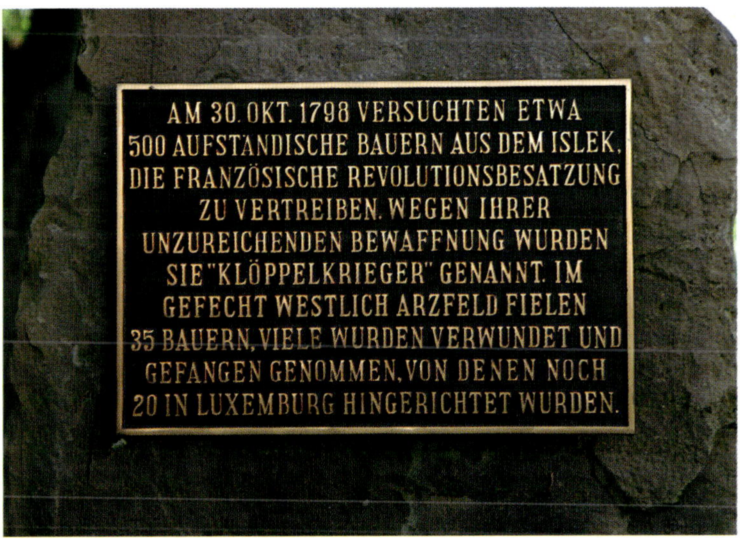

11 **Denkmal für die im Klöppelkrieg gefallenen Bauern in Arzfeld**
wikimedia commons (Bubo)

Da setzte einmal die Bauernschläue aus: Die kühne Spekulation, Dreschflegel, Sensen und Knüppel könnten sich gegen Gewehre durchsetzen, hatte für die Freiheitskämpfer bittere Folgen.

12 **Fritz von Wille, Am Weinfelder Maar, Gemälde**

Die Eifel im Wechsel der Jahreszeiten, Köln 1905 (Archiv Regionalia Verlag)

Der Felsen im Vordergrund bewährte sich schließlich nicht als Absprungbasis ins Maar, da die meisten Springer die 15 Meter Distanz bis zum Wasser nicht bewältigen konnten.

13 **Fritz von Wille, Burg und Maar von Ulmen, Gemälde**
Die Eifel im Wechsel der Jahreszeiten, Köln 1905 (Archiv Regionalia Verlag)

Am Rande des Ulmener Maares findet sich weltweit die einzige Stelle, an der Pfifferlinge bis zu Zimmer- oder Hausgröße heranwachsen (oder sind das Bäume?).

14 **Grabstein des Fritz von Wille an der Burg Kerpen, Eifel**
wikimedia commons (Carschten)

Es wird wohl kaum jemanden verwundern, dass sich unser so geschätzter Eifelmaler einen original Eifeler Hinkelstein als Grabstein wählte.

15 **Lavafeld bei Mayen (Mühlsteinbrücke) vor dem 1. Weltkrieg, Foto von Rudolf Böhm**
Otto Follmann, Die Eifel, Bielefeld und Leipzig 1912 (Archiv Regionalia Verlag)

Mayen lag lange Zeit gut im Rennen als Austragungsort für die Karl May Festspiele (hier ein Bild vom aufwendigen Kulissenbau). Aus nicht nachvollziehbaren Gründen machte dann aber doch Bad Segeberg in Schleswig-Holstein das Rennen.

15 **Mühlsteine schwersten Schlages, zugehauen in Mayen, um 1930, alte Fotografie**
Archiv Regionalia Verlag

Erst wenn der Arbeiter seinen Stein aufgerichtet und sauber abgestellt hatte, durfte er eine längere Pause von fünf Minuten machen zum gemütlichen Verschlingen seiner mitgebrachten Stulle.

16 **Mayen vor dem Ersten Weltkrieg, nach einer Fotografie von Rudolf Böhm**
Otto Follmann, Die Eifel, Bielefeld und Leipzig 1912 (Archiv Regionalia Verlag)

Mayen – die idyllische Hauptstadt der Osteifel – strahlte an diesem autofreien Sonntag ganz viel Ruhe und Behaglichkeit aus und wurde damals auch vom „Bund Preußischer Fahrrad-Mobilisten“ ausdrücklich als Reiseziel empfohlen.

vor der Eifel. Na ja, Luxemburg lag und liegt ja noch immer doch schon ein wenig auf der Höhe. In diesem Zusammenhang wollen wir auch den Jülicher Fürsten zugutehalten, dass sie immerhin 200 Jahre lang von Nideggen in der Rureifel aus regierten.

Die Zahl der Eifelstädte soll in der damaligen Zeit bei sage und schreibe rund 40 gelegen haben. Das mag aus heutiger Sicht erstaunen, aber das waren damals oft auch Orte mit nur wenigen Hundert Einwohnern. Selbst das heute nur etwa 250 Einwohner zählende Aremberg an der oberen Ahr oder das mit heute 460 Einwohnern auch nicht gerade großstädtisch daherkommende Kronenburg gehörten damals dazu. Sogar die Verwaltungssitze der großen Territorien, die quasi als „Beamte" nur einen Vogt (als Gerichtsherrn), einen Amtmann und einen Burschen für die finanziellen Abwicklungen aufzuweisen hatten, gehörten zu diesen Kleinstädten. So auch das heute gut 50.000 Einwohner zählende Euskirchen, das zusammen mit Heimbach, Nideggen und Monschau Verwaltungsstadt der Jülicher Herrschaft war. Nur die für den Handel und den Warenumschlag besonders bedeutenden Städte Münstereifel und Düren kamen damals auf mehr als 1000 Bewohner.

Die Orte, in denen die Burgen der Adligen lagen, erhielten ebenso Stadtrechte wie die Bürgersiedlungen der kirchlichen Zentren, beispielsweise Prüm, Münstermaifeld, St. Vith oder Malmedy. Ein Drittel der Städte erhielt die Stadtrechte schon im 13. Jahrhundert, ein weiteres Drittel folgte im 14. Jahrhundert und – richtig geraten – im 15. Jahrhundert folgte das letzte Drittel. Viel später jedoch, als Armut und Hunger die Eifel im 19. Jahrhundert peinigten und viele Eifeler auswanderten, fielen die meisten der kleinen Eifelstädte wieder in den Status eines Dorfes zurück.

Bei der Betrachtung des Mittelalters in der Eifel wird man unweigerlich auch die Bedeutung der Klöster erkennen, die neben den Adligen und Burgherren wesentliche kulturelle Akzente setzten. So sorgten die hart arbeitenden Benediktinermönche der früh gegründeten Eifelklöster (7. bis 9. Jahrhundert) zum Beispiel für einen Zuwachs an neuen Menschen in neuen Ortschaften. Das Prinzip war einfach: Erst schufen die Mönche durch Rodung und Bearbeitung des Landes neue Flächen für Ansiedlungen und Anbau. Erstaunlicherweise nahm dann aber auch die Zahl der Menschen rasch zu. Denn selbst die Kondomautomaten in der Stadt waren damals technisch noch nicht auf Bezahlung mit Kartoffeln oder Getreide ausgelegt. Also kriegten vor allem die Bauern relativ viele Kinder.

Auf diese Weise entstanden so beispielsweise nach umfangreichen Rodungen bei Münstereifel die Orte Eicherscheid, Rodert, Roderath und Bouderath. Neu geschaffene Ackerflächen wurden an Bauern vergeben, die entsprechend dem herrschenden Feudalsystem nun auch den Klöstern Abgaben zu entrichten hatten.

So bescherten schließlich die durch immer mehr Menschen erbrachten höher werdenden Einnahmen den Klöstern nicht nur immer größeren Wohlstand. Man entfernte sich auch immer weiter von den alten Idealen des armen „betenden und arbeitenden" Mönchs. Einer Reformbewegung schlossen sich dann jedoch europaweit viele Klöster an: Wieder ging es im Kern um den in persönlicher Armut lebenden Mönch. Das wurde wieder angestrebt, doch durfte der „Reichtum Gottes" gemehrt werden, was schließlich (und aus heutiger Sicht wohl glücklicherweise) auch zum Bau prächtiger Kirchenhäuser führte.

War das Benediktinerkloster Münstereifel schon 830 vom Prümer Kloster aus gegründet worden, so entstand das Kloster Maria Laach ab 1096. Die wunderbare Säulenbasilika wurde jedoch überwiegend erst 1216 fertiggestellt. Auch die dort lebenden Mönche setzten nicht mehr so sehr auf die ehemals so gepriesene harte körperliche Arbeit.

Auch hier hatte inzwischen ein Umdenken stattgefunden. Die landwirtschaftliche Arbeit in den nahen Landstrichen der fruchtbaren Pellenz und des Maifeldes war bei Weitem nicht mehr so hart und anspruchsvoll, wie sie es einst in den raueren Höhenlagen gewesen war. So erhielten nun auch Fischerei (im Laacher See unmittelbar vor der Tür), Handwerksausübung, Studieren, Lesen und das Gebet größeren Raum. Aufgrund des fortlaufenden Feudalsystems mit weiter steigenden Einnahmen war es zusammen mit den Zuwendungen des nahen Adels schließlich auch möglich geworden, einen solch prachtvollen Bau zu errichten.

Dennoch blieb der Grundgedanke an den „armen Mönch" auch weiterhin erhalten und führte zu weiteren Reformansätzen und zu Ordensneugründungen.

Bernhard von Clairvaux, der 1115 mit zwölf Mönchen das nordfranzösische Kloster Clairvaux gegründet hatte, wurde auch zum Begründer des wieder sehr auf die Armut bezogenen Ordens der Zisterzienser. Es heißt auch, er habe an der Bestimmung des Gründungsortes des Klosters Himmerod selbst mitgewirkt. Das Eifelkloster Himmerod (1134), nordwestlich von Wittlich gelegen, verzichtete folglich auch auf die feudale Struktur der Einnahmen von außen und beschränkte sich ganz auf die Früchte der eigenen Arbeit aus Fischzucht und Landwirtschaft. Da die Zisterzienser auch die sonst zu findende Pracht von Gotteshäusern ablehnten, erbauten sie ein vergleichsweise bescheidenes Gotteshaus, außen ohne Turm und innen schlicht gehalten. Außerdem wurden aufgrund ihrer besonderen Marienverehrung alle ihre Kirchen Maria geweiht.

Im Jahr 1130 kamen einige Mönche von der Mosel und übernahmen das Kloster Steinfeld, wo sie ab 1140 nach den Regeln der Prämonstratenser lebten, die um 1125 von Norbert von Xanten gegründet worden waren. Wie die Zisterzienser lehnten auch sie die Erträge von Fremdarbeit ab und erarbeiteten sich ihre Nahrung selbst auf eigenen Feldern. Doch im Gegensatz zu den Zisterziensern, die ganz auf sich bezogen gottgefällig leben wollten, sahen die Prämonstratenser ihre Aufgabe auch darin, als Seelsorger zu wirken, was letztlich auch dazu führte, dass sie bei der Kolonisation im Osten des Reiches durch weitere Klostergründungen erfolgreich mitwirkten.

Doch trotz des gemeinsamen Starts in Bescheidenheit und persönlicher Armut kam es schließlich auch bei diesen beiden Orden wieder zur Mehrung von Besitz und Reichtum.

Gerade eine solche Entwicklung widerstrebte völlig dem jungen Franz von Assisi, dem Wohlstand von Haus aus ja sehr vertraut war. Denn er war 1182 als Sohn eines wohlhabenden Tuchhändlers geboren worden. Der soll den Großteil seines Vermögens mit Taschentüchern in England erwirtschaftet haben: Im Sommer ist das Wetter zum Heulen – im Winter haben alle Schnupfen.

Franziskus jedenfalls hielt nichts von der Aussicht auf ein üppiges Erbe. Doch er lebte schließlich nicht nur selbst in bedingungsloser Armut, sondern forderte dies auch von seinen Anhängern, die ihm bald folgten. Sie waren völlig auf die Gaben ihrer Mitmenschen angewiesen. So entstand der Bettelorden der Franziskaner. Aber auch die vom aus Spanien stammenden Dominikus gegründeten Dominikaner entsagten als Predigerorden dem Besitz. Beide Orden waren jedoch auch bei uns darauf angewiesen, eine ausreichende Menge von Menschen um sich zu haben, von deren milden Gaben sie auch leben konnten. Die Eifel war dafür ein zu schwieriges Terrain, weil zu dünn besiedelt. Und da die bisherigen Ordensgründungen in der Eifel wenig auf die außerhalb liegenden Städte eingewirkt hatten, waren schließlich die großen Städte Trier, Koblenz, Bonn, Köln und Aachen mit ihren wohlhabenden Menschen der bestmögliche Einsatzraum für die Kirchenarbeit der beiden Armutsorden.

Ganz anders die reichen Benediktinerklöster, allen voran Prüm, dessen Abt (wie der von Malmedy) schließlich den Titel eines Fürsten trug und stimmberechtigtes Mitglied des Reichstages war. Unter der Herrschaft der Fürstabtei Prüm standen damals immerhin etwa 60 Eifelorte. Der riesige Besitz reichte sogar noch weit über die Eifel hinaus in ein Gebiet zwischen Taunus und Mittelrhein, Niederlande, Belgien und Frankreich. So wurde es im sogenannten Prümer Urbar überliefert, dem Güterverzeichnis der Fürstabtei Prüm.

Aber auch die Abtei Echternach im äußersten Süden der Eifel verfügte zumindest über ein kleines Herrschaftsgebiet, ähnlich wie Kornelimünster, zu dessen Territorium einige Orte im Süden Aachens gehörten.

Auch nicht mehr so ganz nach den Regeln des heiligen Franz aus Italien lebend gaben schließlich die Benediktiner in Münstereifel ihr strenges Ordensleben auf und wandelten ihr Kloster in ein Stift um. Ein Mitbruder hatte sich bei der Abstimmung mit seinem Vorschlag zur Umwandlung in ein Mädchenpensionat mit einem Anbau für ledige Mütter nicht durchsetzen können. Aber auch schon durch das Stiftsreglement waren die 30 Stiftsherren stärker der Gemeinschaft entpflichtet, konnten ihre „Zellen“ gegen Wohnungen eintauschen und durften weiteren Privatbesitz und Einkommen behalten. Das ursprüngliche und engere Klosterleben löste sich auf zu einer individuelleren Tätigkeit für das Stift oder in der Seelsorge.

Die versorgenden Dörfer, immerhin beinahe 40 an der Zahl, hatten anscheinend kein größeres Problem mit dieser Neuorientierung. Als Basis für die Winterversorgung lieferten sie im Herbst weiterhin fast 500 Karren voller regionaler Produkte ab. Das waren immerhin sechzehneinhalb Karren je Stiftsherr je Winter. Da war die Gefahr, auch noch den Karren essen zu müssen, relativ gering. Sie konnten der Ankunft des Winters also relativ gelassen entgegensehen. Gleichzeitig entwickelte sich das Kloster Maria Laach weiter zum bedeutenden religiösen, kulturellen und künstlerischen Zentrum und Impulsgeber für das Mayener Land und für das nahe Mittelrheingebiet.

Immer wieder traten auch Söhne von Eifeler Adelsgeschlechtern in die Klöster ein, um studierter Priester (Pater) oder Laienbruder zu werden. Das Zisterzienserkloster Himmerod war da oft die erste Wahl und profitierte sehr durch Zuwendungen der Abstammungsfamilien. Auch war es vielen Adligen der Eifel wichtig, an diesem besonderen Ort ihre letzte Ruhe zu finden. Und damals war es dort auch wirklich noch richtig ruhig, lange vor der Zeit, als die amerikanische Airbase im nahen Spangdahlem begann, neue akustische Akzente zu setzen.

Zu den besonders nach Himmerod orientierten Herrschaftshäusern gehörten etwa die Manderscheider Grafen, aber auch die Herrschaften aus Salm, Daun, Bourscheidt (Luxemburg), Malberg, Ulmen, Kerpen und Dollendorf.

Himmerod war auch bekannt für seine Buchmalerei. Und das von den Zisterziensern geführte Verzeichnis der Heiligen soll sage und schreibe 74 Mönche aus den eigenen Reihen vorweisen. Ganz schön viele für nur einen Orden.

Vielleicht haben die sich alle noch einmal zu einem späten gemeinsamen Gebet gefunden, um die sich 2011 abzeichnende Insolvenz des Klosters abzuwenden. Aber auch durch die Tatkraft einiger Bürger und Nichtmönche konnte das Schicksal des Bankrotts in 2012 doch noch abgewendet werden.

Himmerod blieb nicht das einige Zisterzienserkloster in der Eifel. Nach der für eine Marienfigur 1481 errichteten Kirche bezogen am 4. April 1486 einige Mönche aus Bottenbroich im Erftkreis das eben fertiggestellte Klostergebäude des Klosters Mariawald im einsamen Wald des Kermeter, hoch über dem späteren Rurstausee.

Doch auch das Kloster Steinfeld, dessen Prämonstratenser ehemals angetreten waren, nur von eigener Leistung zu leben und Besitz abzulehnen, erwarb schließlich einen eigenen Herrschaftsbereich, zu dem außer Steinfeld dann auch noch Marmagen, Wahlen, Urft und - recht weit entfernt - der Ort Wehr (unweit von Maria Laach) gehörten. 1340 erhielten sie sogar noch die Zollfreiheit für ihren Handel in das Territorium des Jülicher Herzogs. Die gewährte ihnen schließlich 1500 auch noch der Kurfürst von Trier.

Was auch immer die Klöster im Einzelnen taten in diesen lange vergangenen Jahrhunderten: Sie trugen im Mittelalter vieles zur kulturellen Entwicklung bei.

Uns heute noch erfreuende kulturelle Spuren größerer Dimension aus jener Zeit konnten schließlich dadurch entstehen, dass Kirchenbauten nicht mehr länger wie bei den ersten Eifelchristen, den Franken, in Holz ausgeführt wurden, sondern schließlich mehr und mehr in Stein. Die waren zwar auch nicht unverwüstlich, aber doch etwas feuer- und witterungsbeständiger als die ehemaligen Holzkapellen. Als ganz frühes Beispiel ist da Prüm zu nennen. Die schon 721 gegründete große Abtei erbaute zum Ende des 8. Jahrhunderts eine Kirche. Und so wurde St. Salvator in Anwesenheit Karls des Großen im Jahre 799 durch Papst Leo III. eingeweiht. Sie hielt immerhin 920 Jahre, bis sie 1721 in barockem Stil neu erbaut wurde.

Erst die Romanik (1000 bis 1250) überließ uns endlich bis heute erhaltene komplette Beispiele von Kirchbauten im romanischen Stil.

Die Basiliken jener Zeit wurden meist nach einer strengen Form im Verhältnis 1:2 gebaut, was bedeutete, dass der mehrschiffige Längsbau aus einem Mittelschiff bestand, an das sich an den Seiten zwei Seitenschiffe anschlossen, die mit ihrer Höhe und Breite nur die Hälfte des Hauptschiffes erreichen sollten.

Der vom Klostergründer von Himmerod als Ordensbaumeister beauftragte Mönch Achard begann 1138 mit der dreischiffigen Pfeilerbasilika in Kreuzform. Der schlichte Bau mit unverputzten Wänden und einfachen Glasfenstern wurde nach 40 Jahren 1178 vom Erzbischof Arnold von Trier eingeweiht.

Als bedeutend gilt auch die Kirche in Roth an der Our (Grenze zu Luxemburg), die zunächst in der ersten Hälfte des 12. Jahrhunderts erbaut wurde. Von diesem älteren Bau wurde schließlich noch der Chorraum für die im 13. Jahrhundert errichtete dreischiffige Basilika übernommen.

Bemerkenswert scheint mir an dieser Stelle aber noch etwas ganz anderes: dass Schloss Roth erstmals 1248 erwähnt wurde, und zwar als Kommende der Templer. Eine Niederlassung des Ritterordens der Templer in der Eifel hat mich doch etwas überrascht. Diesen Orden hatte ich mehr mit Frankreich und dem Heiligen Land in Verbindung gebracht, wo er auch als militärisch ausgerichteter Orden zum Schutz der Palästina-Pilger gegründet worden war. Dabei gibt es auch in Deutschland noch heute weitere Hinweise wie zum Beispiel Berlin-Tempelhof. Das waren damals jedenfalls diese Männer in weißen Mänteln mit einem achtspitzigen roten Kreuz auf der linken Brustseite. Seit der Gründung im Jahr 1119 hatten die Templer ihr Hauptquartier in einem Flügel der Al-Aqsa-Moschee in Jerusalem. Vom Papst bestätigt wurden ihnen 1128 auf dem Konzil von Troyes entsprechend den Klosterregeln der Zisterzienser strenge Regeln auferlegt. Was sie aber für die europäische Geschichte noch bedeutsam macht, ist der Umstand, dass die Templer quasi die Erfinder des Bank- und Scheckwesens waren. Denn da sie über eine längere Zeit häufig sowohl Geld als auch Wertsachen von Europa nach Palästina transportierten, entwickelten sie schließlich ein perfektes Bankensystem, das vor allem bei den Adligen und Herrschenden in Europa großen Anklang fand. Wer bargeldlos reisen wollte, konnte einen Betrag in einer der „Kommenden“ oder „Komtureien“ der Templer einzahlen, wo er eine Quittung erhielt. Diese konnte er dann nach der gefährlichen Reise ins Heilige Land dort wieder einlösen. Dieses System machte sie selbst schließlich ziemlich reich, was ihnen zusammen mit ihrer Macht schließlich auch zum Verhängnis wurde. Viele endeten zu Beginn des 14. Jahrhunderts im Feuer der Inquisition und ihr Vermögen wurde 1312 nach päpstlicher Auflösung des Ordens dem rivalisierenden Orden der Johanniter überlassen.

Doch zurück in die Eifel. Nachdem das Kloster in Münstereifel durch den Erhalt der Reliquien des römischen Märtyrerpaars Chrysanthus und Daria 844 schon einen großen Bedeutungszuwachs erhalten hatte, erhielt die Stadt noch mehr Aufmerksamkeit nach der Fertigstellung der dreischiffigen Bruchsteinbasilika, die schon im 11. Jahrhundert erbaut wurde. Das mächtige Westwerk weist auf St. Panthaleon in Köln hin, einen frühromanischen Bau aus dem 10. Jahrhundert, der als Vorbild gedient haben soll.

Zwischen 1142 und 1150 erbauten die Steinfelder Prämonstratensermönche ihre dreischiffige Pfeilerbasilika. Dabei gilt sie mit ihrem besonderen Deckgewölbe als eine der frühesten deutschen Kirchen dieser Art.

Als ein besonderes Meisterwerk romanischer Architektur gilt allerdings die Pfeilerbasilika von Maria Laach. Die Fundamente waren bereits 1093 gelegt worden. Doch es dauerte noch bis August 1156, als der Erzbischof von Trier, Hillin von Fallemanien (klingt zwar nach einer Fantasieregion, doch waren das die Herren von Falemagne aus dem Raum Lüttich), den unvollendeten Bau einweihte. Krypta, Langhaus und Westchor waren vorhanden. Doch die beiden Türme des Westbaus standen noch ohne die obersten beiden Stockwerke und ohne Dachstuhl da. Auch wies der Ostbau einen unfertigen südlichen Flankenturm auf. Mit provisorischen Dächern schützte man noch unvollendete Gebäudeteile. Endgültig fertiggestellt wurde das Prachtstück erst um 1216.

Der Klosterstifter, Pfalzgraf bei Rhein Heinrich II. von Laach (aus Luxemburger Geschlecht), sah in den Kaiserdomen Speyer, Worms und Mainz die geeigneten Vorbilder der doppelchörigen Basilika, die auch mit den Kapitellen und Skulpturen der Eingangshalle beste Beispiele für die rheinische Bildhauerkunst jener Zeit vorzuweisen hat.

In Münstermaifeld steht eine weitere markante Kirche, die mit ihrem wie ein Burgturm anmutenden 34 Meter hohen Westwerk auffällt. Der untere Teil besteht aus dem romanischen Ursprungsbau, der 1103 geweiht worden war. Die zunächst flach gedeckte Basilika wurde zwischen 1225 und 1322 als gotische Kirche neu erbaut. Ebenfalls noch im Maifeld zu finden: Die Pfarrkirche von Lonnig war einst einmal Chorraum einer 1225 errichteten bedeutenden Stiftskirche, in der ein großer Formenreichtum der rheinischen Spätromantik zu finden ist. Weiterhin steht im Maifeld zum einen in Mertloch eine aus dem 12. Jahrhundert stammende dreischiffige Pfeilerbasilika, zum anderen im nahen Polch eine weitere frühromanische Pfeilerbasilika mit einem Turm von etwa 1200. Nicht allzu weit entfernt in nördlicher Richtung steht in Niedermendig noch eine romanische Basilika aus der Mitte des 13. Jahrhunderts, die inzwischen Teil eines neogotischen Baus geworden ist.

Unbedingt erwähnenswert sind noch weitere Kirchenbauten jener Zeit wie etwa die von adligen Augustinerschwestern Anfang des 13. Jahrhunderts in Niederehe erbaute einschiffige Kirche oder die um 1200 aus Rotsandstein erbaute dreischiffige Basilika von Nideggen. Auch die dreischiffige Pfarrkirche von Altenahr geht auf das 12. Jahrhundert zurück, nämlich auf das Jahr 1130. Aus der Mitte des 13. Jahrhunderts stammt auch die dreischiffige Pfeilerbasilika in Niederzissen und in Dockweiler besitzt die Pfarrkirche noch ihr Chor aus romanischer Zeit.

Eine romanische Besonderheit hat noch Münstereifel aufzuweisen: Das Romanische Haus von 1167 war wohl das Wohnhaus des Kirchenmannes, wahrscheinlich des Propstes, der dem schon erwähnten Stift vorstand. Aber auch in Trier stehen noch zwei Gebäude aus romanischer Zeit: der bekannte Frankenturm von 1100 und das aus der ersten Hälfte des 13. Jahrhunderts stammende „Dreikönigenhaus".

Im 13. Jahrhundert begann dann allmählich der Siegeszug des neu angesagten Baustils: Gotik.

In unserer Region machte die zwischen 1235 und 1260 erbaute Trierer Liebfrauenkirche gleich neben dem Dom den Anfang vor dem Kölner Dom. Mit dessen Bau wurde am 15. August 1248 begonnen. Doch erst erstaunliche 632 Jahre später wurden die Bauarbeiten abgeschlossen: am 15. Oktober 1880. Eine herausragende Ingenieursmeisterleistung, denn immerhin musste der Turm ja bündig am noch viel älteren Baugerüst fertiggestellt werden!

Der gotische Baustil erschuf nicht nur nach außen spektakuläre Formen, sondern veränderte auch die Gestaltung des Innenraums. Eine der Folgen davon ist die Nutzung entstehender Nischen für das Aufstellen von Plastiken. Mal finden sich diese außergewöhnlichen Kunstwerke auch im Eingangsbereich der Kirchen, wie etwa „im Paradies" der Basilika Maria Laach. Oder sie stehen auf Altären. Berühmtestes Beispiel ist wohl der sogenannte Bassenheimer Reiter, ein von etwa 1250 stammendes frühgotisches Sandsteinrelief mit der Darstellung des heiligen Martin bei der Mantelteilung. Das Prachtstück in der Pfarrkirche von Bassenheim bei Koblenz gilt als die vielleicht berühmteste Martinsdarstellung der Kunstgeschichte.

Erstmals entstanden in der Gotik auch die Hallenkirchen. Durch die beinahe ebenso hohen oder sogar gleichhohen Seitenschiffe dominierte nicht mehr länger das Mittelschiff den Bau und die viel größeren Fenster ließen deutlich mehr Licht in den Innenraum. Diese Bauart wurde schließlich in der Spätgotik bestimmend. Und tatsächlich hat die Eifel sogar die erste, aber auch größte und schönste Hallenkirche des gesamten Rheinlandes vorzuweisen: in Ahrweiler. Die Stadt gehörte im 13. Jahrhundert der Abtei Prüm, dessen Abt 1269 die Grundsteinlegung veranlasste und später auch mit seinen Mönchen die Pfarrer für die Gemeinde stellte. St. Laurentius soll dann auch ein wenig als Vorbild für die zwischen 1350 und 1430 zur Hallenkirche umgebaute Mayener Kirche St. Clemens gedient haben. Fast 200 Jahre nach St. Laurentius in Ahrweiler entstanden, zählt St. Clemens dennoch zu den ersten Hallenkirchen im Rheinland.

Dass in der Eifel im 14. Jahrhundert nur wenige gotische Kirchen entstanden, wird darauf zurückgeführt, dass nach dem Umstieg von der Naturalien-Tauschwirtschaft hin zur Geldwirtschaft zunächst nur langsam Geld in die Eifel floss. Und die verhältnismäßig reichen Klöster hatten ja schon vor noch nicht allzu langer Zeit ihre romanischen Kirchen erbaut. Also begann die folgende Bauwelle erst zum Ende des 14. Jahrhunderts und währte bis in die erste Hälfte des 16. Jahrhunderts. Allen voran traten nun die Territorialherren als Bauherren auf, da sie durch weitreichende Verbindungen und Geschäfte als Erste an größeres Geld kamen.

Die Kirchen der Spätgotik waren noch verspielter als ihre Vorgängerinnen und zeigten vor allem sehr kunstvolle Gewölbekonstruktionen. Die sternförmig oder netzartig verlaufenden Rippen fanden sich jetzt vor allem als Schmuck und weniger als statische Notwendigkeit. Zu den Kirchen dieses Typs gehören die Gotteshäuser in Kirmutscheid (in der Nähe des Nürburgrings), Monreal (bei Mayen), Auw bei Prüm, Alendorf bei Blankenheim, Blankenheim selbst und Schleiden.

Besondere Erwähnung sollen an dieser Stelle auch die sogenannten Einstützkirchen finden, die auf die von Kardinal Nikolaus von Kues in Kues an der Mosel erbaute Hospitalkirche zurückgehen, die 1465 fertiggestellt wurde. In ihnen trägt eine einzige Säule in der Raummitte die Last des Gewölbes. Ich kann mir auch genau vorstellen, wie es dazu gekommen ist. Wie bei der fettreduzierten Margarine: nur halb so viel drin - kostet aber das Doppelte. Das hat der geldgierige Architekt hier sicher genau so gehandhabt. Von wegen „Ganz toll, nur noch eine Säule“. Und, was hat es gekostet? Dazu erfahren Sie nichts, da halten jetzt alle dicht.

Der Kueser Kirche am ähnlichsten ist die bekannteste Einstützkirche der Eifel, die zwischen 1492 und 1508 in Kronenburg erbaute Pfarrkirche St. Johann Baptist. Doch ist die Kueser Kirche mit ihrer bis dahin ungewöhnlichen Zweischiffigkeit auch Vorbild für weitere zweischiffige Eifelkirchen. Die größte von ihnen steht in Neuerburg.

Ich habe den Kirchen hier einigen Raum gegeben, wahrscheinlich weil ich immer noch unter diesem Trauma fast aller Messdiener leide: Wir suchen automatisch und zwanghaft die Nähe aller Gebäude, die uns auch nur im Entferntesten an den Ort erinnern, wo wir einst im Rahmen unbezahlter Kinderarbeit unseren ersten „sicheren“ Job erhalten haben. Einen Job, den wir immer wieder auch mit sehr viel Ernst ausübten und den manche Eltern mit dem Gedanken begleitet haben mochten: Vielläicht bleeft dä Jung jo irjendwie debei - bevor soss näist ous em jet.

Ich wurde ja leider durch die Versetzung von der Grundschule zum Gymnasium gewaltsam aus meiner ersten vielversprechenden Karriere in St. Joseph in der Koblenzer Südstadt katapultiert. Denn das Görres-Gymnasium lag genau in die andere Richtung, wo wir nun als Schüler in der von 836 stammenden Basilika St. Kastor (in unmittelbarer Nähe zum Deutschen Eck und 882 auch von den Wikingern zerstört) zum Gottesdienst antreten mussten. Trotz des von mir vorgezeigten Weihrauchkesselchenschwenker-Diploms versagte mir die Kirche dort allerdings einen neuen Posten.

Für diese Schmach rächte ich mich Jahre später bitterlich, als ich als Abiturient den Posten des katholischen Kirchorganisten in der Justizvollzugsanstalt Remscheid-Lüttringhausen annahm. Der „Charakter“ meines Orgelspiels war von einer gewissen Anmut, die dazu führte, dass die Mehrzahl der männlichen Insassen, die wegen Mordes lebenslange Haftstrafen abzubüßen hatten, freiwillig eine Verlängerung ihrer Haftstrafe anboten, wenn ich nur baldmöglichst wieder aus dem Kirchendienst entlassen würde. Schließlich beendete ich beide Karrieren gleichzeitig, die des Schülers und die des „Kirchenmusikers“. Und man findet weder in der Anstaltskapelle noch am Ernst-Moritz-Arndt-Gymnasium in Remscheid eine Gedenktafel, die an mein Wirken erinnert.

Störenfried mit Langzeitwirkung

Der Beginn der Neuzeit in der Eifel

Huch, da sind wir ja schon im 16. Jahrhundert angekommen. Mit dem Jahr 1500 haben wir nun zumindest schon mal die ersten rund 500 Millionen Jahre der belebten Eifelzeiten hinter uns gebracht. Bleibt uns jetzt also nur noch den Blick auf den spärlichen Rest von 0,00001 Prozent der verbleibenden Zeit bis heute. Aber gerade diese gut 500 Jahre haben es natürlich noch mal so richtig in sich, auch in unserer Eifel. Fangen wir also mit dem Jahr 1500 an.

Das Jahr 1500 gilt ungefähr als Beginn der „Neuzeit". Aber was war dann neu? Inzwischen haben wir uns ja schon einigermaßen an Mord und Totschlag, politische Schachzüge und Kriege der Machthaber und großes Leid der einfachen Menschen gewöhnt. Aber keine Sorge: Auch in der „Neuzeit" brauchen wir darauf nicht zu verzichten. Im Gegenteil, da geht noch was – auch bei härter und noch schlimmer.

Aber da war ja tatsächlich etwas „Neues" auf dem Weg – gleich zu Anfang. Etwas unter dem Themenkomplex „Religion": Man kann es sich heute kaum noch vorstellen, dass das alles mal ganz harmlos angefangen hat. Noch bei den Steinzeitlern war es sogar weltweit noch ganz übersichtlich: Die Göttin „Mam" und der Gott „Mut" schickten für den großen Hunger ihrer Kinder das Mammut. Fertig, das war's schon. Die Welt war damals noch so einfach und übersichtlich, ohne diese vielen Religionen von heute. Aber dann wurde es langsam immer komplizierter. Zum Glück hatten der Germanengott Thor und unser christlicher Gott ja zumindest noch denselben Maskenbildner und auch einen sich sehr ähnelnden ordentlichen Bart. Wenigstens war da für uns das Umgewöhnen in dem Punkt nicht gar so schlimm.

Gar nicht „schlimm" werden sollte zunächst auch mal das, was ein im Jahr 1500 erst 16-jähriger Junge schließlich anrichtete. Obwohl es gar nicht seine Absicht gewesen war, führten seine im Oktober des Jahres 1517 ans Hauptportal der Schlosskirche von Wittenberg angeschlagenen 95 Thesen schließlich zur Kirchenspaltung.

Zu jener Zeit war die Kirche eine mächtige und reiche Institution, der allein ein Drittel des deutschen Bodens gehörte. Es gab die politisch hochaktiven Kirchenfürsten, die immer wieder in Machtkämpfe und Kriege verstrickt waren. Die Oberschicht der Kirche war äußerst gebildet, während es bei den einfachen Pfarrern auf dem Land dafür nicht selten umso mehr an Geldmitteln und an Bildung mangelte.

Jetzt kam der Luther daher und hatte überall was auszusetzen. Der lange Bart war ihm egal. Aber ein paar andere Dinge passten ihm überhaupt nicht. Die Sache mit dem Ablasshandel zum Beispiel: Für Kohle gab es Sündenerlass. Da hatten die Kirchenmänner endlich mal was erdacht, was Gott ein bisschen Taschengeld verschaffte, und schon war einer da, der ihm das nicht gönnte. Na ja, da waren auch noch ein paar andere Punkte.

Nein ernsthaft: Luther war nicht mal in erster Linie gegen diesen „Handel", aber er war gegen die sich darin zeigende fehlende rechte Bußgesinnung.

Aber wie es manchmal eben so läuft: Die Sache schaukelte sich mehr und mehr hoch und am Ende war alles ganz anders als ursprünglich geplant. Jedenfalls wurde Luther auf dem Wormser Reichstag 1521 verhört, beharrte aber auf seiner Auffassung und wurde mit der Reichsacht belegt. Doch selbst wenn man ihn jetzt als Vogelfreien getötet hätte (ohne dafür belangt werden zu können), wäre die Reformation wahrscheinlich nicht mehr aufzuhalten gewesen. Denn Luthers Thesen kursierten längst unter vielen seiner Kollegen und hatten schon zahlreiche Anhänger gefunden.

Wir in der Eifel hatten uns eigentlich auch ganz gut mit unserem Katholizismus abgefunden. Ich auch. Ich fand das völlig in Ordnung, dass ich als Messdiener immer diese kleinen brennenden Schälchen an einer Kette schwenken musste, die immer so lustig gequalmt haben. Ich kann mich nur nicht mehr an das „Warum" erinnern. Wahrscheinlich war es so was wie Ausräuchern, also eine Sicherheitsmaßnahme gegen irgendwelches Ungeziefer. Der Pfarrer konnte ja unmöglich jeden unbekannten Gottesdienstbesucher am Portal untersuchen, um festzustellen, ob der vielleicht in Gesellschaft unbeliebter Lebewesen aus dem Urlaub in die Kirche kam. Malariamücken zum Beispiel oder Tsetse-Fliegen, die ja bekanntlich die Schlafkrankheit übertragen. Aber für den Fall haben wir wohl doch das falsche Zeug verräuchert. Die Tsetse-Fliegen haben definitiv immer wieder den einen oder anderen Gottesdienstbesucher erwischt, das war nicht zu übersehen. Aber das Thema Stechmücken führt uns zu weit weg, obwohl unter den weltweit gut 3500 Arten wirklich sehr interessante Exemplare zu finden sind. Nur das noch für alle Eifelwanderer, die gedacht haben, so ein bei uns nur äußerst selten vorkommender Eifelsommer-Regenguss würde wenigstens den Mücken den Garaus machen: Enttäuschung ist angesagt, denn auch unsere Eifelstechmücken verkraften ohne Probleme die Kollisionen mit einem fallenden Regentropfen, obwohl der die 50-fache Masse der nur zwei Milligramm schweren Mücke hat. Und genau das ist der Grund: Die ist so leicht. Aber versuchen Sie ja nicht, das nachzumachen. Da Sie mit an Sicherheit grenzender Wahrscheinlichkeit deutlich mehr wiegen als zwei Milligramm, garantiere ich Ihnen: Wenn Ihnen beim Fliegen über der Vulkaneifel ein Kleinbus auf den Kopf fällt, dann werden *Sie* definitiv ein Problem haben. Aber ich wollte ja gar nicht ablenken von der Geschichte und vom Thema Religion.

Im Unterschied zu anderen Gebieten Deutschlands gehörte unsere relativ kleine Eifel ja zu den vier uns schon hinlänglich bekannten Herrschaftsgebieten der Kurfürsten von Köln und Trier und den Herzögen von Luxemburg und Jülich. Und damals galt das Prinzip: „Cuis regio, eius religio".

Das war kein erster Rap, sondern die lateinische Redewendung: „Wessen Gebiet, dessen Religion" oder wie man mehr umgangssprachlich sagte: „Wes der Fürst, des der Glaub". Das besagte, dass der jeweilige Landeschef berechtigt war, die Religion für das Volk zu bestimmen.

Trotz der bisherigen klaren katholischen Strukturen im Eifelraum gab es auch bei uns hier und da ein Aufbegehren und Reformwillen. Wobei es jedoch im Trierer Eifelraum am ruhigsten blieb. Doch auch das änderte sich noch. Selbst die Bürgerschaft von Trier versuchte schließlich im Jahre 1559, die Reformation einzuführen. Das sollte gleichzeitig dazu führen, die Stadt auch unabhängiger zu machen vom allgegenwärtigen Erzbischof. Doch der erwies sich als zu mächtig und konnte mit Unterstützung durch die Landbevölkerung und den Adel seine Position halten und die Protestanten zum Verlassen „seiner" Stadt zwingen. Dabei waren auch dem Erzbischof schon Jahre zuvor Missstände aufgefallen und er hatte seine Geistlichen schriftlich dazu aufgefordert, wieder ein tugendhafteres Leben zu führen und sich nicht in Wirtshäusern dem Saufen, Hauen und Stechen hinzugeben. Auch war durchaus bekannt, dass „manche" Geistliche dem Beischlafe nicht abgeneigt waren und dass es sogar einige gab, die mit ihrer Magd Kinder hatten. Das müssen intuitive Protestanten gewesen sein.

Im Dekanat Bitburg sollen zwei Geistliche jeweils fünf Kinder gehabt haben. Da hatten sich zwei „Hirten" ihre Schäfchen gleich selbst angefertigt. Was ihnen nicht abspricht, vielleicht auch gute Väter gewesen zu sein. Das ist nicht überliefert.

Aber so zuverlässig sich die Trierer Kurfürsten auch auf der Seite des Papstes hielten, so gab es bei den Kollegen in Köln doch auch Abweichler. Hermann von Wied war von 1515 bis 1547 Erzbischof und Kurfürst von Köln und zunächst ein Gegner Luthers, dessen Ächtung er beim Wormser Reichstag 1521 noch zugestimmt hatte. Noch 1523 verbot er das Lesen und Verbreiten Luther'scher Schriften und ließ diejenigen ausweisen, die gegen sein Verbot verstoßen hatten. Besonders hart traf es so auch die besonders eifrigen Anhänger Luthers, die sogar noch kurz vor Weiberdonnerstag gnadenlos ausgewiesen worden sein sollen. Datt moos mer sisch hück äs vürstelle – kurz bevor es so richtig losging. Datt wor ewwer äscht fies!

Doch dann sah auch Hermann von Wied immer mehr eine Notwendigkeit für Reformen und so versuchte er eine einigende Lösung quasi auf einem Mittelweg. Schließlich entschied er sich jedoch ganz für die Übernahme des protestantischen Weges. Einige Adlige und die Städte Andernach, Sinzig und Bonn folgten seinem Beispiel. Als ihn dann jedoch der Bannstrahl des Papstes traf, gab er 1547 sein Amt auf. Denn wenn einen solch ein Bannstrahl traf – trotz Erdkrümmung und noch ganz ohne Satellitenunterstützung –, haute das mächtig rein.

Einer seiner Nachfolger, Gebhard Truchsess von Waldburg (war der nicht auch bei „Herr der Ringe" dabei?), fand auf einem anderen Weg zum Protestantismus: durch seine Liebe zur protestantischen Stiftsdame Agnes von Mansfeld. Eine Zeit lang sollen sich die beiden Liebenden heimlich getroffen haben. Aber in ihrer Position war das keine Dauerlösung und es reifte die Entscheidung für eine Heirat.

Der Weg des Erzbischofs führte in dieser Situation nur über den Wechsel zum Protestantismus, den er 1582 vollzog. Kurz darauf folgte die Heirat. Doch auch sein Plan, grundsätzlich die neue Glaubensrichtung einzuführen, scheiterte. Stattdessen folgte der sogenannte Kölner Krieg, der schließlich 1585 mit dem Sieg der katholischen Seite endete.

Die glaubensbedingten Auseinandersetzungen setzten sich weiter fort. Herzog Wilhelm VI. von Jülich (einer von denen, die auf der Burg Nideggen residierten) neigte ebenfalls zum Protestantismus. Da er aber gegen die Interessen Kaiser Karls V. handelte, kam es zum „Jülicher Krieg", der von 1542 bis 1543 auf Eifelgebiet ausgetragen wurde.

Nideggen wurde durch kaiserliche Kanonen zerstört, aber auch Düren und Monschau und viele weitere Eifeldörfer. Zum schließlich folgenden Friedensschluss von Venlo im Jahre 1543 gehörte des Herzogs Versprechen an den Kaiser, katholisch zu bleiben.

So blieb also auch der nordwestliche Teil der Eifel weiter katholisch. Und wie sah es in der übrigen Eifel aus? Schauen wir auf Luxemburg mit seinem großen Anteil an der westlichen Eifel. Es gehörte von 1443 bis 1482 zum Herzogtum Burgund. Zu Burgund gehörten damals sowohl Belgien als auch der größte Teil der Niederlande. Schließlich landete das alles beim Herrscherhaus der Habsburger, in Luthers Zeit bei Kaiser Karl V. (1519 bis 1556). Und sowohl er als auch sein Sohn Philipp II. von Spanien waren Herren von Luxemburg und der dazugehörigen Eifel und heftige Gegner der Reformation. Das sah nicht gut aus für die Evangelischen. Aber es gab da noch die kleineren Territorialherren, die das Recht hatten, die Religion ihrer Untertanen zu bestimmen.

Im 16. Jahrhundert regierten zum Beispiel drei Dietriche (Großvater, Vater und Sohn) die Grafschaft Manderscheid-Schleiden. Schon der Erste von ihnen zeigte sich sehr tolerant. Und unter seinem Nachfolger Dietrich V., der sehr sympathisierte, konnte der Kronenburger Pfarrer 1557 in „Doppelfunktion“ für beide „Richtungen“ arbeiten. Graf Dietrich VI. schließlich ließ in Udenbreth, Dahlem, Ormont, Hallschlag und Kronenburg evangelische Pastoren arbeiten. Schleiden war ein kleiner Schwerpunkt des Protestantismus. Zwei protestantische Schleidener machten sich schließlich sogar einen Namen über die Eifel hinaus: Johannes Sleidanus wirkte als Humanist und Historiker und der 1507 in Schleiden geborene Johannes Sturm gründete 1537 in Straßburg ein protestantisches Gymnasium. Seine Arbeit wurde schließlich europaweit zu einem Vorbild für humanistische Schulgestaltung und sein Gymnasium wurde schließlich Universität.

Da der letzte der Dietriche es versäumt hatte, sich zu vermehren, fiel die Grafschaft Schleiden 1593 an seinen Schwager. Der verbot 1623 endgültig den Protestantismus auf seinem Territorium, woraufhin viele angesehene Familien den Raum Schleiden verließen.

Auch für die im südlich-westlicheren Eifelteil ansässigen Protestanten wurde es enger. Philipp II., König von Spanien und Herzog von Luxemburg, setzte 1597 per Dekret fest, dass wieder ausschließlich katholische Pfarrer einzusetzen waren und dass alle Bewohner zur katholischen Religion zurückzukehren hatten. In der Eifel konnte sich der deutsche Spanier ja noch durchsetzen. Doch den inzwischen mehrheitlich kalvinistischen Niederländern reichte es jetzt mit Spanien. Sieben niederländische Provinzen schlossen sich 1581 zusammen zur „Republik der sieben vereinigten Provinzen“ und setzten gleichzeitig König Philipp als Landesherrn ab. Es kam, wie es kommen musste: Philipp war damit nicht einverstanden und ließ seine Truppen in den luxemburgischen Eifelgebieten aufmarschieren. Die

Niederländer warteten aber gar nicht erst, bis die Spanier bei ihnen daheim auftauchten, sondern kamen ihnen entgegen. Die Nordeifel hatte endlich mal wieder einen Kriegsschauplatz. Doch war nicht nur das Land von den Umwälzungen betroffen. Auch der Stadtrat von Aachen war inzwischen überwiegend protestantisch besetzt und der Kaiser fand es an der Zeit, die Acht über die Reichsstadt zu verhängen. Also zog man auch dort die Konsequenzen, wechselte das Personal aus und verbot protestantische Gottesdienste.

Um 1600 hatte sich die Lage in und um die Eifel dann weitestgehend beruhigt. Aber das genügte der katholischen Kirche noch nicht. Sie setzte an zur sogenannten Gegenreformation. Münstereifel fiel dabei die Hauptrolle als Zentrum der Erneuerungsbewegung zu. Hier setzten die Jesuiten mit ihrer Tätigkeit ein, zu der 1625 auch die Gründung des St. Michael-Gymnasiums gehörte. Sie führten neue Lehrinhalte und fortschrittlichere Methoden ein und die sechs verschiedenen Noten, die es heute noch gibt. Zwischen den großen Städten am Rand der Eifel war das Münstereifeler Gymnasium 200 Jahre lang das einzige in der Eifel, das Schulabgänger mit voller Universitätszulassung lieferte.

In der Mitte des 17. Jahrhunderts waren die Jesuiten so erfolgreich mit ihren in die Schularbeit einfließenden pädagogischen Rezepten, dass man ihnen in katholischen Bereichen Europas fast vollständig die schulische Erziehung der Jugend überließ. Aber sie hatten nicht nur ein Augenmerk auf die jungen Menschen, sondern setzten sich auch insgesamt für die Wiedererstarkung des Katholizismus in der Eifel ein. Zwei der Münstereifeler Patres durchreisten unentwegt die Eifelregionen und „missionierten" die eigentlich ja urkatholische Eifel in den Orten, wo es Abtrünnige oder Zweifler gab. Sie hatten großen Erfolg, wenn man sieht, wie katholisch die Eifel schließlich bis in unsere Zeit blieb. Allerdings waren sie in dieser Bewegung der Gegenreformation nicht ganz allein. Auch einige der aus dem Franziskanerorden hervorgegangenen Kapuziner ließen sich zu Beginn des 17. Jahrhunderts in Münstereifel nieder. Um die weibliche Jugend kümmerten sich dagegen zwei Schwesternorden, sodass Münstereifel insgesamt als Herzstück der katholischen Gegenreformation in der Eifel angesehen werden kann.

Wenn man *vergisst*, den Krieg abzubestellen

Das schlimme 17. Jahrhundert

Was das 17. Jahrhundert angeht, da mag es mir beinahe so vorkommen, als seien frühere harte Zeiten mit Krieg, Zerstörung, Hunger und Elend nur mal vorweg so zum „Üben" da gewesen, bevor es dann noch schlimmer wurde. Denn genau so mutet dieses Jahrhundert an, wenn man sich die furchtbare Mischung aus Kriegen, Pest und dem Wahn der Hexenverfolgungen anschaut. Sollten Sie sich mal auf einem Jahrmarkt zur Nutzung einer Zeitmaschine überreden lassen, dann rate ich Ihnen dringend, vor dem Start zumindest die Angabe mit der „Zielzone 17. Jahrhundert" herauszureißen oder zumindest unbrauchbar zu machen.

Zunächst einmal war es der berüchtigte und grausame 30-jährige Krieg von 1618 bis 1648, der europaweit ungeheures Elend über die Menschen brachte und auch die Eifel nicht verschonte. In diesem „Konflikt" – der Begriff wirkt eigentlich ein wenig verniedlichend – um die Vorherrschaft in Deutschland und in Europa, verbunden mit einem Religionskrieg zwischen den katholischen und protestantischen Kräften, prallten die Interessen der habsburgischen Mächte Österreich und Spanien auf die von Frankreich, den Niederlanden, Dänemark und Schweden. In Deutschland führte das schlichtweg zur sozialen wie wirtschaftlichen Katastrophe. Im Durchschnitt büßten die ländlichen Regionen etwa 40 Prozent der Bevölkerung ein, während der Verlust in den Städten etwa bei 30 Prozent lag. Besonders arg betroffen waren die Pfalz, Hessen und

Baden-Württemberg und vor allem Gebiete des deutschen Nordostens wie Brandenburg oder Pommern, wo die Verluste bis zu 70 Prozent betragen haben sollen. Man geht davon aus, dass erst nach 100 Jahren die ursprüngliche Bevölkerungszahl von 1620 mit 16 Millionen Menschen wieder erreicht wurde. Aber obwohl in der Eifel keine der vielen Schlachten der zahlreichen Gegner geschlagen wurde, war auch unsere Region in Mitleidenschaft gezogen, die die Eifel in schlimme Not stürzte.

Natürlich bezogen die vier auf Eifeler Boden agierenden Herrscher Position zu den auf Europaebene streitenden Machtsystemen. Die weltlichen Herrscher verbündeten sich mit dem Kaiser und Spanien, während sich die Kurfürsten von Trier und Köln auf die Seite der Niederlande und Frankreichs schlugen. Das war natürlich genau das Übelste, was uns passieren konnte, nämlich dass sich in der Eifel ein Grenzraum zwischen Feinden bildete. Denn so nutzten alle beteiligten Mächte die Eifel auch als Aufmarsch- und Stationierungsraum für ihre Truppenkontingente. Eine der Folgen waren prompt etliche plündernde Kriegshorden, die unser Gebiet durchstreiften und die unserer Bevölkerung das ganze Spektrum an Leid zufügten, zu dem marodierende und sich selbst überlassene Männerhorden fähig waren. Denn mit dem Entwenden eines Laibes Brot war es bei Weitem nicht getan. Die Stationierung und Einquartierung von Teilen verschiedenster Söldnerheere aus dem In- und Ausland konnte damals kaum gutgehen, sondern war permanent mit Übergriffen gegen Besitz, Leib und Leben verbunden. Dafür benötigte diese Sorte Burschen keinen Anschauungsunterricht von Wikingern.

Der Umstand, dass zu dieser Zeit das Herzogtum Luxemburg zu Spanien gehörte und damit beinahe der gesamte Kreis Bitburg sowie große Teile der Kreise Wittlich, Prüm, St. Vith und Schleiden, führte besonders in diesen Gebieten zur Bildung von Stützpunkten für spanische Söldnerheere. Und wie es Söldner so an sich haben: Auch diese agierten nicht unter dem Aspekt humanitärer Hilfe, sondern betrieben ihr „Geschäft" unter dem Gesichtspunkt des Beutemachens und des Verdienstes. Diese Gesellen lebten vom Krieg und holten mit rücksichtsloser Gewalt aus der Bevölkerung heraus, was möglich war. Der Einquartierung folgten Beschlagnahmung, Plünderung, Verwüstung, Vergewaltigung und Mord. Sich obendrein einstellender Hunger und grassierende Seuchen stürzten die Eifelbevölkerung in Elend und Not von bis dahin unbekanntem Ausmaß.

Ein Beispiel aus jenen Tagen mag verdeutlichen, wie schlecht es den Menschen unter diesem Joch ging. Dazu gibt es Zahlen aus der Gerolsteiner Herrschaft Kronenburg, die das verdeutlichen. Denn hier wie auch in den benachbarten Herrschaften Wildenburg und Schmidtheim wurden im Winter 1631 kaiserliche Truppen einquartiert. Mag das Wort „kaiserlich" noch auf einigermaßen ordentliche Verhältnisse hindeuten, war die Realität für die Einheimischen einfach nur brutal. Obwohl die Menschen in diesem Winter kaum selbst etwas zum Beißen hatten, waren sie gezwungen, täglich für jeden Soldaten zwei Pfund Brot, ein Pfund Fleisch und eineinhalb Liter Bier zur Verfügung zu stellen. Auch solche „offiziellen" Maßnahmen (neben den ja auch noch existierenden Plünderungen) führten letztlich zum Ruin der Menschen – und letztlich auch zu ihrem Tod. Am Ende des Krieges lebte in den zwölf Orten der Herrschaft Kronenburg nur noch die Hälfte der Menschen. Im nahen Stadtkyll soll es nur noch drei Häuser gegeben haben.

Doch wer dachte, mit dem Ende des 30-jährigen Krieges sei endlich eine Zeit friedlicher Entspannung und Erholung eingekehrt, der sah sich bitter enttäuscht. Denn in Frankreich keimte neues Ungemach. Im Jahre 1638, zehn Jahre vor Kriegsende, wurde der zukünftige berühmte und berüchtigte König Ludwig XIV. geboren. Beim Tode seine Vaters war er erst fünf Jahre alt, dennoch wurde er sozusagen aus dem Sandkasten heraus zum König befördert. Kleines Detail am Rande für alle, die hartnäckig meinen, man müsse zunächst Priester gewesen sein, um Kardinal werden zu können: Der hinter dem jungen König stehende Kardinal Mazarin aus einem Dorf in den italienischen Abruzzen hatte nie eine Priesterweihe erfahren. Aber er regierte für den jungen König bis zu dessen 22. Lebensjahr. Also – nur Mut!

Dummerweise liebte der „Sonnenkönig" nicht nur den Prunk über alle Maßen, was er später auch in seinem Schloss Versailles zum Ausdruck brachte. Er hatte auch einen Faible für das Kriegführen, weil er seine Macht und sein Vermögen mehren wollte. In seinen 72 Herrschaftsjahren führte er 46 Jahre lang 30 Kriege. Leider hatte er auch ein Auge auf Westdeutschland geworfen, namentlich auf unsere Eifel. Da der Begriff „Preußisch Sibirien" zu diesem Zeitpunkt noch nicht erfunden war, konnte man ihn durch das Ausstellen entsprechender Hinweisschilder auch nicht abschrecken. Also begannen die Franzosen nach 1648 mit den sogenannten Reunionen, in deren Verlauf sie große Teile der Eifel an sich rissen und systematisch durch hohe Abgaben und Zwangsmaßnahmen ausplünderten. Immerhin hatten sie bei Beginn des Pfälzischen Krieges 1688 ein Viertel der Eifel unter ihrer Herrschaft. Doch es blieb leider nicht bei der alleinigen Last durch Abgaben und Zwangsmaßnahmen: Sowohl durch die früheren Kriegshandlungen als auch durch diesen „Raubkrieg" des Franzosen kam es letztlich auch noch zur Zerstörung von Städten wie Malmedy, St. Vith, Bitburg, Gerolstein, Hillesheim, Kaisersesch, Mayen und Ahrweiler. Obendrein traf es auch noch weitere Eifelorte und viele Burgen und Schlösser, wie etwa in Monschau, Münstereifel, Prüm, Gerolstein, Wittlich, Nürburg und Altenahr. Als Ludwig schließlich aber erkennen musste, dass er letzten Endes seine Gebietsansprüche nicht würde durchsetzen können, „krönte" er sein „Eifelwerk" mit dem Befehl an seine Generäle, während des Rückzuges unser Land zwischen Rhein und Frankreich systematisch zu verwüsten. So blieb er hierzulande als Übeltäter in Erinnerung. Aber ich darf Sie trösten: Auch die Franzosen wissen noch, was sie an ihm hatten. Denn seine teuren Prestigekriege und seine Prunksucht ruinierten Frankreich in einem Maße, dass es niemals zuvor der französischen Bevölkerung so schlecht ging wie zum Ende der Regierungszeit dieses sogenannten Sonnenkönigs.

Als wären die schon geschilderten Gräuel des Krieges mit Tod, Ausplünderung und Hunger nicht schon schlimm genug gewesen. Nein, da ging noch mehr, zum Beispiel mit der Pest, die in der zweiten Hälfte des 17. Jahrhunderts vor allem in der West-, Nord- und Ahreifel wütete und ganze Dörfer auslöschte. Noch heute stehen zahlreiche „Pestkreuze" an Wegen und Straßen zur Erinnerung an diese Zeiten menschlichen Leidens. Obendrein machten auch noch Räuberbanden die Eifel unsicher, die sich ebenfalls auf Plünderung, Raub und Mord verstanden wie die schon zuvor tätigen Söldnertruppen. Man kann hier fast schon erraten, dass es auch damit noch nicht genug war an schrecklichen Schicksalsschlägen für die Eifelbevölkerung. Denn natürlich stellten sich auch noch ungünstige Witterungen und Missernten und Hungersnöte ein. So viel Not fand schließlich jedoch im menschlichen Aberglauben ein „Ventil", über das sich Empörung und Wut zum Ausdruck bringen lassen konnten: durch die Zuweisung von Schuld an bestimmte Menschen, die man schließlich als Hexen und Zauberer verfolgte.

Irrsinn, Folter, Hexen*jäger*

Die Hexenverfolgung in der Eifel

Es hatte eine ganze Weile gedauert, bis sich eine Erklärung des Konzils von Ankara im Jahre 314 n. Chr., die die vermeintliche Hexerei zu einem heidnischen Aberglauben machte, schließlich auch in unserer Region und in der Eifel massiv auszuwirken begann. Entscheidend aber war die von Papst Innozenz VIII. (1484 bis 1492) erlassene Bulle „Summis desiderantis affectibus".

„Die Bulle" war kein Stier nach einer Geschlechtsumwandlung, sondern mit „Bulle" wurde eine besondere Urkunde bezeichnet, die feierlich in der päpstlichen Kanzlei ausgefertigt und dann besiegelt wurde, nämlich mit dem Blei-Siegel (lat. bulla), mit dem alle derartigen Papsturkunden des Mittelalters und auch darüber hinaus besiegelt wurden.

Schon vor dieser Bulle vom Dezember 1484 hatte es in Europa Hexenverfolgungen gegeben. Doch diese Urkunde erlaubte es Inquisitoren nun mit der Zustimmung von „ganz oben" ausdrücklich, mit umfassenden Vollmachten Verdächtige und vermeintliche Hexen zu verfolgen und zu „behandeln". Das wiederum zog eine massive Verfolgungswelle und Tausende von Hexenprozessen nach sich. Meist wurden Frauen beschuldigt und angeklagt, doch auch zahlreiche Männer und selbst Kinder fielen dem Hexenwahn zum Opfer. Denn kaum jemand widerstand der Folter, mit der Geständnisse erzwungen wurden. Und die wenigen, die die Qualen und Folterexperimente ertrugen und überlebten, galten als umso gefährlicher und wurden oft gleichermaßen verbrannt.

Zwei Jahre nach der Bulle entstand in Speyer das berüchtigte „Werk“ des Dominikanermönchs Heinrich Kramer, der sogenannte Hexenhammer (lat. Malleus Maleficarum). Unter Mithilfe des Dr. theol. Johannes Gremper sammelte Kramer in diesem Buch nicht nur weitverbreitete Ansichten über Hexen und Zauberer, sondern listete bestehende Vorurteile sauber auf, lieferte gleichzeitig eine vermeintlich wissenschaftliche Begründung dazu und forderte auf Basis „klarer Regeln“ auch noch eine systematische Verfolgung und Vernichtung solcher Menschen.

Dieses Traktat wurde zur Basis eines unheilvollen deutschen Hexenwahns bis zum Ende des 17. Jahrhunderts, der auch kaum einen Eifelort verschonte.

Im Süden der Eifel wurde Trier schon Ende des 16. Jahrhunderts Ausgangspunkt grausamer Säuberungswellen, die insbesondere durch den Trierer Weihbischof Peter Binsfeld im wahrsten Sinne des Wortes „angeheizt“ wurden.

Binsfeld hatte als Junge dem Kloster Himmerod als Hirtenjunge gedient und kam schließlich über das Kloster in eine Kirchlaufbahn. Hätte der Hirtendienst damals attraktivere Aufstiegsmöglichkeiten geboten, beispielsweise nach Erlangung eines Bachelorgrades oder gar eines Hüte-Masters mit der Perspektive, letztlich auch noch einen Posten als Bezirkshüte-Präsident erlangen zu können, dann wäre dieser unselige Bengel dem Volke vielleicht in seiner schlimmsten Version erspart geblieben. So aber verfasste er 1589 in Trier sein „Tractatus confessionibus maleficarum et saguarum“, das die Basis für die systematische Hexenverfolgung im Erzbistum Trier bildete. Das „Werk“ galt für mehr als 100 Jahre als das Standardwerk zum Thema „Hexenlehre“.

Sehen Sie sich das Titelbild des Traktats an (Bildtafel 6 in diesem Buch). Rein optisch finde ich die Urkunde durchaus ansprechend, vor allem mit der vorausahnenden Weitsicht, die sich in der links abgebildeten Person des Teufels zeigt, der in der linken Hand ein Handy hält.

Irritierend ist dabei nur die auf einem Geißbock durch die Luft fliegende Gestalt eines Mannes, der von einer auf einem Besen reitenden Frau verfolgt wird. Dieses Detail muss natürlich als unrealistisch bezeichnet werden, da erstens Männer immer schon hinter

Frauen her waren und außerdem die Frau auch vorne fliegen müsste, da Besen aufgrund ihres Gewichtsvorteiles dem Geißbock flugtechnisch immer überlegen waren.

Fragwürdig erscheint allerdings auch die Badeszene mit dem Kind, das nur zum Haarewaschen in den Kessel gehalten wird. Dabei wusste man auch damals schon, dass Kinder besser komplett zu reinigen waren und sie außerdem einem Vollbade viel mehr Freude abgewannen.

Unabhängig von diesen Fehlinformationen auf dem Titelblatt von Binsfelds Traktat sollen in den nur sechs Jahren der Regierung von Binsfelds Vorgesetztem, dem Trierer Kurfürsten Johann VII. von Schönberg (1587 bis 1593), in dessen Herrschaftsgebiet, das sich auch weit in die Eifel hinein erstreckte, etwa 2000 „Hexen“ gefoltert und verbrannt worden sein. Angesichts der dünn besiedelten Regionen wie der Eifel bedeutete das die Ermordung eines erheblichen Anteils der Bevölkerung. Aber es war ja für eine gute Sache. „Interessant“ war dabei jedoch, dass das Übel mal nicht ausschließlich oder überwiegend die einfachen Leute traf, sondern sowohl unter ihnen als auch unter hochgestellten und vermögenden Menschen wütete. Denn durch Denunziation konnte so manche Rivalin oder mancher Rivale beseitigt werden.

Wurde jemand als Hexe oder Zauberer denunziert, kam auf diesen Menschen ein grausames Gerichtsverfahren zu. In dessen Verlauf wurden die Beschuldigten meist so lange gefoltert, bis sie die ihnen zur Last gelegten Taten eingestanden. Das Ganze entwickelte sich dabei oft zu einer in sich drei Stufen steigernden sogenannten peinlichen Befragung.

Um den entsetzlichen Schmerzen ein Ende zu bereiten, beschuldigten viele Gequälte noch weitere Menschen, vor allem auch dann, wenn man ihnen schon deren Namen in den Mund gelegt hatte, weil sie schon Zielpersonen des Inquisitors waren.

Wenn die „einfacheren Qualen“ durch Daumenschrauben noch nicht zum „Erfolg“ eines Geständnisses geführt hatten, räderte man die Beschuldigten, streckte sie oder quälte sie mit glühenden Eisen. Widerrief schließlich doch mal eines der Opfer sein Geständnis, so wurde die Marter weiter fortgesetzt.

Geschickt hatte Binsfeld in seinem Traktat argumentiert, dass Gott niemals zulassen würde, dass ein unschuldiger Mensch überführt und bestraft werden könne. Damit konnten die Inquisitoren also „guten Gewissens“ ihr „Handwerk“ ausüben, denn sie „schadeten“ offensichtlich immer nur Schuldigen. So war denn auch die Verteidigung einer angeklagten Person durch einen Verteidiger eine heikle Angelegenheit für diesen und endete durchaus auch mal mit einer Anklage gegen den Verteidiger wegen „Begünstigung des Bösen“. Eine gefährliche Angelegenheit für einen menschenfreundlichen Juristen dieser Tage.

Dass die mit dem Aufspüren von Hexen und Zauberern befassten Mitglieder von Hexenausschüssen ihre Entlohnung aus dem Nachlass der Verbrannten erhielten, war natürlich eine besonders unheilvolle Regelung, die Neid, Missgunst und Denunziation förderte. Und so richtete sich das Augenmerk der Hexenjäger auch gerne auf wohlhabende „Verdächtige“, denn da gab es auch was zu holen. Davon unabhängig gab es auch eine „Zunft“, die es ganz besonders hart traf: Vor allem die Hebammen mussten viel erleiden, denn bei einer damals nicht geringen Neugeborenen- und Säuglingssterblichkeit hatte man in ihnen schnell die Schuldigen ausgemacht.

Allgemein wurden auch Missernten und Notzeiten dem Einwirken von Hexen und Zauberern zugeschrieben. So zogen dann besonders dort die Ankläger umher. Und da es gerade auch im 16. und 17. Jahrhundert einige Notzeiten in unserer Eifel gab, boten diese den geeigneten Rahmen für ein Eingreifen, denn dann gab es ja zwangsläufig besonders viele Hexen. 1580 soll es allein in dem nur sechs Familien zählenden Dörflein Hütterscheid in der Region Bitburg vier Hexen gegeben haben. Aber die waren nicht mal echt. Bei „Wetten dass“ waren sie schon kläglich gescheitert mit ihrer Wette, sie könnten innerhalb von drei bis vier Stunden den Gemüsegarten des Showmasters verdorren lassen, wie hieß er denn noch gleich ... Hees..., Hees..., ich hab’s vergessen. Dem Sender war das dann doch zu lang und außerdem versicherte Hees..., dass er noch nie einen Gemüsegarten gehabt habe. Also da merkte man doch gleich, dass das keine echten Hexen waren. Die sind erstens schneller und zweitens wissen die auch genau, wer einen Gemüsegarten hat und wer nicht.

Geradezu hysterisch reagierten zunächst das Volk und dann die Inquisition auf unerklärlich gestorbenes Vieh, auf verdorrtes Getreide und auf erkrankte Menschen, was ganz schnell dem Hexenwerk zugesprochen wurde.

Unerklärliche Todesfälle führten oft zu besonders heftigen Reaktionen. So kam es im schon 1332 mit Stadtrechten versehenen Neuerburg 1613 zu einer groß angelegten Hexenjagd. Die erst sechsjährige Maria Elisabeth von Leuchtenberg, die Tochter des Wilhelm Landgraf von Leuchtenberg und seiner Gemahlin Erica von Manderscheid-Schleiden, starb am 11. Januar 1613 ganz plötzlich eines vermeintlich unnatürlichen Todes. Man verhaftete daraufhin eine schon lange Zeit der Hexerei verdächtigte Frau mit dem Namen Magdalena Pirken. Prompt fanden sich auch „Zeugen", die gesehen haben wollten, wie das Verbrechen am vornehmen Fräulein eines Nachts auf dem Hexentanzplatz im Mühlenwald geplant und schließlich in stürmischer Nacht vollbracht worden war.

Die Angeklagte war angesichts der in Aussicht gestellten Marter geständig und gab zu, dass sie vier Jahre zuvor im Mühlenwald einem schwarz gekleideten Fremden begegnet war. Der Dämon habe sie dazu verführt, Gott abzuschwören und stattdessen ihm zu folgen. Jeden Donnerstag habe sie ihr Buhle auf einem schwarzen Bock zum Schornstein hinaus zur Versammlung der Hexen gebracht. Dort sei in einer Januarnacht von der Hexengemeinschaft der Tod des gräflichen Kindes beschlossen worden. Dann hätten sie auf dem Friedhof der Neuerburger Eligius-Kapelle die Leiche eines ungetauften Neugeborenen ausgegraben und den tödlichen Trank hergestellt. Anschließend sei man zum Schloss aufgebrochen und habe dem Kind das Gift verabreicht.

Die schreckliche Tat brachte der Geständigen den Feuertod.

Doch damit war erst der Anfang der Hexenverfolgungen in Neuerburg gemacht. Ab 1614 kam es vor dem Hochgericht in kurzer Zeit zu weiteren 54 Anklagen, die innerhalb eines Jahres zu 100 Verbrennungen führten. Erst 65 Jahre später brannte im Neuerburger Raum das letzte Opfer.

Der Hexenwahn fand allerdings auch in weiteren Eifelregionen ausreichend Nahrung. So etwa auch im Raum Mayen und in Kruft.

Nach Überlieferungen des Priors Johannes Butzbach wurde die Gegend um das Kloster Maria Laach und die Gegend von Kruft Anfang des 16. Jahrhunderts von schweren Unwettern heimgesucht, die sowohl das Getreide auf den Feldern als auch die Rebstöcke verwüsteten. Doch damit nicht genug: Zugleich wurde das Vieh krank und die Kühe gaben keine Milch. Aber auch Menschen waren betroffen. Viele erkrankten und häufiger als sonst starben Mütter und Neugeborene bei der Geburt. Auch war 1512 unerwartet und plötzlich der junge Abt des Klosters gestorben, der als gelehrter und reformwilliger Mann beliebt und angesehen war. Als Urheberinnen des Unheils wurden zwei Jahre später fünf Frauen der Zauberei angeklagt und schließlich verbrannt. Butzbach jedoch enthüllte dann in einem langen Gedicht die Hintergründe der Ereignisse und die des frühen Todes des Abts von der Leyen. Der hatte nämlich die Machenschaften der Hospizmeisterin des Klosters entdeckt, die den Armen und Pilgern im Klosterhospiz die Almosen entzogen und für eigene Zwecke verwendet hatte. Sie ermordete ihn daraufhin mit einem durch Eisenhut vergifteten Käse. So war diese Frau, die Butzbach mit den übelsten Ausdrücken schmähte, nicht nur eine einfache Mörderin, sondern zugleich eine von diesen Hexen, die nachts als Eule zum Hexensabbat flog oder alternativ einen Besen benutzte. Die Folter hatte ihr jedenfalls alle erforderlichen Geständnisse entlockt, auch die bezüglich Unwetter, Missernten, Krankheiten und Tod.

Butzbach, der auch ein großer Verehrer des ermordeten Abts gewesen sein soll, konnte sich am Ende seines Gedichtes nicht verkneifen, seinem Wunsch Ausdruck zu verleihen, die verbrannte Mörderin möge noch recht lange im Fegefeuer weiterbrennen. Auffällig ist in diesem Zusammenhang, wie Butzbach mit den Umständen und Fakten dieser Hexenverfolgung umging. Es ist zu vermuten, dass er das von Heinrich Kramer stammende und 1486 erschienene Werk „Der Hexenhammer“ bereits gelesen hatte.

Leider blieb es auch im Gebiet um den Laacher See und in der Osteifel nicht bei dieser ersten Welle der Hexenverfolgung zu Beginn des 16. Jahrhunderts. Nach 1570 folgten auch in der gesamten Eifel immer wieder regelrechte Hexenpaniken. So ist belegt, dass es weitere schwere Verfolgungswellen gab in den Jahren zwischen 1583 und 1597, 1602 und 1614, 1628 und 1629, 1647 und 1651, und zwar in den Gerichtsbezirken des kurtrierischen Oberamtes Mayen mit Kempenich, bei den Gerichten in Ober- und Niedermendig und in den Herrschaften Bürresheim, Wehr und Kruft sowie in der gesamten Pellenz. Für das Jahr 1569 sind auch mehrere hingerichtete „Hexen“ in Kaisersesch nachgewiesen.

Der Nachweis von Hexenprozessen im kurtrierischen Eifelraum wurde schließlich dadurch sehr erschwert, dass diese Prozesse ab 1652 auf Befehl des damaligen Kurfürsten verboten worden waren und alle existierenden Unterlagen zum früheren Geschehen vernichtet wurden. Umfangreichere Dokumente blieben jedoch aus Mayen und Umgebung erhalten, wobei ein mehr als 450 Seiten umfassendes Aktenmaterial aus der Herrschaft Bürresheim bei Mayen sehr präzise Informationen vermittelt. Danach wurden allein dort zwischen 1602 und 1651 mehr als 50 Frauen und Männer als Hexen oder Zauberer hingerichtet. Dabei hatte Bürresheim in jener Zeit nicht einmal 500 Einwohner vorzuweisen.

In einem der Säle der Burg, im sogenannten Hexensaal, fanden die unrühmlichen Verhöre statt, was einen kleinen Schatten auf die ansonsten imposante Schönheit der Burganlage wirft, die heute jedoch als „Schloss“ Bürresheim bezeichnet wird. Ich habe ein Foto, auf dem ich mich an den vorderen linken Kotflügel des Käfer-Cabriolets meiner Eltern lehne, während sich hinter dem Fahrzeug die stolze Burg emporreckt.

Wie sich eine solche Geschichte von Verdacht über Verleumdung bis hin zum Feuertod entwickeln konnte, vermittelt das Beispiel des im nahen St. Johann beheimateten Schneiders Tonis, das auch zur Herrschaft Bürresheim gehörte. Nachdem er schon 1595 seine erste Frau im Feuer verloren hatte, sagte man schließlich auch ihm nach, als Hexenmeister „tätig“ zu sein. Einer ersten Verhaftung konnte er sich noch durch Flucht entziehen. Da er jedoch nach einiger Zeit ins Dorf zurückkehrte, gärte der Unwille gegen ihn weiter. Nach einigen Jahren der Gerüchte kam es zum Konflikt mit einem Nachbarn, dessen Schafe er verhext haben sollte. Diesmal waren die Häscher schneller und brachten ihn aufs Schloss. Die Folter erbrachte das gewünschte Geständnis, sodass man ihn im Sommer des Jahres 1602 „rechtmäßig" hinrichten konnte.

Alles in allem ergibt sich für den Großraum Laacher See eine Gesamtzahl von mehreren Hundert Prozessen und Hinrichtungen, wobei der Anteil der Frauen bei etwa zwei Dritteln lag.

Auch in dem kleinen Straßendorf Wehr, das kirchlich der Abtei Steinfeld und dessen Abt Balthasar Pannhausen unterstand, fielen in den Jahren 1603 bis 1609 zumindest zehn Menschen den Flammen zum Opfer. Vergleichbar hohe „Erfolgsraten" auf Eifelboden konnten die Grafschaften Manderscheid-Gerolstein und Manderscheid-Blankenheim vermelden, die damit auch auf dem Stand der Reichsabtei St. Maximin in Trier lagen.

Bei den den Hexen und Zauberern zur Last gelegten Verbrechen konnte es zur damaligen Zeit kaum etwas anderes als die Todesstrafe gegeben haben. Allzu schrecklich waren die Vorstellungen, die man mit den Handlungen der Verdächtigen bzw. Überführten verband und die in den Schriften der zuvor schon genannten „Experten" und „Traktatverfasser" aufgelistet waren.

Dass es ungefähr doppelt so viele Frauen wie Männer traf, hatte natürlich auch damit zu tun, dass Frauen seit der Antike als die leichtgläubigeren und verführbareren Menschen galten. Also erlagen schwache und zur Sünde neigende Frauen eher als Männer den Verführungen des Teufels. Man ging davon aus, dass der Dämon zunächst durch falsche Versprechen lockte, um dann völlige Unterwerfung zu fordern. Nach einem Ritus, bei dem Gott abgeschworen wurde, musste der Pakt durch die „Buhlschaft", den „Geschlechtsverkehr" mit dem Teufel, besiegelt werden.

Wen wundert es da noch, dass dem Geschlechtsverkehr noch ziemlich lange etwas Übles und Schlechtes anhaftete, das man als Ehepaar mit Kinderwunsch und kirchlichem „Kinderauftrag" aber dennoch notgedrungen in Kauf zu nehmen hatte, weil die moderne Reproduktionsmedizin den schrecklichen Beischlaf damals noch nicht überflüssig machen konnte.

Wie aber anders als durch die nachhaltige Wirkung des Feuers hätte man denn auch all die zusammenfantasierten Heerscharen von Teufelsanhängerinnen und -jüngern angemessen behandeln können? Immerhin flogen sie auf allem Möglichen - mal auf Hunden, schwarzen Böcken, Besen und Gabeln - zu wilden Hexentänzen und Orgien, wo sie auch ihre verderblichen Pläne gegen ihre Mitmenschen erdachten, bei denen sie dann sowohl Krankheiten als auch Unfruchtbarkeit verursachten oder denen sie nachts am Bett in Tiergestalt erschienen in der Absicht, sie entweder zu erschrecken oder zu vergiften oder zu ersticken. Aber sie sollen auch ungetaufte Säuglinge getötet oder Kinderleichen ausgegraben haben, um ihre klein geschnittenen Herzen oder die Asche ihrer verbrannten Körper einer Zaubersalbe beizumischen. Zusammen mit einer gestohlenen Hostie wurde die höchstmögliche Wirksamkeit erreicht. In diesem Glauben wurde es sogar für zu eifrige Kirchgänger gefährlich mit dem häufigen Entgegennehmen der Kommunion. Die Salbe führte auch zu Viehsterben oder zumindest bei Kühen zum Versiegen der Milch. Wir vermuten völlig richtig, dass schreckliche Unwetter, Blitzschlag und Hagel ebenso auf das Konto der Hexen gebucht wurden wie Ungezieferplagen, die zur Vernichtung der Ernte führten. Das alles wurde als Feldzug der „bösen Leute", der Handlanger des Teufels, gegen die Schöpfung Gottes angesehen. Und dennoch fanden - anders als man nun annehmen könnte - schon die ersten dieser Hexenprozesse vor weltlichen und nicht vor geistlichen Gerichten statt. Während die Herren Kramer und Binsfeld mit ihren Schriften Öl ins Feuer der Hexenängste gegossen hatten, waren bei den Prozessen Priester und Pfarrer „nur" als Beichtväter oder Teufelsaustreiber zugegen. Das grausame „Handwerk" selbst wurde allein von den der Obrigkeit dienenden Juristen und deren Handlangern vollzogen.

Aber werfen wir auch noch einen Blick in die Nordeifel, damit hier nicht der Eindruck entsteht, der nahe Moselwein habe vielleicht die menschenverachtenden Handlungen in der südlichen und östlichen Eifel begünstigt, etwa durch Lähmung des Gens für Menschlichkeit. Wobei der Wein als Exportschlager natürlich auch längst alle Regionen der Eifel und weit darüber hinaus erreichte.

In seiner Chronik der Stadt Euskirchen geht Karl Gissinger 1902 auch auf den entsetzlichen Hexenwahn und seine Auswirkungen ein. Danach geschahen schon zu Beginn des 30-jährigen Krieges schreckliche Gräueltaten. Ein Dr. Franz Buirmann „wirkte" dort ab dem Jahr 1631 als kurfürstlicher Kommissar und Inquisitor mit Folter und Brand. Der Chronist zitiert den damaligen Bürgermeister von Rheinbach, Hermann Löher, mit den Worten: „Der falsche Zauberrichter war Dr. Buirmann, eines armen Trommelschlägers Sohn von Euskirchen ... hat das Städtlein Rheinbach durch seine giftige Pest infam gemacht."

Auffällig war, dass die Angeklagten dort nicht selten Alleinstehende und Kinderlose waren, die über Vermögen verfügten. Das machte sie zu besonders interessanten Opfern, deren Hinterlassenschaften Richter und Helfershelfer oft gänzlich oder zumindest teilweise in ihren eigenen Besitz brachten.

Löher gehörte zwar nicht zu diesem Personenkreis, musste aber schließlich auch sich und seine ganze Familie durch Flucht nach Amsterdam retten. Buirmann wütete derweil ungehindert und war allein in den drei Monaten von Juli bis Oktober 1631 für den Folter- oder Feuertod von 20 Menschen verantwortlich.

Wer gedacht hatte, dass es nicht mehr schlimmer kommen könne, der sah sich bald getäuscht. Als weiterer Inquisitor trat 1636 ein Dr. Johannes Möden auf, der noch „erfolgreicher arbeitete": Diesmal traf es Meckenheim mit seinen damals 1300 Einwohnern, von denen Möden in nur zwei Monaten 70 auf den Scheiterhaufen brachte.

Erst als sich Buirmann und Möden auch noch der zu Jülich gehörenden Grafschaft Neuenahr und den Ämtern Tomberg und Münstereifel zuwandten und Untersuchungen anstellten, setzte ein mutiger Mann ihrem Treiben zumindest eine Zeit lang ein Ende: Dr. Andreas Schweigel, Vogt von Rheinbach, bewirkte am kurfürstlichen Hof von Düsseldorf die Einstellung der Hexenprozesse, was ihn schließlich teuer zu stehen kam. Denn nachdem Möden sich wieder mit noch größerer Bösartigkeit im Gerichtsbezirk Rheinbach auszutoben begann, nahm er schließlich Rache und ließ auch den fünf Sprachen sprechenden Dr. Schweigel festnehmen, der 30 Jahre als guter Vogt von Rheinbach und als gelehrter Mensch gewirkt hatte. Was mag nur diesem 70-jährigen Mann (und das war sehr viel für die damalige Zeit) die Kraft gegeben haben, als einer von ganz wenigen der furchtbaren Folter standzuhalten und nichts zu gestehen? Bevor er dann jedoch an weiterer Folter starb, schaffte er es noch, eine Stiftung für Studierende in Euskirchen auf den Weg zu bringen, die bis ins 19. Jahrhundert existierte. Und auch das gelang ihm noch vor seinem qualvollen Tod: Er konnte sein übriges Vermögen sowohl den Armen als auch kranken oder mittellosen Bräuten vermachen, die sich nun eine Aussteuer kaufen konnten.

Mit der im Zentrum der Stadt nahe der Kirche St. Martin liegenden „Schweigelstraße" erinnert Rheinbach noch heute an einen der edelsten Menschen der Stadt. Und ganz in der Nähe gibt es auch noch die Löherstraße.

Die Schreckensherrschaft der beiden Inquisitoren im Rheinbacher Raum nahm erst ein Ende, als Buirmann aus nicht mehr bekanntem Grund dem päpstlichen Bann verfiel und nachdem Möden auch noch 30 Flerzheimer in die Flammen geschickt hatte. In den Jahren 1637 bis 1638 bekleidete Möden auch das Amt des Bürgermeisters von Münstereifel; verwandtschaftlich und gesellschaftlich war er der Stadt verbunden und pflegte dort das Bild eines „ehrbaren Bürgers". Hochverschuldet floh er jedoch 1641 aus Münstereifel und kehrte nach Koblenz zurück.

Werfen wir aber noch einmal einen Blick auf die Verfahrensführung eines solchen Hexenprozesses. Zunächst hört es sich noch ganz vernünftig und harmlos an, dass als Voraussetzung für eine Verurteilung ein abgelegtes Geständnis vorliegen musste. Das Tückische solcher, aber auch anderer Strafprozesse war jedoch, dass es zulässig war, Beschuldigte mit Mitteln der Gewalt zu einem Geständnis zu zwingen. Wer nicht freiwillig gestand, durfte mittels legaler Folter malträtiert werden, um seine Verstocktheit zu brechen. Wer dann das Kunststück fertigbrachte, trotz Folter nichts zu gestehen, musste als Unschuldiger gelten und freigelassen werden. Ein solcher Verfahrensablauf ereignete sich allerdings höchst selten. Denn wer als Hexe oder Zauberer eines solchen „crimen exceptum" – eines Ausnahmeverbrechens – beschuldigt wurde, durfte mit allen Mitteln verfolgt und schließlich auch zu einem Geständnis gezwungen werden.

Zunächst kam es zum sogenannten gütlichen Verhör, bei dem noch auf die Zufügung körperlicher Gewalt verzichtet wurde. Die

Angeklagten wurden mit der Klageschrift und den darin enthaltenen Vorwürfen vertraut gemacht und mussten sich zu allen Punkten äußern. Oft hatten Angeklagte zwar schon vor dem Prozess davon erfahren, welche Gerüchte sich um sie und ihre angeblichen Taten rankten. Doch entdeckten sich ihnen meist erst im Prozess die Fülle und das Ausmaß der ungeheuerlichen Taten, die sie im Namen des Teufels begangen haben sollten. In seltenen Fällen kam es sogar schon hier zu Geständnissen, weil die Angeklagten um die ansonsten folgenden Torturen wussten, die sie in jedem Fall vermeiden wollten. Meist leugneten die Beschuldigten jedoch die absurden Verbrechen, die man ihnen zur Last legte, was unweigerlich zum sogenannten peinlichen Verhör führte, der Fortsetzung des Verhörs während der Folter.

Zum Auftakt zeigte man den Delinquenten die Folterwerkzeuge, wobei sie oft von einem Priester mit Weihwasser besprengt und exorziert wurden. Nachdem sie vom Henker entkleidet worden waren, wurden sie rasiert und am ganzen Körper durchsucht, weil man es für möglich hielt, dass die Beschuldigten als Schutz vor der Folter irgendwelche Teufelsamulette in den Haaren oder Körperöffnungen tragen könnten. Auch wurden ihnen die Nägel ganz kurz geschnitten, bevor man sie in ein grobes Leinenhemd steckte.

Beim üblichen Folterverfahren wurde der Delinquent oft mit nach hinten verschränkten Armen an einem Seil über eine Leiter gezogen. Zusätzliche Gewichte an den Zehen machten das Ganze noch schmerzhafter. Es kamen aber auch die berühmten Daumenschrauben zum Einsatz, ebenso wie Beinschrauben oder Schläge mit einer Rute. Dabei war die Folter zeitlich nicht begrenzt, sondern orientierte sich in erster Linie nach dem Aspekt des Erfolgs. Die Protokolle der Folterverhöre verzeichneten als Zeitmaß das Beten eines Vaterunsers, wobei diese Protokolle meist in verharmlosender Weise die schrecklichen Prozeduren darstellten, denen die Beschuldigten unterworfen wurden. Dabei wurde selbst das In-Ohnmacht-Fallen als belastender Hinweis gewertet. Denn die schrieb man der Einwirkung des Teufels zu, der seinen Dienern mittels eines solchen „Hexenschlafes“ eine Phase der Unempfindlichkeit gegen die Qualen verschaffte. Selbst das Beten oder Singen von

Kirchenliedern wurde als Trick gewertet, um von der Folter loszukommen.

Auf diese völlig unbarmherzige Art wurden den Beklagten schließlich Geständnisse schlimmster Taten abgepresst. Doch noch übler wurden diese Verhöre dadurch, dass man die verzweifelten Gequälten auch noch dazu brachte, weitere Unschuldige als angebliche Komplizen zu benennen, die von ihnen bei den Zusammenkünften auf dem Hexensabbat gesehen worden waren.

Schließlich ergab selbst die letzte Beichte vor der Hinrichtung keine Möglichkeit, dem furchtbaren Dilemma zu entrinnen. Änderte der Beschuldigte seine Aussagen auch noch quasi in letzter Sekunde, so mussten die Geistlichen dies der Obrigkeit offenbaren und im Falle eines Widerrufes begann die Folter von Neuem, bis es wieder zum zuvor schon einmal gemachten Schuldeingeständnis kam. Paradoxerweise wurde den Verurteilten dennoch vor Augen geführt, dass eine zu Unrecht erfolgte Denunziation anderer Personen eine Todsünde sei, die ewige Verdammnis zur Folge habe, womit die Gequälten in einen unauflöslichen Konflikt gestürzt wurden.

War es dann jedoch zu einem abschließenden umfassenden Geständnis gekommen, sprach das Gericht in der Regel die Todesstrafe aus. Der Teil der Delinquenten, der sich durch Widerrufe besonders schwierig und störrisch gezeigt hatte, wurde meist lebend verbrannt. Andere hatten das „Glück", vor dem Feuer erdrosselt zu werden. Doch kamen nicht nur die von uns meist assoziierten Scheiterhaufen zum Einsatz. Es sollen beispielsweise auch in den Ämtern der Region Laacher See sogenannte Verbrennungshütten verwendet worden sein, in denen gleich zwei oder drei Verurteilte gleichzeitig hingerichtet wurden.

All diese Zutaten waren auch dem bereits erwähnten Koblenzer Juristen Möden bestens vertraut, denn er benutzte und beherrschte wie kein Zweiter die Mechanismen der Hexenverfolgung und deren Anklage. Doch bevor wir auf den zweiten Teil von Mödens Karriere in einer anderen Eifelregion zu sprechen kommen, werfen wir zunächst noch einen Blick auf den Menschen, der sich hinter der Gestalt des unbarmherzigen Verfolgers und Mörders versteckte.

Möden stammte ursprünglich aus einer einfachen Handwerkerfamilie in Koblenz. Vor ihm hatte noch kein Familienmitglied eine Universität besucht, er jedoch schloss sein Jurastudium mit dem Doktortitel ab. Schon als junger Mann und Student offenbarte er markante Züge seines Charakters. Denn offensichtlich hatte er zur finanziellen Unterstützung seines Studiums Geld von einer jungen Frau erhalten, der er auch das Eheversprechen gegeben hatte. Doch kümmerte er sich nicht weiter um diese erste Verbindung, sondern verlobte sich mit einer jungen Frau aus Remagen, die als besonders gute Partie galt. Als er schließlich von einem Gericht verurteilt wurde, der Klägerin 1000 Goldgulden zu zahlen, war Möden verschwunden und seine aktuelle Verlobte im sechsten Monat schwanger. Es tauchte zwar noch eine weitere „Verlobte" Mödens auf, doch heiratete er seine gute Partie. Einerseits erhielt er durch die Heirat Zutritt zu den „besseren" Kreisen, andererseits wurde er Mitglied einer Bruderschaft und Pate in vielen ehrenwerten Familien, was sein Ansehen stärkte. Doch dann starb seine erste Frau, mit der er bereits fünf Kinder gezeugt hatte. Seine zweite Ehefrau schenkte ihm noch einen weiteren Sohn. Der folgende Umzug nach Münstereifel soll vollzogen worden sein, weil Möden seinen Söhnen eine gute Schulausbildung ermöglichen wollte. Der schließlich in den Jahren 1637 und 1638 als Bürgermeister fungierende Jurist führte jedoch einen zu aufwendigen und feudalen Lebensstil und häufte einen riesigen Schuldenberg an. Doch seine „guten" Erfahrungen bei seinen eigenen schwierigen bis bedrohlichen Rechtslagen führten ihn konsequent auch diesmal wieder zur passenden Reaktion. Er flüchtete und ließ seine Gläubiger auf ihren Forderungen sitzen. Doch leider floh er nicht in das zu jener Zeit relativ dünn besiedelte hintere Sibirien, sondern nur in seine Heimatstadt Koblenz, von wo er schließlich sein für viele bedauernswerte Menschen unheilvolles Tun wieder aufnahm. Denn nur sechs Jahre nach seiner Flucht aus Münstereifel tauchte der berüchtigte und gefürchtete Hexenkommissar in Bürresheim bei Mayen auf, um sich dort in den Jahren 1647 bis 1651 an die Spitze der Hexenverfolgungen zu setzen. Zuvor hatte er ja schon in Rheinbach, Satzvey und Ahrweiler, aber auch in den Herrschaften Manderscheid-Gerolstein und Manderscheid-

Blankenheim sein brutales Unwesen getrieben. Insgesamt gingen dort mindestens 200 Hinrichtungen auf sein Konto. Und bei Kenntnis seines aufwendigen Lebensstils, der ihm wie im Fall Münstereifel zu hohe Kosten verursachte hatte, ist es nicht verwunderlich, dass eine der Triebfedern Mödens seine persönliche Bereicherung war. Denn er scheute, wie man aus Rheinbach weiß, auch nicht davor zurück, die Häuser geflohener Beschuldigter eigenhändig zu plündern.

In Bürresheim stieg Möden in ein bereits laufendes Verfahren ein. Beschuldigte war eine gewisse Helene Conrads. Da ihm bereits ein eindeutiger Ruf vorauseilte, wurde sein Eingreifen von der ortsansässigen Obrigkeit als äußerst erfolgversprechend eingestuft. Und tatsächlich funktionierte das System Möden auch nördlich von Mayen beinahe perfekt. Schwierigkeiten bereitete zunächst nur der Bruder der Beschuldigten, der immerhin Schultheiß in Rieden war. Doch Möden hatte im Verlauf seiner grässlichen Laufbahn schon weit höher gestellte Personen aus dem Weg geräumt. In Rheinbach waren ihm Gerichtsschöffen zum Opfer gefallen, die sich gegenüber seiner Verfahrensführung skeptisch gezeigt hatten, und der durchaus einflussreiche Gerolsteiner Amtmann Heinrich von Mühlheim war ebenfalls als Hexenmeister hingerichtet worden. Den Bruder der Beschuldigten Conrads brachte er wegen der von ihm erzeugten Verzögerung ebenfalls in bösen Verdacht, denn Widerstand gegen die allgemeine Hexenhysterie und -hatz konnte sehr schnell zur lebensgefährlichen Anklage führen.

Wenn dann jemand in Haft war, gab es zunächst zwei weitere Verfahrenswege: Entweder wurden die gesammelten Unterlagen mit Klagepunkten und Zeugenaussagen zur Begutachtung an Juristen eines übergeordneten Gerichts geschickt – in diesem Fall aus Bürresheim hätte das Andernach oder Koblenz sein können. Oder aber ein geeigneter Rechtsgutachter prüfte die Sachlage vor Ort. Also einer wie Möden, der dann den grausamen Ablauf der „geeigneten" Verhöre veranlasste. Nicht ungewöhnlich war es dabei, dass derartige Inquisitionen in der Hinterstube eines Wirtshauses stattfanden. In Bürresheim konnte der Vor-Ort-Experte und Hexenkommissar Möden jedoch auf den angemesseneren und schon erwähnten „Hexensaal" im Schloss zurückgreifen. Und aufgrund seiner „Fertigkeiten“ kam es auch im Prozess um die bedauernswerte Helene Conrads zum schlimmsten Schuldspruch. Sie und ihr Vater wurden wegen ihres Geständnisses, Inzest begangen zu haben, zuerst gevierteilt und dann geköpft. Ihre Körper verbrannte man, aber ihre Schädel wurden zur weiteren Abschreckung am Galgenplatz aufgestellt. Doch so abschreckend derartige Vorgehensweisen aus unserem heutigen Blickwinkel wirken mögen – es diente einem damals nachvollziehbaren Zweck: Die Dorfgenossen der Verurteilten waren verpflichtet, den Hinrichtungen beizuwohnen, damit eine nachhaltige Abschreckung erreicht wurde. Außerdem wollte die Obrigkeit mit derart drastischen öffentlichen Maßnahmen ihre Kompetenz und ihren Erfolg dokumentieren und zugleich das Herrschaftssystem schützen und stabilisieren.

Andererseits verbuchte die Hexenhysterie jener Zeit auch so viel „natürliches“ Interesse an Verfahren und Verurteilungen, dass es beispielsweise in Mayen wegen der großen Zuschauermenge bei einer Hinrichtung zu einer solchen Verwüstung des Galgenplatzes kam, dass er schließlich 1594 neu gestaltet werden musste. Was soll ich als gebürtiger Mayener jetzt dazu sagen? Ich bin sicher, dass es sich dabei ausschließlich um reine Übersprunghandlungen gehandelt haben kann. Wenn beispielsweise die Pferde des Ü-Wagens der Fußballübertragung durchgegangen waren und die Übertragung ausfiel. Aber was lernt man daraus? Wenn Ihnen das Nachbarhaus schon lange nicht gefällt, verwüsten Sie es ordentlich. Es wird dann möglicherweise neu gestaltet. Ich glaube einfach nicht, dass diese Regel nur für Galgenplätze gilt. Um die kümmert sich heutzutage schon überhaupt niemand mehr.

Der Hexenkommissar Möden war jedenfalls auch verantwortlich für den Tod vieler junger Menschen. Ihm selbst aber bescherte das Schicksal ein relativ langes Leben. Als er schließlich im Februar 1663 in Koblenz starb, da hatte er nicht nur alle seine Geschwister überlebt, sondern auch seine insgesamt drei Ehefrauen und eines seiner sieben Kinder. Mit ihm starb einer der gnadenlosesten und meistgehassten Massenmörder, die unsere Eifel je heimgesucht haben.

Eines muss man hier an dieser Stelle zum Abschluss des Themas noch einmal sagen: Auch wenn der Hexenwahn maßgeblich aus den

Reihen der Kirche geschürt worden war, so gab es demgegenüber auch mutige Männer aus der Kirche, die diese Prozesse und die meist folgenden Verbrennungen als grausame Justizmorde anprangerten. Um nicht selbst auch im Feuer zu enden, schrieben Kritiker wie der Trierer Jesuitenpater Friedrich von Spee ihre Traktate gegen Hexenwahn unter einem Pseudonym. Fast wäre er dennoch zu einem weiteren Opfer geworden, wenn ihn nicht der Abt seines Klosters noch rechtzeitig in Sicherheit gebracht hätte. Aber trotz der Veröffentlichung von Spees Antihexenverfolgungsschrift „Cautio Criminalis" im Jahr 1631 war es noch ein langer, über 100 Jahre dauernder Weg bis zum letzten Hexenprozess 1749.

Keine *Toreros* für die Eifel

Das 18. Jahrhundert

Das 18. Jahrhundert fing gleich nicht gut an. Schon im Jahre 1700 war der relativ frühe Tod des spanischen Königs Karl II., der auch „der Verhexte" genannt wurde, zu beklagen. Er starb eine Woche vor Vollendung seines 39. Lebensjahres. Dabei konnte „der Verhexte", 1661 in Madrid geboren, noch von Glück sagen, dass er nicht schon als Baby die Eifel bereist hatte. Sonst wäre seine Karriere wahrscheinlich noch bedeutend kürzer ausgefallen, wenn er auf unserem Boden „unserem" schon ausführlich vorgestellten berüchtigten Hexenjäger Möden in die Hände gefallen wäre, der ja nach der königlichen Geburt noch zwei weitere Jahre lebte. Der war ja auch gerade bei verräterischen Beinamen, die im engeren oder weiteren Sinne mit Zauberei oder Hexerei in Verbindung gebracht werden konnten, alles andere als zimperlich. Angeklagte, die sich zu den ihnen gemachten Vorwürfen nicht angemessen äußerten, galten ohnehin als schuldig. Und mit spanischem Babygestammel machte man sich vor einem Hexengericht ganz besonders verdächtig.

Das Beispiel Karls II. brachte aber auch ein anderes Phänomen zum Vorschein, unter dem zeitweise besonders der Adel „litt" – wie gelegentlich auch die Bevölkerung entlegenster Dörfer: Inzucht.

Dabei hatte alles ganz vielversprechend begonnen: Karls Urururgroßmutter Johanna die Wahnsinnige hatte 1496 zunächst Philipp den Schönen geehelicht. Also rechnete man natürlich mit wahnsinnig schönen Kindern. Da war ja auch die (genetische) Welt noch halbwegs in Ordnung. Ihre sechs gesunden Kinder erreichten sogar unbeschadet das Erwachsenenalter. Aber dann ging es los. Die „Wahnsinnige“ wurde schließlich zur „Urmutter“ schlechthin, denn alle Urgroßeltern Karls II. stammten (teilweise mehrfach) von ihr ab.

Sogar Karls Vater Philipp IV. hatte sich konsequent an das Familienmotto „Alles bleibt in der Familie“ gehalten. So hatte sich der 42-Jährige schweren Herzens dazu entschieden, die 13-jährige Braut seines verstorbenen Sohnes Baltasar Carlos zu heiraten. Maria Anna von Österreich kam allerdings erst im Alter von 15 Jahren in Spanien an, weil sie den Anschlusszug in München verpasst hatte. In Einzelfällen kann eben eine Zugverspätung auch der reinste Segen sein.

Doch die weitaus meisten der Kinder, die sie schließlich zur Welt brachte, wurden tot geboren oder starben kurz nach der Geburt. Bis auf Margarita Teresa, eine zehn Jahre ältere Schwester von Karl, die später auf Basis der guten Erfahrungen ihrer Eltern ihren Onkel Leopold I. heiraten durfte.

Karl hatte zwar die Geburt als einziger männlicher Nachfahre überlebt, aber er zeigte auch Symptome der jahrhundertealten Inzucht durch innerfamiliäre Heiraten, denn er war das zu erwartende schwächelnde und kränkelnde Kind. Als er 1700 kinderlos als letzter Spanier des Hauses Habsburg starb, löste das den Spanischen Erbfolgekrieg aus. Und damit hatten wir Eifeler prompt auch wieder beträchtliche Probleme an den Hacken.

Wie gesagt: Das ältere Schwesterchen Margarita war 1666 als 14-Jährige schon einmal per Urkunde mit dem deutschen Kaiser Leopold I. verheiratet worden, der zwar nur elf Jahre älter, aber auch zugleich ihr Onkel und ihr Cousin war (also das wird mir jetzt allmählich zu kompliziert. Das müssen Sie mal selbst recherchieren). Jedenfalls verkraftete die zarte Margarita die sechs Geburten in sechs Ehejahren nicht und starb kurz nach der letzten mit nur 21 Jahren.

Karls 23 Jahre ältere Halbschwester Maria Theresia (aus der ersten Ehe seines Vaters) hatte den berühmten französischen „Sonnenkönig“ Ludwig XIV. geheiratet. Und es kam, wie es kommen musste: Beide Gemahlen und Herrscher wähnten sich als geeignete Erben Spaniens. Und was machten die in solchen Zeiten wie damals: nein, nicht Armdrücken – Krieg.

Der Spanische Erbfolgekrieg begann und währte von 1701 bis 1714. Und wer hatte solche Unstimmigkeiten mal wieder maßgeblich auszubaden? Diesmal richtig: die Eifel. Denn zu Spanien gehörte eben nicht nur Spanien, sondern auch noch die südlichen Niederlande (die später zu Belgien wurden) und Luxemburg, zu dem dummerweise aber auch ein großer Teil der nordwestlichen Eifel gehörte, sogar Kronenburg und Schleiden. Die erste Kronenburger Torero-Schule musste allerdings schon nach einem halben Jahr wieder geschlossen werden, weil es zu wenige Anmeldungen gab. Damals hielt sich die deutsche Spanienbegeisterung auch noch sehr in Grenzen. Mallorca war ja zu dieser Zeit auch noch schwer zu erreichen: Von zwei Wochen Jahresurlaub waren schon mal die ersten neun Wochen weg nur für die An- und Abreise per Kutsche und Schiff. Das haben nur die wenigsten durchgezogen, meistens die mit einer Dyskalkulie.

Jedenfalls besetzten die Franzosen das luxemburgische Territorium und hatten im Erzbischof von Köln einen Verbündeten, der ihnen seine Herrschaftsgebiete für ihre Bewegungen und ihre Stützpunkte zur Verfügung stellte.

Dem gegenüber stand der deutsche Kaiser, an dessen Seite sich der Herzog von Jülich und der Kurfürst von Trier stellten, ebenso wie England, die Niederlande und Preußen. Und da hatten wir schon wieder „den Salat“: die Eifel aufgeteilt unter zwei Machtblöcken und Aufmarschgebiet zweier großer militärischer Kräfte. Während der Herzog von Jülich gleich zu Beginn die niederländischen Truppen in sein Territorium einmarschieren ließ, richteten bis zu drei französische Regimenter ihr Standquartier in Schleiden ein. Doch die Franzosen beließen es nicht beim Stehen, sondern durchwanderten die Eifel auf der Suche nach dem Eifelsteig gleich zweimal, einmal von der Maas bis nach Bonn und dann von dort wieder südwärts bis an die Mosel. Hier soll es dann heftige Gefechte gegeben haben. Denn auch die kaiserlichen Truppen waren in der Eifel und an der Mosel unterwegs und alle waren stinksauer über die als viel zu kurz empfundenen Öffnungszeiten der Touristikbüros. Die Folge waren mal wieder weiträumige Verwüstungen, geplünderte und niedergebrannte Dörfer und Städte und verängstigte, misshandelte und erschlagene Menschen.

Als besonders betroffene Gebiete zeigten sich neben dem Moselraum auch die Ahrregion und die Städte Bitburg, Münstereifel, Kall, Euskirchen, Rheinbach und Meckenheim.

Im Jahre 1705 erschien auch der Erfinder des Kettenrauchens, John Churchill 1. Duke of Malborough, ein Vorfahre des späteren englischen Premierministers Winston Churchill, mit seinen Truppen in der Eifel. Und tatsächlich konnte er mit seiner kleinen Streitmacht die Franzosen an der Mosel verdrängen. Und weil ihnen die Eifel so gut gefiel, die durch viele Rodungen etliche potenzielle Golfplätze aufzuweisen hatte, marschierten die Engländer auch ein bisschen kreuz und quer, auch von Schleiden über Schönecken und Bitburg bis in den Trierer Raum und wieder zurück nach Düren. Dabei brannte leider auch Hillesheim völlig nieder, insgesamt viermal während dieses Krieges. Ein bekanntes und leider nur zu typisches Erscheinungsbild bei Engländern: Wenn sie längere Zeit nicht golfen können, dann brennen sie etwas nieder. Waren die nicht auch neulich noch bei so einem „Golfkrieg" dabei? Da haben wir's ja!

Trotzdem wurde der Golfplatz des Golfclubs Eifel einen halben Kilometer nördlich von Hillesheim angelegt, allerdings erst 272 Jahre später. Mal abgesehen von der Golfproblematik waren die Engländer prinzipiell vollauf begeistert von unserer herrlichen Eifel. Damals lebten ja auch kaum Schotten bei uns. Aber einen Miesepeter gab es doch, einen englischen Geistlichen, der unser schönes Land als „jämmerliche Gegend", als „unwirtschaftliche Landschaft ... mit nackter Oberfläche" beschrieb. Dieser einzige Nichtgolfer erwähnte aber fairerweise zumindest noch den Zusammenhang zwischen der Armut unserer Eifelorte und der vorangegangenen französischen Herrschaft.

Irgendwann war dann aber auch mal Schluss mit dem Kämpfen auf Eifelboden und auch andere Regionen der Kriegsparteien durften mal in den Genuss der uns schon bekannten Unannehmlichkeiten kommen. Und 1713 bzw. 1714 kam es endlich zu den Friedensschlüssen zwischen den Kriegsparteien mit der Folge, dass die zuvor spanischen Niederlande und das Herzogtum Luxemburg an den deutschen Kaiser fielen.

So wurden die deutschen Kaiser aus dem Geschlecht der Habsburger während des 18. Jahrhunderts Herrscher der luxemburgischen Eifel und damit auch wieder wesentlicher Teile unserer Heimat. Aber die Zeiten, da deutsche Kaiser zu Füßen der Eifel in Aachen residierten und ein besonderes Herz für unsere Region hatten, waren lange vorbei. Jetzt saßen sie in Wien, spielten mit Mozarts Kugeln und die Eifel lag weit entfernt im Westen hart am Rande ihrer Interessen, was sich auch dadurch offenbarte, dass es im weiteren Verlauf des Jahrhunderts durchaus Bestrebungen gab, die Westgebiete gegen näher gelegenes Terrain einzutauschen, was jedoch nicht gelang. Ja, es ist kaum vorstellbar, dass uns irgendjemand *nicht* haben wollte. Da muss es wohl mit dem Marketing für unser Bier, unsere Mineralwässer und Mühlsteine noch ziemlich im Argen gelegen haben. Oder lag es auch am schlechten Image der damals noch relativ zahlreichen Eifelwölfe? Von denen wurden auch noch deutlich später im Kreis Ahrweiler Bezirk Adenau, nämlich im Jahr 1817, immerhin noch 159 Tiere erlegt. Die großen Grauen galten ja bei der Arbeitsagentur auch damals schon als nur schwer vermittelbar als Kuscheltier. Stattdessen mussten sie sich meist – auch außerhalb von Halloween – freiberuflich als Schreckgespenst von Schaf- und Viehhaltern durchschlagen. Ein weiterer unerfreulicher Punkt neben vielen anderen im Leben armer Eifelbauern. Doch zurück zur Politik des 18. Jahrhunderts.

Im Norden saß nach dem Friedensschluss zumindest noch der Herzog von Jülich mit seinem Eifelanteil. Doch während Johann Wilhelm von der Pfalz noch zeitlebens von Düsseldorf aus regierte, also relativ eifelnah, setzte sich sein jüngerer Bruder und Nachfolger Karl Philipp zunächst nach Heidelberg und dann nach Mannheim ab, wo zunächst auch dessen Nachfolger Karl Theodor residierte, bevor auch er dann doch noch den Rhein ganz verließ und nach München umzog. Auch in diesem Fall war die Nordeifel also weit entfernt von ihren eigentlichen Regenten. Aber ihr „Heimweh“

nach unseren lieblichen Gestaden linderten sie durch ihre Einforderung hoher Abgaben, mit denen sie dann ihre entfernten Residenzen aufbauten.

Aber da waren ja auch noch die Kurfürsten von Trier und Köln mit ihren Eifelgebieten. Man hätte es doch wissen können: Dass sich der Erzbischof von Trier in dessen Kampf um die polnische Krone auf die Seite des Kaisers schlug, „belohnten" die Franzosen mal wieder mit unerfreulichen Besuchen, bei denen sie zwischen 1734 und 1737 das trierische Territorium heimsuchten und ausplünderten. Dabei besetzten sie auch Trier selbst und eroberten die Feste Trarbach. Doch obwohl ihnen 1735 deutsche Truppen bei Klausen eine Niederlage bereiteten, zogen die Franzosen erst zwei Jahre später ganz aus der Region Trier ab.

Auch die alten Erzrivalen des Trierers, der Kurfürst von Köln und der Herzog von Jülich, verstrickten sich in neue Kriege. Als Verbündete Frankreichs stellten sie sich im Österreichischen Erbfolgekrieg von 1740 bis 1748 gegen die neue Kaiserin Maria Theresia. Das war ja nun wirklich völlig ungalant, denn die hatte sich ja daheim auch noch um ihre 16 Kinder zu kümmern. Ist es nicht sogar inzwischen verboten, stillende Mütter zum Kriegführen zu zwingen? Jedenfalls gelangten so zum ersten Mal in der Geschichte österreichische Truppen in unsere Region. Die waren allerdings ziemlich enttäuscht, weil sie bei uns keine geeigneten Berge für ihre mobilen Skiflugschanzen finden konnten. Aber zu ihrer Unterstützung (nicht beim Skifahren) waren ja auch noch englische Truppen mit 10.000 Mann angereist. Ja, da waren sie wieder, die Engländer. Nachdem John Churchill 1. Duke of Malborough und seine Mannen die Eifel nach ihrer 1705er-Tour daheim in so blühenden Farben geschildert hatten, machten die Engländer auch erst mal einen Ausflug von Aachen quer durch die Eifel bis Neuwied. Und – man höre und staune – sie hatten diesmal sogar ihre Familien mit dabei. Das muss ein riesiger Tross mit um die 20.000 Menschen gewesen sein, der sich da langsam durch die Eifel bewegte. Wenn man für diesen Fall, in dem es noch um Fortbewegung zu Fuß, zu Pferd oder auf einem vierrädrigen Wagen ging, bei den zu Fuß marschierenden Mensch jeweils nur 80 Zentimeter Raum ansetzt, dann wäre das, wenn jeweils zwei nebeneinanderher gingen, schon allein eine acht Kilometer lange Menschenschlange. Mit Pferden und Karren maß dieser gesamte Trupp aber sicher mehr als zehn Kilometer Länge. Von so einer prächtigen Wandertruppe kann die Seniorenabteilung der Eifelvereins Ortsgruppe Ellscheid nur träumen. Die Engländer kamen allerdings nicht allzu schnell voran und essen und trinken mussten sie auch noch. Und auch das ging mal wieder zulasten der armen Eifelbevölkerung am Rand ihrer Route.

Erstaunlicherweise zeigten sich im acht Jahre später ausbrechenden Siebenjährigen Krieg (1756 bis 1763) wieder ganz andere Allianzen: Zwar waren der Kölner Kurfürst und der Herzog von Jülich wieder auf Seiten der Franzosen anzutreffen, doch standen sie diesmal ebenso wie Russland und das Heilige Römische Reich auf Seiten der Österreicherin Maria Theresia gegen Preußen, Großbritannien und das Kurfürstentum Hannover. In diesem Krieg bewährte sich auf österreichischer Seite besonders der schon erwähnte Leopold Joseph Graf von Daun, der für Maria Theresia einige wichtige Schlachten gewann und großes Ansehen genoss.

Er soll seiner Kaiserin jeden Tag einen Brief geschrieben haben, denn ihre Meinung und die des Kaiserpaares waren ihm enorm wichtig. Wenn man sich vorstellt, der Generalinspekteur des Heeres würde der Frau des Bundespräsidenten jeden Tag schreiben, dann wäre das auch in der heutigen Zeit immer noch ein durchaus bemerkenswerter Vorgang. Bemerkenswert war auch die Dimension dieses Krieges, der nicht nur in Mittel- und Westeuropa (Portugal), sondern auch in Nordamerika, der Karibik, in Indien und auf den Weltmeeren ausgefochten wurde. Von manchen Historikern wird er deshalb gelegentlich auch schon mal als erster Weltkrieg bezeichnet.

Die für die Eifeler schlimmste Zeit des 18. Jahrhunderts waren jedoch die Jahre des Spanischen Erbfolgekrieges gleich zu Beginn des Jahrhunderts. Dessen Schreckensdimensionen mit Plünderungen, Brandschatzungen und Morden hatten erstmals einen historischen Höchststand beim damals erst neu aufgekommenen „Burn-out-Syndrom“ bewirkt. Dieser Effekt wurde dann glücklicherweise von den in der Mitte des Jahrhunderts folgenden Kriegen nicht mehr erreicht. Abgesehen von immer wieder mal begrenzt aufflackernden Kriegshandlungen in diesem oder jenem Teil der Eifel wurde es insgesamt doch etwas „ruhiger" und die Landbevölkerung konnte die Früchte ihrer Arbeit wieder ein klein wenig mehr selbst genießen. Bis ihnen schließlich eine neue „Frucht" vorgesetzt wurde, die ihnen ganz und gar nicht geheuer war.

1567 sollen im Hafen von Antwerpen drei Fässer angelandet worden sein, die Zitronen, Orangen und Kartoffeln aus Südamerika enthielten. Damit war die Kartoffel zwar schon mal im heutigen Belgien angekommen und quasi schon relativ nahe an der Eifel, aber es dauerte trotzdem noch fast 180 Jahre, bis sie uns erreichte. Denn was uns heute selbstverständlich erscheint, war damals alles andere als einfach: Bis zur Akzeptanz der Knolle war es gerade auch bei uns in der Eifel noch ein längerer Weg. Schon zu Beginn des 17. Jahrhunderts erfreute sie sich in Österreich unter Baronen und Skifahrern großer Beliebtheit. Denn der Benediktinerabt Caspar Plautz (der Erfinder der nur bei Männern zu findenden „Plautze", die keineswegs durch zu hohen Bierkonsum, sondern ausschließlich durch übermäßigen Kartoffelgenuss hervorgerufen wird) hatte ein Kochbuch mit Kartoffelrezepten verfasst, das 1621 in Linz erschien. Doch diese richtungweisende Veröffentlichung beeindruckte die Eifelbauern noch in keiner Weise. Ab 1647 wurde die Knolle zumindest schon mal in Oberfranken bei Pilgramsreuth angebaut, weil die dort regierenden innovativen fränkischen Hohenzollern die Knolle irgendwie cool fanden.

Der „Große Kurfürst" Friedrich Wilhelm von Brandenburg ließ sie 1649 in seinem Berliner Lustgarten noch als Zierpflanze anbauen. Unter Friedrich dem Großen (nicht zu verwechseln mit dem gerade erst erwähnten Friedrich Wilhelm) war es endgültig vorbei mit dem „Zierpflanzendasein" der Kartoffel. Unter der Devise „Kartoffel statt Trüffel" ließ er sie großflächig anbauen und machte regelrecht Propaganda für die knuddelige Südamerikanerin. Und als strategisch denkender Militär bediente er sich auch hier der einen oder anderen List, um die Knolle nachhaltig unters Volk zu bringen. So soll er Kartoffelfelder um Berlin angelegt haben, die er von Soldaten bewachen ließ. Das sollte zu einem besonderen Interesse bei der nahen Bevölkerung sorgen, denn bewacht wurde ja wohl nur etwas, das kostbar war. Das sollte zur Aushebelung des uralten Landwirtschaftsgesetzes führen, das da auch in Preußen lautete: „Was der Bauer nicht kennt, das frisst er nicht!" Die Soldaten sollen dabei Weisung gehabt haben, durch „Unachtsamkeit" und „Schläfrigkeit" die Chancen zum Entwenden der Kostbarkeiten zu erhöhen. Aber der Monarch verließ sich nicht nur auf solche „Manöver". Auch mit Verordnungen verhalf er der Knolle zu weiterem Durchbruch, etwa mit dem Dekret vom 24. März 1756, das an sämtliche Land- und Steuerräte, Magistrate und Beamte gerichtet war und den Anbau vorschrieb.

Nachdem das österreichische Kochbuch von 1621 in unserer Eifel jegliche Wirkung verfehlt hatte (vielleicht hätte eine Übersetzung geholfen), musste unsere Regentin Kaiserin Maria Theresia auch unserer traditionellen Eifelskepsis stärkere Mittel entgegensetzen. Schließlich wurde der Anbau auch bei uns angeordnet. Doch wie sie in einem Brief von 1753 über die Kartoffel im Luxemburgischen schrieb, war es trotz Subventionen und Ermäßigungen bei Abgaben oder durch den Erlass des Zehnten ein mühsames Unterfangen mit uns Eifelern. Denn ihre Bemühungen führten zunächst noch nicht zwingend zum menschlichen Selbstversuch mit Eigenverzehr. Das Vieh musste jahrelang als Versuchs-„Kaninchen" herhalten, obwohl die meisten der Kaninchen Schweinen sehr ähnlich waren. Erst nach und nach kam man dann auch bei uns auf den Geschmack. Die Kaiserin hätte halt den Trick von Friedrich in Preußen übernehmen sollen. Aber bei Feinden stand damals die Erörterung von Fragen des Gemüseanbaus selten auf der Tagesordnung. Doch nicht nur die Kartoffel machte Fortschritte: Auch der Obst- und Gemüseanbau entwickelten sich. Die Verbesserung von Ackergeräten verhalf zu höheren Erträgen. Und als das Volk auch noch sah, dass man „Gemüse" rauchen konnte, also getrockneten Spinat, der als „Tabak" bezeichnet wurde (die Soldaten hatten diese „ultracoole" Unsitte verbreitet), wurde in den milderen und tieferen Eifellagen auch Tabak angebaut. Köln entwickelte sich sogar zum eifelnahen Hauptstandort der frühen „Tabakindustrie" mit um die 500 Beschäftigten.

Aber kehren wir aufs tiefe Land zurück, wo eine Statistik über den kleinen Burgort Kronenburg im äußersten Südwesten des Kreises Euskirchen Auskunft über die landwirtschaftlichen Verhältnisse in der Mitte des 18. Jahrhunderts gibt. 1767 soll es dort etwa 67 Hektar Ackerland, 46 Hektar Wiesen und gut 646 Hektar unbearbeitetes Ödland gegeben haben. Erstaunlich hoch zeigt sich hier der Anteil unkultivierten Landes, das aber als Viehweide umso wichtiger war. Denn es gab immerhin etwa 460 Schafe, 230 Rinder, 75 Ziegen, 70 Schweine und 50 Pferde. Die hohe Zahl an Schafen war durchaus charakteristisch für die damalige Zeit. Es sollen sogar im Schnitt je Eifeldorf um die 500 bis 600 Schafe gewesen sein, wobei die auch Milch gebenden Ziegen für die armen Leute besonders wichtig waren nach den harten, entbehrungsreichen Kriegszeiten und ihre Zahl besonders zunahm.

Doch da sowohl die Schweine als auch die Schafe und Ziegen in den verbliebenen Wäldern fraßen, kam es dort zu starkem Verbiss von Büschen und jungen Bäumen, deren Auswirkung man zu fürchten begann. So erließen die regionalen Regierungen in Trier und Manderscheid-Blankenheim im 18. Jahrhundert Forstverordnungen zum Schutz des Waldes, die die Waldweide des Viehs reglementierten und einschränkten. Den Manderscheid-Blankenheimer Grafen lagen ihre weiten Wälder besonders am Herzen und sie setzten sieben Förster und weitere Gehilfen zu ihrer Aufsicht und Bewirtschaftung ein.

Im 18. Jahrhundert wuchs der militärische Bedarf an Pferden, doch reichlich vorhanden waren nur Schafe und Ziegen. Aber auch diesmal konnten diese Stiftung Warentest wieder nicht restlos als Reittiere überzeugen, wobei vor allem ihre geringe Wattiefe und die geringe Zuladung bemängelt wurden. Stattdessen setzten sich wieder die Pferde durch und folglich nahm auch die Bedeutung der Pferdezucht weiter zu. So wurde auch in Prüm ein bedeutendes Gestüt etabliert.

Wenn auch nicht als Reittier tauglich, so waren die vielen Schafe wichtige Rohstofflieferanten für die Produktionssteigerungen der Wollmanufakturen der Eifel, namentlich in Neuerburg, Prüm und Münstereifel oder auch in Malmedy, St. Vith und Eupen, die damals noch deutsch waren. Aber damit waren die Eifeler Möglichkeiten der Bekleidungsbranche noch lange nicht ausgeschöpft.

Beim Thema „Bekleidung“ kommt man an einer außergewöhnlichen Erfolgsgeschichte aus der Nordwesteifel nicht vorbei. Sie nahm ihren Anfang, als der aus dem bergischen Land stammende evangelische Pfarrerssohn Johann Heinrich Scheibler im Alter von 15 Jahren eine Ausbildung zum Tuchhändler in einer Tuchfabrik in Monschau begann. Durch Heirat der verwitweten Tochter seines Lehrherrn übernahm er schließlich dessen gut gehende Tuchfabrik und baute sie aus. Scheibler zeigte außerordentliches kaufmännisches Geschick, indem er sowohl die Qualität seiner Produkte enorm steigerte als auch die Vermarktung und den Verkauf optimierte. Durch den Einkauf ganzer Schiffsladungen edler spanischer Merinowolle, die über den Antwerpener Hafen und mittels Pferdewagen in die Eifel gebracht wurden, sicherte er sich zunächst die Grundlage für seine hochwertige Tuchfabrikation. Durch sein Gespür für die Wünsche wohlhabender Kunden geleitet, ließ er schließlich von meist 4500 (1762 waren es sogar 6000) überwiegend in Heimarbeit tätigen Spinnerinnen, Weberinnen und anderen Fachkräften mit neuesten Fabrikationsmethoden feinste Tuche in den gefragtesten Modefarben fertigen. Damit hatte er immensen Erfolg und seine Produkte fanden ihren Weg nicht nur in fast alle europäischen Länder, sondern auch nach Russland, Ägypten, Türkei, Persien und in die Harems des Orients.

Viele Arbeitskräfte lebten in der näheren Eifelregion und doch wuchs die Stadt Monschau selbst auch auf einen Höchststand von 4000 Einwohnern. Aber gerade dieser Zuzug von „Fremden“ führte zu einem auch in unserem Jahrhundert wohlbekannten Konflikt. Denn die Einheimischen sahen in den Neuankömmlingen unliebsame Rivalen um begehrte Arbeitsplätze. Obendrein waren die zugezogenen Fachkräfte wie der Firmenchef auch mehrheitlich Protestanten, die sich nun inmitten einer heimischen katholischen Urbevölkerung einnisteten. Es kam zu Unruhen, die unter anderem immerhin auch zur Bildung einer betrieblichen Krankenkasse führten. Insgesamt schufen die Scheibler'schen Unternehmungen nicht nur ein enormes Familienvermögen, das schließlich zum Bau des berühmten Monschauer „Roten Hauses“ führte. Die Stadt im engen Tal der Rur und zu Füßen des nahen und rauen Hohen Venns erlebte für viele Jahrzehnte eine außergewöhnliche Blütezeit.

Doch auch an anderer Stelle gab es die Tuchproduktion, auch wenn sie bei Weitem nicht die Monschauer Ausmaße erreichte. In Münstereifel zeigte sich jedoch an einem Beispiel auch die damals überaus hemmende Wirkung sehr eng gefasster Zunftbestimmungen, die völlig gegen die Eigeninitiative junger neuer Kräfte gerichtet waren. Denn auch die Zunftverfassung der Tuchmacher war voller strenger Regeln und galt nicht nur als wirtschaftliche Institution zur Vertretung gemeinsamer Interessen. Die Zunftverfassung sollte auch die Standes- und Berufsehre der Handwerker sichern. Und so hielten sie auch eisern an Traditionen fest, an dem, „was von alters her und fast undenklichen Jahren“ auf bestimmte Weise gehandhabt worden war. Zu den Gepflogenheiten gehörte zum Beispiel auch die Benennung eines Meisters für die Tuchschau, bei der die Qualität der vorgelegten Stoffe überprüft und mit einem Siegel versehen wurde. Mit dieser Begutachtung wurde festgestellt, ob das Tuch nach den Regeln der Zunft gefertigt worden war und als „zünftig“ gekennzeichnet werden konnte. Derlei Regeln gab es viele und es war völlig unmöglich und verboten, Tuche außerhalb der Zunft herzustellen und zu verkaufen. Kandidaten für eine Neuaufnahme wurden auf Herkunft und ihre katholische Zugehörigkeit überprüft und Auswärtige gar nicht erst aufgenommen. Doch selbst ein Münstereifeler, der 1779 nach abgeschlossenem Studium mit frischen Ideen und Unternehmergeist in seine Geburtsstadt zurückkehrte, stieß auf erbitterten Widerstand gegen sein Vorhaben, eine Tuchfabrik zu eröffnen. Mit der Begründung, er würde das einheimische Gewerbe ruinieren, verhinderte die ansässige Zunft das Vorhaben. Der junge Unternehmer konterte mit der Ankündigung, dass er drei Webstühle aufstellen wolle und dass er binnen eines Jahres 18 Kindern Arbeit geben würde, die so vom Los der Bettelei befreit würden. Offenbar waren Kinderarbeit und Kinderarmut eine bittere Realität der damaligen Zeit.

So „einflussreich“ diese Herren der Zünfte auch erscheinen mochten: Die politische Macht lag in den Händen der Münstereifeler Kaufmannsgilde. Wer aber in den Stadtrat aufgenommen werden wollte, hatte zeitweise offiziell zu erklären, dass er in der Zeit seiner Amtsausübung kein Handwerk ausüben werde.

Nachdem in unseren Tagen der Ehrensold des zurückgetretenen Bundespräsidenten Wulff in Höhe von 199.000 Euro im Jahr ein öffentlich sehr kontrovers diskutiertes Thema wurde, entspannen wir uns für einen Augenblick beim Ehrensold für einen damaligen Bürgermeister: die Nutzung eines Teils des Verteidigungsgrabens vor der Stadtmauer für Radieschen und Möhrchen und zum Ausleeren des Nachttopfes, ein durch Sturm umgestürzter Baum für Brennholz zum Pfeifenschnitzen und zum Ausbessern des Jägerzauns, immerhin auch die Befreiung von Steuern und Abgaben und – als besonderer Marketingbeitrag zur Förderung der gehobenen Eifeler Küche – die Zungen aller geschlachteten und verkauften Rinder. Hier könnte man sicher sinnvoll ansetzen und auch den heutigen präsidialen Ehrensold ein wenig durch Naturalien vergleichbarer Art aufstocken bzw. Geldanteile gleichwertig ersetzen, durch ein paar Doppelzentner Pansen und 19 Kisten Schweineohren vielleicht.

Jedenfalls entwickelte sich Münstereifel zu einem wichtigen Handelszentrum der Nordeifel, dessen Kundschaft sowohl aus dem Ahrtal stammte als auch aus Köln, Bonn und der Region am Niederrhein. Der Schwerpunkt lag beim Handel sowohl mit „festen“ Agrarprodukten als auch mit solchen in flüssiger Form wie Wein und Bier. Leder wurde neben den Tuchen ein immer begehrteres Produkt und so wurden die Gerbereien im 18. Jahrhundert immer wichtiger. Das stärkte die Standorte in Eschweiler, Prüm, Neuerburg, Waxweiler, Wittlich, St. Vith und Malmedy, das sich sogar zu einem der wichtigsten Standorte der Lederproduktion in Europa entwickeln konnte. Aber auch die Papierherstellung legte an Umfang und Qualität zu, ganz besonders in Düren, wo man sich auf besonders feine Papiere spezialisierte. In Stolberg mischten Kupfermeister Galmei mit Kupfer und erhielten so das noch härtere Messing, mit dem sie in der ersten Hälfte des 18. Jahrhunderts den europäischen Messingmarkt dominierten. Auch die Eisen verarbeitenden Betriebe an den Eifelflüsschen Ahr, Olef, Urft, Kyll und Salm konnten zulegen.

Dem aufblühenden Gewerbe und Handel standen die durch die Eifel verlaufenden Territorialgrenzen gegenüber, die die Bewegungsfreiheit durch Zölle beim Grenzübertritt erschwerten. Daher gelangten Waren leichter in eifelfernere Gebiete desselben Territoriums. Erst nach und nach fielen Schranken und Zollbarrieren, wenn sich zum Beispiel durch Veränderungen beim Lehensrecht oder durch Erbschaft oder Kauf Herrschaftsgebiete vergrößerten. So konnte der Herzog von Arenberg zu seinem Stammgebiet an der oberen Ahr im Laufe der Jahrhunderte nach Kommern (13. Jahrhundert) auch noch die Herrschaft Kerpen, Kasselburg (Ende 17. Jahrhundert) und die Grafschaft Schleiden (Ende 18. Jahrhundert) dazugewinnen. Und die Grafschaft Blankenheim erwarb seit dem 15. Jahrhundert auch noch Manderscheid, Gerolstein, Neuerburg, Jünkerath, Kronenburg, Kail, Bettingen und Dollendorf (Mitte des 18. Jahrhunderts) dazu und wurde so zur mächtigsten, in der Eifel selbst regierenden Territorialmacht. Doch durch fehlende männliche Nachkommen ging die Herrschaft schließlich Ende des 18. Jahrhunderts über in die Hände der Reichsgräfin Augusta, die sich schließlich besonders verdient machte um das Schulwesen ihrer Region, indem sie für die Schulunterrichtung von Kindern ab acht Jahren sorgte und in Blankenheim eine höhere Schule einrichtete, wobei sie armen Eltern das Schulgeld erließ.

Vielleicht war es das Vorbild der weit entfernten Kaiserin Maria Theresia, der es auch ein Anliegen war, das Schulwesen zu verbessern. Darüber hinaus trug sie auch Neuerungen und Fortschritt in die Eifel durch Verbesserungen bei der Rechtspflege, durch erstmals eingerichtete Katasterämter (bis dahin hatten auch noch Nichtbeamte Kastrationen durchführen dürfen) und ein verbessertes Straßennetz zur Förderung von Verkehr und Handel. Aber auch die in der Nachbarschaft regierenden Kurfürsten von Trier und Köln und der Herzog von Jülich begannen mit „infrastrukturellen" Verbesserungen in ihren Regionen. In Koblenz entstand zum Ende des 18. Jahrhunderts beispielsweise eine Ausbildungsstätte für Lehrer, mit der der Trierer Erzbischof seine Residenzstadt aufwertete. Und so konnte auch mein Vater ein paar Jahre später in Koblenz sein Lehrerstudium absolvieren.

In diesem Zusammenhang erscheint eine Zahl aus der nördlichen Eifel so bemerkenswert wie aussagekräftig: Im kleinen Dorf Dahlem soll im Jahre 1783 der Jahreslohn eines Schäfers bei 126 Gulden gelegen haben. Der „Schulmeister" dagegen kam nur auf 38 Gulden. Weniger verdienten nur noch die Schafe, was einen markanten Lichtstrahl auf die Bewertung von Bildungsarbeit in der damaligen Zeit wirft. Dabei war die Zeit der (goldenen) Gulden Ende des 18. Jahrhunderts eigentlich schon abgelaufen, weil inzwischen der Silbertaler verbreitet war. Na ja, anscheinend noch nicht mitten in der Eifel. Der rheinische Gulden dieser Zeit war ja auch immerhin schon an die 400 Jahre auf dem Markt. Er ging zurück auf die Mitte des 14. Jahrhunderts, als die Erzbischöfe unserer Region in Trier und Köln im November 1346 von König Karl IV. das Goldmünzprivileg erhalten hatten als Dank für ihre Wahlunterstützung. Dabei ging der Ursprung des ersten europäischen Guldens auf die Kreuzzüge und den wieder auflebenden Orienthandel zurück, der vermehrt auch Gold nach Italien brachte. So entstand 1252 der erste Florentiner Gulden mit einem Gesamtgewicht von etwa 3,54 Gramm, was bei einer Reinheit von 24 Karat einem tatsächlichen Goldgewicht von 3,5 Gramm entsprach. Der rheinische Gulden war nicht ganz so rein, aber man kann von drei Gramm Gold ausgehen. Und was bedeutete das für das Einkommen dieses Schäfers oder Schulmeisters? Um überhaupt eine Basis für eine Einschätzung bzw. für eine verständliche Wertzuordnung zur heutigen Zeit zu erlangen, könnte man beispielsweise den aktuellen Grammpreis für Gold mit dem Datum vom 10. Februar 2013 heranziehen. Da betrug der Preis für ein Gramm Gold 40,11 Euro. Also würde der Schäfer nach heutigem Goldpreis ein Jahresgehalt von rund 5054 Euro erhalten, während sich der Schulmeister mit rund 1524 Euro begnügen müsste. Aber wie stand es um die Kaufkraft eines Guldens zur Zeit Schillers (1759 bis 1805)? Eine gefundene Information besagt, dass ein Gulden von 1700 heute in etwa einem Wert von 40 bis 50 Euro entspräche. Ich fand aber auch einen Hinweis auf die erforderliche Arbeitszeit, die zur Erlangung eines Guldens nötig war: Im Jahre 1747 waren in der Grafschaft Sayn-Altenkirchen im Westerwald, also sozusagen bei den Nachbarn auf der anderen Rheinseite,

Arbeiten an den herrschaftlichen Bauten angefallen und dann entlohnt worden. Für einen Gulden musste dafür ein Meister zwei Tage, ein Geselle ungefähr zweieinhalb Tage und ein einfacher Tagelöhner etwa drei Tage arbeiten. Und das bei einem Arbeitstag von immerhin dreizehneinhalb Stunden. Das würde bedeuten, dass es der Meister demnach auf einen Stundenlohn von knapp unter zwei Euro gebracht hatte. Aber man kann das ja doch nicht so ohne Weiteres mit heute vergleichen.

Aber eben waren wir ja noch in der nördlichen Eifel: Auch der Herzog von Arenberg erließ eine Schulordnung und gründete eine Hebammenschule. Ob es da einen Zusammenhang zu besonders vielen unehelichen Kindern gab, ist nicht erwiesen.

Zum einen sind es die Residenzstädte der jeweiligen Territorialherrscher, die sich als Basis kulturellen Lebens und geistigen Schaffens zeigen. Doch daneben wurden auch die Klöster zu wichtige Orten von Kultur und Bildung. So verfasste zum Beispiel Anfang des 18. Jahrhunderts ein Prämonstratenserpater des Klosters Steinfeld die sogenannte Landpostille mit Evangelienerklärungen, die in den meisten europäischen Sprachen und in 180 Auflagen erschien und noch zu Beginn des 20. Jahrhunderts in Eifeler Häusern als Lektüre diente. Abt Christoph Steinhäuser war Rektor der Kölner Universität. Und was Kloster Steinfeld für die Nordeifel war, das wurde Kloster Himmerod für den Süden.

So war der dortige Abt Robert Bootz Anfang des 18. Jahrhunderts auch Rektor an der Universität Trier. Und in den Jahren 1739 bis 1751 entstand mit der neuen Himmeroder Barockkirche das größte Gotteshaus im Kurfürstentum Trier.

Nachdem im Säbelrasseln häufiger kriegerischer Auseinandersetzungen des 17. Jahrhunderts der Aus- oder Weiterbau vieler Kirchen und Klöster stagniert hatte, konnten die Klöster im ruhigeren 18. Jahrhundert mit den sich wieder verbessernden wirtschaftlichen Verhältnissen weiterbauen. So wurde 1721 die Barockkirche der Abtei zu Prüm neu erbaut und 1748 folgte der Neubau des Klostergebäudes. Aber auch Maria Laach und Kornelimünster profitierten von den besseren Zeiten. Die Kirche in Steinfeld konnte ebenfalls im Inneren in üppigem barockem Stil erneuert werden mit neuen

Altären, Kanzel und einer kostbaren Orgel, die der berühmte Orgelbauer Balthasar König aus Münstereifel 1727 vollendete. Auch das Kloster Springiersbach erhielt 1769 seine Rokoko-Kirche.

Aber auch die wohlhabenden Bürger bauten sich in jener Zeit große und repräsentative Häuser. Das schon erwähnte dreigeschossige „Rote Haus“ in Monschau von 1756 mit seiner Doppelfunktion als Wohnhaus und Tuchlager war wohl das spektakulärste Beispiel in der Nordeifel. Doch auch in den anderen Teilen der Eifel zeigten sich ansehnliche Bürgerhäuser, etwa im Norden in Kornelimünster oder Blankenheim, weiter östlich in Adenau, im Westen in Prüm und im Süden in Wittlich und Bitburg. Dabei variierten die Baustile nach den Regionen zwischen Fachwerk (Schwerpunkt im Westen), massivem Bau mit Putz (Südeifel) und Buntsandstein im oberen Moselraum.

Das 18. Jahrhundert brachte jedoch nicht nur eine Entwicklung zu mehr Wohlstand durch bessere Bedingungen in der Landwirtschaft, steigende Produktivität im Gewerbe und wachsenden Handel, sondern auch eine Änderung in der Gesinnung der Menschen. Die sogenannte Aufklärung führte zu einer stärker vernunftgesteuerten Wahrnehmung der Welt mit einer Abkehr von den bisher herrschenden Institutionen in Form einer willkürlich herrschenden Obrigkeit aus Adel oder Religion hin zu mehr individueller Lebensentfaltung unter stärkerer Aufmerksamkeit für die Erkenntnisse der Naturwissenschaften. Den Konflikt zwischen Bürgerschaft und Adel verdeutlichte Schiller zum Beispiel in seinem 1784 erschienenen Drama „Kabale und Liebe“. Ich muss das erwähnen, weil ich das Glück hatte, in diesem Stück die Vaterfigur des „Miller“ beim Wuppertaler Taltontheater spielen zu können. Es war meine bislang dramatischste Rolle, von der ich sehr ergriffen war.

Religiöse Überlieferungen wurden nicht mehr automatisch als zwingend richtig anerkannt. In der Autorität der Kirche sah man zunehmend eine unzulässige Bevormundung. Das sahen schließlich sogar die Herrscher so und es kam zu Konsequenzen für die bisher unangefochtenen kirchlichen Machtstrukturen. Ein Blick zurück zeigt die Entwicklung seit dem Beginn der katholischen Gegenreformation am Ende des 16. Jahrhunderts. Bei dieser Rekatholisierung hatten sich wie schon erwähnt die Jesuiten besonders aktiv gezeigt. Bis zum 17. Jahrhundert kam es zu vermehrten Kloster- und Ordensgründungen. Die zölibatäre Lebensweise einerseits und der verschwenderische Barockkatholizismus andererseits standen schließlich jedoch auch im Gegensatz zur Werteauffassung der Aufklärung. Wie stark dieser Sinneswandel in der Einschätzung der Kirche war, lässt sich deutlich daran erkennen, dass selbst die als durchaus fromm und gläubig geltende Kaiserin Maria Theresia den besonders einflussreichen Jesuiten die Autorität über das Erziehungswesen und die Leitung von Universitäten entzog, um stattdessen eine eher staatlich gelenkte Autorität wirken zu lassen. Schließlich wurde nach einer ersten Reduzierung von Orden und Ordensmitgliedern der Jesuitenorden 1773 sogar durch Papst Clemens XIV. ganz aufgehoben, was in erster Linie durch Druck der Könige von Frankreich, Spanien und Portugal erfolgte. Diese Maßnahme sollte unter anderem der Stärkung aufgeklärterer Reformströmungen in der katholischen Kirche dienen. Doch auch in diesem Fall lag unsere Eifel mal wieder eher am Rande des Hauptstromes der Geschehnisse, denn eine derartig direkte und starke Ablehnung von Kirche oder Orden soll hier nicht zu finden gewesen sein.

Frosch*schenkel*-Eintopf setzt sich nicht durch

20 Jahre „Vive la France"

Irgendwie hatten die Franzosen Ende des 18. Jahrhunderts die Nase voll von den Eskapaden der Adligen und ihres verschwenderischen Königs Ludwig XVI. Die Staatsausgaben lagen um fast ein Viertel über den Einnahmen, der Adel blockierte dringend benötigte Reformen und die Lebenshaltungskosten wuchsen dem einfachen Volk schließlich über den Kopf. Im Revolutionsjahr musste ein einfacher Pariser Handwerker etwa die Hälfte seines Einkommens allein für sein Brot aufbringen. Und so war es 1789 so weit: Die Volksvertreter wandten sich gegen die absolutistische Monarchie, die Bevölkerung der Städte revoltierte gegen die althergebrachten Herrschafts- und Verwaltungsstrukturen und die Bauern erhoben sich gegen das ländliche Feudalsystem. Dieser „Einklang" der bedeutendsten Volksschichten führte schließlich zum „Erfolg". Unter dem Motto „Freiheit – Gleichheit – Brüderlichkeit" stellten die Franzosen innerhalb von zehn Jahren ihren Staat auf den Kopf, um schließlich rechtzeitig zum Jahrhundertwechsel bei Napoleon Bonaparte anzukommen. Eines der Probleme dieser Revolution ergab sich jedoch leider durch das Ziel der „Gleichheit". Da offenbar die weitaus meisten Revolutionäre (wahrscheinlich überwiegend Jugendliche und Teenager) nur um die 1,50 bis 1,60 Meter groß waren, sahen sie sich notgedrungen dazu gezwungen, einen größeren Teil der für die Gleichheit vorgesehenen Mitbürger ihrer Körpergröße anzupassen. Dummerweise kürzte man die zu lang geratenen allerdings nicht unten von den Füßen her, sondern von oben. Das wiederum führte bedauerlicherweise meist zum Wegfall des Kopfes – mit all den dabei zu erwartenden nachteiligen Nebenwirkungen: Meist zeigten sich die nun vereinsamten Köpfe selbst bei den einfachsten Rechenaufgaben überfordert. Auch der verbliebene Torso erwies sich in der überwiegenden Zahl der Fälle für die Fortsetzung eines geordneten sozialen Miteinanders als nicht mehr geeignet. Trotz des nachdrücklichen Protests der französischen Friseurinnung wurden allein zwischen Sommer 1793 bis Sommer 1794 etwa 30.000 bis 40.000 Franzosen „gleich gemacht", fast nur Adlige. Erst danach ebbte diese Phase der heftigen Verfolgungen derer von „von" und „zu" allmählich ab und manche unternehmungslustige Franzosen (vor allem die vom Militär) überlegten, wo man denn nun mal zum Ausspannen ein wenig ins Grüne fahren könne.

Und da hatte man doch tatsächlich noch in Erinnerung, wie nett es doch bei uns in der Eifel schon in früheren Jahrhunderten gewesen war. Damals, als das Belagern und Plündern auf deutschem Boden schon so viel Spaß gemacht hatte. Also setzte sich die französische (Revolutions-)Armee wieder einmal nach Norden in Bewegung. Diesmal sollten auch die Nachbarländer in den Genuss der neuen Ordnung mit der Gleichheit kommen und so stand das mit dem Plündern diesmal auch nur ganz klein gedruckt in der Geschäftsordnung. 1793 konnten die Franzosen zwar zunächst noch einmal durch den Sieg der Österreicher bei Aldenhoven (nahe Jülich) zurückgedrängt werden. Aber das hielt nicht lange vor.

Am 26. Juni 1794 schlug die französische Streitmacht mit ihren fast 80.000 Mann beim belgischen Fleurus erst mal das Heer unseres „römischen Kaisers". Von da nahmen sie Kurs Richtung Rhein und nach der Schlacht an der Rur am 2. Oktober 1794 konnte der Brigadegeneral Jean-Baptiste Jules Bernadotte, der 24 Jahre später König von Schweden und Norwegen wurde, tatsächlich bei Neuss den Rhein erreichen. Nun hatten die Franzosen freien Zutritt zu den linksrheinischen Rheinlanden und damit auch zur Eifel.

Aber wie stand es um diese Zeit mit den bekannten vier Herrschaftsterritorien auf dem Gebiet der Eifel? Wer hatte in der Trierer Eifel das Sagen? Das war der Kurfürst und letzte Erzbischof von

Trier, Clemens Wenzeslaus Hubertus Franz Xaver von Sachsen. Der war als vierzehntes Kind seiner Eltern geboren worden, was nicht verhindern konnte, dass er später auch noch Prinz von Polen, Herzog von Sachsen und der letzte Fürstbischof von Augsburg wurde. 1768 hatte er das Amt des Trierer Erzbischofs angetreten, obwohl er seine Karriere erst acht Jahre zuvor im österreichischen Kriegsdienst als Feldmarschallleutnant begonnen hatte. Und heute? Die Kirche ist einfach nicht mehr das, was sie mal war: Meines Wissens gibt es heute in der gesamten katholischen Kirche keinen einzigen Kardinal mehr, der zuvor mal General beim Militär war.

Dabei fällt mir der Witz ein, den mein Vater mal in der Abtei Maria Laach dem dortigen Abt Basilius Ebel und Bundeskanzler Adenauer erzählt hat. Der handelt nämlich von einem Kardinal und einem General. Die beiden waren mal als Jugendliche Klassenkameraden gewesen, hatten sich aber nie leiden können. Eines Tages begegnen sie sich als erwachsene Männer schon höheren Alters auf einem Bahnsteig im Kölner Hauptbahnhof: der Kardinal in seinem traditionellen Kirchenrock und sehr beleibt mit dickem Bauch und der General in seiner Uniform. Spricht der Kardinal in herablassendem Ton den General an: „Schaffner, sagen Sie mir doch mal, wann hier der Zug nach Hamburg geht.“ Mustert der General den Fragenden und sagt: „Also, gnädige Frau, in Ihren Umständen würde ich vom Zugreisen völlig absehen!“

Als Kripobeamter und Personenschützer war mein Vater Anfang der 60er Jahre einer ganzen Reihe von prominenten europäischen Persönlichkeiten begegnet. Und er hatte damals noch ein ziemliches Kontingent von Witzen auf Lager.

Aber wir waren ja noch beim Trierer Erzbischof Clemens Wenzeslaus. Der zeigte sich in seinem eifel- und moselländischen Kurfürstentum durchaus aufgeschlossen gegenüber den Ideen der Aufklärung und förderte unter anderem das Schulwesen und schuf verschiedene gemeinnützige Einrichtungen, um sowohl die Bildung als auch den Wohlstand der Menschen zu heben. In diesem Zusammenhang verdient auch sein Toleranzedikt von 1783 Aufmerksamkeit, das religiösen Minderheiten Duldung zusicherte – ein in jenen Zeiten durchaus bemerkenswerter Akt. Ebenso wie seine 1787 erlassene Verordnung, die zu einer Qualitätsverbesserung des heimischen Weines dienen sollte. Die sollte binnen sieben Jahren zur Ausrottung einer als „rheinisch“ bekannten Sorte von Reben dienen, die durch zu viel Säure und andere schlechte Eigenschaften als minderwertig angesehen war. Stattdessen sollte eine andere Sorte bevorzugt angebaut werden: der Riesling. Was aus heutiger Sicht auch völlig in Ordnung war. Es zahlt sich eben doch aus, dass Priestern über die Jahrhunderte immer auch ein ordentlicher Messwein gereicht wurde und sie dadurch ganz nebenbei auch noch zu akzeptablen Weinkennern ausgebildet wurden.

Doch all die kleinen persönlichen Reformen bewahrten auch unseren Franz Xaver nicht vor dem Herannahen der französischen Revolutionstruppen. Seit der Revolution war Koblenz auch Zufluchtsort für flüchtige französische Royalisten geworden. Angesicht der französischen Bedrohung hatte der Kurfürst am 27. Januar 1794 in seiner Koblenzer Residenz vorsichtshalber die Aufstellung einer 6000 Mann starken Miliz angeordnet. Als ehemaliger General hätte er wissen oder zumindest ahnen müssen, wie groß so eine französische Armee sein würde. 6000 Mann Miliz – na ja, da kann man auch eine Fliegenklatsche bereitlegen für den Fall, dass die Scheune Feuer fängt.

Das Amt Mayen stellte zusammen mit den anderen Ämtern, die nördlich der Mosel auf Eifelgebiet lagen, insgesamt 14. Kompanien mit 1015 Soldaten. Als jedoch die Franzosen nach ihrem Sieg in der Nordeifel und nach Bernadottes Vorrücken an den Rhein im Oktober südwärts durch die Eifel marschierten, zogen sich, wie zu erwarten war, die viel zu schwachen deutschen Kräfte von Kaisersesch nach Koblenz zurück.

Am 5. Oktober verließ der Kurfürst Koblenz in Richtung Augsburg, um dort eine vakante Stelle als Puppenspieler anzutreten. Am 16. Oktober sollen dann die ersten französischen Soldaten Monreal westlich von Mayen erreicht haben. Einen Tag später schon besetzten Truppen des französischen Generals Marceau Mayen selbst, Koblenz folgte am 24. Oktober. Die Stadt ergab sich kampflos und blieb so von Zerstörungen verschont. Die bisher auch linksrheinisch eingesetzten kaiserlichen Truppen zogen sich auf die Festung

Ehrenbreitstein zurück, wo sie den Franzosen immerhin gut vier Jahre bis Januar 1799 standhielten. Am 26. Oktober, zwei Tage nach der Einnahme der Stadt, pflanzten die Sieger vor dem kurfürstlichen Schloss einen „Freiheitsbaum" als Symbol der Befreiung von der nun beendeten kurfürstlichen Herrschaft.

Kurfürst Clemens Wenzeslaus musste schließlich 1801 als Resultat des Friedens von Luneville den gesamten linksrheinischen Teil seines Herrschaftsgebietes – und damit auch das Sahnehäubchen unter den westdeutschen Regionen, unsere entzückende Eifel – den Franzosen überlassen.

Seinem Kölner Amtsbruder Maximilian Franz Xaver Joseph Johann Anton de Paula Wenzel von Österreich erging es ähnlich. Der war sogar das sechzehnte Kind seiner Eltern – immerhin der berühmten Kaiserin Maria Theresia und ihres Gemahls, des römisch-deutschen Kaisers Franz I. Stephan.

Also viele Eltern sind ja schon mit durchschnittlich 1,5 Kindern völlig überfordert. Wobei natürlich oft die halben Kinder noch schwieriger und anspruchsvoller sind als Einzelkinder. Aber 16 !! Kinder! Wann haben die denn da in Wien noch regiert? Das muss ja immer eine Hetze gewesen sein zwischen Schlafzimmer und Büro. Aber jetzt mal ganz ernsthaft: Die beiden sollen wirklich ein richtig schönes, inniges Liebespaar gewesen sein – die Theres und der Franz. Die haben das also nicht wegen des Kindergeldes gemacht!

Am 21. April 1784 jedenfalls wurde Franz Xaver ... Wenzel durch den Tod seines Vorgängers ganz plötzlich der neue Kurfürst-Erzbischof von Köln, aber auch Fürstbischof von Münster. Da war er gerade mal 17 Jahre alt, ein Alter, in dem heutzutage junge Burschen gar keine Kirche mehr betreten und manche nicht mal mehr wissen, wozu eine Kirche überhaupt gebraucht wird. Auf die Frage, wie eine Kirche heutzutage genutzt wird, kommen da schon mal Antworten wie „Als Weihwassersilo" oder „Bibelbunker". Das sah bei Max Xaver noch ganz anders aus. Den hatte seine Mutter, unsere Kaiserin, schon frühzeitig zum Priesteramt ausgeguckt, weil er ein bisschen schwächlich wirkte. Auf einen Versuch im militärischen Umfeld im Rahmen eines kleinen Feldzuges gegen Bayern reagierte er mit Beingeschwulsten, die operativ entfernt werden mussten. An dieser

Form von Pulverallergie litt Napoleon übrigens nicht. Da war jedenfalls endgültig klar, dass Franzels Mutter recht gehabt hatte. Wobei Kaiser- oder Königsmütter ja grundsätzlich nicht irren. Auch mit 86 Jahren weiß Queen Elizabeth genau, dass ihr Sohn Prince Charles Großbritannien am besten als Biogärtner dienen kann.

Da Maximilian Anton – ich komme ab gefühlten 22 Vornamen immer durcheinander – aber bis dahin noch keine Priesterausbildung und -ämter durchlaufen hatte, wurde dies im Schnellverfahren nachgeholt, bis ihn schließlich sein Trierer Nachbar, der zuvor erwähnte andere Franz Xaver, am 8. Mai 1785 im Bonner Münster zum Bischof weihte.

Auch dieser in Bonn residierende Kölner Erzbischof war ein den Aufklärungsideen aufgeschlossener und reformfreudiger Mann. Auch er verbesserte das Schulwesen, versuchte sich aber ebenso an einer Vereinfachung des Justizwesens. Da er immer wieder im Konflikt mit der eher reaktionären Kölner Universität gestanden hatte, richtete er schließlich in Bonn eine neue Universität ein, die aufklärungsfreundlicher gesinnt war. Das blieb auch so bis in unsere Tage, denn selbst so ein durch seine Militärzeit übel verrohtes Bürschlein wie ich wurde dort noch aufgenommen. Erleichtert konnte ich schließlich auch feststellen, dass die Beibehaltung bzw. Ausübung meiner gerade erst erworbenen Fertigkeiten – vor allem beim Fang, der Zubereitung und der Verspeisung von Würmern, Käfern und überfahrenen Nagetieren – an der Bonner Uni-Mensa nicht weiter erforderlich waren.

Angesichts der von Norden kommenden französischen Truppen verließ auch Max von Österreich Bonn und zog sich in einigen Etappen bis Münster zurück. Denn was hätte er den Franzosen auch sagen sollen bezüglich seiner elf Monate älteren Schwester Marie Antoinette, die nun schon seit einem Jahr kopflos war? „Tut mir leid, das mit meiner Schwester! Als Kind war die gar nicht so! Damals war sie noch ganz bescheiden und sehr, sehr nett. Das war alles nur ihr böser französischer Mann schuld, dieser Ludwig XVI. Aber so sind Franzosen halt, wenn man ihnen zu viel Spielraum lässt!“

Ja, die berühmte Marie Antoinette war bei der Ankunft der Franzosen am Rhein schon fast ein Jahr tot, denn sie hatte, wie auch ihr

Mann zuvor schon, ganz ungünstig auf die Gleichmachung durch die Guillotine reagiert.

Jedenfalls scheint Maximilians Rückzug vom Rhein taktisch wohl auch die klügste Wahl gewesen zu sein.

Da wäre aber noch ein „Eifel"-Herrscher: der Herzog von Luxemburg, Franz II., der aber als letzter römisch-deutscher Kaiser sicher in Wien residierte. Und auch Karl Philipp Theodor Herzog von Jülich, auch Kurfürst von der Pfalz und Bayern, saß ungefährdet in München. Ihnen blieb die Flucht erspart. Auch wir Eifeler sind überwiegend nicht geflohen, sei es wegen der schönen Aussicht, der zu erwartenden Missernten oder der schönen Nachbarin, die irgendwie schon immer attraktiver war als die eigene Ehefrau, verdammt auch. Nur ein paar von den residierenden Eifelgeschlechtern sind abgewandert, wie zum Beispiel die Reichsgräfin Augusta von Blankenheim-Sternberg, die sich sogar bis zum Stammhaus der Familie nach Böhmen zurückzog. Ein Sicherheitsabstand von mehr als 500 Kilometern, als hätten die damals schon Mittelstreckenraketen gehabt. Dabei schossen noch zehn Jahre später die großen französischen Kanonen, wie sie von Napoleon eingesetzt wurden, maximal „nur" 1,7 Kilometer weit. Wenn man die allerdings unterschätzt hatte und doch getroffen wurde, dann war das genauso unangenehm wie die zuvor schon kurz erwähnte „Gleichmachung". Bei einem Kopftreffer waren in der Regel selbst äußerst versierte Zahnchirurgen völlig überfordert und auch gute Schönheitschirurgen mussten frustriert zur Kenntnis nehmen, dass sie mit einer simplen Lidstraffung das Grundproblem nicht wirklich in den Griff bekamen.

Unter den Franzosen war jedenfalls nun Schluss mit dem antiquierten System der vielen kleinen Eifelherrschaften. Schon Ende 1794 wurde die Eifel unter eine Zentralverwaltung gestellt, die in Aachen saß. An diesem Tempo ist unschwer zu erkennen, dass die Revolutionäre überhaupt keine Ahnung von Bürokratie hatten. So was braucht normalerweise erst mal viel Zeit. Allein das Ausdenken geeigneter Formulare hätte gut und gerne mindestens ... aber nein, es sollte schnell gehen. Und Aachen wurde als Stadt bevorzugt und sogar Köln vorgezogen, das 1802 auch kirchlich dem Bistum Aachen zugeordnet wurde.

Unsere Adligen, die bisher ja ohnehin schon viel gleicher gewesen waren als die anderen (keine Steuern), hatten allerdings nicht mehr ganz so viele Probleme mit der Guillotine wie ihre französischen Berufsgenossen zuvor. Den von Beginn an gegen das Enthaupten protestierenden Friseuren hatten sich inzwischen auch noch die Hutmachergewerkschaft und das Optikerhandwerk angeschlossen, sodass das Fallbeil bis auf Einzelfälle bei verurteilten Mördern beinah völlig aus der Mode gekommen war. Schließlich hatte sich zuletzt auch noch Karl Lagerfeld zu Wort gemeldet mit seinem Statement, dass auf einem Kopf getragene Hüte ein weitaus harmonischeres Gesamtbild abgaben als nur auf Schultern getragene Hüte.

Nun galten also plötzlich für alle die gleichen Rechte. Die Bauern konnten aufatmen, als die Abgabe des Zehnten oder auch Frondienste abgeschafft wurden. Dafür freuten sich die Handwerker in den Städten weniger, als ihre Zünfte aufgelöst wurden. Stattdessen erstarkte, wie auch schon in Frankreich, das Bürgertum. Sogar die freie Berufswahl wurde möglich wie auch die freie Gewerbeausübung. Also wenn Sie mich fragen: Très fortschrittlisch! Aber die Sache hatte dann natürlich doch noch einen Haken: Französisch wurde allgemeine Amtssprache. Merde! Und damit nicht genug. Wir Eifeler hatten uns gerade ein paar Jahre an die christliche Zeitrechnung gewöhnt, da wurde die auch noch ersetzt durch den französisch-republikanischen Kalender mit einem in drei Teile aufgeteilten Monat, der nur noch alle zehn Tage einen Ruhetag hatte. Ei, ei, ei, wie sollte das denn gehen? Obwohl – es gab auch welche, die sich über den einen weggefallenen Sonntag gefreut haben, nämlich die, die an Wochenenden immer mit zu den Schwiegereltern mussten.

Neu geschaffene Ämter waren nun zuständig für die Zivilehe und für alle Formulare und Urkunden bei Geburten, Heiraten und Sterbefällen. Diese Funktionen büßten nun die Pfarrämter ein. Auch das alte Rechts- und Gerichtswesen wurde ersetzt und folgte bald dem sogenannten Code Napoleon. Und anstelle der vielen unterschiedlichen kleinterritorialen Maßeinheiten wurde ein einheitliches System für Münzen und Maße eingeführt.

Etwas ganz Modernes – zumindest für uns – war die erstmalige kartografisch-topografische Erfassung der Eifel auf Karten im

Maßstab 1:20.000, mit der französische Offiziere begannen. Es stellte sich jedoch bald heraus, dass sich erstaunlicherweise auch von ihren Ehefrauen mit guten Karten ausgestattete Ehemänner immer noch relativ häufig auf dem Heimweg verliefen und schließlich verstört in Gaststätten Schutz und Orientierung suchten. Die Preußen führten dieses Kartenprojekt später sogar auch weiter bis zur Vollendung.

Luxemburg und seine Eifelgebiete wurden 1795 schon einmal gänzlich dem Mutterland bzw. der Französischen Republik einverleibt. Bei den „deutschen Anteilen" blieb es wegen rechtlicher Bedenken bei der nicht ganz so weit reichenden französischen Verwaltung. Die „neuen" Luxemburger Eifeler mussten sich nun allerdings als „Franzosen" vollends unter französisches Recht stellen. Das beinhaltete neben hohen Steuern auch die Übernahme der nunmehr recht kirchenfeindlichen französischen Gesetze. Kirchen wurden geschlossen und Priester hatten unter anderem einen Eid zu leisten, der mit dem netten Satz begann: „Ich schwöre Hass dem Königtum und der Monarchie." Dieser nicht ganz im Einklang mit christlichen Werten stehende Satz wurde oft verweigert, was zu Inhaftierung oder Verbannung führte. Andere verlegten ihre Priestertätigkeit „in den Untergrund", nein, nicht in die U-Bahn-Schächte von Kronenburg, sondern in den Nächten in einige private Häuser in den Dörfern der Umgebung, etwa wie im Bereich der Grafschaft Schleiden. Das alles war ganz und gar nicht im Sinne der Bevölkerung, die auf Seiten ihrer Priester stand. Schlimmer wurde noch der Unmut des Volkes, als 1798 auch noch die jungen Männer im Alter von 20 bis 25 Jahren als Soldaten für die französische Armee rekrutiert wurden. So viel Zuneigung hatten die luxemburgischen Südeifeler nun doch noch nicht für ihre neue französische Nation entwickelt. Es kam zum Aufstand und rund 2000 Eifelbauern machten sich am 29. Oktober 1798 auf, um die Stadt Luxemburg zu befreien. Doch sie besaßen so gut wie keine Erfahrung bezüglich eines sinnvollen militärischen Vorgehens und ihre Bewaffnung ließ mehr als zu wünschen übrig. Überwiegend handelte es sich um typische bäuerliche Gerätschaften wie Dreschflegel, Heugabeln, Stöcke, umgeschmiedete Sensen, Knüppel und wenige Flinten. Das Wort „Knüppel" gab den Ausschlag für die Bezeichnung der aussichtslosen Streitmacht: Klöppelkrieger.

Da sich die Bauern bereits weit vor Luxemburg-Stadt einer ersten stattlichen Militäreinheit gegenüber wähnten, brachen sie ihren Feldzug zunächst einmal ab. Doch am darauffolgenden Tag befanden sich 110 französische Soldaten auf dem Weg nach Arzfeld. Ihnen stellte sich kurz vor dem Ort ein Rest von 500 Klöppelkriegern entgegen. An diesem 30. Oktober starben sieben französische Soldaten und 35 Eifeler. 32 Bauernkrieger wurden gefangen genommen und die meisten von ihnen büßten ihre Kühnheit ein Jahr später in Luxemburg mit dem Leben. In den Dörfern, die die meisten Opfer zu beklagen hatten wie Dahnen, Daleiden und Arzfeld, finden sich heute Gedenktafeln an den einzigen „Krieg", der jemals allein von Eifelbauern geführt wurde.

Dieses zu schwache Aufbegehren konnte also nicht verhindern, dass 1802 schließlich die gesamte Eifel als französisches Territorium vom französischen Staat vereinnahmt wurde. Zuvor war die Eifel bereits fünf verschiedenen Departements, also Verwaltungsbezirken, nach französischem Vorbild zugeordnet worden. Das „Departement der Wälder" unterstand der Hauptstadt Luxemburg, das „Saar-Departement" gehörte zu Trier, das „Departement Rhein-Mosel" wurde von Koblenz aus verwaltet, das „Rur-Departement" hatte Aachen als Hauptstadt und das belgische Ourthe-Departement unterstand Lüttich. Diesem Verwaltungsbezirk wurden unter anderem auch die Gebiete von Malmedy, Kronenburg und Schleiden zugeordnet. Die Departements waren jedoch auch noch weiter unterteilt in Arrondissements, Kantone und Mairien, also Bürgermeistereien. Ein Präfekt war Chef des großen Verwaltungsbezirks, Unterpräfekte standen den Arrondissements vor und darunter die Bürgermeister den Bürgermeistereien. Dieser „endgültigen" und gänzlichen Einverleibung zu Frankreich war der Verzicht des Kaisers in Wien und des Herzogs von Jülich auf ihre linksrheinischen Gebiete im Friedensvertrag von Luneville 1801 vorausgegangen.

Nun waren wir Eifeler „echte" Franzosen und hatten damit endgültig das französische Gesetz und Recht für oder gegen uns: Erstmals konnte Aldi im Kühlfach Froschschenkel-Familienpackungen anbieten, Brigit Bardot konnte endlich Patentante von Heino werden und Eifeler Burschen waren endlich vollwertiges „Kanonenfutter“ für Napoleons schelmische Europa-Streifzüge in Armeebegleitung. Zumindest hatte der, seit 1804 Kaiser von Frankreich, sich noch mal mit der Kirche ausgesöhnt. Es machte sich ja auch einfach besser, wenn bei einer Krönung ein Priester dabei war. Ich kann das so gut nachempfinden: Als ich zum Messdiener befördert wurde, fühlte es sich einfach viel besser an, dass in der Kirche auch ein Priester dabei war. Aber dieser Schelm Napoleon, der er immer war, hatte sich noch schnell am 2. Dezember 1804 von Papst Pius VII. krönen lassen, weil er genau wusste, dass ein Kaiser noch mehr Weihnachtsgeschenke bekommt. Jedenfalls bedeutete das auch für unsere Eifelpfarrer wieder ein entspannteres Arbeiten, sogar bei Tageslicht. Nicht so entspannend war allerdings aus kirchlicher Sicht der Umstand, dass schon 1802 sämtliches Kirchenvermögen als Staatsbesitz übernommen wurde. Davon profitierten allerdings die kleinen Pfarrer, die erstmals ein regelrechtes Gehalt erhielten. Doch mehr als 70 Eifelklöster und Abteien wurden von der Säkularisation schwer getroffen. Nur etwa 20 der vormals rund 50 Kloster- und Stiftskirchen blieben erhalten und wechselten in die Funktion von Pfarrkirchen, da sie den bisherigen Kirchen an Größe und Schönheit einiges voraushatten, beispielsweise in Steinfeld, Kornelimünster, Münstereifel, Prüm und Kyllburg. Die ihrer ursprünglichen Funktion beraubten restlichen Kirchen jedoch wurden für andere weltliche Zwecke genutzt oder gar als Abbruchgebäude verkauft. Einige der klösterlichen Bauten gingen an Firmen, die sie für ihre Fabrikation nutzten. In Kornelimünster zog eine Weberei ein, in Malmedy war es eine Papierfabrik. Die Gebäude des Klosters Echternach wurden als Porzellan- und Steingutfabrik umgenutzt. Schlimmer erging es jedoch Kloster Mariawald am heutigen Rursee: Es wurde wie die Gebäude von Kloster Himmerod auch auf Abbruch verkauft. In Prüm konnte man sich dagegen freuen, dass die dortigen Gebäude des altehrwürdigen Klosters als höhere Schule umfunktioniert wurden. Doch auch der Landbesitz um die Klöster wurde weltlichen Interessenten verkauft, wie etwa in Himmerod oder Maria Laach. Besonders übel wurde aber den Franzosen genommen, wie sie mit den Kunstschätzen und Bibliotheken verfuhren: Alles wurde ratzfatz verhökert und landete schließlich auch weit verstreut in anderen Ländern. Damit verlor die Eifel einen großen Bestand an kulturhistorisch bedeutenden Schätzen.

Aber da gab es ja noch andere „Großbauten", die inzwischen verlassen dastanden, weil ihre Besitzer nicht auf die Ankunft der französischen Truppen gewartet hatten: Schlösser und Burgen. Auch sie wurden auf Abbruch versteigert und gingen zum Teil für recht kleines Geld an einen Nachbesitzer. Burg Schönecken ging beispielsweise für nur 700 französische Franken weg. Die von Napoleon 1803 eingeführten 20-Franc-Goldmünzen hätten heute einen Goldwert von etwa 233 Euro. Das wären jetzt also 8155 Euro für eine vergleichsweise gigantische Eifelburg, deren rechteckige Anlage bei einer Länge von immerhin 120 Metern über eine Hofinnenfläche von an die 7000 Quadratmeter verfügte. Ein unerklärlich günstiger Preis, aber vielleicht gab es ja auch Schimmel im Schlafzimmer oder nur ein einziges unbelüftetes Klo. Irgendetwas wird schon gewesen sein. Da hatten die Blankenheimer ihr Schloss wohl in besserem Zustand gehalten, denn das brachte immerhin 8500 Franc, also nach heutigem Goldwert immerhin gut 99.000 Euro. Dafür kriegt man in unseren Tagen allerdings oft nur noch einen windschiefen, feuchten Kotten – nicht mit freier Sicht, sondern mit freier Gicht. Leider wurde auch bei den Burgen und Schlössern nach dem Muster der Klöster verfahren, was die Kunstschätze anging: Vieles wurde geraubt oder verschleudert und nur manches gerettet und doch noch in Museen in Trier, Bonn und Köln aufgenommen.

Aber es gab ja auch eine gute Seite: Die Wirtschaft blühte auf, was auch daran lag, dass die nervigen Kleinterritorien von einst mit ihren vielen Zollbarrieren weggefallen waren. Jetzt war die Eifel ein großer, zusammenhängender Wirtschaftsraum mit allen daraus resultierenden Vorteilen. Nur der Rhein war noch eine allerdings äußerst markante Zollgrenze im Osten. Da war es zunächst mal leichter und billiger, sich zum offenen Westen hinzuwenden. Und Napoleons Kriege heizten auf ihre Weise die Produktion an. Die vielen Eifeler, die nun für relativ ordentlichen Lohn viel Arbeit hatten in Steinbrüchen, Kalkwerken, Eisengruben und Hammerwerken, waren zunächst zufrieden, ebenso wie die bis zu 2000 Arbeiter des Bleibergwerkes in Mechernich, eines der großen Arbeitgeber in der Nordeifel. Viel Krieg brachte auch unserer Eifel offenbar viel Arbeit. Doch diesmal tobten die Schlachten ausnahmsweise mal nicht in oder nahe der Eifel, sondern ziemlich weit weg, aber oft auch auf deutschem Boden.

Napoleon war zwar auch schon 1804 sehr mit seinen Planungen zur „Neugestaltung" Europas beschäftigt. Und trotzdem „spendierte" er 30.000 Franc aus seiner „Privatschatulle" zur Milderung eines schweren Unglücks, das einen Teil der Eifel im Sommer 1804 heimsuchte: die Flutkatastrophe an der Ahr, die 63 Menschen das Leben kostete.

Es hatte bereits einen Tag lang äußerst heftig geregnet, als am Samstag, den 21. Juli gewaltige Wolkenbrüche die schon extrem viel Wasser führenden rechten Zuflüsse der Ahr gewaltig anschwellen ließen. Die Ahr trat in einem nie gekannten Ausmaß über die Ufer und riss alles mit sich, was sich ihr in den Weg stellte. Zusätzlich zu den zu beklagenden Todesopfern gab es auch große materielle Schäden: 129 Wohnhäuser, 162 Scheunen oder Ställe, 18 Mühlen und acht Schmieden waren vollständig vom Erdboden verschwunden und 469 Wohnhäuser, 234 Scheunen oder Ställe, zwei Mühlen und eine Schmiede waren schwer beschädigt.

Der Präfekt des Departements, Chaban, soll sich vehement für die Geschädigten eingesetzt haben, sodass der französische Staat 120.000 Francs aus Steuergeldern und für 40.000 Francs Holz aus den Gemeindegeldern freigab. Sammlungen im Departement ergaben weitere 40.000 Francs. Zeitlich befristete Steuererleichterungen waren ebenfalls hilfreich. Insgesamt wurden in den Jahren bis 1806 insgesamt rund 245.000 Francs eingesetzt.

Aber unbeeinflusst davon tobte sich Napoleon 1805, im ersten Jahr im Status als Kaiser, schon während des sogenannten 3. Koalitionskrieges auf verschiedensten europäischen Territorien aus. Von den insgesamt acht Schlachten (zwei davon auf deutschem Boden) konnte er fünf gewinnen.

Im 4. Koalitionskrieg von Oktober 1806 bis Juni 1807 waren es schon zwölf Schlachten, sieben auf deutschem Boden, mit sieben französischen Siegen und drei Unentschieden. 1809 waren es dann sogar schon 16 Schlachten unter französischer Beteiligung mit zehn Siegen.

Die Wende kam für Napoleon bekanntlich jedoch mit dem berühmten Russlandfeldzug 1812. Die ersten drei Schlachten konnte er dort noch gewinnen, doch die letzten drei verlor er gegen die Russen. An dieser Stelle will ich noch einen etwas genaueren Blick auf diesen Russlandfeldzug werfen, auch unter dem Gesichtspunkt der Beteiligung deutscher Soldaten.

Dass Napoleons Kriege und Schlachten viele Hundertausende Menschleben allein unter den unmittelbar beteiligten Soldaten forderten, ist dokumentiert. Und tatsächlich befanden sich auch sehr viele Deutsche darunter, wie es sich beispielsweise auch aus den bekannten Zahlen des großen Russlandfeldzuges ableiten lässt. Selbst eine nicht geringe Zahl junger Eifeler Männer gehörte Napoleons Armeen an, wie wir gleich an einem Beispiel sehen werden.

Als sich die „Grande Armée“ Napoleons mit ihren mehr als 500.000 Soldaten im Juni 1812 am russischen Grenzfluss Njemen (wir kennen ihn wohl eher als „Memel“) in Position brachte, da war das bei Weitem keine im eigentlichen Sinne „französische“ Streitmacht, sondern ein Sammelsurium verschiedenster europäischer Nationen. Der Anteil der französischen Soldaten soll gerade mal bei einem knappen Drittel gelegen haben. Dann folgte schon das deutsche Kontingent mit beinahe 130.000 Mann, die meisten davon aus Bayern (30.000), Westfalen (27.000), Sachsen (26.000) und Württemberg (14.000). Unter den übrigen gut 30.000 Mann aus anderen deutschen Regionen befanden sich auch junge Eifeler Burschen, wie anhand vorliegender Zahlen zu belegen ist.

Es gibt sogar zumindest einen ganz konkreten Beweis für einen jungen Eifeler, der im Dienst französischer Streitkräfte stand. Militärhistorisch ist dieser Fall sogar besonders interessant, da es sich um den jüdischen Soldaten mit Namen Doderer Schmul aus Niederzissen handelte. 1807 schrieb er einen Brief an seine Familie in der Heimat und legte eine Zeichnung bei, die ihn in seiner Uniform zeigt, aber auch die Zelte, in denen die Soldaten schlafen konnten. Auf ihn und seinen Feldpostbrief wurde ich in der wunderbar restaurierten Gedenkstätte „Alte Synagoge" in Niederzissen aufmerksam, die auch als Kultur- und Veranstaltungsort genutzt wird.

Der Fall gerade dieses jungen Mannes wird eben dadurch außergewöhnlich, dass er ein Jude war, deren Rechte ja auf *deutschem* Boden eingeschränkt waren. Nun aber gehörte das Rheinland plötzlich zu Frankreich. Und die Übernahme des französischen Rechts brachte wie schon angedeutet in drei Phasen deutliche Veränderungen in das Leben der Menschen. Zunächst galt das allgemeine französische Recht ab 1797, dann ab 1802 das französische Verwaltungsrecht und schließlich auch ab 1807 der Code Napoleon. Und von den „zivilisierteren" demokratischeren Rechten profitierte eine Gruppe von Eifelern ganz besonders: die Juden. Während ihr Leben im deutschsprachigen Raum allerlei Beschränkungen unterworfen war, sei es bei der Ausübung eines Handwerks oder beim Besitz von Immobilien oder bei der Möglichkeit, Stellen im untersten Staatsdienst erhalten zu können, so waren sie jetzt im französischen Rheinland von Rechts wegen auch als nunmehr „französische" Juden ab 1802 quasi vollwertige Staatsbürger. Aber natürlich hatte die Sache – wie im richtigen Leben – auch einen kleinen Haken: Auch sie waren damit verpflichtet, Militärdienst zu leisten. Seit 1798 galt in Frankreich die allgemeine Wehrpflicht, ab 1802 dann auch modifiziert in den vier neuen Departements auf ehemals deutschem Boden.

Wen mag es an dieser Stelle wohl noch verwundern, dass durch verschiedene Maßnahmen und Ausnahmeregelungen die Reichen bevorzugt und die Armen geradezu zum Wehrdienst gezwungen wurden? Ach, niemanden? Dachte ich's mir doch. Wir sprechen hier natürlich nicht von den Offiziersdienstgraden, sondern vom einfachen Soldaten, der die ganze Mühsal und Härte dieses Jobs zu spüren bekam.

In den jeweiligen Verwaltungseinheiten mussten nach festgesetzten Jahrgangsquoten junge Männer gemustert und einberufen werden. So konnte es nicht ausbleiben, dass auch die „französischen" Rheinländer ihren Anteil einbringen mussten und viele junge Eifeler in den Militärdienst Napoleons gelangten.

Im Departement Rhein-Mosel sollen um 1806 etwa 248.000 Menschen gelebt haben. Gemäß der angesetzten Musterungsrate mussten in diesem Jahr etwa 326 junge Männer je 100.000 Einwohner zum Militärdienst eingezogen werden. 1807 waren es insgesamt rund 800 Männer aus dem Departement Rhein-Mosel, einer von ihnen der junge Ohlbrücker Doderer Schmul. Er wurde am 28. September 1788 als viertes von sieben Kindern des Doderer Moyse und seiner Frau Rachel Levi geboren. Da das Musterungsgesetz Männer im Alter von 20 bis 25 Jahren mit einer Mindestgröße von 154 Zentimetern vorsah, war Schmul eigentlich ein Jahr zu früh beim Militär, warum auch immer. Ein Jahr später hätte er allerdings auch keine Wahl gehabt im Gegensatz zu Nichtjuden, die einen Ersatzmann stellen durften. Er hätte dann also nicht einmal mit einem militärbegeisterten Freund tauschen dürfen. Letztlich zeigte sich auch hier wieder, dass die Juden im Sinne der Revolution auch wieder nicht wirklich *ganz* „gleich" waren. Per Dekret vom Juli 1808 wurden sie dann sogar von der französischen Verwaltung gezwungen, ihre althergebrachten Namen aufzugeben und stattdessen verständlichere christliche Namen anzunehmen. In der für das obere Brohltal zuständigen Mairie Wehr meldeten sich schließlich im November 1808 die jüdischen Familienvorsteher und aus Schmul Doderi wurde so ein Simon Berger. Zu dieser Zeit musste seine Familie also davon ausgegangen sein, dass ihr irgendwo bei Frankreich unterstellten Truppen Dienst tuender Sohn noch am Leben war. Dabei stammt der auf dem Dachboden der Niederzissener Synagoge neben vielen alten und wertvollen Kultgegenständen gefundene Brief schon vom 15. November 1807. Er ist zumindest der letzte überlieferte Lebensbeweis, mit dem der junge Mann seinem Bruder Aaron zur Hochzeit gratulierte.

Die vier linksrheinischen Departements speisten Napoleons Armeen anteilig mit mehr Soldaten als das angestammte französische Reich selbst. Von 1081 bis 1813 waren es insgesamt rund 80.000 Mann, von denen etwa 12.700 aus unserer Region des Departements Rhein-Mosel stammten. Etwa die Hälfte dieser linksrheinischen Soldaten verlor ihr Leben – und als einer von ihnen auch der junge Doderer Schmul, den man zu einem Simon Berger gemacht hatte. Doch nach diesem letzten Brief an seine Familie erfuhr niemand mehr etwas darüber, was er noch auf Napoleons Kriegszügen erlebte oder auf welchem Schlachtfeld er sein Leben ließ.

Dennoch war das militärische Wirken seiner Familie damit noch lange nicht beendet. Denn nach der französischen Phase regelten auch die Preußen den Militärdienst für jüdische Mitbürger neu. So legte eine Verfügung des preußischen Innenministeriums von 1817 fest, dass sich die allgemeine Wehrpflicht auf die Juden beschränkte, die als preußische Staatsbürger galten. Das traf auf etwas mehr als die Hälfte zu. So ist auch der Militärdienst von Schmuls bzw. Simons Bruder Hermann mit einem Dokument von 1823 belegt, ebenso wie der seines Schwagers Hersch Mayer, der 1822 als Füsilier in der 9. Kompanie des Infanterieregiments 28 auf der Koblenzer Festung Ehrenbreitstein diente. Doch auch noch 110 Jahre später kämpfte der Urgroßneffe Simon Bergers, der Landsturmmann Julius Berger, als Wehrpflichtiger der kaiserlich-deutschen Armee in Frankreich. Als Angehöriger der 6. Kompanie des 6. Rheinischen Infanterieregiments Nr. 68 fiel er dort am 11. April 1918 „für Kaiser, Volk und Vaterland" und teilte so das Soldatenschicksal seines „französischen" Vorfahren.

Wie dieser deutsche Feldzug auch, so wurde gut 100 Jahre früher auch Napoleons Feldzug bekanntlich zum Desaster, jedoch nicht durch den dafür immer wieder bemühten harten Winter. Der gab schließlich nur dem Rest der Truppe den Rest. In der Zeit vom 22. Juni 1812, als „die Heere Europas die russische Grenze überschritten", wie es schon der große russische Schriftsteller Tolstoi in seinem berühmten Roman „Krieg und Frieden" schrieb, bis zum Einmarsch in Moskau am 14. September, also in gerade mal knapp drei Monaten, hatte Napoleon schon mehr als 60 Prozent seiner Armee „verloren". Von der ursprünglichen halben Million Soldaten kamen also nur noch knapp 200.000 in Russlands Hauptstadt an. Und das überwiegend aufgrund eklatanter Planungsfehler und einer miserablen Versorgungslage, die schon von Anfang an und dann fortwährend in diesen elf Wochen zu enormen Ausfällen durch Hungertod und Verdursten geführt hatte.

Gleich zu Beginn der Offensive herrschten solch hohe Temperaturen, dass viele Soldaten vor Erschöpfung zusammenbrachen, weil schon die Wasserversorgung der Hunderttausenden in keiner Weise gesichert war. Was als Trinkwasser zur Verfügung stand, wurde von einem deutschen General als so übel und stinkend beschrieben, dass selbst die Pferde davor zurückgeschreckt haben sollen. Gerade mal fünf Tage nach Beginn der Invasion beschrieb ein junger deutscher Leutnant aus Württemberg, wie sehr sie von Hunger und Durst gequält und in fast aufgelöster Formation ihr Lager erreicht hätten. Schon zu Beginn der ersten Juliwoche schrieb er vom „jämmerlichen Zustand" seiner Truppe und wenige Tage später davon, dass sich die Reihen seiner Division schon bedenklich gelichtet hätten.

Anfang August berichtete ein deutscher Militärarzt von den vielen Männern, die nicht durch Feindeshand, sondern durch die Einwirkung von Hitze, Hunger und Durst gestorben seien.

Und was der Leutnant schon Anfang Juli als „bedenklichen" Zustand seiner Truppe beschrieben hatte, wuchs in der Realität zu einer dramatischen Dimension: Zu Beginn des September waren von den ursprünglich 10.000 Mann seiner Division nur noch 1300 übrig.

Doch anders als der junge Soldat aus Niederzissen hatte der junge Leutnant das Glück, seine Heimat wiederzusehen: Ende Januar 1813 erreichte er als einziger Überlebender seines Regiments „mit erfrorenen Gliedern" seinen früheren Standort Heilbronn.

Trotz dieser verheerenden Niederlage war Napoleons „Spitzenjahr" noch immer nicht erreicht: In der Zeit von Mai 1813 bis März 1814 wurden sage und schreibe weitere 21 Schlachten geschlagen. Zunächst konnte Napoleon acht dieser Schlachten für sich entscheiden, doch vier Schlachten verlor er gegen das Bündnis der Alliierten – vor allem auch die entscheidendste dieser Schlachten, die sogenannte Völkerschlacht von Leipzig. Dort trat Napoleon ein letztes Mal am 16. Oktober 1813 mit seinem Heer von 190.000 Soldaten gegen die Allianz der Länder Österreich, Preußen, Russland und Schweden an. An diesem ersten Kampftag warfen seine Gegner insgesamt sogar 205.000 Mann gegen die Franzosen. Doch der entscheidende Tag kam am 19. Oktober, als die Alliierten weiter angewachsen waren auf unglaubliche 365.000 Soldaten, die auch noch mit ihren 1500 Kanonen den 690 französischen Kanonen überlegen waren. Diese Niederlage war das Ende „unseres" einstmals großen „Eifelkaisers" Napoleon. Wie viele junge Eifeler Männer mögen wohl unter den 38.000 Toten oder Verwundeten auf Napoleons, also „unserer“ Seite gewesen sein? Die gegnerische Allianz „zahlte“ für ihren Sieg sogar mit 52.000 Toten oder Verwundeten.

Als dann aber der siegreiche preußische Generalfeldmarschall Gebhard Leberecht von Blücher seine schlesische Armee Ende Dezember 1813 am rechten Rheinufer zwischen Neuwied und Mannheim versammelt hatte und er schließlich in der Neujahrsnacht 1813/14 selbst bei Bacharach übersetzte, gefolgt von seinen Soldaten, war das Ende der französischen Rheinlande gekommen. Am 2. Januar flohen die französischen Besatzungstruppen mit Teilen auch durch die Eifel über Mayen, Boos und Kelberg weiter nach Westen ihrer angestammten Heimat entgegen.

Diese ganze Kriegsentwicklung hatte Auswirkungen auch für die Eifel mit sich gebracht. Nach der anfänglichen durchaus auch positiven Resonanz auf die eine oder andere französische Maßnahme auf Eifelboden wuchs mit der Zeit doch die Unzufriedenheit. Denn das permanente Kriegführen zeigte auch weit entfernt von den Schlachtfeldern äußerst negative Erscheinungen: Nicht nur dass der ständig teure Kriege führende riesige Militärapparat sehr hohe Steuerlasten erzeugt hatte. Es wurden ja wie beschrieben auch unentwegt junge Eifeler Männer als Soldaten benötigt und „verbraucht“.

Auch die Bauern schnitten zu dieser Zeit nicht gut ab, denn sie konnten kaum etwas im französischen Westen absetzen. Und im Osten lag der nahe Rhein als massive Handelssperre zum „deutschen Ausland“. Auch die Freude an der allgegenwärtigen französischen Sprache und Kultur konnte durch Froschschenkel im Sonderangebot nicht sonderlich gestärkt werden gegenüber der Bedrängnis der eigenen deutschen Eifelwurzeln. Und so bröckelte schließlich die „Stimmung“ der Rheinländer und Eifeler mehr und mehr zuungunsten der französischen Herrschaft.

Nachdem Napoleons Niederlage bei Leipzig endlich die Wende eingeläutet hatte, marschierten Blücher und seine Verbündeten schließlich sogar bis nach Paris, wo sie ihren alten Widersacher erneut am 31. März 1814 schlagen konnten. Napoleon musste abdanken und die kleine Mittelmeerinsel Elba als Wohnsitz nehmen.

Dort blieb er jedoch nur vom 27. April 1814 bis zum 1. März 1815. Dann kehrte er schon wieder nach Frankreich zurück, wo der kleine Mann, der sich als größter Franzose in die Geschichtsbücher eintragen wollte, noch einmal für 100 Tage die Macht an sich riss. Und erneut marschierte er gegen eine Allianz aus Briten und Preußen.

Am 18. Juni 1815 wurde er in der berühmten Schlacht von Waterloo mit seinen 72.047 Soldaten von den 115.661 Soldaten seiner englisch-preußisch-belgisch-holländisch-deutschen Gegnerallianz geschlagen. Mit dieser Niederlage, die noch einmal 72.000 Verluste brachte, hatte Napoleon endgültig fertig.

Ab 1796 hatte er in 20 Jahren 66 Schlachten geschlagen und dabei mit insgesamt 2.697.000 eigenen Soldaten 2.767.000 Gegnern gegenübergestanden. 53 Schlachten hatte er für sich entscheiden können – nur 13 hatte er verloren, aber eben auch die entscheidende letzte Schlacht. Der Preis für seine vielen Siege war erkauft mit Verlusten von rund 1.070.000 Mann insgesamt auf beiden Seiten. Das alles reichte jedenfalls für den ersten französischen Beitrag im Guinnessbuch der (traurigen) Rekorde.

Kaum *Touristen* in Preußisch-Sibirien

Die preußische Zeit ab 1815

Dass Politik eine – wenn man es wohlmeinend ausdrücken will – „verrückte" Sache ist, ist auch schon Menschen außerhalb der Eifel aufgefallen. Sie treibt halt immer wieder ihre Blüten, aber es sind phasenweise wenige Orchideen dabei. Eher eigenartige Gewächse mit der Anmutung von Schlingpflanzen oder „Unkraut", gegen die es aber auch kaum ein geeignetes Mittel zu geben scheint. Manchmal treiben da „Blüten" aus, die den Betrachter sowohl in den Schrecken als auch zur Verzweiflung treiben können. Gelegentlich und im günstigeren Falle gibt es auch mal was zum Schmunzeln oder Lachen.

Ein solch spannender Moment bemerkenswerter „Blüten" der Geschichte Europas mit Kopfschüttel- und Schmunzelfaktor war mal wieder erreicht, als nach Bonapartes Niederlage der berühmte Wiener Kongress Europa neu sortierte.

Vom 18. September 1814 bis zum 9. Juni 1815 berieten politische Abgesandte aus etwa 200 europäischen Staaten, Hoheitsgebieten oder Städten über die Neuordnung dessen, was Napoleon so alles hinterlassen hatte nach seinen vielfältigen politischen und militärischen Eingriffen und Veränderungen. Das wollte man vielerorts so nicht lassen. Den Abgesandten lag natürlich eine rasche und befriedigende Lösung der Situation der Eifel besonders am Herzen.

Warum aber gerade Wien und nicht Beutelsend oder Wipfen an der Murcks? Nun, Wien war immer noch eine reizvolle Stadt und der Leiter des Kongresses, der österreichische Außenminister Fürst von Metternich, hatte gerade den Sekt erfunden. Außerdem hatten die Wiener Skilehrer durchaus die eine oder andere hübsche Tochter vorzuweisen. Also waren die Durchlauchten und Durchzwiebelten (natürlich auch die Geporreeten), also die Hochwohlgeborenen Europas, nach Wien gekommen. Das Debattieren und Lösungenfinden ging nicht ganz so rasch vonstatten wie geplant, was das Zitat der Zeit „Der Kongress tanzt" trefflich zum Ausdruck brachte. Also blieb auch das politische Schicksal der Eifel ganze achteinhalb Monate ungeklärt. Ein unerträglicher Zustand besonders für uns sensible Eifeler, die wir doch so gerne unser Leben unter einer konkret definierten Obrigkeit zu fristen gewohnt waren.

Zumindest war Preußen eine der führenden Mächte am Tisch, neben Österreich, dem Vereinigten Königreich von der Nebelinsel, Russland, der neuen französischen Monarchie und dem Kirchenstaat. Wir durften gespannt sein, wem wir als vielversprechendes kleines Gebirge mit Potenzial zufallen würden. Es gab sogar eigens für die deutschen Fragen anberaumte Sitzungen.

Die Eifel gehörte ja damals zu den Rheinlanden. Hätten Österreichs Interessen in diesen Tagen nicht ganz besonders im Südosten in Richtung Balkan und Mittelmeer gelegen (wer kann es ihnen verdenken, das Cevapcici war da einfach besser als bei uns), dann hätte die Eifel Teil der Alpenmonarchie werden können und der Vater meiner Mutter wäre statt Schuster Skilehrer gewesen. Obwohl, man muss es fairerweise erwähnen: Es gibt in Österreich ja auch noch Schlittenbauer, Abfahrtsläufer und Kellner. Nur der Vollständigkeit wegen. Aber die Österreicher konnten dem Gedanken, sich die 1000 Kilometer entfernte Eifel als zukünftige heimische Ausflugs- und Baderegion schenken zu lassen, auch nach monatelangen Diskussionen unverändert keine rechte Begeisterung abringen.

Auch die Preußen, also fast schon unsere Landsleute, wollten lieber Sachsen übernehmen, die Urheimat deutscher Sprachkunst und virtuosen Wortklangs, obwohl ihnen die Engländer die Rheinlande in den glühendsten Farben beschrieben und gerne überlassen hätten. Es lockte die Preußen nicht einmal das Argument – was heutzutage doch die meisten überzeugen würde –, dass das Bitburger Bier, der Mayener Basalt und die Aachener Printen eben nicht in Luxemburg oder Frankreich, sondern IN der Eifel zu finden seien und Bestandteil des Deals wären.

Aber es gab ja auch noch weitere Möglichkeiten, die geografisch betrachtet gar nicht so von der Hand zu weisen waren: Die Niederlande lagen ja deutlich näher als Österreich (warum war man denn da nicht gleich drauf gekommen?). Also zog man in Erwägung, Holland das Gebiet links des Rheines zu überlassen mit einer neuen Südgrenze von Köln bis Maastricht. Aber die Niederländer zögerten, weil sie bis dahin noch gar keine Erfahrung mit Gebirge hatten und die Wohnwagen mit Zusatzsauerstoff noch nicht auf dem Markt waren. Die Region südlich dieser Linie sollte dann Frankreich zugeschlagen werden. Da kannten sich die Franzosen ja auch schon seit ein paar Jahren aus. Also bei uns die Fortsetzung von „Vive la France"? Aber nein, doch nicht mit den Engländern, den alten Spielverderbern. Die konnten den Franzosen unmöglich diesen gesegneten Boden überlassen, der so reich gesegnet war mit ... ähm ... also ... ähm ... mit ... jetzt hab ich's: eigenwilligen Menschen mit wunderbarer Landschaft drum herum, die später außerdem auch einmal reich werden sollte an ... an ... an ... ja natürlich: Krimis.

Die Engländer argumentierten natürlich nicht, dass sie prinzipiell missgünstig gegenüber den Franzosen seien. Aber nein, es war einfach ihr gutes Herz und die Sorge, dass die friedlichen Franzosen die später einmal vom Blutstrom der Eifelkrimis überflutete Region psychisch nicht verkraften würden. Na ja, so ein klein wenig war es vielleicht auch - aber ganz sicher nur ein kleines bisschen - die Sorge, dass Frankreich einfach zu groß und mächtig würde. Das konnten sie im Sinne einer guten Balance der Kräfte in Europa so nicht hinnehmen.

Angesichts dieses Rückschlages waren die Franzosen zunächst einmal ziemlich zerknirscht und sollen unbestätigten Gerüchten zufolge an jenen Abenden heftig heimischen Kaltgetränken mit roter Farbe und Alkoholanteil zugesprochen haben. Die noch in den Anfängen steckende erste kleine REWE-Filiale in der Wiener Innenstadt soll nicht in der Lage gewesen sein, den auf dem Bon des Flaschenrückholautomaten ausgewiesenen Betrag komplett auszuzahlen. Die Trauer der Franzosen war verständlich: Schließlich hatten sie während der vorangegangenen 21 Jahre als Besatzer die Eifel sehr lieb gewonnen. Vor allem charakteristische Eigenheiten, die man vor allem in Marseille oder Lyon bitter entbehrte, wie etwa die von Wolfsgeheul immer angemessen kommentierten kalten Eifelwinter. Wir waren schließlich Landschaft und Menschen mit Charakter, die sie schätzen gelernt hatten. Und jetzt auf einmal: alles weg wegen des Kleinen auf St. Helena.

Aber es war eben auch damals schon wie im richtigen Leben: Man kann nicht alles haben. Die Franzosen mussten sich leider weiter mit den weniger attraktiven Urlaubsnotregionen wie Bretagne, Provence und Côte d'Azur behelfen. Aber selbst da soll es ein paar ganz nette Ecken geben, wie man gelegentlich von ärmeren Menschen hört, die sich das Fliegen zu schönen Urlaubszielen nicht leisten können.

Jedenfalls landeten wir dann doch noch bei den Preußen, von denen sich dann manche dem schon erwähnten französischen Umtrunk heimlich und ganz freundschaftlich angeschlossen haben sollen, allerdings mehr aus Verzweiflung über die „beglückende Erbschaft".

Nicht alle Politiker standen, damals wie heute, auf neue ärmliche Verwandtschaft. Preußen jedenfalls stand zu jener Zeit unter der Herrschaft König Wilhelms III., der von 1797 bis zu seinem Tod 1840 regierte. Er galt vor allem in seiner späteren Regentschaft als ein beliebter und angesehener Monarch, dessen Entschlusskraft die Eifel auch noch im besten Sinne zu spüren bekommen sollte.

Diese Zuweisung in das Herrschaftsgebiet Preußens führte an der Eifelwestgrenze noch zu einigen kosmetischen Grenzkorrekturen, sodass Luxemburg, bekanntlich ohnehin flächenmäßig etwas schwach aufgestellt, noch ein beträchtliches Stück der Eifelkreise von Wittlich über Bitburg, St. Vith bis über Kronenburg und Schleiden einbüßte, wie es bis heute geblieben ist. Nein, es wäre verfrüht, schon an dieser Stelle anzunehmen, dass die Aufteilerei der Eifel damit beendet gewesen wäre. Wir mussten auch noch diesen kleinen Spaß hinnehmen, dass Teile der Nordeifel dem Herzogtum Mecklenburg zufielen. Das war klasse! Endlich konnten wir Eifeler – zumindest drei Jahre lang – auch mal im eigenen „Land" im Meer baden und Bernstein sammeln an der Ostsee. Kurzfristig soll sogar das Mecklenburger Nationalgericht „Qualle in Aspik“ in Eifelrandgebieten ausprobiert worden sein. Aber nur so lange, bis man merkte, dass das nach nix schmeckt. Für drei Millionen Mark hat dann der östliche Großherzog, dem eine Quallenallergie nachgesagt wurde, seine Ländereien um Kronenburg, Reifferscheid und Schleiden endgültig Preußen überlassen. Jetzt waren wir uns alle wieder einig, dass es nix Besseres gibt als Kartoffeln.

Womit wir unvermittelt wieder bei einem ganz „besonderen“ Eifelthema angekommen wären: der Kartoffel. Mit der knuffigen Knolle gelangen wir nämlich unvermeidbar wieder zu einem der finsteren Eifelkapitel, dem die Eifeler so oft begegnen mussten: dem Hunger.

Die Eifel war ja bekanntlich, wie auch schon früher angesprochen, nie eine Region agrarischer Hocherträge, in der Milch und Honig flossen. Ganz im Gegenteil: Die hoch gelegenen Böden waren mager und steinreich und warfen nur geringe Erträge ab. Das Wetter war in dieser immer eher grenzwertigen Ertragssituation ein wesentlicher Faktor und konnte noch viel mehr als in fruchtbaren Landstrichen über Bestehen oder Scheitern der Bauern entscheiden. Nach einem schlimmen Jahr 1772 kam es auch 1816 zu einer verheerenden Abfolge ungünstigster Wetterlagen. Den Anfang machte eine viel zu lange Frostperiode in den ersten Monaten des Jahres, dem viel zu ausgiebiger und anhaltender Regen im Sommer folgte, dem sich schließlich auch noch ein viel zu früher und eine Ernte kaum möglich machender Winteranfang anschloss. Es war eine Katastrophe mit verheerenden Folgen, eine Hungersnot von ungekannter Dimension. Es traf besonders die Menschen der Regionen um Daun, Prüm und Blankenheim, also der besonders hoch gelegenen Teile der westlichen Eifel. Betroffen waren wohl an die 50.000 Menschen. Der Namensgeber des Koblenzer Görres-Gymnasiums, auf dem ich mehr als die erste Hälfte meiner Gymnasialzeit verbrachte, war zu jener Zeit Direktor des öffentlichen Schulwesens der Rheinlande in Koblenz. Er beschrieb in dem von ihm herausgegebenen Rheinischen Merkur die Zustände in der Eifel und sprach von den elenden Menschen, die sich monatelang nur von erfrorenen Kartoffeln zu ernähren hatten und sich damit nur notdürftig am Leben erhalten konnten.

Aber irgendwann reichte es auch dafür nicht mehr. Dann begann das Hungersterben. Es gibt Statistiken aus jener Zeit, die unerbittlich belegen, wie viele Menschenleben diese Hungerzeit kostete. Vor allem Kinder und Alte waren betroffen. In einem kleinen Nordeifeler Dorf standen im ersten schlimmen Hungerjahr 1816 den 16 Geburten 13 Todesfälle gegenüber, von denen sechs Verstorbene Kinder bis sechs Jahre waren. Das Verhältnis verschlimmerte sich noch bis zum Jahr 1818, als zwölf Geburten 23 Todesfälle gegenüberstanden, von denen es zehn Kinder bis sechs Jahre waren.

Doch die Eifel wurde nicht sich selbst überlassen und die Eifelbevölkerung erlebte eine Welle der Solidarität und auch die Hilfe der Regierung. Als die Regierungsstellen Kenntnis erhielten von der katastrophalen Lage unserer Landbevölkerung, halfen sowohl die preußische Regierung (mit zwei Millionen Taler) als auch verschiedene Großstädte mit Geld- oder Sachspenden. Gerade in dieser Zeit nahm der Ruf als schrecklich verarmtes Hungergebiet besonders Kontur an und unsere Eifel war als „Preußisch Sibirien" abgestempelt – und blieb es auch noch lange.

Wenn man mal von der Armut und Not absah, dann hatte die Eifel bzw. das Rheinland dem übrigen Reich aber auch etwas voraus: Ab 1818 gewährte der preußische König dem Rheinland links des Rheins die Beibehaltung des doch als fortschrittlicher geltenden französischen Rechts, das als der schon erwähnte „Code Napoleon" oder „Code civil" bezeichnet wurde. Der wesentlichste Punkt war hier, wie uns die Französische Revolution gelehrt hatte, die Gleichheit aller Bürger vor dem Gesetz. Und bei Gericht befanden in öffentlichen Sitzungen Geschworene und Laienrichter über das Recht. Dagegen gab es im preußischen Kernland im Osten Bauern, die völlig einem Grundherrn „gehörten". Von derartiger Leibeigenschaft blieb die Eifel frei.

Die Situation der Bauern blieb auch außerhalb der schlimmsten Hungerzeiten auf den schwierigen Böden und bei ungünstigen Witterungsbedingungen problematisch. Aber nun gab es erste zielgerichtete Impulse, ihnen zu helfen und ihre Situation nachhaltig zu verbessern. So kam es 1832 in Schleiden zur Gründung des „Vereins zur Förderung der Landwirtschaft", eine Initiative des aus Virneburg bei Mayen stammenden Peter Kaufmann, der Professor für Staatswissenschaft an der Uni Bonn war. Ein paar Jahre hieß der Verein dann kurz und bündig „Eifelverein" (nein, noch nicht DER Eifelverein), bevor er ab 1840 als „Landwirtschaftlicher Verein für Rheinpreußen" bezeichnet wurde. Doch damit nicht genug: 1847 wurde im Bonner Stadtteil Poppelsdorf eine landwirtschaftliche Akademie gegründet, die vor allem einfache Bauern an neueste Anbauverfahren und Produktionsmethoden heranführen sollte, vor allem bei den in der Eifel schon immer etwas vernachlässigten Anbaumethoden wie Ananas in Steillagen und Hochlandkaffee an den Südflanken unserer Vulkane. Für diese ein wenig anspruchsvolleren Aufgaben gab es nun endlich eine Anlaufstelle für Rat und Hilfe.

Auch auf der menschlichen Ebene zeichnete sich zunächst eine Besserung ab. War die weit entfernte preußische Regierung zu Beginn mit Argwohn betrachtet worden, so konnten schließlich die aus Preußen importierten Beamten durch ihre „preußischen" Tugenden wie Unbestechlichkeit und Disziplin sogar zunehmend Anerkennung gewinnen.

Aber es wäre ja zu schön gewesen, wenn einfach mal alles gut gewesen wäre. Doch statt „Friede, Freude, Pflaumenkuchen" erwuchs bald neues Ungemach ganz nach dem Motto: „Wenn uns das Wetter nicht zusetzt, dann fällt uns selbst etwas ein!" Und das klappte auch ganz prima, denn es ging auch dabei um ein wichtiges Thema: Glaube. Im Kern war es die alte Frage, ob Jesus als aufmüpfiger Jude im 19. Jahrhundert eher zu den Katholischen oder den Evangelischen konvertiert wäre. Der Kölner kann in einem solchen Moment die Dinge ja weit besser als jeder andere kurz und bündig auf den Punkt bringen: Watt hätt dä Jung in dämm Fall jemaat?

Das protestantische Preußen und die protestantische Regierung hatten dazu eine klare Meinung: Zu uns, denn wer König ist, ist auch von vornherein im Recht! Also hatten die katholische Eifel und das Rheinland ein Problem, denn sie waren der gleichen Meinung wie die Preußen: zu uns! Denn Jesus hielt zu den einfachen Menschen.

Praktisch bedeutete das jedoch, dass die Regierung die wenigen evangelischen Gemeinden bevorzugte, was nicht weiter verwunderlich war, wenn man weiß, dass der König kraft seines Amtes auch noch oberster Bischof der protestantischen Landeskirche war.

Der damit zusammenhängende Konflikt entzündete sich an der Verordnung für Mischehen, die besagte, dass sich die Konfession der Kinder aus der Religionszugehörigkeit des Vaters ergab. Das wollte die katholische Kirche so nicht akzeptieren. Die Frauen hatten zwar noch kein Wahlrecht und waren somit immer noch irgendwie nur attraktive Wesen niederer menschlicher Ordnung. Bis auf die paar Frauen, die es hauptberuflich schon zur Kaiserin gebracht hatten. Da lag die Sache wieder anders. Jedenfalls eskalierte der ganze Streit schließlich in der Verhaftung des Kölner Erzbischofs Clemens August Droste zu Vischering im Jahre 1837, den man zusammen mit seinem Sekretär in die noch im Bau befindliche Festung Minden an der Weser verbrachte. Dort blieb er bis 1839, aber es ist nicht überliefert, ob sich die beiden wenigstens beim Bauen nützlich gemacht haben. Wahrscheinlich eher nicht, denn die Festung wurde erst 1850 fertiggestellt.

Jedenfalls stellten sich die Eifeler Katholiken hinter ihren Oberhirten. Sie wurden sogar verpflichtet, schriftlich zu beteuern, dass die aus der Ehe hervorgehenden Kinder katholisch erzogen wurden. Erst als der neue König Friedrich Wilhelm IV. 1840 den preußischen Thron bestieg, wurde der Kirchenkonflikt beigelegt, weil er nicht länger auf der Vormachtstellung der protestantischen Staatskonfession beharrte. Aber damit wollte er nur sicherstellen, dass ihn die Kölner auch ganz sicher 1842 zum Kölner Dombaufest einladen würden, wo er dann ja auch den Grundstein für den Weiterbau des Doms legte. Und danach haben die noch ordentlich gefeiert, aber auch nicht nur mit Ziegenmilch. Die Rechnung des Königs ging jedenfalls auf.

Nachdem wir schon einen Blick auf die schwierigen bäuerlichen Verhältnisse geworfen haben, hier auch noch ein Blick auf andere Erwerbszweige und ihre Probleme. Denn der Anschluss an Preußen bescherte der Eifeler Wirtschaft zunächst eine starke Krise. Unter französischer Herrschaft hatte sich der Wirtschaftsraum nach Westen geöffnet. Doch jetzt gab es dort eine Grenze. Die dafür eingetretene Öffnung nach Osten schuf nicht sofort gleichwertigen Ersatz. Die Moselwinzer etwa mussten in den Ostgebieten des preußischen Reiches erst einmal neue Kunden finden. Die Preußen kannten ja bis dahin nur Fichtennadelwein, der eine kleine Nuance bitterer war als so ein lecker Moseltröpfchen.

Leichter taten sich in den Anfangsjahren die Tuchmacher, die sich bald schon in Berlin erfolgreich präsentieren konnten. Allerdings kündigte sich auch Ungemach aus England an, denn von dort wurden schon 1815 billigere maschinengewebte Tuche importiert. Das war nicht ganz in unserem Sinne. Nur ein paar Jahre Ruhe an den Säbeln, und schon hatte sich unser ehemaliger Verbündeter gegen Napoleon etwas ausgedacht, womit er es uns in der Eifel so richtig schwer machen konnte: Maschinen. Dabei hatte sich nach den Anfangsproblemen der Eingliederung doch auch ein langsamer Aufschwung ergeben. Die Eifel lieferte wieder beachtliche Mengen an Tuchen, Strumpf- und Strickwaren. Aber auch die Lederhersteller legten ordentlich zu. Trotzdem blieb zunächst die Eisenproduktion neben der Landwirtschaft der Wirtschaftsfaktor Nr. 1. So gab es fünf Jahre nach der Angliederung tatsächlich noch 14 Eisenhütten im Bereich Aachen und elf im Regierungsbezirk Trier. Doch auch hier machten sich dann die Zollgrenzen zu den Niederlanden und zu Belgien bemerkbar, obwohl das Eifeler Eisen wegen seiner guten Eigenschaften weithin sehr geschätzt wurde. Doch beim Transfer in östliche Richtung ins eigene Landesinnere stellten das Siegerland wie auch der Hunsrück mit den dortigen Produktionen eine starke Konkurrenz dar. Auch dort war man produktionstechnisch und in der Qualität des Produktes nicht schlecht. Aber im Siegerland wurden doch auch uns völlig fremdartige Gepflogenheiten gepflegt. Denn sagte man nicht damals schon im benachbarten Wittgenstein: „Warum kriegen die Siegerländer Kinder eine Wurst um den Hals?“ Antwort: „Damit wenigstens die Hunde mit ihnen spielen!“ Also wem fällt denn so etwas Schreckliches ein? Ich bin auch ziemlich sicher, dass da nichts dran ist.

Üble Nachrede über Nachbarn ist doch immer etwas Unerfreuliches und uns Eifelern auch völlig fremd. Hier würde niemand beim

Anblick eines Fahrzeuges mit Saarbrücker Nummer fragen: „Wie sind die denn über den Zaun gekommen?“ Das könnten wir gar nicht – mit unserer lammfrommen Gesinnung!

Aber lassen Sie uns nicht unnötig abschweifen. Der Eisenindustrie ging es dann doch zunehmend schlechter, denn die für die Verhüttungsfeuer bisher eingesetzte Holzkohle verlor mehr und mehr ihre Bedeutung. Die einstmals stolzen Eifeler Buchenwälder waren schon von den Franzosen arg verbraucht worden, für Guillotinen, Grillspieße und Laufställchen und was man damals halt so brauchte. Damit verteuerte sich die immer weniger zur Verfügung stehende Holzkohle zusehends. Außerdem geriet sie auch noch in Konkurrenz zu einer wesentlich effektiveren Erhitzungsmethode, die deutlich höhere Temperaturen brachte: Kokshochöfen. Ich scheue mich ja direkt, das Wort „Ausland“ zu schreiben, aber das war definitiv keine preußische Erfindung. Die Engländer konnten mit dieser neuen Methode den deutschen Eisenpreis unterbieten. Doch damit nicht genug. Sie hatten sich ja schon in unseren Landen eingeschlichen und uns mit dem ersten kleinen „Virus“ der Maschinisierung beimpft, nachdem sie bereits zum Ende des 18. Jahrhunderts auf „die Maschine“ gekommen waren. Und dann fing es auch bei uns ganz langsam an: 1799 gab es in Wuppertal die ersten fünf Produktionsstätten mit englischen Spinnrädern. Acht Jahre später ging es dann auch in Aachen los mit den Dingern. Welche Bedrohung sich da für die wichtigen Arbeitsplätze der Eifeler abzeichnete, zeigen Zahlen aus Eupen, das damals ja noch „zu uns“ gehörte. Um die 60 Prozent der damals 9000 Eupener hatten Arbeit in den ortsansässigen Textilunternehmen. So empfanden es diese Menschen völlig zu Recht als eine sich anbahnende Katastrophe, als eine dortige Tuchfabrik moderne Maschinen aus Frankreich importierte (das Feld konnten die natürlich nicht den Engländern allein überlassen). Die hatte Napoleon noch in Handarbeit in seinem Exil im südlichen Atlantik gebaut, um an uns späte Rache zu nehmen. Von diesen Maschinen konnte jede einzelne die Arbeit von bisher 14 Beschäftigten übernehmen. Eine echte Horrorvision für viele Eifeler Familien.

Aber man nahm das nicht klaglos hin: In jenem Jahr 1821 gingen in Eupen Tausende von Menschen auf die Straße und die, denen es gelang, auf das Werksgelände zu kommen, zerstörten die maschinelle „Konkurrenz". Aber dieser erste Widerstand konnte das Rad der Zeit nicht zurückdrehen. So kam es immer wieder zu Eskalationen von Gewalt, sogar bis hin zu einer Umkehrung der Verhältnisse. Nachdem rebellierende Arbeiter 1830 in Aachen das Haus einer Unternehmerfamilie zerstört hatten, holten die Unternehmer zum Gegenschlag aus. Sie schafften es, in eine Kaserne einzudringen, und bewaffneten sich mit Gewehren. Dann eröffneten sie das Feuer auf die Arbeiter, von denen zehn den Tod fanden und viele verletzt wurden. Das hatte es bis dahin noch nicht gegeben in unserem Land und wirkte in dieser Version beinahe wie die Umkehr der Anfangszeit der Französischen Revolution.

Die Probleme auf dem Arbeitsmarkt wuchsen aber nicht allein aufgrund der zunehmenden Maschinisierung. Auch der einsetzende Bevölkerungszuwachs machte sich mit einem zunehmenden Bedarf an ausreichend Arbeitsplätzen bemerkbar. Früher waren die Lebensstrukturen in den Eifeldörfern eher nachkommenfeindlich gewesen, weil ein Bauernhof meist nur eine einzige Familie ernähren konnte. So blieben viele jüngere Geschwister schließlich als billige, unverheiratete Arbeitskräfte und dann als der/die allein stehende Onkel oder Tante mit auf dem Hof. Jetzt weckten die Industriestädte gerade auch das Interesse solcher Menschen mit der Aussicht auf Arbeit plus eigene Familie. Den steigenden Zustrom der Arbeitsuchenden in der Industrie dokumentieren auch die wachsenden Zahlen der in der Industrie Beschäftigten: Vom Beginn des Jahrhunderts bis zur Jahrhundertmitte stieg ihre Zahl deutschlandweit von 85.000 auf 900.000.

Der damit einhergehende Bevölkerungszuwachs durch bessere medizinische Versorgung und Hygiene brachte allerdings auch eine düstere Schattenseite hervor: Zu niedrigsten Löhnen mussten auch Frauen und Kinder arbeiten, und zwar unter Bedingungen, die wir uns heute nur schwer vorstellen können: von Montag bis Samstag 14 bis 15 Stunden pro Tag zwischen 6 Uhr in der Früh bis 20 Uhr abends mit einer üppigen Stunde Pause. Zu Beginn waren auch noch Kinder unter neun Jahren dabei. Erst 1839 erließ Preußen eine Verordnung, die den Einsatz solch junger Arbeitskräfte in Fabriken untersagte. Neun- bis Zehnjährige durften dann „nur“ noch maximal zehn Stunden arbeiten bei zwei Stunden Pause. Das reinste Lotterleben.

Wer an dieser Stelle vor Entsetzen den Kopf geschüttelt hat, der möge ihn sich nun gut festhalten (ich hafte nicht für Fälle von lesebedingtem Schleudertrauma), denn wir werfen zum Thema „Kinderarbeit“ einen kurzen Blick auf eine andere „fortschrittliche“ Nation in unserer Nachbarschaft. In diesem besonderen Falle auf unsere englischen Nachbarn, vorrangig bekannt als die Erfinder der Gourmetküche und des „Fairplay“. Die hatten nämlich eine sehr lebendige Tradition mit ihren „Grubenkindern“, von denen der deutsche Kaufmann Friedrich Engels 1845 in seinem bekannten Werk „Die Lage der arbeitenden Klasse in England“ berichtete. Die wichtigsten deutschen Zeitungen und Zeitschriften besprachen diese Arbeit, die von der UNESCO immerhin als „Meisterstück ökonomischer Analyse“ gewertet wird und die seinerzeit in den demokratischen Bevölkerungsschichten für Aufsehen sorgte. Und das, wie wir gleich sehen werden, auch aus gutem Grund. Ja genau, hier ist die Rede von *dem* Engels, der später zusammen mit den Marx-Brothers die Grundlagen für ein sozialeres Miteinander der Menschen ausgearbeitet hat, was ja dann auch prompt zu einem unbeschwerten Leben der Russen unter Stalin und zu einem besonders kulturbewussten Leben der Chinesen unter Mao geführt hat. Nein, diese späteren schlimmen Auswüchse hatte Engels nicht zu verantworten. Selbst die beste Wolle kann nicht verhindern, dass sich Despoten aus ihr einen Pulli in den Farben des Terrors stricken. Das ist mir aber nett eingefallen. Ich sollte Schreiberling werden.

Doch was hatte Engels zu berichten? Zitat: „In den Kohlen- und Eisenbergwerken arbeiten Kinder von vier bis sieben Jahren. Die meisten waren indes über acht Jahre alt. Sie werden gebraucht, um das losgebrochene Material von der Bruchstelle zu dem Pferdeweg oder dem Hauptschacht zu transportieren und um Zugtüren, welche die verschiedenen Abteilungen des Bergwerkes trennen, beim Durchgang von Arbeitern und Material zu öffnen und wieder zu schließen. Zur Beaufsichtigung dieser Türen werden meist die kleinsten Kinder gebraucht, die auf diese Weise zwölf Stunden täglich im Dunkeln einsam in einem engen, meist feuchten Gang sitzen müssen ..."

Dabei wurde die gewöhnliche Arbeitszeit von zwölf Stunden nicht selten übertroffen und soll in Schottland eher 14 Stunden betragen haben, wie Engels weiter berichtete. In seinem Bericht hieß es auch: „Es kommt jeden Augenblick vor, dass die Kinder, so wie sie nach Hause kommen, sich auf den steinernen Fußboden vor dem Herde werfen und sogleich einschlafen, dass sie keinen Bissen Nahrung mehr zu sich nehmen können und im Schlaf von den Eltern gewaschen und zu Bett gebracht werden müssen."

Nein, bitte bewahren Sie Ruhe, ich weiß genau, welche Frage Ihnen an dieser Stelle unter den Nägeln brennt. Aber ich kann Sie wirklich beruhigen. Meine Nachfrage bei „The Windsors Royal Archive" im Nordost-..., nein, im Nordwestflügel des Buckingham Palace in London hat ergeben, was wir im Stillen alle erhofft haben: Die fünf Kinder der seit 1837 regierenden berühmten Queen Victoria durften nach einer Übergangszeit immer schon mittags nach Hause. Was ja auch gar nicht anders ging. Die brauchten ja schließlich auch immer ein paar Stunden, um im Windsor Castle zwischen all den Teppichen ein Stück steinernen Fußboden zum Schlafen zu finden.

Jetzt ist möglicherweise auch nachvollziehbar, warum damals auffallend wenige Eifelkinder in den großen Ferien rüber zu Verwandten auf die Insel wollten. Das lag vielleicht gar nicht an dieser damals schon weitverbreiteten Angst vor englischem Sonnenbrand.

Mein Vorschlag an dieser Stelle an Lehrer und Eltern schul- und unterrichtsmüder Pubertierender: Zwischendurch mal von den „guten alten Zeiten" früherer Kindheiten erzählen. Oder erfüllt das schon den Tatbestand des Psychoterrors? Ich ziehe zurück!

Erfreulich war, dass überhaupt irgendwann mal wahrgenommen wurde, dass Kinder nicht zu klein geratenen Erwachsenen gleichzustellen waren. Ich erinnere in diesem Zusammenhang an Gemälde des Spätmittelalters, auf denen Kinder von ihren Proportionen verkleinerte Erwachsene waren. Die Wahrnehmung des Kindseins als einer eigenen und besonders schützenswerten Lebensphase war nicht immer selbstverständlich. Die Einschätzung dessen, was ein

Kind sei und was man ihm zumuten durfte, veränderte sich jedoch glücklicherweise erheblich mit der Zeit. Der Prozess endete in Preußen 1853 zunächst mit dem Verbot von Fabrikarbeit für Unterzwölfjährige. Das machte dann zwar das Leben auch für die betroffenen Eifelkinder erträglicher, doch verbesserte es nicht die Einkommenssituation der betreffenden Familien, die oft auf einem schmalen existenziellen Grat wanderten und ständig bangen mussten, nicht über die Runden zu kommen. Aber der geringe Bildungsstand im Volk im Rheinland und auf den Eifelhöhen gab kaum Möglichkeit für irgendeine Art von sozialem Aufstieg und Verbesserung der Lebensumstände. Ausnahmen waren selten, wie bei dem uns schon begegneten Trierer Bischof und Hexenfachmann Peter Binsfeld, der ja seine Karriere als Hirtenjunge begonnen hatte. Dennoch verwarf man den in diesem Zusammenhang aufgekommenen Gedanken, die Zahl der Bischofsstellen deutlich zu erhöhen. Eine Bischofsschwemme aus ehemaligen Hirtenjungen konnte noch nicht die Lösung sein. Vielmehr musste auch bei diesem Thema das Pferd von vorne aufgezäumt werden. Hieß: Bessere Bildung von unten konnte bessere Chancen und besseres Leben bringen.

Und wie sah es diesbezüglich bei uns aus?

Noch 1818 soll es im Rheinland einen Anteil von 75 Prozent Analphabeten gegeben haben, wobei die Eifel selbst wohl eine noch ungünstigere Zahl aufzuweisen hatte. Wer lesen, schreiben und rechnen konnte, galt schon als Gelehrter. Geradezu skurril mutete es jedoch an, wenn der schon erwähnte Josef Görres in jenen Jahren davon sprach, dass man sich auf den Dörfern glücklich schätzte, wenn sich die Schweinehirten auch noch der Funktion des Dorfschullehrers annahmen.

Im Gegensatz zu uns hatte es in Preußen schon ab der Mitte des 18. Jahrhunderts die Schulpflicht gegeben. 1815 hatte der König auch uns in der Eifel die Einrichtung von Schulen versprochen. Doch erst 1825 erhielten wir die allgemeine Schulpflicht. Dass es genügend unbeschulte Kinder gab, war ja nur die eine Seite. Dem stand ein absoluter Lehrermangel gegenüber, der erst einmal behoben werden musste. Die Anfänge der Lehrerausbildung zeigten auf, wie tief greifend die Probleme auch hier waren. Denn beim ersten

Lehrerseminar in Trier sollen noch 40 Anwärter auf den Lehrerberuf selbst nicht über die Fähigkeit des Lesens verfügt haben und 100 konnten nicht schreiben. Der Berufswunsch konnte also in diesen Fällen unmöglich in einer schon vorhandenen Passion fürs Schreiben oder Lesen gelegen haben.

Die bei uns im Rheinland eingeführte Schulpflicht umfasste acht Jahre und betraf die Sechs- bis Vierzehnjährigen. Wer nun glaubte, dass damit alles auf dem Wege für eine umfassende Änderung und Besserung der Bildungssituation war, der irrte. Denn die spezielle Situation der Landbevölkerung brachte einen „modifizierten“ Schul- bzw. Unterrichtstypus hervor, der nicht durchgängig angelegt, sondern saisonalen Schwankungen unterworfen war, da die Mithilfe der Kinder in der Landwirtschaft von jeher als unverzichtbarer Bestandteil der Familienexistenz angesehen worden war. Auch das galt als wichtiger Bildungszuwachs. Und der Zwang zum Lernen des Hochdeutschen als „Fremdsprache“ war auch nicht gerade der Hit, denn bisher war man doch vortrefflich lange mit Platt zurechtgekommen.

Im Winter waren die Schüler allerdings meist vollzählig im Klassenraum beieinander, wenn es auch nur ein ehemaliger Stall war. Los ging es mit einem Morgengebet, das es dem in manchen Dörfern mit 150 bis 200 Schülern belasteten Lehrer etwas leichter machen sollte: „Lieber Gott und Vater, mit Freuden versammeln wir uns diesen Morgen wieder in unserer Schule, um recht viel Gutes zu lernen und dadurch selbst weiser, besser, glücklicher, dem Nebenmenschen nützlicher und Dir wohlgefälliger zu werden. Wir wollen unserem lieben Lehrer seine Arbeit durch Aufmerksamkeit, Fleiß, Ordnung und Sitte versüßen.“ In den meist zu absolvierenden 36 Wochenstunden Unterricht entfielen zwölf Stunden auf Religion, elf auf Lesen, sechs auf Schreiben, drei auf Sprache und zweieinhalb auf Rechnen, eine auf Geschichte und eine halbe auf Singen.

Da Sport bzw. „Turnen“, wie es damals hieß, als ein Element demokratischer „Strukturen“ empfunden wurde, war dieses Fach verboten worden. Aber die Kinder hatten ja zumindest im langen Sommer ausgiebig Zeit zu landwirtschaftlicher Körperertüchtigung. In puncto „Leichtathletik“ konnte damals noch jedes Eifelkind aus dem Stand jedes Stadtkind mühelos im Laufen, Springen und Heuballenstemmen besiegen.

Den Lehrern allerdings gelangen angesichts dieser Unmengen von Schülern bei schlechtester Bezahlung keine großen Sprünge, wenn überhaupt ein Hüpfer. Viele gaben wieder auf, doch ein paar ganz Pfiffige fanden auch vor Ort noch eine Lösung: Die Hochzeit mit der Erbtochter des reichsten Bauern wurde für manch armes Schulmeisterlein zur Fahrkarte in ein deutlich entspannteres Leben. Dabei fällt mir ein: Wussten Sie, dass etwa 80 Prozent der im deutschen PEN-Club vertretenen Schriftsteller mit einer Lehrerin verheiratet sein sollen? Wahrscheinlich alle von ihren Verlagen zwangsverheiratet, um Lektoratskosten zu sparen. Schrecklich. Dabei hatte ich auch schon einmal mit dem Gedanken gespielt. Nein, nicht Lehrerin werden – Schriftstellerei natürlich. Jetzt aber, nach diesem letzten kleinen Exkurs zum Thema „Lehrer“, noch eine Zahl: 1825 gab es ja wie zuvor erwähnt nur in Münstereifel das einzige Vollgymnasium in der Eifel. Die 15 übrigen rheinländischen Gymnasien lagen alle außerhalb. Damit war klar, dass zu dieser Zeit schon allein die viel zu weiten Wege weiterhin eine höhere Schulbildung für die meisten Eifelkinder unerreichbar machten.

Keine *Chance* gegen die „da oben“

Wieder erreicht eine Revolution die Eifel

Wenn man sich allein die Pressezensur jener Zeit anschaut – nichts durfte gedruckt werden ohne vorherige Prüfung durch die Regierung –, dann war auch das ein unzweifelhafter Hinweis auf das „wenig“ ausgeprägte „Demokratieverständnis“ der herrschenden Politik. Nein, wir sprechen gerade nicht von Weißrussland, sondern von Preußen. Die in Weißrussland sind aber immer noch begeisterte Anhänger dieser Form von „Demokratie“.

Der König selbst regierte außerdem sozusagen bis in unsere Dörfer hinein, indem er sogar die hiesigen Amtsbürgermeister wählte, die nach einer neuen Gemeindeverordnung 1845 als Verwaltungschefs über mehrere zusammengeschlossene Orte fungierten. Sie entsprachen damit unseren heutigen Verbandsgemeindebürgermeistern. Spannend wurde es aber erst so richtig beim Wahlrecht. Sowohl in der untersten Etage, der Gemeinderatswahl, als auch in der höchsten, bei der Wahl der Abgeordneten des preußischen Abgeordnetenhauses, galt das Dreiklassenwahlrecht. Und das war wirklich kreativ, denn es orientierte sich nach den Einkommensverhältnissen. Guck mal einer an. Ich war auch überrascht. Aber dumm war das nicht – aus Sicht derer jedenfalls, die ein paar Taler mehr hatten. Und da gab es auch schon die berühmte Steuerklasse I, nur anders als heute. Unter Steuerklasse I fielen die wenigen Höchstbesteuerten, die das erste Drittel der Gesamtsteuern aufbrachten. Dann folgte Klasse II mit denen, die das zweite Drittel zahlten. Die weitaus meisten fielen aller-

17 *Periophthalmus sitticiensis (Sittigscher Schlammspringer)* ist der erste nachgewiesene Vorfahre der Familie Sittig, der leider seine charakteristische Fehlstellung der Zähne an alle nachfolgenden Generationen weitergab..

18 *Iguanodon sittici* lebte vor rund 120 Mill. Jahren in der Eifel als friedlicher Saurier und Pflanzenfresser, der allerdings beim Abweiden feiner Gräser und Knospen Probleme hatte.

19 Der Neandertaler Sittuk lebte als Dauermieter in der Kakushöhle südlich von Mechernich. Haar- und Körperpflege sollen ihm besonders wichtig gewesen sein.

20 Im Vergleich zum Neandertaler waren höhere Intelligenz, scharfer Blick und feinere Sinne Kennzeichen des Cro-Magnon-Mannes Sittikk, der in der Südeifel im Bereich der Teufelsschlucht lebte.

21 Der Centurio Claudius Sitticius (ca. 340 n.Chr.) total gestresst bei einem Alarm im Bitburger Brauhaus

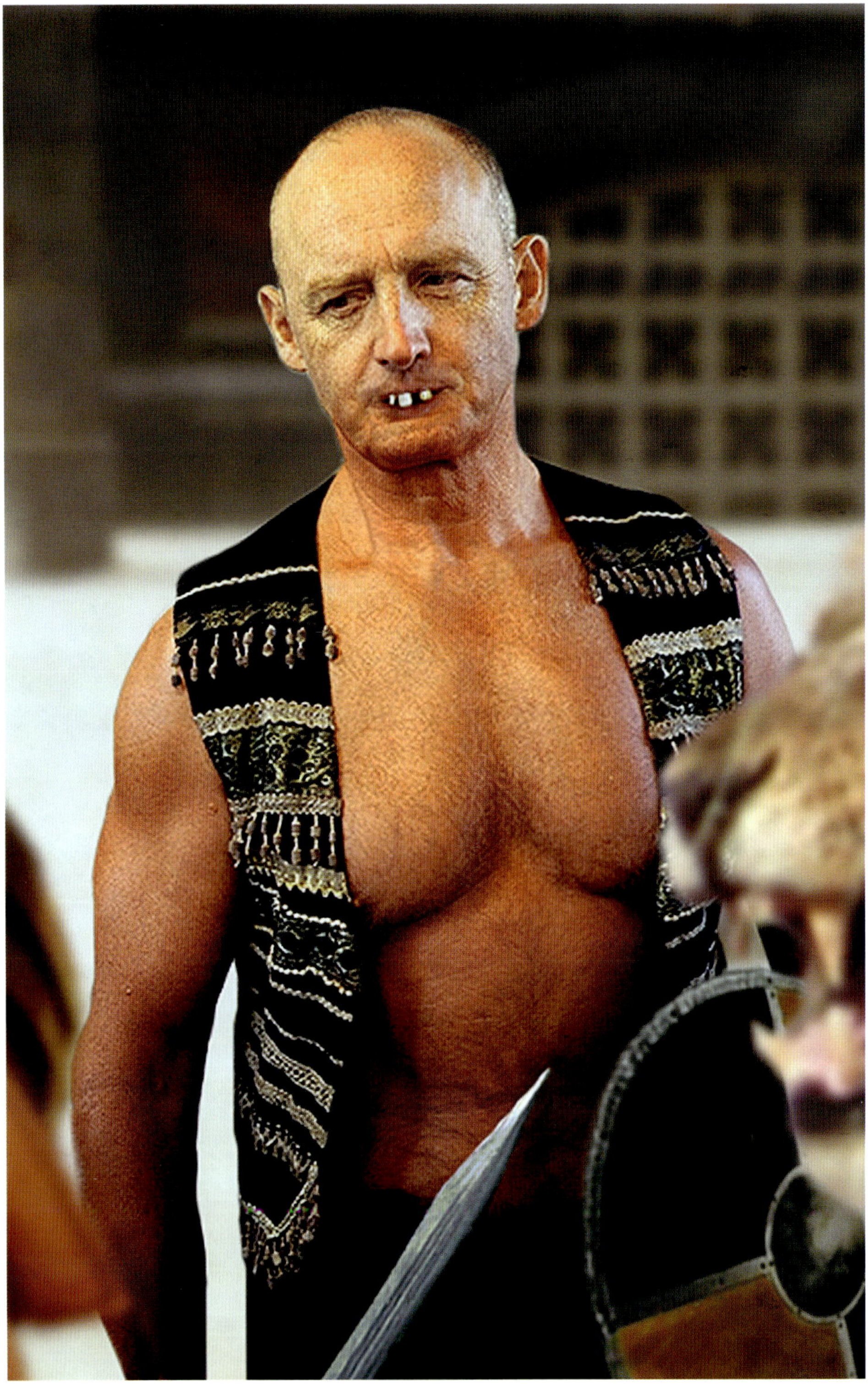

22 Niclas Sittig aus Daun, als Kind vermisst, tauchte später im römischen Kolloseum als der gnadenlose Gladiator „Niente Gnadus“ wieder auf.

23 Lantbert Sittig aus Heckhuscheid bei Prüm machte unserer Familie Schande: Er schloss sich 882 den Wikingern an und wurde „Der launische Lars“.

24 Ritter Kuno Sittig zu Bürresheim galt als misstrauisch und legte nie seine Rüstung ab. Er ertrank schließlich beim Baden.

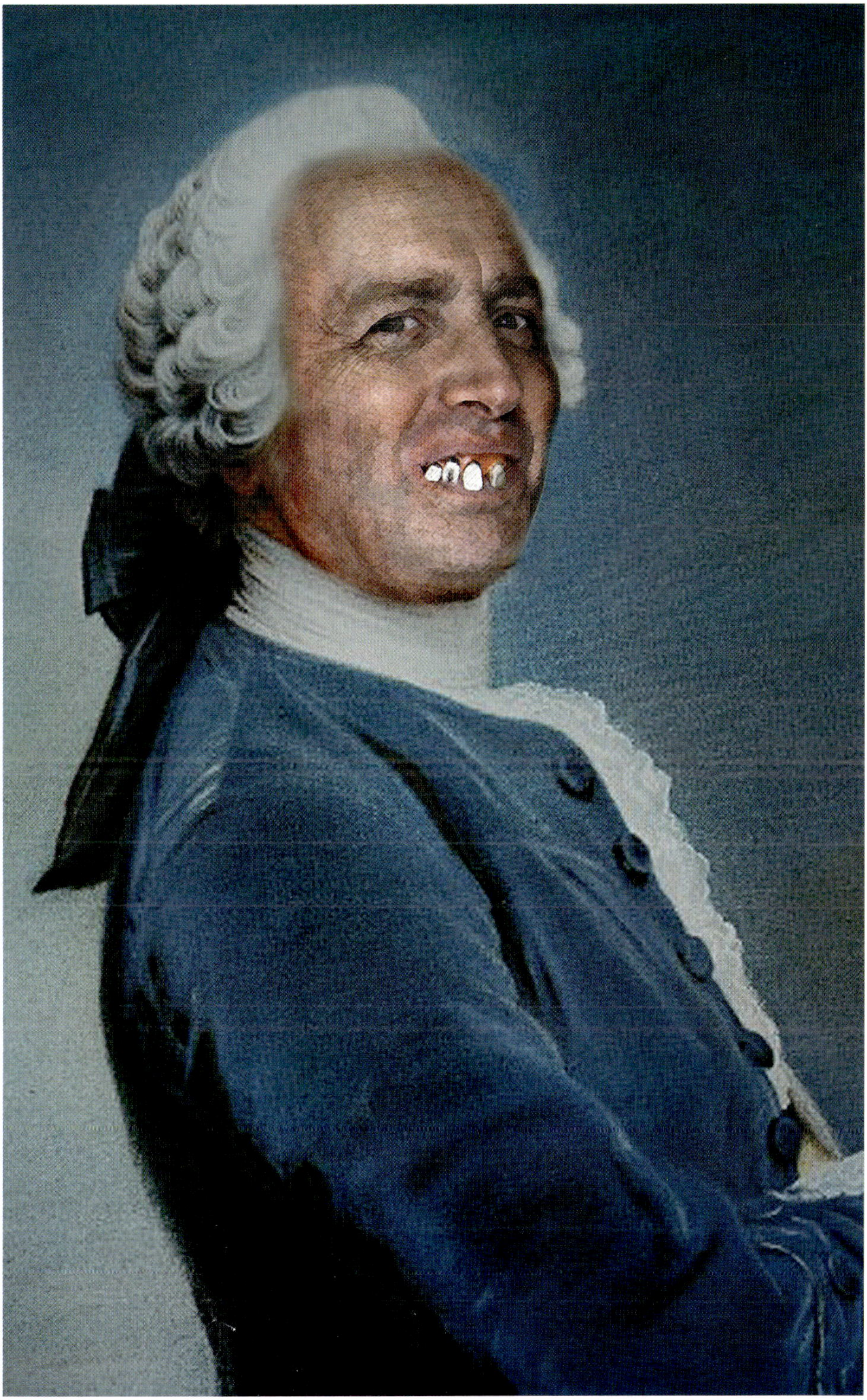

25 Graf Hans Wolfram von und mit und zu Sittig (hier 1759) liebte die Musik. Leider verhakte er sich mit seinen Zähnen so unglücklich an einem Saxophon, dass er verhungerte.

26 Theodore Sittig setzte 1809 sein ganzes Vermögen auf die Etablierung der Guillotine als Küchenmaschine. Er ging bankrott und nahm sich mit einem seiner Geräte das Leben.

27 Hermann Josef Sittig aus Roetgen 1931 als Bergmann im Kohlerevier Eschweiler. Angesichts der Weltwirtschaftskrise riet ihm das Arbeitsamt zu einer Umschulung zum Comedian.

28 Großtante Luise Tränker-Sittig, 1. Ehefrau eines berühmten Tiroler Schauspielers, beim Klettern in ihrer eigenen Nordwand. Sie starb beim Sturz vom Dach, als sie ihren Wellensittig „Lohengrin“ retten wollte.

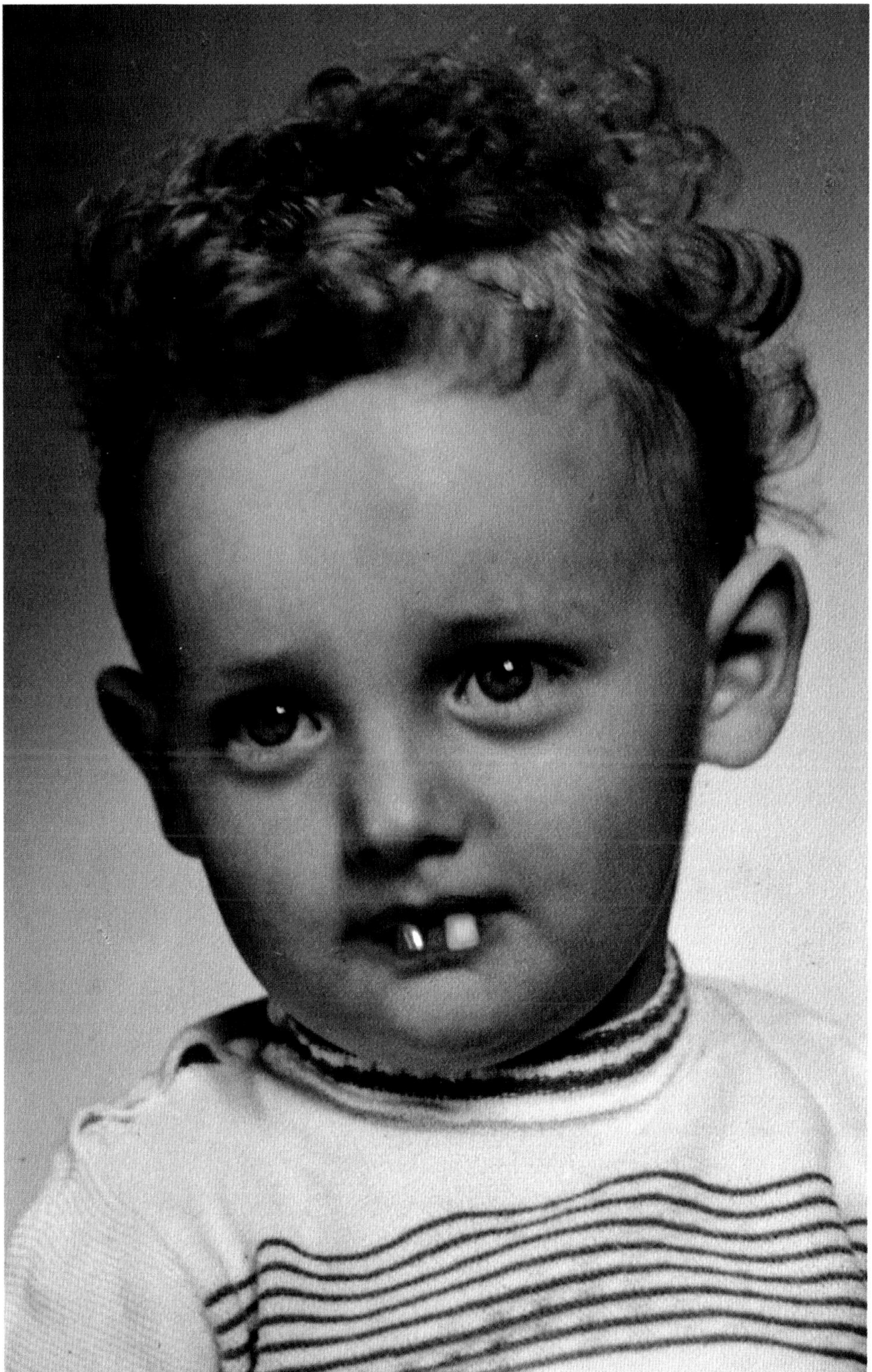

29 Auch beim Autor Hans Jürgen Sittig zeigte sich noch im Alter von 1 Jahr die 340 Mill. Jahre alte Zahn-Erblast des Schlammspringers.

30 1962 fälschte der kleine Hans Jürgen seinen Dreirad-Führerschein und machte mit dem elterlichen Käfer eine kleine Tour zum Schloss Bürresheim nahe Mayen.

31 Onkel Hans-Dieter lebte bis zu seinem 42. Jahr bei seiner Mutter, bevor ihn 1969 die Hippie-Bewegung endlich in die Freiheit eines Pappkartons unter der Deutzer Brücke katapultierte.

32 Onkel Percy Sittigh vom englischen Familienzweig wollte sich seine Zähne erst nach den ersten 10 Millionen machen lassen. Dann wurde er geschieden.

dings in die Klasse III. Der Witz dabei – also wirklich was für Leute mit Humor – war der Umstand, dass jede Klasse für die Bestimmung des Abgeordneten dieselbe Anzahl von Wahlmännern stellte. Auf diese Weise konnten beispielsweise zehn Männer der Klasse I das gleiche „Wahlgewicht" erzeugen wie 200 Männer der Klasse III. Dass das aber dem Berlusconi noch nicht eingefallen ist. Dieses System sollte er kennen. Es ist ja nicht so, als ob man sein System nicht noch verbessern könnte.

Jedenfalls besaßen damit auch in der Eifel die vermögendsten Landbesitzer und Geschäftsleute den größten politischen Einfluss. Selbst die etwas gebildeteren Geistlichen oder Lehrer waren dagegen aufgrund ihrer sehr bescheidenen Einkünfte nicht in der Lage, nennenswerten politischen Einfluss zu nehmen.

Das Dreiklassenwahlrecht gewährte also nur Steuerzahlern das Wahlrecht, was bedeutete, dass der größte Teil der Bevölkerung gar nicht wählen durfte, denn er lag unterhalb des festgesetzten relativ hohen Mindesteinkommens. Das hatte zur Konsequenz, dass in Trier und Köln etwa nur vier bis fünf Prozent der Bevölkerung wahlberechtigt waren. Sie staunen offenbar genauso wie ich.

Im Volke rumorte es jedenfalls zunehmend vor Unzufriedenheit. Eine Hungersnot 1846/47 führte nicht gerade zu einer Beruhigung der Gemüter, vor allem auch nicht in der Eifel, die ja schon geübt darin war, sich beim Thema Armut und Hunger besonders schlimm zu zeigen. Und was wurde schließlich zum Auslöser für das überlaufende Fass? Stichwort Revolution – wo klingelt es da? Richtig, unsere Nachbarn waren mal wieder so weit, ließen diesmal jedoch die Bastille unberücksichtigt: Der französische König, selbst an die Macht gekommen durch bürgerlich-liberale Kräfte einer Revolution, hatte sich durch zunehmend reaktionäres Verhalten ins Aus manövriert und löste 1848 die sogenannte Februarrevolution aus. Aber auch in Deutschland war der Boden inzwischen bereitet für eine Gegenreaktion auf das starre königlich-preußische System mit seinem „vorbildlichen" Wahlsystem. So entzündete der französische Funke auch das angesammelte „Pulver" in Berlin und in deutschen Landen. Das erste Todesopfer überhaupt soll in der Eifel ein Bauernsohn aus Lutzerath gewesen sein. Doch die weitaus heftigste

„Explosion" von Gewalt gab es am 18. März 1848 in Berlin, als bewaffnete Arbeiter, Handwerker und Bürger, die demokratische Rechte wie Rede- und Versammlungsfreiheit, Pressefreiheit und reguläres Wahlrecht einforderten, bei Barrikadenkämpfen regulären Truppen gegenüberstanden. Sie zahlten einen hohen Preis: 254 „Revolutionäre" wurden schließlich als „Märzgefallene" auf einem eigens dafür angelegten Friedhof beigesetzt, darunter auch elf Frauen sowie sechs Jugendliche und vier Kinder, zu denen ein zwölfjähriger Junge als jüngstes Opfer zählte.

Einige Tage später brachen auch bei uns in der Eifel Unruhen aus. Im Süden im Trierer Raum blieb es vergleichsweise ruhig, aber in der Nordeifel kochte es über und die Bevölkerung handelte. In der Nacht vom 27. auf den 28. März wurde in Münstereifel der preußische Adler von der Rathausfassade entfernt. „Freiheit oder den Tod, frei wollen wir sein!" stand dort auf einem Flugblatt zu lesen. Viele Nordeifeldörfer solidarisierten sich, trugen schwarz-rot-goldene Fahnen als Symbol der deutschen Zusammengehörigkeit und man hörte vielerorts die Parole „Freiheit – Gleichheit – Republik, wäre me doch die Preußen quitt!". Sogar unliebsame Bürgermeister wurden abgesetzt und offene Gemeinderatssitzungen abgehalten. Man forderte für die Zukunft offene Sitzungen, in denen die Bürger von den Verhandlungen und Beschlussfassungen Zeuge werden konnten.

Etwas heftiger ging es noch in Prüm zu, wo es im Mai etwa 100 Bewaffnete schafften, das Zeughaus aufzubrechen und Waffen zu entwenden. Erst das Eingreifen Trierer Soldaten machte dem ein Ende.

Die Unzufriedenheit mit den überregionalen Verwaltungen in Aachen, Köln und Trier führte zur Forderung der Eifeler nach einem eigenen Eifelbezirk mit Verwaltungssitz in Prüm. Doch das konnte nicht durchgesetzt werden. So blieb es bei Solidaritätsbekundungen bis in die kleinsten Eifeldörfer, wohin selbst Flugblätter ihren Weg fanden und wo die Menschen schwarz-rot-goldene Symbole der Einheit und Freiheit trugen. Doch auch dieses innere Aufbegehren und die damit verbundenen Hoffnungen erlahmten und erloschen nach und nach, denn die Kirche verweigerte den revolutionären Gedanken ihre Zustimmung und stempelte die Revolution als unchristlich ab. Und das obwohl die Kirchenoberen einen Abfall vom protestantischen Preußen und eine erneute Zugehörigkeit zum katholische Österreich durchaus gerne gesehen hätten. Aber der Kölner Erzbischof stellte sich auf die Seite der Obrigkeit, ganz nach dem Bibelspruch „Gebt dem Kaiser was des Kaisers ist", hier von der Kirche umgedeutet in „ ... was der Kaiser befiehlt". Wichtig war nur, dass er sich dabei an die Kirchengebote hielt.

Und wie verhielt sich der preußische König? Kurz nach der blutigen Märzrevolte hatte er sich verständig gezeigt und war mit den drei Einheitsfarben zur Beruhigung der Gemüter durch Berlin geritten. Doch er lenkte nur zum Schein ein und täuschte seine Reformbereitschaft vor, um kurze Zeit später wieder zu den alten Verfahren zurückzukehren. Mal wieder viele Menschenleben geopfert für gute Ideen, die dann in diesem Fall doch erst 100 Jahre später ganz und unverrückbar bei uns umgesetzt werden sollten.

Als unmittelbare Konsequenz aber schlussfolgerte König Friedrich Wilhelm IV., dass es schädlich und gefährlich war, wenn das Volk zu viel wusste. Also wurde auch bei uns der Unterricht vor allem in Geschichte etwas schlanker angelegt. Und in der Lehrerausbildung wurden die Klassiker verboten, denn sie hingen tendenziell zu oft Idealen der Freiheit nach. Auch so hoffte die Monarchie die Reste von „Sümpfen" mit demokratischer Gesinnung trockenlegen zu können.

Sicher wäre der König hochzufrieden gewesen, wenn sich der Zustand der Demokratiegesinnung so rasch verschlechtert hätte wie der der Eisenindustrie. Der heutige Vorteil unseres „Gebirges" – die etwas abgelegene Situation einer wunderbaren landschaftlichen Idylle – wurde beim Eisen nach und nach zur Bürde und schließlich zum „Verhängnis".

Im Ruhrgebiet arbeitete man außerdem ab Mitte des Jahrhunderts schon mit dem zunächst in England eingeführten Kokshochofen. In der Eifel aber hielt man gezwungenermaßen an der Holzkohle fest, denn es fehlte die erforderliche Steinkohle. Das konnte auch die nächstgelegene Steinkohleförderung am Rand der Nordeifel bei Eschweiler nahe Aachen nicht auffangen. Dieses „kleine"

Kohlerevier, das schon 1394 erstmals als „Koylberg zu Eschwylre" urkundlich erwähnt worden war, war südlicher Teil des Aachener Kohlereviers, das erst 1997 stillgelegt wurde. Dort schloss tatsächlich eine Frau, Christine Englerth, im August 1834 mit ihren zehn Kindern einen Vertrag zur Gründung des Eschweiler Bergwerk-Vereins ab, der ersten preußischen und deutschen Bergbau-Aktiengesellschaft. Immerhin gilt diese Nordeifelkante als das älteste Steinkohlerevier Europas, für das es schon Belege vom Beginn des 12. Jahrhunderts gab. Hier sollen sich sogar schon die Kelten und Römer verkohlt haben.

Jedenfalls passte das insgesamt nicht mehr zusammen mit den Eifeler Eisenproduktionsstätten und der zu entfernten Steinkohle. Die Transportwege waren zu lang für die Anlieferung von Rohmaterial und den Rücktransport der fertigen Produkte zu den Endverbrauchermärkten. Die Straßen waren zwar durch die Eifel und zwischen den großen Städten wie Trier, Koblenz, Bonn und Aachen ausgebaut worden, aber der wesentliche Transportfaktor war die Eisenbahn. Und die war noch nicht in der Eifel unterwegs.

Folglich sahen sich alteingesessene und bislang erfolgreiche Firmen gezwungen, ihren Eifelstandort aufzugeben. Zum Beispiel die Gussstahlfabrik Poensgen aus Mauel bei Gemünd. Mit ihren nahtlosen schmiedeeisernen Röhren war dieses Walzwerk Deutschlands bedeutendstes Gasröhrenwerk. Dort waren 1850 mehr Menschen beschäftigt als beim späteren Giganten Krupp in Essen, und die hatten in dem Jahr immerhin 241 Mitarbeiter.

Nach und nach mussten alle Eifeler Eisenbetriebe schließen, ob sie nun an Olef, Urft, Veybach, Salm, Kyll oder Ahr lagen, ganz zum Schluss 1881 in Kirschseiffen bei Hellenthal. Wer das kleine, idyllisch im wilden Salmtal gelegene Eisenschmitt mit seinen rund 300 Einwohnern kennt, wird sich kaum vorstellen können, dass dieser Flecken 1820 der größte Ort im gesamten Kreis nach der Kreisstadt Wittlich war. Dieses krasse Beispiel zeigt genau, wohin die „Reise" ging: Bis zum Ende des 19. Jahrhunderts reduzierte sich die Bevölkerung durch Abwanderung oder Auswanderung um zwei Drittel.

Doch es gibt auch Industriezweige, die sich zunächst noch behaupten konnten, allen voran die Bleihütte des Mechernicher Bergwerk- und Aktienvereins. Dieser 1858 gegründete Betrieb brachte es dank Einsatz modernster Technik wie einer Dampfmaschine über Jahrzehnte zum bestnotierten Börsenpapier in Deutschland und beschäftigte 1884 immerhin 4400 Menschen.

In der Mitte des Jahrhunderts war es auch noch um die Gerber gut bestellt, die Eifeler Qualitätsleder herstellten. Doch auch sie gerieten zunehmend in Bedrängnis, als sich die Verwendung chemischer Gerbstoffe durchsetzte, mit denen die Gerbverfahren vereinfacht und verkürzt werden konnten. Das hatte wiederum Auswirkungen auf die Waldbesitzer, die mehr und mehr auf ihrer Eichenrinde sitzen blieben. So gut das „natürlich" gegerbte Leser auch war: Der Preis dieser Qualitätsarbeit war nicht konkurrenzfähig. Und obendrein drängten auch noch zunehmend Kunststoffe auf den Markt als zusätzliche billige Konkurrenz. So reduzierte sich die Zahl der Gerbereien im Bezirk Trier ab 1870 innerhalb von nur 35 Jahren von 300 auf 43.

Es gab allerdings auch noch eine florierende Bauindustrie, was den schon bekannten Steinbruch-Bereichen zugutekam, vor allem in der Osteifel im Großraum Mayen.

Beim Basalt profitierte ganz besonders der Abbau im Dreieck Mayen, Ettringen und Kottenheim, aber auch die Dachschieferproduktion zwischen Mayen und Kaisersesch/Müllenbach. Als die Basaltnachfrage nachließ, wurde der wesentlich leichtere und trotzdem stabile Bimsstein am Westrand des Neuwieder Beckens interessant. Und die schon früher erwähnten und auch schon zu Römerzeiten gefragten Mayener Mühlsteine gingen weiterhin bis ins ferne Ausland. Eifeler Zement aus ebenfalls vulkanischem Trassgestein wurde, da wasserdicht, sowohl in den Niederlanden beim Deichbau als auch beim einheimischen Talsperrenbau verwendet, aber auch als Füllmaterial für die ersten Höschenwindeln, die deshalb nicht „Pampers", sondern „Trampers" hießen.

Roter Sandstein aus dem unteren Kylltal wurde sehr stark beim Bau der inzwischen benötigten Bahnhofsgebäude verwendet, aber auch beim Bau des zwischen 1884 und 1894 im Stil der Neorenaissance fertiggestellten „Reichtages" in Berlin. Sieht man auch sofort, wenn man davorsteht: Ohne die Eifeler Steine hätte man das höchstens noch als einen etwas zu groß geratenen Pferdestall durchgehen lassen können. Da hatten diese Preußen aber auch wieder mal ein Glück mit „ihrer“ Eifel.

Aber ob nun das gefragte Blei von Mechernich am Nordrand der Eifel oder der erfolgreiche Stein der Osteifel, insgesamt gab es für die Eifeler zu wenig Arbeit, auch wenn viele Nordeifeler Männer noch im aufkommenden Braunkohleabbau nördlich und nordöstlich der Eifel Beschäftigung fanden. Der Arbeitsmangel und die Existenznot zwangen schließlich immer mehr Eifeler dazu, ihrer Heimat den Rücken zu kehren und außerhalb eine Beschäftigung und Existenz zu suchen. Ab 1840 sollen allein in den folgenden 30 Jahren etwa 60.000 Menschen die Eifel verlassen haben. Welche Größenordnung das ist, kann man sich vielleicht annähernd vor Augen führen, wenn man sich vorstellt, ab heute würden sämtliche Einwohner von Mayen (19.000), Wittlich (18.000), Bitburg (13.000), Daun (8000) und Prüm (5000) allmählich ihre Sachen packen und in 30 Jahren gänzlich verschwunden sein.

Etwa ein Drittel dieser Eifeler suchte in den größeren Ballungs- und Industriezentren von Rhein und Ruhr ihr neues Glück, doch zwei Drittel wanderten ganz aus, die weitaus meisten nach Amerika. Dort bestand die Bevölkerung schon zum Ende des 18. Jahrhunderts zu etwa neun Prozent aus Deutschen. Und während der ersten Hälfte des 19. Jahrhunderts kamen noch einmal weitere 500.000 Deutsche dazu, wohl auch die meisten der knapp 6000 Menschen, die allein im Jahr 1846 den Regierungsbezirk Trier verließen.

Wie sehr die Existenznot diese Menschen bedrängt haben muss, lässt sich unter anderem auch daran ablesen, dass die Auswanderer ein extrem hohes Risiko auf sich nahmen. Denn als vor den schnellen Dampfschiffen, die es zum Teil in acht Tagen schafften, noch Segelschiffe den Transport über den Ozean bewerkstelligten, dauerte eine Überfahrt von einem europäischen Hafen bis Nordamerika meist sechs Wochen. Das war jedoch ein Bestwert, der nur erreicht werden konnte, wenn günstige Bedingungen vorherrschten. Die Auswanderer mussten ihr Essen selbst mitnehmen und teilten sich oft zu viert einen Schlafbereich von 1,80 mal 1,80 Metern. Wenn aber widrige Umstände wie Stürme die Überfahrt um Wochen verlängerten, verhungerten viele der Passagiere. So kostete diese langen Überfahrten – auch durch katastrophale hygienische Zustände und Krankheiten – etwa die Hälfte der Auswanderer das Leben, noch bevor sie überhaupt einen Fuß auf das neue verheißungsvolle Land gesetzt hatten. Wer also trotz dieser äußerst riskanten Umstände bereit war, ins Ungewisse aufzubrechen, der hatte gewiss eine große Not im Nacken. Und so emigrierten auch zwischen 1850 und 1930 weitere fünf Millionen Deutsche in die USA. 200.000 von ihnen, darunter auch Eifeler, kämpften schließlich auch im amerikanischen Bürgerkrieg in der Nordarmee gegen den Süden.

Karl Mays „Winnetou I“ erschien erstmalig im Jahre 1893. Damit hatten Auswanderungswillige mit Ziel Amerika endlich mal Fachliteratur zur Hand, mit der sie sich angemessen auf ihre zukünftigen Nachbarn aus Rothäuten und Revolverhelden einstellen konnten. Es ist ja auch nicht völlig ausgeschlossen, dass manche Auswanderungsidee sogar auf das Konto von Mays Büchern „zu buchen war“, denen ein solch edler Indianer wie Winnetou als Nachbar lieber war als der reale böse Nachbar im Haus nebenan.

Neben der Notlage in den armen Landstrichen lag ein zusätzlicher Beweggrund für manche Auswanderer auch im Scheitern der Revolution im Jahre 1848. Einer der berühmtesten „USA-Flüchtlinge“ wurde schließlich der 1829 in Erftstadt-Liblar (seien wir hier mal nicht kleinlich und nennen das „Nordeifel plus“) geborene radikaldemokratisch gesinnte Carl Schurz, der 1848 zunächst ins benachbarte Ausland fliehen musste, dann aber 1852 zusammen mit seiner Frau in die Staaten ging und dort Karriere machte. Nicht nur dass er als General im amerikanischen Sezessionskrieg diente, er wurde 1877 sogar Innenminister und war der erste gebürtige Deutsche, der Mitglied des Senats der Vereinigten Staaten wurde.

Das wurde aber auch mal *Zeit*

Die Eisenbahn kommt in die Eifel

Es hat ja schon immer ein klein wenig länger gedauert, bis modernste Errungenschaften ihren Weg dann auch noch zu uns in die Eifel gefunden haben. Das Rad soll beispielsweise nach den bisher vorliegenden archäologischen Funden irgendwo zwischen dem Alpenvorland und Mesopotamien erfunden worden sein, und zwar schon vor beinahe 6000 Jahren. Falls es doch die Bayern waren, dann ist es umso erstaunlicher, wie lange es noch gedauert hat, bis die Technik auch zu uns kam. Die Bayern waren aber auch immer schon sehr empfindlich mit ihren Patenten. Die verraten ja bis heute nicht einmal, welcher Bayer die Baby-Lederhosen mit integrierter Pampers erfunden hat. Da sollen die Sumerer - also die anderen möglichen Erfinder des Rades zwischen Euphrat und Tigris - ja viel entspannter drauf gewesen sein, jedenfalls vor Saddam Hussein. Die haben wohl zu jedem kleinen Anlass überschwängliche Grußpostkarten geschickt (also diese kleinen Tontäfelchen mit den vielen kleinen Keilchen), die von der sumerischen Post jedoch meist nur noch in Bruchstückchen oder als Krümel ausgeliefert wurden. Damit war ihnen auch noch die Erfindung des Puzzles geglückt.

Auch mit der Eisenbahn war das so eine Sache. Die haben aber auch nicht die Bayern erfunden und auch nicht die Schweizer. Der Engländer George Stephenson bastelte aus den bereits in Bergwerken eingesetzten kleineren beräderten Dampfmaschinen eine größere Lokomotive und ließ sie 1825 auf der ersten Eisenbahnstrecke der Welt 40 Kilometer weit fahren. Da mussten die Bayern noch zehn Jahre warten, bis ihnen der Pfälzer Ingenieur Paul Camille Denis - wie es der Name schon richtig vermuten lässt, Sohn eines Mainzer Stadtrats - die als erste deutsche Eisenbahn angesehene Bayerische Ludwigsbahn auf die Gleise stellte. Am 7. Dezember 1835 fuhr die Lokomotive „Adler" die sagenhafte Strecke von sechs Kilometern zwischen Nürnberg und Fürth. Das war ja nun wirklich gar nichts angesichts einer Beschleunigung von 0 auf 20 in einer Viertelstunde. Dabei war ja auch abzusehen, dass die Strecke so kurz vor Weihnachten kaum länger ausfallen konnte, denn Märklin hatte um diese Zeit im Jahr schon immer Engpässe bei der Gleislieferung. Zu allem Überfluss wurde dieser Zug dann auch noch von einem Engländer gesteuert. Wenigstens hat es funktioniert, aber es dauerte trotzdem noch 36 Jahre, bis eine solche „Höllenmaschine" auch quer durch die Eifel fuhr.

Da in Preußen sowohl der Bahnbau als auch die Betreibung und die Unterhaltung des laufenden Betriebes in der Hand privater Firmen lag, richteten sich die Kalkulationen der Unternehmer verständlicherweise nach der Rentabilität. Und die Durchquerung eines vergleichsweise bevölkerungsarmen Landstriches mit einem technisch schwierigen Gelände wie der Eifel versprach nicht gerade ein gewinnträchtiges Unternehmen zu werden. So scheuten denn die Bahnbetreiber recht lange die Erschließung unseres Mittelgebirges, was, wie wir zuvor schon erfahren haben, dann unter anderem auch die Existenz der Industrie im Schleidener Tal zu Fall brachte, die schließlich abwandern musste.

Ein Anfang war gemacht, als 1864 zumindest schon einmal Mechernich von Euskirchen erreicht wurde. Auf dem Weg nach Kall war allerdings ein fast 500 Meter langer Tunnel erforderlich, der zwei Jahre Bauzeit beanspruchte. 1867 erreichte man Kall und 1870 Schmidtheim, das mit einer Höhe von 554 Metern den höchstgelegenen Bahnhof der gesamten Eifelstrecke erhielt. Da das auch das Jahr des Aufmarsches für den Frankreichfeldzug war, wurde die Strecke auch prompt militärisch umfassend genutzt und der weitere Ausbau intensiv vorangetrieben. Im Juli 1871 war es dann geschafft: Die obere

Mosel und Trier waren mit Köln verbunden – quer durch die Eifel. Es folgte neben anderen ja auch noch die Querstrecke von Gerolstein über Daun und Kaisersesch bis Mayen. Der Schwiegervater meines Großvaters väterlicherseits erzählte noch meinem Großvater, dass er als Werksmeister bei Thyssen-Krupp die erste „Versuchslok“ über das Dauner Viadukt gefahren habe. Seit mein Vater mir davon erzählte, weiß ich, dass meine auch schon früher existierende Freude über die Anmut dieses heute nächtlich angestrahlten Brückenbaus familienbezogen und genetisch bedingt ist.

Von diesem entzückenden, später errichteten Bauwerk sahen allerdings die deutschen Soldaten noch nichts nach ihrem Sieg in Frankreich, als sie gleich die neue Süd-Nord-Strecke von Trier nach Köln für ihre Heimkehr in Richtung nördliches Rheinland und Niederrhein verwendeten. Ich erinnerte mich jedoch noch einmal an sehr viel frühere Zeiten, als die Römer damals ihre Heerstraße beinahe auch auf dieser Strecke von Trier nach Köln gebaut hatten.

Endlich brachte die Bahn wieder mehr wirtschaftliches Leben in die Eifel, vor allem unmittelbar entlang der Strecke. Um ein prominentes Beispiel zu nennen, dem die Bahn besonders zugutekam: das Mineralwasser im Raum Gerolstein. Zunächst hatte es mit dem Birresborner Sprudel im 18. Jahrhundert begonnen. Da hatte es angesichts fehlender Transportkapazitäten ursprünglich die Idee eines pfiffigen Ingenieurs gegeben, das aus den Quellen geförderte Mineralwasser zunächst einfach in das Flüsschen Kyll zu schütten, um es so zunächst auf natürlichem Wege bis kurz vor die Mündung in die Mosel gelangen zu lassen. Dort sollte es dann mittels noch nicht erfundener Filteranlagen wiedergewonnen werden. Dieser Plan war jedoch verworfen worden, weil die Geschäftsführung eine zu große Wasserentnahme durch die am Fluss ansässigen Menschen befürchtete. Übrigens ist nie jemand bei Bitburger auf eine ähnlich innovative Idee gekommen, obwohl die Stadt auch gleich oberhalb des Kylltales liegt.

Neue Mineralquellen etwas weiter flussaufwärts im Kylltal in Gerolstein wurden dann jedoch in unmittelbarer Nähe zur Bahnstrecke entdeckt. Ein Glücksfall für die Betreiber, die schon 1893 über eine Million Flaschen abfüllten und die diese Menge bis zum Jahr

1914 noch mal auf über fünf Millionen Flaschen steigern konnten. Ein zweifellos beeindruckender Start. Zum Vergleich: Heute gibt das Unternehmen Gerolsteiner einen Jahresabsatz von 6,2 Millionen Hektoliter an, also 620.000.000 Liter. Wenn man das auf Flaschen von 0,7 Liter umrechnet, ergibt sich eine Zahl von rund 886 Millionen Flaschen. Da würde mir das Pfandgeld vorerst reichen.

Als Einzelartikel steht die Verladezahl von Flaschen zwar ganz oben in der Statistik der damaligen Verladung. Doch was die Gewichtsanteile der insgesamt auf der Eifelstrecke transportierten Güter anging, entfiel das weitaus meiste auf alle Arten von Baumaterial und landwirtschaftliche Produkte.

Es wurde als Glücksfall angesehen, dass 1881 das Deutsche Reich das rheinische Eisenbahnnetz übernahm. Huch, ein „Deutsches Reich"- wo kam das denn her? Richtig, der Deutsch-Französische Krieg und seine Folgen. Der letzte militärische Sieg Deutschlands über einen Nachbarn hatte immerhin dazu geführt, dass sich der Norddeutsche Bund und die süddeutschen Staaten zum ersten deutschen Nationalstaat zusammenschlossen. Diese Reichsgründung erfolgte mit der Proklamation des preußischen Königs Wilhelm I. zum deutschen Kaiser am 18. Januar 1871 im Spiegelsaal des Versailler Schlosses bei Paris. Erster Regierungschef wurde der berühmte Fürst Otto von Bismarck.

Spontan möchte man sich auf ein Pferd schwingen, nach Berlin reiten und vor dem Bundestag für einen weiteren, nämlich den Urnationalfeiertag demonstrieren. Doch gemach, bevor Sie sich in Ermangelung eines Reitpferdes den armen Pudel Ihres Nachbarn satteln und sich in unsere Bundeshauptstadt aufmachen, will ich Ihnen noch eines zu bedenken geben: Viele Historiker und Menschen mit historischem Bewusstsein und geschärftem Blick für politische Zusammenhänge erkennen an dieser Stelle sozusagen ein „Grundübel" der deutschen Geschichte, nämlich die „von oben" (von der „Obrigkeit") erzeugte Einheit im Gegensatz zur vom Volk herbeigeführten Einheit, wie sie die Französische Revolution hervorgebracht hat. Schöpfte nicht auch aus dieser „Quelle" des „Von-oben-verordnet-Werdens" beinahe 100 Jahre lang eine folgsame deutsche Obrigkeitshörigkeit?

Aber zurück ins Jahr 1871. Nach dem Sieg über Frankreich blieb auch ein Nachgeschmack mit dem „Aroma" einer möglichen Vergeltung. Die sah man durchaus als latente Gefahr, man weiß ja schließlich, wie schlecht gelaunte Nachbarn schon mal so drauf sind, wenn sie sich ausreichend lange in ihren Groll hineinsteigern. Das traute man den Franzosen auch zu. Daher wollte man vorsichtshalber die Möglichkeiten verbessern, sich rasch einem aus Südwest annähernden französischen Feind grenznah entgegenzustellen. Also baute man das Eifeler Schienennetz fleißig noch weiter aus. Das führte skurrilerweise dazu, dass unser kleines Mittelgebirge 1914 das dichteste Schienennetz im gesamten deutschen Eisenbahnnetzes aufwies.

Auch die ab der Reichsgründung 1871 im Rheinland zuständige „Deutsche Reichspost" profitierte kräftig vom nun weitverbreiteten Verkehrsmittel Bahn, erstaunlicherweise aber auch ihre Kunden. Plötzlich erreichte der eine oder andere Brief noch im Absendejahr den Adressaten. Außerdem konnten viele der bislang in stiller Abgeschiedenheit lebenden Eifeler sich endlich mal ein wenig besser in der Region bewegen und auch mal die Eifel für eine Erkundung der umgebenden großen Städte verlassen.

Trotz der positiven Effekte der Eifeleisenbahn existierten auch weiterhin gravierende Schwierigkeiten in den altbekannten Problembereichen: Arbeit und Nahrung. Denn in der zweiten Hälfte des Jahrhunderts waren noch immer annähernd zwei Drittel der Eifeler in der Land- und Forstwirtschaft beschäftigt. Allerdings war da nicht mehr allzu viel Forst zu finden. Die Franzosen hatten während ihrer Zeit reichlich abgeholzt, was kein Wunder war, wenn man allein an die fortlaufend „gefräßige" Kriegsmaschinerie Napoleons denkt. Die brauchte unentwegt Material, und sei es „nur" das Holz für Wagen und Karren, die er für seine vielen Eroberungszüge und Dutzende Schlachten in ganz Europa benötigte. Aber da kam ja auch noch der Holzverbrauch der französischen Flotte dazu. Dann, mit Beginn der Preußenzeit, wuchs auch noch der Bedarf an Holzkohle enorm, denn die aufkommende Eisenindustrie brauchte für ihre Feuer ebenfalls reichlich Nahrung. Und die arme Landbevölkerung benötigte für den Anbau ihres Grundnahrungsmittels, der Kartoffel, weitere Flächen.

Der Großteil der in der Landwirtschaft tätigen Eifeler Bevölkerung blieb weiter arm und existierte immer hart an der Grenze zur Not. Schon in der Mitte des 19. Jahrhunderts hatten die Menschen der höher gelegenen Eifelregionen als Nahrung kaum etwas anderes als ihre Kartoffeln und das Brot, das meist aus einer Mischung aus Hafermehl und Kartoffeln bestand. Die meisten Familien konnten sich gar kein Fleisch leisten oder nur an wenigen Tagen im Jahr. Da galt das Vegetariersein nicht als en vogues Gesundheitsbewusstsein, sondern einzig als Zeichen von Armut. Dabei mussten sehr oft viele Mäuler gestopft werden, auch noch die der zahlreichen Knechte und Mägde, die in mittleren und größeren Betrieben unverzichtbar waren zu einer Zeit, da fast noch alles von Hand erledigt werden musste.

Die Bezahlung dieser Hilfskräfte fiel so „bescheiden" aus, dass man erwog, die Eifel umzubenennen von „Preußisch Sibirien" in „Preußens Bangladesh". Im Vergleich zu einem Gymnasiallehrer an einem Kleinstadtgymnasium, der 1863 ein Jahresgehalt zwischen 500 und 1000 Taler erhielt (welch ein Wechsel zu den schon erwähnten „armen Schulmeistern" früherer Zeiten), erhielt ein guter Knecht 1864 gerade mal 36 Taler, zwei Paar Schuhe, ein Pfund Wolle und eine Leinenhose. Offenbar ging man davon aus, dass ein Oberschullehrer in der Lage war, sich selbst Schuhe zu kaufen. Eine gute Magd erhielt auf einem Bauernhof allerdings nur sieben Taler, aber dafür ein Paar Schuhe mehr. Man kann sich vorstellen, welcher Run auf diese hoch dotierten Eifeljobs eingesetzt hätte, wenn man das nur marketingmäßig ordentlich bekannt gemacht hätte.

Doch selbst die besten Werbestrategen konnten die sich Ende der 70er Jahre einstellenden üblen Wetter- und Erntejahre nicht schönreden. Ganz furchtbar aber wurde es dann zu Beginn der 80er, als die Kartoffeln erfroren, noch ehe man sie reif aus dem Boden nehmen konnte. Es starben mehr Menschen, als geboren wurden. Die jungen Männer, die in diesen Zeiten der Entbehrung und des Mangels aufgewachsen waren, wurden bei den preußischen Einberufungsstellen für Soldaten in der Regel abgelehnt, weil sie so entsetzlich mager waren. Gerade auch in diesen Jahren „flohen" wieder viele aus der Eifel, wenn sie noch das Geld aufbringen konnten, eben auch nach Amerika.

Die Umwandlung von Waldland in immer mehr Kartoffelland und Weidefläche hatte die schlimmen Jahre des Hungers nicht verhindern können. Mitte des Jahrhunderts belief sich die Gesamtfläche des sogenannten Ödlandes in der Eifel auf gewaltige 500.000 Hektar, also 5000 Quadratkilometer, was beinahe schon ihrer Gesamtfläche entsprach und etwa der doppelten Fläche des heutigen Saarlandes oder der von Luxemburg. Die preußischen Behörden reagierten schließlich auf diesen wenig ertragreichen Zustand und begannen schließlich in den 50er und 60er Jahren mit der Wiederaufforstung. Allerdings verwendeten sie nicht einheimische Hölzer und schon gar nicht den relativ langsam wachsenden „klassischen“ Eifelbaum, die Buche, sondern die wesentlich schneller wachsende und bis dahin fremde Fichte, die ursprünglich in einem Bereich von den Vogesen über den Schwarzwald bis zu den Alpen sowie in den Karpaten und in Skandinavien heimisch war. So eine Fichte brachte es in 100 Jahren zu einem Durchmesser in Brusthöhe von etwa 45 Zentimetern, während eine Buche dafür durchaus weitere 30 Jahre benötigte. Doch der abfällig als „preußisch Holz“ bezeichnete neue Wald erfuhr zunächst viel Ablehnung, denn es wurden ja auch die Weideflächen für das Vieh reduziert. Was aber kümmerte es einen armen Hunger leidenden Eifeler Bauern, welchen Nutzen die preußische Regierung 100 Jahre später aus Fichtenwald ziehen würde, wenn es jetzt darum ging, zumindest mal den nächsten Monat zu überleben? Ende der 1820er Jahre soll es in der Eifel noch fast 300.000 Schafe gegeben haben, doch zu Beginn des Ersten Weltkrieges zählte man gerade noch ein Zehntel.

Dabei löste der Waldanbau ja keineswegs allein die umfassenden Probleme der Landwirtschaft. Die Hungerjahre der frühen 80er führten schließlich auch zur Einrichtung eines Eifelfonds, der bis 1900 jährlich rund 300.000 Mark in unsere Region brachte. Damit wurde alles gefördert, was der leidenden Landwirtschaft auf die Beine helfen konnte, von der Ausbildung von Landwirten über die Verbesserung der Abbaumethoden bis hin zum Ankauf von Saat und Düngemitteln sowie der Schaffung von Molkereien und Genossenschaften, die den Absatz der Produkte besser lenken und fördern konnten. Doch auch damit nicht genug: Der „landwirtschaftliche

Verein für die Rheinprovinz“ setzte zur Erschließung und Hilfe für die entlegeneren armen Gebiete ab 1861 sogar einen ersten Wanderlehrer ein und später auch noch weitere Kollegen, allerdings mit Zusatzqualifikation: Luis-Trenker-Wanderpass plus Dolmetscherdiplom für Eifeler Dialekte. Schließlich war man so konsequent, nicht nur ländliche Beratungsstellen einzurichten, sondern dann sogar daraus die landwirtschaftlichen Winterschulen entstehen zu lassen, die den Bauern einen erheblichen Wissenszuwachs vermitteln konnten. Den Anfang machte Bitburg im Jahr 1873, gefolgt von Zülpich und Manderscheid (jeweils 1879) sowie Hillesheim 1888. Doch es dauerte noch bis in die 1950er Jahre, bis alle Eifelkreise eine jeweils eigene Ausbildungsstätte für junge Bauern besaß. Den allgemeinen Landwirtschaftsschulen folgten schließlich auch „Spezialschulen“ für Weinbau in Ahrweiler, für Forstwirtschaft in Wittlich und für Bienenzucht in Mayen.

Es bedurfte jedoch weiterer Maßnahmen, um immer noch erforderliche Verbesserungen zu erreichen. Die auch im Code Napoleon fortgeführte Realteilung unter allen Geschwistern in immer kleiner werdende Erb- und Bodenflächen führte dazu, dass schließlich Tausende von Bauern Flächen von weniger als zwei Hektar bewirtschafteten. Durch das sogenannte Zusammenschlussgesetz von 1885 wurde den Bauern schließlich mehr Land zur Verfügung gestellt und es konnten viele bislang ungeeignete nasse Böden so weit trockengelegt werden, dass sie für eine traditionelle Nutzung und Viehhaltung zu gebrauchen waren.

Dann *macht* man eben noch mal *Krieg*

Die Eifel im deutschen Kaiserreich

Insgesamt erhielt die Eifel auf diesen verschiedenen Hilfsebenen im Zeitraum von Anfang der 80er Jahre bis zum Ersten Weltkrieg Zuschüsse in Höhe von etwa zehn Millionen Mark. Für uns klingt das heute recht unspektakulär, doch für die damalige Zeit war das eine gewaltige Summe. Man konnte also Preußen nicht vorwerfen, die Eifel unbeachtet ihrem Schicksal überlassen zu haben. Waren wir also endlich in einer Schmusephase mit der preußischen Obrigkeit angekommen? O nein, ganz und gar nicht. Zur Abwechslung machte sich mal wieder der konfessionelle Unterschied deutlich bemerkbar und führte zu einer Verschärfung der Meinungsverschiedenheiten.

Der Sieg über Frankreich und die Einigung zum Deutschen Reich unter einem deutschen Kaiser hatte zwar auch in der Eifel patriotische Gefühle aufkommen lassen. Doch das verflog auch wieder angesichts des Umstandes, dass sich nun auch noch Reichskanzler Bismarck mit der katholischen Kirche überwarf. Bismarck und die Nationalliberale Partei strebten eine gänzlich dem Staat unterworfene katholische Kirche an. Da hatte er aber die Rechnung ohne die rheinländischen Katholiken gemacht, die sich im Zweifel ja schon immer auf die Seite ihrer Kirche gestellt hatten. Es kam zum sogenannten Kulturkampf.

Als erste Zwangsmaßnahme installierte Bismarck die standesamtliche Trauung vor der kirchlichen, was allerdings für uns Eifeler noch ziemlich unproblematisch war, denn das kannten wir ja schon aus der Franzosenzeit. Aber Bismarck legte noch weiter nach. 1872 löste er zunächst den Jesuitenorden auf, gefolgt von einem Verbot aller katholischen Orden, die nicht in der Krankenpflege arbeiteten. 1875 waren es dann die Trappisten in Mariawald, dann die Schwestern, die in Münstereifel eine Mädchenschule führten, gefolgt von den Ursulinenschwestern in Monschau, die ebenfalls 1875 die Stadt verlassen mussten. Viele gingen nach Belgien oder in die Niederlande. Ab 1873 wurde die geistliche Schulaufsicht durch staatliche ersetzt und der Artikel über die Garantie der Unabhängigkeit der Kirche aufgehoben. Der Staat kontrollierte nun auch das kirchliche Vermögen und mischte sich in die Personalangelegenheiten ein. Durch den sogenannten Kanzelparagraphen wurden Priester mit hohen Strafen bedroht, die sich abfällig über Staatsangelegenheiten äußerten. Die Folge waren Hunderte bestrafter, abgesetzter oder inhaftierter Priester, doch auch ihre Chefs in Köln und Trier blieben 1874 von Haft nicht verschont.

Erst zum Ende der 70er Jahre entspannte sich die Lage wieder. Bismarck hatte die kirchentreue Haltung der Rheinländer und Eifeler unterschätzt, die Verbote wurden zunehmend gelockert. Ziemlich „beruhigt“ war es dann wieder rechtzeitig zur Einweihung des Kölner Doms im Oktober 1880. Der anwesende Kaiser Wilhelm I. erfuhr eine Freundlichkeit, die seinen Vorgängern stets verwehrt worden war. Das neue, bessere Klima durchzog das Land und auch die vertriebenen Ordensleute konnten zurückkehren. Kaiser Wilhelm II., ab 1888 auf dem Thron, festigte diesen „Harmonieimpuls“ noch weiter.

Dass sich die Katholiken im Streit mit der preußischen Obrigkeit so stabil gezeigt hatten, wurde auch der Existenz der 1870 in Düsseldorf gegründeten katholischen Zentrumspartei zugesprochen. Dadurch hatten sie eine politische Macht geformt, der ihren Anliegen noch mehr Wirkung verschaffte. Vor allem die Eifeler Wähler standen treu hinter dem Zentrum, das sich bis zum Ersten Weltkrieg beständig einer Wahlzustimmung von durchschnittlich 90

Prozent sicher war. Preußen sah sich schließlich auch veranlasst, dem Rheinland als letzter seiner Provinzen mehr Eigenständigkeit einzuräumen. Durch den von Bismarck initiierten Kulturkampf kam es jedoch erst mit Verzögerung zum Eintreten einer neuen Kreis- und Provinzialordnung im Jahre 1887. Düsseldorf war Sitz des rheinischen Landtages, in dem Vertreter der Kreistage und Stadtverordnete der kreisfreien Städte saßen. Das waren zunächst nur Köln und Aachen, denn sie lagen über den erforderlichen 40.000 Einwohnern. Trier, Koblenz und Bonn folgten dann jedoch nach. Die Eifel selbst stützte sich auf die Landkreise, auch wenn sie zum Teil recht kleine Einheiten aufwies wie die im Jahre 1900 aus nur 700 Einwohnern bestehende kleinste Stadt Deutschlands, Schleiden, die dennoch Kreisstadt war. Doch gab es als Verwaltungsinstanz nicht nur den Düsseldorfer Landtag, sondern auch den dann ebenfalls in Düsseldorf angesiedelten Provinzialverwaltungsrat als Organ der Selbstverwaltung. Ihm oblagen in eigener Zuständigkeit Aufgaben im Bereich Soziales, Gesundheit, Straßenbau und bei der Förderung von Kunst und Wissenschaft. Zur Verbesserung des Rechtswesens wurden 1878 auch in der Eifel die Amtsgerichte eingeführt. Was aber nach wie vor von immenser Bedeutung war, war eine weitere Verbesserung der wirtschaftlichen Verhältnisse für die armen und oft hoch verschuldeten bäuerlichen Familien. Das „private Kreditwesen“ hatte die Situation solcher Familien eher verschärft. So war eine der schließlich umgesetzten Anregungen des bereits erwähnten Prof. Kaufmann die Schaffung von Kreditinstituten mit für die arme Bevölkerung leistbaren Kreditbedingungen. 1863 entstand zunächst in Bitburg die älteste Kreditgenossenschaft der Eifel, der dort 1866 auch die erste Eifeler Molkereigenossenschaft folgte.

Auch der Westerwälder Friedrich Wilhelm Raiffeisen, immerhin mit einer Eifelerin verheiratet, schaffte es mit den von ihm begründeten Spar- und Darlehenskassen, die Situation der ärmeren ländlichen Bevölkerung weiter zu verbessern. So entstand 1866 die erste Eifeler Raiffeisenbank in Adenau-Antweiler. 14 Jahre später waren es schon eifelweit 30 Spar- und Darlehnskassenvereine und ihre Zahl nahm weiter zu. Dabei ermöglichte in der Regel auch ein genossenschaftliches Warengeschäft neben der Kasse Großeinkäufe und dadurch auch Einfluss auf die Gewinnbeteiligung und einen gerechteren Preis beim dortigen Absatz eigener landwirtschaftlicher Produkte. Konsequenterweise entstand so 1868 auch die erste Winzergenossenschaft der Welt in Mayschoß an der Ahr. Überall folgten dann auch Molkereien dem Beispiel. Doch ein Durchbruch und besonderer Erfolg für die Bauern war die im Jahre 1899 erfolgte Bildung einer eigenen Landwirtschaftskammer in Bonn.

Dabei gab es noch weitere Impulse zur Hilfe und Unterstützung im Eifelland. Der berühmteste Ansatz auf privater Basis dürfte der 1888 in Bad Bertrich gegründete „Eifelverein" sein, der zunächst vom Trierer Lehrer Adolf Dronke geleitet wurde. Diese Organisation war nicht nur motiviert über den allgemeinen Aspekt von Hilfe und Verbesserungen für die Eifel, sondern lenkt auch bis heute zunehmend die Wahrnehmung der Menschen auf die kulturelle Vielfalt und naturräumliche Schönheit der Eifel.

Das führt mich nun an dieser Stelle auch zu einem besonders wichtigen „Beobachter" der Eifel am Ende jenes Jahrhunderts: zum Eifelmaler Fritz von Wille. Nach all den vorangegangenen Jahrzehnten voller stattlicher Sanktionen, bürokratischer Maßnahmen und leiser Verbesserungen zwischen Staat und Eifel wird es uns nun guttun, eine kleine Verschnaufpause einzulegen und die Eifel für einen Augenblick mit den Augen eines Mannes zu sehen, der die Schönheit unserer Landschaft nicht nur erkennen, sondern sie auch noch in beeindruckenden Bildern festhalten und überliefern konnte.

Wie die meisten anderen deutschen Fritze auch wurde der kleine Fritz von Wille 1860 zunächst einmal ziemlich weit weg von der Eifel in Weimar geboren. Da war eine spätere „Eifelkarriere" noch in keiner Weise absehbar, aber er hatte zumindest schon mal gute Voraussetzungen für sein späteres Schaffen mit in die Wiege bekommen durch den Umstand, dass sowohl sein Vater als auch seine Mutter beide Maler waren. Nicht auszudenken, wie seine Bilder wohl ausgesehen hätten, wären seine Eltern Schornsteinfeger und Bergmännin gewesen: sicher alles in Schwarz-Weiß im Verhältnis 9:1. Ich mag gar nicht daran denken, wenn ich jetzt die kraftvollen Farben seiner Eifelbilder vor mir sehe.

Die junge Familie vollzog dann jedenfalls den aus unserer Eifelperspektive entscheidenden und richtigen Schritt durch den Umzug ins Rheinland, nämlich nach Düsseldorf. Es folgte der zweite richtige Schritt, nämlich dass Fritz doch nicht die Offizierslaufbahn einschlagen musste, sondern ebenfalls der Profession der Eltern folgen durfte. Folglich besuchte er die Düsseldorfer Kunstakademie, doch machte er seine ersten malenden Landschaftserfahrungen zunächst in Oberhessen, im Harz, in Italien und Norwegen. Erst 1886 kam er im Alter von 26 Jahren das erste Mal in die Eifel und war beeindruckt von der Schönheit unserer Heimat. Doch anstatt darüber den Verstand zu verlieren, heiratete er 1892 zunächst einmal die vermögende Fabrikantentochter Auguste Schneider. Gute Ölfarben hatten schließlich ihren Preis und die Mitgift aus einigen Dutzend Fässern mit den wichtigsten Farben konnte das klassische Materialproblem eines armen Malers ein wenig mildern. Neben ihrer Düsseldorfer Hauptwohnung hatte das Paar auch noch eine weitere in Reifferscheid, doch schließlich wurde die Burg Kerpen ab 1911 Wohnsitz des Paares, nachdem von Wille die Ruine hatte wieder aufbauen lassen.

Da lag die zweite schwere Flutkatastrophe an der Ahr schon ein Jahr zurück, die die Menschen im Ahrtal auf schmerzhafte Weise an jenen Sommer 1804 erinnert hatte. Nach wochenlangem Regen konnte die Erde in der Region der oberen Ahr kaum noch Wasser aufnehmen. In der Nacht vom 12. auf den 13. Juni 1910 kam es zu weiteren schweren Wolkenbrüchen und vor allem Trierbach und Adenauer Bach schwollen gewaltig an. Da sich die Bahnstrecke im Ahrtal im Bau befand, ergaben sich schließlich dort durch Baumaterialien verschiedenster Art und durch die Baracken der an die 2000 Arbeiter zahlreiche Hindernisse, die zunächst für ein weiteres Aufstauen und dann für ein Durchbrechen mit noch zerstörerischer Flutwelle sorgten. 52 Menschenleben waren diesmal zu beklagen. Manche von ihnen konnten später nicht mehr identifiziert werden, weil sie in dem Chaos aus Wasser und mitgerissenem Material so entstellt worden waren. Jetzt bot das Ahrtal viele Bilder des Schreckens und der Verwüstung, denen sicher auch ein Fritz von Wille nur schwer ein idyllisches Motiv hätte abgewinnen können.

Aber ich erinnere mich noch gut an das erste wunderschöne Von-Wille-Bild meines Lebens. Es war leider nur ein Druck mit dem Motiv des Weinfelder Maares mit der Kapelle am Nordufer im Hintergrund, der im Wohnzimmer meines Großvaters Eduard in Kaisersesch hing.

Dieses Motiv mit seiner kargen Gebirgslandschaft hatte mich schon als Kind beeindruckt. Es hatte so etwas Raues und Ungewöhnliches und wirkte irgendwie beinahe nordisch oder schottisch. Ja, schottisch passt. Als wir 1987 fünf Wochen durch Schottland gereist sind, da waren es gerade die so rau wirkenden baumlosen Hochflächen und Berge, die auf uns so charaktervoll und unverwechselbar wirkten.

Einen ähnlichen Charakter mit einer solchen Atmosphäre von Weite, Stille und Einsamkeit empfinde ich immer wieder auch in einigen der Von-Wille-Motive, die eine damals eher baumlos-karge, aber von Ginster geschmückte Eifellandschaft zeigen. Wobei von Wille auf seinen Gemälden dankenswerterweise doch sehr bewusst auch auf einen deutlichen Unterschied zu Motiven aus Schottland geachtet hat: Auf seinen Bildern sind kaum Männer in Karo-Röckchen abgebildet, die plan- und orientierungslos riesige Baumstämme hochkant durch die Gegend tragen. Dieses bedauernswerte Phänomen lag am schottischen Abweichen von einer an sich sonst in Europa weitverbreiteten kulturellen Gepflogenheit: Bei uns aß und isst man immer noch von Tellern unter Zuhilfenahme von Besteck. Da die in Schottland damals aber nur mit den Fingern von Papptellern aßen, die anschließend weggeworfen wurden, standen die Männer dort nicht wie wir noch eine halbe Stunde in der Küche für Abwasch und Abtrocknen. Da waren die Männer schon beim Spielen mit Holzstücken (anderes Männerspielzeug gab es in den Highlands eben nicht), während wir zum zweiten Mal das Spülwasser gewechselt haben.

Wir hatten das Thema der starken Abholzung der Eifel ja schon berührt. In von Willes Bildern ist noch viel davon zu sehen. Und ich muss es bekennen: Ich wünschte mir, wir hätten nicht *alle* Bereiche unserer heimischen Bergwelt wieder ganz dem Wald überlassen. Zum Beispiel und ganz besonders nicht den Gipfel des Windsbornkraters bei Manderscheid, über dessen kleinen Kratersee sich schroff ein kleiner Fels erhebt. Das ist nur *ein* Krater der insgesamt vier Krater des Mosenberg-Reihenvulkans, und diese sind alle völlig bewaldet. Aber auf alten Bildern unseres geschätzten Eifelmalers sieht man den baumlosen Windsbornkrater noch gänzlich frei mit seinem kleinen Kratersee. Da ist es noch eine richtig urig-herbe Gebirgs- und Vulkanatmosphäre, die inzwischen an dieser Stelle unter einem austauschbaren, überall wachsenden und nichtssagenden Wäldchen völlig verloren gegangen ist.

Wer jetzt glaubt, ich hätte was gegen Wald, der irrt sehr heftig. Als 18-jähriger Schüler bin ich im Sommer des Jahres 1976 im Gebirge in Lappland zum ersten Mal 220 Kilometer gewandert. Die Ausblicke von den Regionen oberhalb der Baumgrenze waren gigantisch. Ich liebte sofort diese Weite des unendlich scheinenden Waldes, der sich, von blauen Tupfen unzähliger Seen durchsetzt, bis zum Horizont erstreckte. Wald ist etwas Wunderbares, vor allem ursprünglicher Wildniswald. Bis vor wenigen Jahren bin ich immer und immer wieder nach Skandinavien aufgebrochen – in die nordischen Wälder. Also wenn ich an dieser Stelle dem einen oder anderen Stückchen Eifelwald an die Borke ginge, dann nur um hier und da noch ganz punktuell ein paar charaktervollere Landschaftselemente zu fördern, wie wir sie auf den herrlichen Bildern des Fritz von Wille noch nachempfinden können. Denn machen wir uns nichts vor: Auch „Stehenlassen" ist schließlich eine Form des Eingriffs. Auf der anderen Seite haben wir hier Programme in der Eifel, die die Beweidung von Höhenzügen durch Schafe unterstützen, damit die Verbuschung (als Anfang der Waldbildung) von Gelände zurückgehalten wird, zum Beispiel direkt „vor meiner Tür" im Bereich des Ernstberges, vor allem aber auch in den wunderbaren Wacholderbeständen der Eifel. Oder Beispiel Sümpfe und Moore: Da werden die als erste Bäume auftauchenden Birken entfernt, um einen Fortbestand des Charakters des Sumpfes bzw. des Feuchtgebietes zu gewährleisten. An dieser Stelle greifen wir also bewusst ein für ein von *uns* gewolltes Bild, was sich allerdings nach den normalen Gesetzen der Natur schon längst verabschiedet hätte. Da sagt man auch nicht: Die Natur sorgt eben von Natur aus dafür, dass es immer mehr Bäume gibt. An solchen Stellen greifen wir immer noch bewusst gegensteuernd ein und bremsen den sich sonst einstellenden Wald. Warum also nicht auch mal auf der einen oder anderen windzerzausten Vulkankuppe, die viel markanter und charaktervoller wäre ohne die Bäumchen, die man hier gewähren ließ?

Und steht man erst mal auf einem unserer wunderbaren Vulkangipfel und schaut sich um, was sieht man dann meist? Statt weiterer markanter Vulkangipfel und Täler und Dörfer die altbekannten schicken Fichtenstämme. Die gibt es aber auch schon weiter unten ausreichend im „flachen" Eifelland und in den Tälern. Statt eines Blicks auf weitere Fichtenstämme wünsche ich mir immer wieder auch mal einen Gipfelblick über die Eifel – bis zum Horizont.

Die Eifel hat insgesamt einen Waldanteil von etwa 42 Prozent. Im Kreis Daun sind es 50 Prozent und in der Gemeinde Densborn im Kylltal gar 70 Prozent. Für mein Empfinden könnte da die eine oder andere Kuppe durchaus auf ein paar Fichten verzichten, die heutzutage leider den „rauen" Gipfelcharakter unserer Vulkane verbergen. In den Gerolsteiner Dolomiten hat man es aus meiner Sicht dankenswerterweise ja schon ganz richtig gemacht, indem man die 380 Millionen Jahren alten Felsriffe wieder etwas deutlicher freigestellt hat, wodurch ihre schroffe Schönheit nunmehr viel markanter zum Ausdruck kommt.

Ich könnte auch noch gut auf die Fichten auf dem Vulkankegel des Nerother Kopfes zwischen Neunkirchen und Neroth verzichten, sodass man auch aus der Ferne schon die auf dem Gipfel stehenden Ruinen der Burganlage erkennen könnte und es von dort oben auch noch einen freien Blick zumindest nach Osten gäbe in Richtung Nürburg und Hohe Acht. Aber in „Naturschutzgebieten" kommt man ja nicht mehr so leicht ran an das „kostbare" Preußenholz.

Bleibt hier aber noch anzumerken, dass Fritz von Wille der bei Weitem produktivste und bedeutendste Eifelmaler war bzw. ist. Doch auch der ebenfalls im Jahre 1860 in Halle/Saale geborene Hans Richard von Volkmann, wie von Wille Absolvent der Düsseldorfer Kunstakademie, hat uns einige wunderbare Eifelmotive voll herber Schönheit hinterlassen.

Vielleicht war es ja sogar von Wille, der den Kollegen mal in die Eifel mitnahm und in ihm den Impuls für das Malen einiger Eifelbilder weckte. Ich kann mir das schon vorstellen, wie die beiden auf der Suche nach 'nem schicken neuen Prada-Pinsel über die Düsseldorfer Kö flaniert sind und wie der von Wille zum Volkmann sagte: „Nü, mäin lieba Mol-Komerod, wolln wor nich mol züsomm in die Aifel tobn züm Molen?“ Ach nein, das ist ja völlig falsch, die kamen ja gar nich aus Sochsn, sondern aus Sochsn-Anhalt und Düringen. Da spricht man ja ganz anders.

Aber um das Maß voll zu machen: Es gibt noch eine dritte für unsere Eifelkultur wichtige Person, die, jawohl, *auch* 1860 geboren wurde und die *auch* in Düsseldorf gelebt hat. Aber sie kam in Trier zur Welt. Weil ihr Vater – das Thema hatten wir schon – als preußischer Beamter aus dem damals noch zu Preußen gehörenden Posen (hinter der DDR) nach Trier versetzt worden war. Das Entscheidende aber ist: Aus dem kleinen Mädchen mit dem Namen Clara Viebig wurde schließlich eine große Eifelschriftstellerin.

Clara Viebig und Fritz von Wille waren sogar befreundet und streiften immer wieder mal gemeinsam durch ihr geliebtes „Gebirge“. Doch während sich ihr Freund Fritz in seiner Malerei ganz der herben Schönheit der Eifel hingab, ergriff Clara ausgeprägt das Thema des beladenen und schwierigen Lebens der einfachen Eifeler Bevölkerung. Sie äußerte sich auch einmal wie folgt über ihr und von Willes Verhältnis zur Eifel: „Ich weiß mit der Feder nichts zu sagen, das nicht Wille mit dem Pinsel ausgedrückt hätte. Wir sind durch die Eifel gewandert, beide mit denselben Augen, die die Liebe zum Lande geöffnet hat; uns gab ein Gott ins Herz, die Schönheit dieser Welt zu erkennen: Welche Gefühle in dieser Armut, welche Pracht in dieser Bescheidenheit, welche Poesie in dieser Öde.“

Dass Clara Viebig in ihrer Arbeit besonders auf die Verhältnisse der *armen* Menschen einging, hatte seinen Ursprung in den gemeinsamen Ausflügen mit einem Freund der Familie, dem Trierer Landgerichtsrat Mathieu. Der war als Untersuchungsrichter im Regierungsbezirk Trier unterwegs und die erst 16-jährige Clara kam auf diesen Dienstreisen in Kontakt mit sehr vielen Schicksalen von Eifeler Menschen bis hin zu Verbrechen und Obduktionen von Verbrechensopfern. Dieser ungefilterte unmittelbare Kontakt zur einfachen Bevölkerung prägte sehr die spätere Eifeldichterin, die schließlich selbst im Ausland große Anerkennung fand. Interessantes Detail ihres Lebens: Sie heiratete den jüdischen Verleger Fritz Theodor Cohn und den meisten anderen Ehen dieser Zeit wäre diese Konstellation zum Verhängnis geworden, doch ihr entfernter Verwandter Hermann Göring, einer der größten Verbrecher der Weltgeschichte, schirmte sie und ihren Mann später vor dem Zugriff der sonst eifrig tätigen Nazischergen und Judenhasser erfolgreich ab.

1920 brachte sie ganz in ihrem Geiste der Beobachtung der einfachen Menschen ihr vielleicht bekanntestes Werk „Kinder der Eifel" heraus. Es ist eine Sammlung von Novellen über Menschen und ihre Schicksale in der Eifel. Eine kleine Stelle aus „Simson und Delila" mag einen Eindruck geben von ihrer Wahrnehmung der Eifel, Zitat: „... Die Wipfel der hohen Tannen stehen in Glut getaucht, wie goldene Tränen sickert Harz am Stamm nieder; auf dem Fußpfad aber, der sich unter den breiten Behängen durch smaragdgrünes Moos schlängelt, ist kühlste Dämmerung. Eidechsen huschen über den Weg, ein Eichkater lugt mit klugen Augen vom Ast. Kein Menschenlaut, kein Hüttenrauch, auch kein Vogellied; Singvögel sind selten im Eifelland, nur die bräunlichen Häher mit leuchtend hellblauen Flügelbinden jagen einander mit misstönendem Schrei um die Stämme. Eine große Einsamkeit! Schier endlos scheint der Kunowald, der sich von Manderscheid nach Himmerod und weiter gen Wittlich zieht - Buchen, Eichen, Tannen, vielhundertjährige Bäume, Bäume - nichts als Bäume. Und Hügel, Hügel, rundgewölbte Eifelhügel, wie Kuppen auf das Hochplateau gesetzt. Das Auge verliert sich im Gewirr von duftig blauen Schluchten und waldigen Bergrücken; hin und wieder ein Stück Heideland, mit rötlichem Teppich gedeckt. Nichts rührt sich, das Wild hält sich versteckt, die Tannen strecken die breiten Äste ab, keine Nadel fällt ..." Zitatende. So weit Clara Viebig über ihr intensives Empfinden eines besonders waldreichen Stückes der Eifel.

Aber: Liebe Clara Viebig, das ist ganz wunderschön beschrieben, aber die Stelle mit den Singvögeln - das müssen Sie mit einem Ausflug nach Spitzbergen verwechselt haben. Denn dort gibt es tatsächlich nur eine einzige Singvogelart, die Schneeammer, während es in der Eifel dagegen mehr als 70 Singvogelarten gibt, vom kleinsten Vogel Europas, dem nur vier bis sieben Gramm wiegenden Wintergoldhähnchen – der Zaunkönig ist dagegen mit 7,5 bis elf Gramm schon fast 'ne fette Henne –, bis hin zum größten und mit eineinviertel Kilogramm auch schwersten Singvogel unseres Kontinents, dem Kolkraben. Ja tatsächlich, der gehört auch dazu, denn bei der zoologischen Zuordnung geht es nicht in erster Linie um die Qualität des „Gesangs", sondern da spielen noch einige andere Dinge eine entscheidende Rolle. Aber lauschen Sie doch einfach mal dem Kirchenchor Ihres Nachbarortes: Sie werden erstaunt sein, wie viele „Kolkraben" da dabei sind.

Aber noch einmal zurück zu Clara Viebigs Waldimpression. Ich werde dabei erinnert an einen meiner Ausflüge in den nördlichsten Salmwald – ihren „Kunowald", bei Oberstadtfeld. Es war ein nebliger Tag und doch drängte es mich nach draußen, obwohl zu befürchten war, dass mich im spärlichen Licht zwischen den Bäumen die Einsamkeit finden würde. Doch gerade an diesem Tag nahm ich die Nuancen der Grüntöne der verschiedenen Moose auf dem Waldboden ganz besonders intensiv wahr und der Wald hatte nichts Einsames, sondern war wie ein großer schützender Organismus, der unter seinem weiten Blätterdach alles zusammenhielt. Und ich muss einräumen, dass auch ich an diesem späten Nachmittag tief im Wald beinahe keine Vogelstimme gehört habe, fast so, als hätten die ansonsten zahlreichen gefiederten Bewohner ein wenig den Schnabel gehalten wie aus dieser mir bekannten Ehrfurcht, wenn ich eine mächtige Kathedrale betrete.

Clara Viebigs Welt des einfachen harten Eifellebens weitete sich jedoch schon Jahre vor diesem Buch sozusagen in eine noch viel größere und schlimmere Dimension, von der die ganze Nation erfasst war: Der Erste Weltkrieg begann und die Eifel avancierte zum Aufmarschgebiet.

Wurde das üppige Schienennetz der Eifel zunächst noch für den Antransport begeisterter junger Soldaten genutzt, die sich ganz in der Zuversicht einer guten Sache und in der Sicherheit eines raschen Sieges wähnten, so erlebte die Eifel nach vier bitteren Kriegsjahren schließlich auch noch die Rückflut der Geschlagenen, denen die patriotischen Siegeslieder inzwischen längst abhandengekommen waren.

Vorbei waren die „glorreichen“ alten Zeiten. „Wir“ hatten uns schon ein bisschen zu sehr an das „Siegen“ gewöhnt, nachdem wir mit Verbündeten zu Beginn des 19. Jahrhunderts immerhin sogar gegen Napoleon gewonnen hatten, was auch bedeutsam und gut war. 1866 hatte Bismarck auch noch gegen die Österreicher gewonnen (wobei der alte Fuchs damals schlau genug war, das Ganze nicht auf einer Skiflugschanze austragen zu lassen. So hatte er sich erfolgreich mit seinen Bandscheibenproblemen rausreden können). Siegreich war dann obendrein auch noch der Deutsch-Französische Krieg 1870/71, was uns zum Preis vieler Menschenleben zumindest den deutschen Nationalstaat eingebracht hatte. Also dachten die schon, das würde wohl zwangsläufig immer so weitergehen mit unserer „Überlegenheit“. Tat es aber nicht.

Stattdessen erlebte Deutschland eine Tragödie bisher unbekannten Ausmaßes. Insgesamt fanden beinahe zehn Millionen Soldaten und sieben Millionen Zivilisten den Tod. Von den mehr als 13 Millionen deutschen Soldaten, die im gesamten Kriegsverlauf im Einsatz waren, mussten allein zwei Millionen ihren Hurrapatriotismus und ihre Siegesgewissheit am Kriegsbeginn schließlich doch mit ihrem Leben bezahlen. Angesichts der enormen Zahl von Toten vergisst man schnell die Tausenden von verkrüppelten Kriegsheimkehrer, die mit bis dahin unbekannten schlimmsten Entstellungen und Amputationen in die Heimat zurückgelangten, nur um dort nach einem kurzen Siechtum auch noch bald zu sterben.

Demokratie mit wenig Rückhalt

Die Weimarer Republik

Ein erst 1913 im Alter von 24 Jahren aus Österreich nach Bayern eingewanderter Postkartenmaler allerdings, den man 1914 in München für einen Bayern gehalten und als Kriegsfreiwilligen in die bayerische Armee aufgenommen hatte, überlebte seine Kriegsteilnahme mit einer leichteren Oberschenkelverletzung. Sinnigerweise war der vielversprechende junge Mann zuvor Anfang 1914 von der Münchner Polizei aufgegriffen und zurück nach Österreich überstellt worden, um dann in Salzburg vom Militär gemustert zu werden. Dort wurde er allerdings als waffenunfähig beurteilt und vom Wehrdienst zurückgestellt. Dabei war der aus Braunau stammende junge Mann ja gerade 1913 aus Österreich verschwunden, um einer solchen Musterung in seinem Heimatland zu entgehen.

Zweimal schon war er zuvor gescheitert mit seinem Versuch, an der Wiener Kunstakademie aufgenommen zu werden, und jetzt wurde er auch hier wieder in einem ganz anderen Zusammenhang abgelehnt: Österreich wollte diesen Burschen offensichtlich nicht haben.

Was muss man denn daraus ableiten? Wenn sich schon aus einem abgelehnten Postkartenmaler schließlich ein gigantischer Massenmörder entwickelt, was entwickelt sich denn dann erst aus abgelehnten Fleischereifachverkäufern? Nicht auszudenken! Nehmt sie bloß alle an! Der andere Massenmörder, Hitlers „Zwilling“ aus dem

Osten, dieser Stalin, wollte wahrscheinlich auch nur Kerzenzieher werden. Ja, wer hat den denn da abgelehnt? Hat denn niemand mehr die Intuition, die sich anbahnenden Katastrophen zu erspüren, wenn man solche sensiblen Gemüter abweist mit ihren eigentlich doch ganz bescheidenen angelegten Berufswünschen?

Und mal ganz nebenbei: Alle reden von den Booten, in denen Afrikaner nach Italien übersetzen. Aber gibt es überhaupt ein einziges Auffanglager für Postkarten malende Österreichflüchtlinge? Nie davon gehört. Da ist noch Handlungsbedarf, verehrte Politiker. Vor lauter Griechenland-, Zypern-, Portugal- und Spanienkrise hat man die allzeit tickende Zeitbombe Österreich völlig aus den Augen verloren. Vielleicht kommt der Nächste ja gar nicht aus Braunau, sondern aus Linz – getarnt als Skilehrer. Sind die bayerischen Grenzbeamten einer solchen Herausforderung überhaupt gewachsen?

Jedenfalls wurde die österreichische Ausmusterung der letzte maßgebliche Baustein im Fundament von Hitlers „Deutschland-Karriere" – und zum Beginn einer globalen Tragödie, von der die ganze Menschheit in den noch folgenden 30 Jahren auf das Bitterste Kenntnis erlangen sollte. Nachdem Hitler als „deutscher" Soldat am Krieg teilgenommen hatte, blieb er auch endgültig bei uns in Deutschland – mit allen uns bekannten Folgen.

Doch so weit waren wir noch nicht. Zunächst hatte man Kaiser Wilhelm II. und seinen Sohn zur Abdankung gezwungen. Das wurde am 9. November 1918 von Reichskanzler Max von Baden verkündet und noch am gleichen Tag rief in Berlin der Sozialdemokrat Philipp Scheidemann die Republik aus. Am 11. November 1918 schloss Deutschland den Waffenstillstand von Compiegne, mit dem die Kampfhandlungen endlich ein Ende fanden.

Als Übergangsregierung fungierte zunächst der sogenannte Rat der Volksbeauftragten, der den 19. Januar 1919 als Wahltag für eine Verfassung gebende Nationalversammlung festlegte. Erstmals in der Geschichte durften alle Erwachsenen ab dem 20. Lebensjahr, also auch die Frauen, an den ersten geheimen, gleichen, direkten und allgemeinen Wahlen teilnehmen.

Im Bewusstsein für den ersten Anlauf hin zu mehr Demokratie im Jahre 1848 wählte man jetzt wieder die Farben Schwarz-Rot-Gold zur Nationalflagge. Die nun entstandene Weimarer Republik stützte sich anfangs politisch auf den Zusammenschluss von SPD (37,9 Prozent), Zentrumspartei (19,7 Prozent) und Deutsche Demokratische Partei (18,5 Prozent) zur sogenannten Weimarer Koalition. In diesem Jahr wirkte also die Parteienwelt Deutschlands noch weitgehend „normal" und eher unauffällig.

Am 28. Juni 1919 folgte die Unterzeichnung des Versailler Friedensvertrages und am 31. Juli wurde die Reichsverfassung verabschiedet. Jetzt gab es also die erste Demokratie in der Geschichte Deutschlands.

Im Juni 1920 folgten die Reichstagswahlen, die erste „Verschiebungen" brachten, denn die SPD fiel auf 21,7 Prozent zurück, das Zentrum, die Lieblingspartei der treuen Eifeler, auf 13,6 Prozent. Dabei kam das Zentrum in der Eifel im Schnitt sogar auf satte 80 Prozent. Die Deutsche Demokratische Partei verlor sogar mehr als die Hälfte ihrer Stimmen und kam nur noch auf 8,3 Prozent. Steigern konnte sich allerdings die DNVP, die Deutsch-Nationale Volkspartei, von 10,3 auf 15,1 Prozent. Und an dieser Stelle des zunächst noch eher unscheinbar wirkenden Zahlenwerks zeigte sich ganz dezent, wohin sich nun der langsam entwickelnde politische „Erdrutsch" entwickeln würde. Sie wissen, was ich meine!

Und wir in der Eifel? Nach gut einhundert Jahren „Freiheit" als Deutsche im Anschluss an die napoleonische Zeit hatten wir wieder einmal Besatzungsmächte vor der Tür – und dann drinnen. Damals waren es „nur" die Franzosen, diesmal kamen noch die Amerikaner und die Belgier dazu. Damals mussten wir Französisch verstehen, jetzt auch noch Englisch – die Anforderungen wuchsen. Die vier Siegerparteien teilten sich die Eifel untereinander auf: Die Franzosen bekamen die Südeifel und den Regierungsbezirk Trier, die Amerikaner die Osteifel und den Raum Koblenz und die Belgier übernahmen den Raum Aachen mit Monschau und Schleiden. Alle vier Siegermächte – auch die Engländer – saßen in Koblenz als „Interalliierter Ausschuss für die Rheinlande".

Auch die Eifel hatte „das Ganze" mal wieder auszubaden, vor allem wirtschaftlich. Denn schon wieder war der Rhein die Grenze zum restlichen Deutschland (hatten wir schon mal, machte es aber nicht besser). Die Osteifel verlor also erneut ihren Wirtschaftsraum auf der rechten Rheinseite. Und die Luxemburger trennten sich auch noch von uns und schlossen sich Belgien an. Womit die Prümer und Bitburger die bis dahin offene Nachbarschaft im Westen verloren. Und um die Sache rund zu machen, fiel das Saarland 15 Jahre an den Völkerbund und damit raus aus der Rheinprovinz, was für den Raum Trier ein ziemlich herber Schlag war.

Mit einem blauen Auge kamen wir bei den aufkommenden Gebietsansprüchen der Belgier weg. Statt größerer Teile der nordwestlichen Eifel waren es dann doch „nur" die Städte St. Vith, Malmedy und Eupen, die Belgien samt Umland zugeschlagen wurden. Das konnte auch der Widerstand der Einheimischen anschließend nicht mehr ändern. Lediglich das kleine Losheim machte vehement und erfolgreich mobil gegen eine Einbürgerung nach Belgien. Die verschonten mit ihren Bittschreiben kaum jemanden außer den Kaiser von China und den Bürgermeister von Reykjavik, jedenfalls nicht den Papst und auch nicht den amerikanischen Präsidenten und den belgischen König. Und siehe da: Die Schreiben an die Mächtigen zahlten sich aus. Die Losheimer erhielten noch einmal eine eigene Abstimmung und votierten mit 98 Prozent für den Verbleib bei Deutschland. Solche Treue hatte das Vaterland bislang kaum gesehen und es belohnte den kleinen Ort mit eigener Schule, Kirche, Strom- und Wasseranschluss und etwas Kleingeld für das Nötigste (über 100.000 Mark an Obligationen). Ich überlege auch schon die ganze Zeit, wem ich alles schreiben könnte, dass ich Eifeler bleiben will und für einen Verbleib bei Deutschland stimme.

Den deutschen Neubelgiern kam jetzt zumindest zugute, dass sie plötzlich zu einer „Siegernation" gehörten, die von den Amerikanern gut versorgt wurde. Da sah es auf unserer Seite der Grenze allerdings ganz anders aus. Aufgrund der hohen Reparationszahlungen, die überwiegend nach Frankreich zu leisten waren, gab es bei uns heftige Engpässe bei den Lebensmitteln, und das nicht nur bei Kaviar und Dom Perignon Luminous, sondern selbst bei solch „einfachen" Bedarfsprodukten wie Mehl und Zucker. Besonders in den Fokus des Interesses gerieten allerdings Tabakwaren und Kaffee, die es bei uns kaum gab oder nur zu horrenden Preisen. Unausweichliche Folge war dann das Aufkommen eines lebhaften Schmuggelgeschehens entlang der gesamten deutsch-belgischen Grenze. Da waren in den Nächten sowohl einzelne Familien auf den Beinen als auch ganze gut organisierte Schmuggelbanden aus den größeren Städten des Hinterlandes, die in großem Stil den Schwarzmarkt bedienten.

Diesmal war es mal nicht das Wetter, das unsere Not und Armut schürte. Die Deutschen stöhnten allgemein unter der Last der Reparationszahlungen, die 1919 im Friedensvertrag von Versailles auf 269 Milliarden festgelegt wurden und die im Laufe von 42 Jahren abgetragen werden sollten. Das war eine enorme Summe, die nachvollziehbar wird, wenn man die Ursache berücksichtigt: Sie war überwiegend das Resultat der „Politik der verbrannten Erde“, als der sich 1918 aus Frankreich zurückziehenden deutschen Armee befohlen wurde, auf dem zu verlassenden französischen Boden alles zu zerstören. Leider kam auch dabei eine uns Deutschen nachgesagte Tugend zur „Entfaltung“: die Gründlichkeit.

Kein Wunder also, dass die Forderungen so hoch waren. Fairerweise bleibt aber auch anzumerken, dass der amerikanische Präsident Woodrow Wilson nicht für derartige Reparationen war, weil er den Deutschen nicht die Basis für einen aussichtsreichen Neuanfang nehmen wollte. Interessanterweise sollten wir später einer ähnlichen amerikanischen Auffassung nach dem Ende des Zweiten Weltkrieges begegnen, als uns Deutschen der „Marshall-Plan“ sehr viel Hilfe und Unterstützung brachte.

1921 erfolgte dann eine „Nachjustierung“ auf 132 Milliarden Goldmark. Bei einem damaligen Goldgehalt von 0,358 Gramm Feingold je Mark ergäbe das heute nach aktuellem Goldwert, der wie bereits erwähnt bei rund 40 Euro je Gramm liegt, eine Summe von satten 1890 Milliarden. Da käme heute sogar datt Angela ins Schwitzen. Und tatsächlich zog sich die ganze Geschichte schließlich hin bis in unsere Zeit. Denn erst zum 20. Jahrestag der Deutschen Einheit, am 3. Oktober 2010, also 92 Jahre nach dem Ende des Ersten Weltkrieges, wurde eine letzte Zahlung in Höhe von 200 Millionen Euro für Staatsanleihen fällig, die in den 20er Jahren aufgelegt worden waren, um die Entschädigungszahlen nach dem Krieg zu finanzieren.

Diese waren während des Zweiten Weltkrieges nicht mehr bezahlt worden, was mich bei dem Postkartenmaler auch sehr verwundert hätte.

Doch dann gab es das Londoner Schuldenabkommen von 1953, in dem sich die Bundesrepublik gegenüber den Alliierten verpflichtete, die Auslandsschulden des Deutschen Reiches wieder zu übernehmen. Jedoch blieben Zinszahlungen für Anleihen des Zeitraumes 1945 bis 1952 offen. Die sollten erst in dem – wie man dachte – völlig aussichtslosen Fall einer deutschen Wiedervereinigung fällig werden. Tja, man hätte es ahnen können, denn schließlich weiß jeder, dass man sich hin und wieder auf eines nicht verlassen kann: auf Politik. Denn dann war sie „plötzlich" doch da, die Wiedervereinigung, und 1990 wurden neue Anleihen aufgelegt mit einer Laufzeit von 20 Jahren. Auch die gingen vorüber, und so konnte Deutschland seine finanzielle Kriegsschuld aus dem Ersten Weltkrieg im Oktober 2010 endlich begleichen.

Aber noch einmal zurück in die Nachkriegszeit von 1919. Endlich waren wir das eigentlich recht „interessante" und kreative Dreiklassenwahlrecht los. Sogar Alice Schwarzers erste Kindergartenproteste hatten Wirkung gezeigt. Denn „schon" 1908 hatte man den Frauen erlaubt, politischen Vereinen beizutreten. Bevorzugt strebten sie dann beispielsweise in den freien Deutschen Häkelbund oder, die mit Abitur, in die Communis Nationalis Persilias (was etwa so viel bedeuten könnte wie „Vereinigung Nationaler Persilanwenderinnen"). Schließlich hatte die Firma Henkel schon am 6. Juni 1907 in der „Düsseldorfer Zeitung" die erste Anzeige für Persil geschaltet. Und den ungehinderten Umgang mit der neuen Haushaltschemikalie wollten sich die Frauen auch durch ein paar damals erstmals auftauchende Softies in Männergestalt auf gar keinen Fall beeinträchtigen lassen.

Nachdem man den Frauen eine zehnjährige Orientierungsphase zugestanden hatte, damit sie alles begreifen konnten bezüglich Wahl und so, hatten sie rechtzeitig zum Kriegsende 1918 auch noch das Wahlrecht erhalten, sowohl das aktive (wählen dürfen) als auch das passive (gewählt werden dürfen). Das ist jetzt auf der Zeitskala der politischen Fortschritte allerdings nicht so der Spitzenwert, denn sogar die Frauen im muslimischen Aserbeidschan waren schon ein Jahr früher dabei.

Aber 1918 war ein ganz ordentlicher Zeitpunkt, so 125 Jahre, nachdem die Franzosen die erste Freiheitskämpferin für die Rechte der Frauen, Olympe de Gouges, hingerichtet hatten. Die finnischen Frauen waren jedenfalls die ersten in Europa im Jahre 1906.

Und wer hat als Letzter in Europa das Frauenwahlrecht „erfunden"? Stichwort Halsbonbons! Genau, die Schweizer, schon 1971. Aber das Beste kommt noch: Auf kantonaler Ebene gibt es das Frauenwahlrecht im Kanton Appenzell Innerrhoden – ja, der Name ist etwas verdächtig – erst seit 1990. Da haben sich die Hoden ganz schön lange gewehrt. Die Saudis aber noch länger. Doch König Abdullah hat ja inzwischen angekündigt, dass die saudischen Frauen ab 2015 auch das Wahlrecht erhalten sollen. Die Frage ist nur: für was? Freie Wahl des Speiseöls oder des Waschmittels? Falls aber doch „DAS Wahlrecht" gemeint sein sollte, dann wäre das gleichzeitig auch noch ein enormer Konjunkturimpuls in der Bekleidungsbranche (die da unten wahrscheinlich auch zu wahrscheinlich 97 Prozent dem Königshaus gehört). Denn zum ersten Mal müssten die ganzen Mädels aus den Harems was Vernünftiges zum Anziehen kriegen, bevor sie zur Wahl gehen dürfen. Und bis die alle eingekleidet sind, haben wir wahrscheinlich 2017.

Schauen wir wieder ins Jahr 1923. Die irre hohen Reparationsleistungen waren kaum zu schaffen. Doch vor allem die Franzosen, an die der Großteil der Zahlungen und Materiallieferungen ging, hatten da wenig Nachsicht. Als unser Land ein wenig in Rückstand geriet – es soll sich dabei nur um ein kleines Kohlenkontingent und 100.000 Telegrafenstangen gehandelt haben –, besetzten sie zusammen mit den Belgiern das Ruhrgebiet und isolierten es vom übrigen Reich. Auch dadurch wurden die Bedingungen für alle Eifeler, also auch für die Frauen, noch einmal schlechter. Sie verloren mal wieder einen wichtigen rechtsrheinischen Absatzmarkt und sollten auch noch höhere Leistungen an die Alliierten erbringen, während sie das weitere Abholzen des Eifelwaldes überwiegend selbst bewerkstelligten. So konnte es nicht weitergehen, nicht bei uns und nicht im Reich. Folglich rief die Reichsregierung zum passiven Widerstand auf und stellte die Reparationszahlungen ein. Auch die Eifeler Eisenbahner streikten und viele Betriebe standen still. Die Besatzer reagierten ihrerseits mit Militärprozessen, Verurteilungen und der Ausweisung Tausender Rheinländer und Eifeler ins östliche freie Reichsgebiet. Besonders betroffen waren die Eisenbahner, deren es in unserem Bereich besonders viele in Gerolstein und Jünkerath gab. Allein aus Gerolstein wurden schließlich 1480 Menschen ausgewiesen.

Als Nächstes boykottierten die Eifeler die Benutzung der Bahn. Man wollte die Besatzer in keiner Form unterstützen. Doch nach Aufhebung des passiven Widerstandes durch die Berliner Regierung dauerte es noch eine ganze Weile, bis wieder die früheren normalen Verhältnisse eingekehrt und die vertriebenen Menschen wieder ihre alte Position eingenommen hatten. War es jetzt mal „ruhig"? Nein, es stand schon wieder neues Ungemach ins Haus. Gegen den Widerstand der Engländer und der Amerikaner förderten die Franzosen eine separatistische Bewegung, die die Loslösung des Rheinlandes vom Reich und die Schaffung einer unabhängigen „Rheinischen Republik" zum Ziel hatte. Die hätte dann unter der Fuchtel Frankreichs gestanden.

Im Oktober 1923 kam es sogar zur Übernahme des Aachener Rathauses durch die Separatisten, aber auch in der Eifel selbst gab es viele Aktionen. In meiner Geburtsstadt Mayen gingen Arbeiter gegen das Hauptquartier der „Abtrünnigen" vor, die aber von französischer Seite unterstützt wurden. Schließlich kam es sogar zur Anerkennung der vorläufigen „Regierung der Rheinischen Republik" durch den französischen Oberkommandierenden in Koblenz. Dem passte das Ganze sehr gut in den Kram.

Die Bewegung griff noch weiter um sich, obwohl sie in der Masse der Eifelbevölkerung keinen Rückhalt fand. Trotzdem wurden auch noch die Städte Bitburg, Prüm, Wittlich, Gerolstein und Daun besetzt. Einer der Separatistentrupps entführte sogar den Schleidener Landrat Graf von Spee und brachte ihn nach Daun, wo der sympathisierende Bürgermeister zum neuen Landrat ernannt worden war. Aber von Spee und andere Landräte erkannten auch in Koblenz, wohin man sie schließlich gebracht hatte, die neue Regierung unter ihrer hübschen grün-weiß-roten Fahne nicht an und verloren ihre Posten. Derweil brodelte es in der Eifel immer mehr. Es kam zu ernsten Auseinandersetzungen zwischen der Bevölkerungsmehrheit und den Anhängern der neuen Republik, zum Beispiel im Norden, in Olef, Gemünd und Kall. In Heimbach kam es Ende Oktober nach zwei Tagen der Auseinandersetzungen doch noch zur Vertreibung der Republikaner. Auch im oberen Kylltal stellten sich Bauern und Bürger den vorstoßenden Kräften entgegen, unterstützt von dortigen Pastoren. Dann traten die Burschen von der sogenannten Rheinwehr in der Osteifel auf, wo sie Anfang November sogar drei Einwohner von Brohl töteten. Die Besetzung des Landratsamtes von Adenau wurde allerdings Mitte des Monats von Bürgern und 400 Bauern beendet, die die Besetzer vertrieben.

Die Wende war nun eingeleitet und das Volk ließ sich nicht auf die Seite der Separatisten ziehen, die bald darauf auch aus Prüm und Mayen vertrieben wurden. Selbst die Franzosen konnten sich der Realität nicht verschließen und beendeten die Unterstützung der Gruppierung, die sich schließlich auch noch in Wittlich Tausenden von Bauern und Winzern geschlagen geben musste.

Mit der Selbstauflösung der „Regierung der Rheinischen Republik" endete im Dezember 1923 das Kapitel eines von Deutschland losgelösten Rheinlandes, denn die Hauptkräfte der Separatisten waren schon Mitte November am Siebengebirge von Bauern besiegt worden.

Aber jetzt zeigte sich auch mehr und mehr, wie teuer die Zeit des passiven Widerstandes gewesen war, in der die Bevölkerung loyal zum Staat gestanden hatte. Nun mussten die Ausfälle durch stillstehende Produktionsstätten und die Lohnausfälle der Arbeiter kompensiert werden, denn den Menschen fehlte es an Geld für das Nötigste. Dabei kam die Regierung in Berlin mit dem Drucken von Geld kaum nach, obwohl sie bis zu 40 Millionen Mark täglich auf der Eifeler Seite des Rheines auszahlte, bis hin in die kleinsten Dörfer. Dabei hatte sich die Geldknappheit schon vorher drückend bemerkbar gemacht, sodass einige Eifelorte wie Speicher, Prüm, Daun, Schleiden, Münstereifel und Euskirchen schon ab 1920 dazu übergegangen waren, eigenes Notgeld zu drucken.

Natürlich zeigte sich auch bei diesem aus der Not geborenen Verfahren die besondere Liebe der Eifeler zu ihrer Heimat, denn die Scheine fielen alles andere als nüchtern aus, sondern wurden kleine Kunstwerke mit Abbildungen von markanten heimischen Bauten oder Landschaftsmerkmalen. Dazu gehörten dann in der zentralen Eifel die Burgen von Blankenheim, Kerpen, Schönecken, Monreal, die Kasselburg und die beiden Manderscheider Burgen wie auch die Felsformation der Munterley in Gerolstein. Aber nicht nur Ortsverwaltungen gaben sogenannte Notscheine aus, sondern sogar Verkehrsvereine und der Eifelverein. Man versuchte eben auf breiter Front nach dem Einbruch wieder Fuß zu fassen, was letztlich dazu führte, dass schließlich alle Eifeler Milliardäre waren. Da konnten die Lottoeinnahmestellen ihre draußen angebrachten Fähnchen, mit denen sie auf die Summe im Jackpot aufmerksam machten, nur noch verschämt einholen: neun Millionen im Jackpot – wen kratzte *das* denn, wo der Stundenlohn eines Handwerkers Ende Oktober 1923 bei satten sieben Milliarden Mark angekommen war?

Einem unbestätigten Gerücht zufolge soll einer unserer Eifelmilliardäre auf die Idee gekommen sein, mit seinen beeindruckenden Geldscheinen an die Côte d'Azur zu fahren, um dort in Nizza eine passende Immobilie mit Meeresblick und drei Pools zu erwerben. Doch seine Milliarden reichten bei Weitem nicht für die Zugfahrkarte am nächsten deutschen Bahnhof. Trauriges Einzelschicksal einer eigenartigen Zeit. Und die Preise stiegen weiter ins Unermessliche. Am 1. Oktober 1923 war der Preis für ein Kilowatt Strom auf zehn Millionen Mark geklettert und ein Monatslohn reichte praktisch nicht mal mehr für ein Brot.

Am Beispiel des Verhältnisses zwischen Reichsmark und Dollar ist der dramatische Verfall der deutschen Währung besonders deutlich erkennbar: Im Juli 1914 kostete ein Dollar noch 4,20 Reichsmark, bei Kriegsende waren es schon acht RM, aber das ging ja noch. Im Sommer 1922 waren es aber schon 500 RM, im Januar 1923 schon 10.500 RM. Jetzt gab es kein Halten mehr. Allein vom Juniwert mit 150.000 RM kletterte das Ganze schon auf gigantische knapp 99 Millionen RM im September 1923. Aber das war auch nur „Peanuts" gegenüber den 1260 Milliarden am 15. November. Am 20.

November kostete ein US-Dollar sage und schreibe 4,2 Billionen Mark. In dieser Zeit war zum Beispiel auch das Porto für einen Standardbrief von 0,20 Reichsmark Ende 1919 auf stattliche zehn Milliarden im November 1923 gestiegen.

Das war also auch keine besonders gute Zeit für Liebesbriefe. Ein deutscher Afrikarückkehrer bot in der Eifel schon Trommel-Schnellkurse an für die akustische Übermittlung von Liebesbotschaften – mit mäßigem Erfolg.

Aber dann war auch endlich Schluss mit dem wertlosen Papier mit den endlosen Nullen. Man stelle sich mal eine Billion vor, eine Zahl mit zwölf Nullen. Solche Zahlen gab es damals ja nicht mal im Mathematikunterricht einer gymnasialen Oberstufe.

Die am 15. Oktober 1923 gegründete Deutsche Rentenbank gab um den 20. November erstes „neues" Geld heraus zu einem Wechselkurs von 1:1 Billion. Ein US-Dollar kostete wieder 4,20 Rentenmark wie vor dem Krieg und prompt reduzierte sich die Zahl der Eifelmilliardäre dramatisch.

Das Ungewöhnliche bei der Sache war jedoch auch der Umstand, dass es sich bei der Rentenmark nicht um ein gesetzliches Zahlungsmittel handelte und demnach niemand gezwungen war, sie als Zahlungsmittel anzunehmen. Aber das deutsche Volk akzeptierte sie sofort und – was man sich kaum hatte vorstellen können – die Inflation wurde augenblicklich gestoppt.

Die Freude über das neue stabile Zahlungsmittel hielt sich jedoch in gewissen Grenzen. Denn einerseits war dieses System auf Schulden aufgebaut, andererseits wurde Arbeit sehr schlecht entlohnt. Beim Vergleich der Kaufkraft verdiente ein Amerikaner glatt das Doppelte, ein Engländer immerhin noch ein Viertel mehr. Die ohnehin schon armen Leute traf es – wer hätte denn jetzt so etwas gedacht – besonders hart, denn die Geldentwertung hatte sie um ihre geringen Ersparnisse gebracht, die auch für den Fall von Krankheit oder fürs Alter abgezweigt worden waren. Die meisten Geringverdiener, ob nun Bauern, Arbeiter, Hilfsarbeiter oder auch Kaufleute, waren ohne eine Versicherung auf sich selbst gestellt.

Die Bevölkerung der Eifel war zu Beginn der 20er Jahre weiter verarmt und auch 1925 waren je nach Region noch 50 bis 60 Prozent der Eifeler in der wenig ertragreichen Land- und Forstwirtschaft beschäftigt. Obendrein hatten sich zu den Schwierigkeiten des Geldmarktes und der Inflation auch mal wieder Jahre mit besonders ungünstigen Wetterlagen eingestellt, die die Erträge zusätzlich minderten.

Diese Probleme spiegelten sich auch im Nahrungsangebot der einfachen Familien. Die bäuerlichen Haushalte konnten in der Regel nur einmal im Jahr ein Schwein schlachten. Das machten auch die Eltern meiner Mutter in den 60er Jahren noch so, obwohl sie nur nebenher ein wenig Landwirtschaft hatten neben Großvaters Arbeit als Schuster in Masburg. Ich kann mich an eine solche Schlachtung erinnern, bei der ich als kleiner Knirps dabei war. Es war nicht die angenehmste Erinnerung meiner Kindheit.

Anderes Fleisch außer das vom Schwein – zunächst frisch und dann übers Jahr geräuchert – war beinahe schon luxuriös, Rindfleisch nur etwas für Feiertage, wie auch der sündhaft teure Bohnenkaffee. Die Kartoffel musste als Allround-Sattmacher herhalten, ergänzt durch Milchbrei und Apfelmus. Es gab aber auch kaum die Möglichkeit, diesen Umständen zu entkommen.

Es zeigten sich weiterhin Probleme der Art, wie sie schon Mitte der 1880er Jahre nicht ausreichend beseitigt worden waren. Immer noch mussten die meisten bäuerlichen Betriebe auf Flächen von weniger als zwei Hektar wirtschaften, vor allem im Kreis Ahrweiler (73 Prozent) und im Kreis Mayen (61 Prozent). Solch „kleine" Bauern hatten weder das Geld für bestes Saatgut noch für die Anschaffung besserer Maschinen.

Zumindest sollte über ein Flurbereinigungsverfahren eine Besserung erreicht werden. Man strebte großere Flächen an und legte dazu auch verstärkt weitere feuchte Wiesen trocken oder machte aus wildromantisch mäandrierenden Bächen schnurgerade Wasserabflussrinnen. Ein Problem, das mir als Jugendlicher in den 70er Jahren bei einer weiteren „Flurbereinigung" in der Eifel selbst auch noch einmal begegnen sollte. Das waren noch die Zeiten, da man Worte wie „Ökologie" und „Naturschutz" für Bestandteile eines mittelmongolischen Dialekts hielt. Doch in den 1920ern ging es ja auch noch richtig um die Überlebensfähigkeit von Menschen. Dass man vor beinahe 100 Jahren noch solche für die Natur schädliche Wege ging, ist irgendwo auch verständlich.

Aber ob es nun die Eifeler Landwirtschaft war, die sich noch mit Selbsthilfemaßnahmen wie mit weiterer genossenschaftlicher Zusammenarbeit zu helfen versuchte, oder ob es die bescheidene Industrie oder das Gewerbe war: Alle litten unter dem viel zu knappen Geld und den kaum zahlbaren Zinsen für Anleihen. So konnte es kaum eine Aufwärtsentwicklung geben.

Im Nachhinein wissen wir, wie unheilvoll sich das alles im Volksempfinden entwickelte. Die widrigen Lebensumstände und das wieder mehr und mehr erstarkte Nationalbewusstsein vermischten sich zu einer verhängnisvollen Allianz der Hoffnung auf einen „Heilsbringer". Tückischerweise war gerade schon ein Adolf Hitler dabei, an einem passenden Profil für eine solche Aufgabe zu „feilen".

Im Jahr 1925 kam es zunächst zur Beendigung der Ruhrgebietsbesetzung durch die Franzosen und Belgier. Dann wurde in diesem Jahr, in dem der erste Reichspräsident Friedrich Ebert starb, fatalerweise der 77-jährige Generalfeldmarschall Paul von Hindenburg, ein glühender Hasser der Weimarer Demokratie, zum zweiten Reichspräsidenten gewählt. Das allein verbesserte die sich immer weiter zuspitzende Lage der Eifeler Menschen nicht, die aufgrund ihrer sich weiter verschlechternden Ernährungslage auch noch zunehmend unter verschiedensten Krankheiten wie Diphtherie oder Keuchhusten zu leiden hatten. Wie schlimm es gewesen sein muss, lässt sich auch daran ablesen, dass Schulen über Wochen oder Monate geschlossen blieben.

Eine Wende zeichnete sich erst ab, nachdem der deutsche Innenminister Albert Grzesinski Ende 1927 davon berichtete, was er während seiner Deutschlandreise in der Eifel wahrgenommen hatte, nämlich dass er ein größeres Elend und größere Armut nirgends in ganz Preußen gesehen habe. Da waren wir also wieder ganz das preußische Sibirien, das dringend Hilfe brauchte. Und auch diesmal kam sie, zunächst noch 1927 mit 12,5 Millionen Mark und dann im folgenden Jahr noch einmal mit 15 Millionen. Das reichte noch nicht zum Vergolden von Kuh- und Schweineställen, aber für viele Maßnahmen zur Verbesserung der Arbeitsbedingungen für die

Bauern bis hin zur Förderung von Kirchen-, Schul- und Krankenhausbau. Aber auch die Vergrößerung des Wasserleitungsnetzes und der Straßenbau kamen manchen Eifeldörfern noch zugute.

Ein ganz besonderer „Segen" wurde jedoch dem kleinen Eifelstädtchen Adenau zuteil: Mit einem Aufwand von 14 Millionen Mark bauten zwischen 1925 und 1927 etwa 2500 Arbeiter die schönste Rennstrecke der Welt, den Nürburgring. Das sollte nicht allein dem strukturschwachen Raum rund um Adenau helfen, sondern der Eifel überhaupt zusätzliche Impulse verschaffen. Und unsere Eifeler Rennstrecke war und blieb mit ihren 175 Kurven auf 28 Kilometer Länge bei Höhenunterschieden bis 300 Meter immer die außergewöhnlichste aller Formel-1-Strecken in der Welt. Trotzdem beschäftigen uns nun 85 Jahre nach Fertigstellung der inzwischen eingetretene finanzielle Ruin der Streckenbetreiber und die sich daraus ergebenden politischen Folgen.

Leider konnte die Freude der Eifeler über die neue Attraktion mit internationaler Fernwirkung auch damals zunächst nicht allzu lange währen. Der Eifelwinter 1928/29 brachte einen wahrhaft sibirischen Kälteeinbruch mit Werten von weniger als 25 Minusgraden. Wieder erfroren die Kartoffeln, neben Brot ja das Hauptnahrungsmittel schlechthin. Alle anderen Produkte mussten verkauft werden, um über diese neuerliche bittere Hürde zu kommen. Das konnte auch durch die Freude über die ersten elektrischen Dreschmaschinen und die erste elektrisch betriebene Kreissäge kaum gemildert werden, ebenso wenig wie durch die Verbesserung der Postzustellung durch den Einsatz größerer Kraftpostautos, die damals zunächst zur Verbindung der größeren Orte wie Ahrweiler-Meckenheim-Rheinbach oder Mayen-Kempenich-Adenau und Kaisersesch-Landkern-Cochem erreicht wurde.

Doch als wäre das sibirische Wetter nicht schon schlimm genug gewesen, spitzte sich auch noch die Weltwirtschaftslage über das Jahr dramatisch zu und erreicht seinen Höhepunkt im Zusammenbruch der New Yorker Börse Ende 1929. Die Auswirkungen waren auch für Deutschland verheerend, denn durch die internationalen Verflechtungen (also kein Symptom erst unserer heutigen Zeit) kam es zur Zahlungsunfähigkeit vieler Banken oder gar zum Konkurs von kleineren Kassen im ländlichen Raum, was wiederum besonders die Bauern hart traf. Viele Firmen und Betriebe mussten die Zahl ihrer Beschäftigten dramatisch verkleinern. Selbst die in den 20ern zunächst weiter aufgeblühte Mineralwasserindustrie im Raum Daun-Gerolstein musste ihre Belegschaft um zwei Drittel kürzen. Während sich die Zahl der Beschäftigten in der Bleihütte Kall von 600 auf 100 reduzierte, konnte das große Bleibergwerk in Mechernich dank hoher Subventionen aus Berlin zumindest noch 900 Arbeitsplätze von früher 1350 erhalten. Die Zahl der Arbeitslosen in der Eifel stieg rasant an, auch weil viele entlassene Eifelmänner aus den großen Industrieräumen nun gänzlich in die Heimat zurückkehrten. Da reichten die vom Staat oder den Gemeinden ausgezahlten Ausfallgelder kaum für das Nötigste.

Wenigstens konnten sich die Eifeler und Rheinländer 1930 über den Abzug der letzten französischen Truppen freuen, was mancherorts auch ausgiebig gefeiert wurde. Doch die im Jahr 1931 folgende nächste große Missernte und die anhaltende Wirtschaftskrise brachten wieder größeren Kummer in die Eifel und führten auch wieder zu verstärkter Schmuggeltätigkeit entlang der belgischen Grenze. Doch auch landesweit verschlechterte sich die Situation so sehr, dass der Staat auch seinen Angestellten und Beamten das Gehalt um 20 Prozent kürzen musste. Das Volk hatte zunehmend das Gefühl, dass etwas „geschehen" müsse, was die Nation aus dem Elend herausführen sollte. Und tatsächlich geschah etwas.

Die als fortwährende Demütigung empfundenen immensen Reparationszahlungen und die sich weiter verschlimmernde Armut durch die Weltwirtschaftskrise erwiesen sich, wie wir heute wissen, als ein besonders ergiebiger Nährboden für radikale Kräfte und Parteien. Diese konnten sowohl auf der äußerst rechten als auch auf der äußerst linken Seite einen starken Zulauf verbuchen. Das zeigte sich zunächst unmittelbar bei den Reichstagswahlen 1930. Die NSDAP der Nationalsozialisten, bei der Wahl 1928 noch bei mickrigen 2,6 Prozent und zwölf Sitzen im Reichstag gelegen (zum Vergleich: SPD bei 29,8 Prozent und 153 Sitzen), sprang nun auf immerhin 18,2 Prozent und 107 Sitze (SPD 24,5 und 143 Sitze). Am linken „Rand" konnte sich die KPD der Kommunisten, 1928 noch bei 10,6 Prozent und 54 Sitzen, auf 13,1 Prozent und 77 Sitze steigern.

Die Eifeler standen auch 1930 weiter treu und mit großer Mehrheit zu ihrer seit Jahrzehnten gewählten Zentrumspartei, doch lag die Partei reichsweit nur bei 11,8 Prozent.

Erst bei der Wahl im Juli 1932 „brachen" die Nazis endgültig durch und erreichten satte 37,3 Prozent und 230 der insgesamt 608 Parlamentssitze. Die „linke Seite" mit SPD (21,6 Prozent) und KPD (14,3 Prozent) war da mit insgesamt 35,9 Prozent und 222 Sitzen aber immerhin noch fast gleichauf.

Das „Unheil" nahm jedoch seinen weiteren Lauf, denn Reichspräsident Paul von Hindenburg löste den Reichstag wegen einer schweren parlamentarischen Niederlage der Regierung auf, sodass es schon im November 1932 zu erneuten Reichstagswahlen kam.

Zwar schöpften dann die demokratisch Gesinnten noch einmal Hoffnung, weil die NSDAP durch den Verlust von immerhin zwei Millionen Stimmen ein schlechteres Ergebnis hinnehmen musste, wodurch sie auf „nur" 33,1 Prozent und 196 Sitze zurückfiel (SPD und KPD kamen da zusammen noch auf eine Mehrheit von 37,3 Prozent und 221 Sitzen). Doch mit Hilfe der 70 Abgeordneten der Zentrumspartei (11,9 Prozent) konnten die Nazis zunächst einmal ihren Hermann Göring zum Reichstagspräsidenten wählen.

Wo aber stand die Eifel in dieser Phase? Ihre Zustimmung für die NSDAP lag bei nur 17,5 Prozent, aber auch bei nur 5,5 Prozent für die Kommunisten.

Jedoch stand auf der großen deutschen Politbühne jetzt die Tür offen für den Postkartenmaler. Und der greise demokratiefeindliche Reichspräsident Hindenburg ernannte Adolf Hitler am 30. Januar 1933 zum Reichskanzler. So begann eine neue Zeit in Deutschland und in der Eifel. Es sollte die schlimmste Zeit werden, die ein Volk erleiden kann. Kein Diktator führte jemals zuvor ein Land und dessen Menschen und viele Millionen anderer Menschen auf der Welt so tief hinein ins Elend, in den Verlust und in den Schmerz.

Menschen*verachtung* wird „Staatsreligion“

Die Machtergreifung der Nationalsozialisten

Die sich noch erstaunlich lange haltende Ablehnung der NSDAP hatte vor allem auch religiöse Gründe. Doch auch das begann schließlich zu bröckeln. Die Partei nutzte alle ihr reichsweit zur Verfügung stehenden Propagandamittel und zog immer mehr Menschen auf ihre Seite. Wobei sicher auch viele Beamte und Angestellte aus Sorge, den Arbeitsplatz zu verlieren, in die Partei eintraten. So erhielt Hitlers Partei Anfang März 1933 schon fast doppelt so viele Stimmen in der Eifel wie im November 32. Dabei hatten die Nationalsozialisten schon längst begonnen, die demokratischen Rechte außer Kraft zu setzen, was schließlich nicht nur zur Selbstauflösung der „Eifelpartei“ des Zentrums im Juli 1933 führte, sondern im Verbot aller übrigen Parteien gipfelte. Ein unglaublicher Vorgang nach der jahrhundertelangen Geschichte der mühsamen Entwicklungen hin zu einer Demokratie. Jetzt gab es nur noch die NSDAP und ihren mit allen Machtmitteln ausgestatteten Postkartenmaler an der Spitze eines Einparteienstaates. Ab jetzt hieß es noch lauter: „Führer befiehl, wir folgen dir!“

Konsequent wurden dann zur Verbreiterung der Machtbasis leitende Stellen von der kleinsten Behörde bis zum Staatsdienst mit Parteigenossen besetzt. Alles unterstand dem Parteiapparat. Die Nordeifel wurde dem Gau Köln-Aachen zugeschlagen, während die Südeifel dem Gau Koblenz-Trier zufiel. Dort stand als ausführendes Organ der Partei ein Gauleiter an der Spitze, der dem jeweiligen Regierungspräsidenten sagte, was er tun durfte oder musste. Die kreiseigenen Landräte hatten einen Kreisleiter vor der Nase und selbst die Amts- und Ortsbürgermeister wurden von einem Ortsgruppenleiter kontrolliert.

Was auch den Eifelern allerdings besonders bedenklich erschien, war das antichristliche „Gesicht“ der Nationalsozialisten. Hitler hatte sich diesbezüglich zunächst noch etwas zurückgehalten, als er im März 1933 erklärt hatte, in Schule und Erziehung würde man den Christen den ihnen zustehenden Raum geben. Doch stellte sich das dann bald als hinfälliges Lippenbekenntnis heraus, als die Regierung mehr und mehr den Einfluss der Kirchen unterdrückte und es auch nicht nur beim Austausch von Kreuzen in Klassenzimmern durch schicke Hitlerporträts blieb. Denn den jungen Menschen und ihrer Erziehung galt die ganz besondere Aufmerksamkeit der Partei. Konfessionelle Schulen wurden 1935 zu Gemeinschaftsschulen mit NS-Ausrichtung umfunktioniert. Dann wurde auch noch der Religionsunterricht abgeschafft. Doch selbst das reichte den Nazis noch nicht zur Festigung der nationalsozialistischen Ideologie. NS-Kindergärten gab es zwar kaum im Eifelraum, aber das „Jungvolk“ für die Sechs- bis Zehnjährigen und die Hitlerjugend für die Zehn- bis Achtzehnjährigen wurden auch in der Eifel etabliert.

Doch so sehr es auch Zweifel und Widerstände gab: Hitler fand ein „Spielfeld“, auf dem er großflächig Punkte sammeln konnte: Arbeit!

Zunächst waren es noch „friedliche“ Projekte, die auch viele Eifeler zu Arbeit und Brot brachten, wie die verschiedenen Talsperren in der Nordeifel bis hin zur damals (1934 bis 1938) größten Baustelle Deutschlands, der Rurtalsperre, bei der es immerhin um ein Bauwerksvolumen von 2,6 Millionen Kubikmeter ging. Aber auch der Bau der Ordensburg Vogelsang hoch über der Urft-Talsperre war ein Großprojekt, das mit dem ersten Spatenstich im März 1934 begann. Bis zu 1500 Arbeiter erbauten in zwei Jahren das „Reichsschulungslager Vogelsang“, das schließlich im April 1936 an Adolf Hitler übergeben wurde. Mit einer Bruttogeschossfläche von mehr als 50.000 Quadratmetern und beinahe 100 Hektar bebauter Fläche gilt Vogelsang als umfangreichster Baukomplex des Nationalsozialismus nach den Parteitagsbauten in Nürnberg. Aber das war noch nichts im Vergleich zu DER Baustelle schlechthin, dem Westwall.

Mit *Lügen* zur Vollbeschäftigung

Arbeit durch den Westwall

Zwischen 1938 und 1940 wurde an der Westgrenze des Reiches zwischen der niederländischen Grenze bei Kleve bis hinunter zur Schweizer Grenze ein 630 Kilometer langes gigantisches Bunker- und Sperrsystem gebaut. Die Zahl der dort arbeitenden Zivilisten und Soldaten – immerhin allein 65 Pionierbataillone – überstieg bei Weitem die 100.000. Insgesamt wurden 17,3 Millionen Tonnen Beton und 1,2 Millionen Tonnen Stahl verbaut. Diese beeindruckenden Zahlen lassen ansatzweise die gigantischen Kosten erahnen, die das Bauwerk verschlang: beinahe 3,5 Milliarden Reichsmark. Das war mehr als die Hälfte des zivilen Staatsbudgets im Jahre der Machtergreifung Hitlers, also von 1933.

Auch die Eifel war an ihrem Westrand beinahe vollständig von diesen Baumaßnahmen betroffen. Beginnend mit einem Verteidigungsring um Aachen verlief die Linie dann weiter nach Süden, wo es jeweils um Ortschaften wie Roetgen, Monschau, Hellenthal, Udenbreth, Losheim und Kronenburg Schwerpunkte bei der Befestigung und der Bunkerzahl gab. Die Verteidigungslinie folgte dann weiter den Grenzflüssen zu Belgien und Luxemburg, Our und Sauer, und hatte weitere Schwerpunkte auf der Höhe von Neuerburg und Mettendorf und zwischen Ammeldingen und Wallendorf. Im Bereich Irrel wurden besonders große Anlagen errichtet, mit denen man den Zugang ins Moseltal bei Trier sichern wollte. Auch die Zugänge zu den nach Osten verlaufenden und zu den im Hinterland liegenden Städten Wittlich, Bitburg und Daun führenden Straßen wurden zusätzlich abgesichert.

Die Vielfalt der Arbeiten bei Bunker, Höckerlinien, Gräben, Wasser- und Stromleitungen erforderte ein breites Spektrum von Fachleuten und Arbeitern. Doch für die vielen Tausend Beschäftigten zwischen Ingenieur und Hilfsarbeiter standen nicht genügend Unterkünfte zur Verfügung, sodass für die Arbeitskräfte zusätzlich Baracken gebaut werden mussten. Im Mai 1939 besuchte Hitler den Westwall und verkündete, dass 20.000 Bunker fertig seien oder kurz vor der Fertigstellung stünden. Gleichzeitig bezeichnete er den „Westwall" als unüberwindlich. Nicht sein einziger Irrtum, wie wir wissen. Auch wenn schließlich noch die Landkreise Daun und Prüm im Spätsommer 1938 als letzte die Vollbeschäftigung ihrer zur Arbeit befähigten Menschen meldeten: Die Arbeitsbeschaffung durch Kriegsvorbereitungen hatte den Haushalt des Hitler-Reiches total überschuldet und Deutschland stand 1938 vor dem Bankrott. Das alles ergab allerdings dann einen „Sinn", wenn geplant war, den Schuldenabbau durch Raub in anderen Ländern zu sichern. Der Krieg basierte nicht nur auf reiner Naziideologie – er war sogar ein ökonomisches Muss, schon ein Jahr bevor Hitler dann seine Kriegspläne in die Tat umsetzte und er ab 1939 Europa und die Welt in Brand setzte.

Die Zeit der Nazis und des Zweiten Weltkrieges ist vielfältig dokumentiert und begegnet uns auch immer wieder in den Medien, so auch im Fernsehen mit beeindruckenden Dokumentationen. An dieser Stelle habe ich mich dazu entschieden, für den Zeitraum der Naziherrschaft ab 1933 bis hin zum Nachkriegsjahr 1949 von einer „normalen" Eifeler Familie zu berichten, die vielleicht zu manchen Geschehnissen im Alltag der Eifeler Menschen in jenen Tagen als kleines Beispiel gelten kann. Dass ich diese Familie als „normal" bezeichne, liegt daran, dass es gewiss viele Familienschicksale gab, die weitaus härtere „Schläge" erleiden und erdulden mussten. Die Familie, von der ich erzählen will, verlor beispielsweise keinen unmittelbaren Angehörigen auf einem der Hitler'schen Schlachtfelder oder im Kampf in der Heimat. Aber sie begegnete doch etlichen markanten und gefährlichen Situationen, wie sie nur unter der Diktatur der Nazis erlebbar waren und unter dem Einfluss des Krieges und seiner Folgen. Also erzähle ich Ihnen etwas von der sechsköpfigen Familie meines Großvaters Eduard Sittig aus Kaisersesch, der der Vater meines Vaters war.

Ohne *Partei* und knapp vor dem Lager

Meines Großvaters Familie in der Nazi- und Kriegszeit

Mein Großvater Eduard Sittig, Jahrgang 1888, kam im Jahre 1906 als 18-jähriger strenggläubiger Lutheraner von Hannoversch-Münden an der Weser in die katholische Eifel. Natürlich gab es auch in Kaisersesch nur sehr wenige Protestanten und daher keinen regelmäßigen Gottesdienst. Das änderte sich jedoch noch im gleichen Jahr durch Eduards Initiative.

Später heiratete er die tiefgläubige Katholikin Maria-Eva Scholzen aus Dockweiler bei Daun, was, wie mir mein Vater später berichtet hat, zu einer harmonischen Ökumene in seiner Familie führte. Schließlich hatten sie drei Söhne, von denen mein Vater Hermann Josef, der 1931 geboren wurde, der jüngste war.

1934 wählte der Gemeinderat Großvater zum zweiten Ortsbürgermeister. 1935 gab es dann eine neue familiäre Situation, als die Familie ein Pflegekind aus einem Heim in Aachen aufnahm, denn meine Großmutter wünschte sich zu den drei Jungs unbedingt noch ein Mädchen dazu. Doch dann brachte das Heim einen kleinen Gustav vorbei, der jedoch der Familie später wieder weggenommen wurde, weil er angeblich wieder seinen Eltern zugeführt werden sollte.

Aber Großmutter ließ sich auch dadurch nicht entmutigen und ließ nicht locker. Sie wandte sich an ein Heim in Warburg/Westfalen – und hatte Erfolg. Mein Vater erinnert sich noch sehr gut an den Moment, als eine Schwester mit dem erwarteten Mädchen aus dem Zug stieg. Allerdings trug das kleine Mädchen den Namen Friedel und war ein kleiner Junge. Die Schwester erläuterte die Gründe. Da soll meine Großmutter mit dem Bibelspruch geantwortet haben: „Wer dieses Kind aufnimmt, der nimmt mich auf." Mein Vater war erst sechs Jahre alt, aber diese Situation setzte sich fest in sein Bewusstsein.

1938 spitzte sich die Lage der Familie zu, denn Großvater weigerte sich weiter beharrlich, Mitglied der NSDAP zu werden. Problematisch war allerdings nicht nur der damit verbundene Vorwurf seiner Unzuverlässigkeit, sondern dann auch die Drohung, dass man ihnen auch den kleinen Pflegesohn wieder wegnehmen könnte. Daraufhin wandte sich Großmutter noch einmal an den Heimleiter in Warburg.

1939 nahm Großvater zusammen mit seinen beiden Jüngsten Friedel und Hermann an der Fronleichnamsprozession teil, obwohl sie von den Nazis verboten worden war. Sie kamen auch nicht allzu weit, denn zunächst wurden sie durch einen Sicherheitsdienst bestehend aus sechs Männern aufgehalten, bis auch noch Polizisten in Uniform aus Cochem dazukamen. Die Fahnen tragenden katholischen Männer gingen mit den Fahnenstangen auf die Störenfriede los und wurden schließlich eingesperrt. Ein Geschäftsmann aus Kaisersesch meldete, dass Eduard Sittig sogar als Nichtkatholik teilgenommen habe. Doch Großvater konnte diesen Angriff mit dem Hinweis auf seine beiden Söhne parieren, die katholisch erzogen wurden.

Ganz eigenartig wurde die Situation dann 1939, als der erste Ortsbürgermeister abgesetzt wurde, weil er wohl nicht mehr den Vorstellungen der Partei genügt hatte. Paradoxerweise rückte Opa Eduard automatisch auf seine Stelle nach. Dabei war er ja im Gegensatz zu fast allen Mitgliedern des Gemeinderates noch immer nicht Mitglied der Partei und Parteigenossen hatten ja noch ein Jahr zuvor versucht, ihn als politisch unzuverlässig erklären zu lassen. Das hätte Lager bedeutet und er wäre wahrscheinlich nach Dachau gekommen. Treibende Kraft dabei war ein Förster und Ortsgruppenleiter aus einem Nachbardorf, dem Großvater ein Dorn im Auge war.

Doch ausgerechnet der Amtsbürgermeister und Nazi Nr.1, der die Funktion des heutigen Verbandsbürgermeisters innehatte, schützte meinen Großvater. Denn er achtete ihn als Menschen, der verschiedene Ehrenämter innehatte und auch die freiwillige Feuerwehr mitbegründet hatte, deren stellvertretender Wehrführer er war und auch bis zum Ende des Krieges blieb.

Großvaters Tätigkeit als Bürgermeister beschränkte sich allerdings überwiegend darauf, den Bauern mit einem Stempel das Schlachten von Schweinen zu genehmigen. Dazu kamen noch Eingaben für Urlaub, den Soldaten zum Beispiel aus Anlass einer Beerdigung benötigten.

Trotz der weiter bestehenden Bedrohung Großvaters seitens anderer harter Nazis konnte ihn der Amtsbürgermeister weiter mit der Begründung schützen, dass er in einem kriegswichtigen Betrieb arbeite, denn Großvater war sowohl gelernter Drucker als auch Setzer (wofür es den Begriff „Schweizer Degen“ gibt). Er druckte über die ganze Kriegszeit und auch noch danach die Lebensmittelkarten. Doch andere Arbeitskollegen waren trotzdem im Krieg. Das war also eine heikle Angelegenheit.

An Freitagen wurden die Bleimatrizen geliefert, die dann noch passend für die Druckmaschinen bearbeitet werden mussten. Die Fertigstellung nahm den ganzen Samstag und den Sonntagvormittag in Anspruch, damit die Karten am Montag abgeholt werden konnten. Durch das fortgesetzte Arbeiten mit dem Blei handelte sich Großvater schließlich eine Bleivergiftung ein und lag mit entstelltem, aufgequollenem Gesicht in einem Koblenzer Krankenhaus.

Richtig problematisch wurde es dann für ihn jedoch, als der ihn bisher erfolgreich schützende Amtsbürgermeister seinen Posten als Ortsgruppenleiter aufgab. Umso mehr bedrängte nun der Naziförster aus dem Nachbarort die Familie, stellte weiter heraus, dass Großvater an den Freitagen nicht an den Parteiversammlungen teilgenommen hatte, und drohte ihm auf offenen Postkarten. Mein Vater erinnert sich noch daran, dass sie dem Briefträger schon an der Mimik ablesen konnten, wenn er wieder eine solche Drohkarte dabeihatte.

Schließlich spitzte sich die Situation so zu, dass der Amtsbürgermeister Großvater im Dezember 1944 inständig bat, doch noch in die Partei einzutreten, da er ihn nun nicht mehr halten könne. Die jetzt immer konkreter werdende Perspektive von Lagerhaft und einer verlassenen Mutter mit vier Kindern bewirkte „in letzter Sekunde" Großvaters Umschwenken. So wurde er noch vier Monate vor Ende des Dritten Reichs und vor Kriegsende Parteimitglied und „Nazi". Und daher blieb der politisch unzuverlässige Eduard Sittig doch noch bis Kriegsende Ortsbürgermeister.

Mein Vater hat noch das Schreiben der französischen Besatzungsmacht mit der Mitteilung, dass Großvater als „Mitläufer" eingestuft und nunmehr „entnazifiziert" sei.

Sowohl Großvaters Beschützer, der Amtsbürgermeister, als auch sein Feind, der Förster und Ortsgruppenleiter, waren beim Einmarsch der Amerikaner verschwunden und tauchten lange nicht mehr auf. Doch mein Vater erlebte auch, dass etliche Nazis aus der Umgebung eingesperrt wurden. Auf die Frage an seinen Vater, ob er denn selbst nichts gegen diese Leute unternehmen wolle, soll mein Großvater geantwortet haben: „Mein ist die Rache, spricht der Herr! Darüber wird nichts mehr gesprochen!" Sämtliche Unterlagen wie auch die Drohpostkarten hatte er vernichtet. Nur zwei Briefe an die Kreisleitung hatte Vaters Mutter aufbewahrt.

Nachdem Großvater nach dem Krieg als erster Bürger im Kreis Cochem das Bundesverdienstkreuz erhalten hatte, fiel meinem Vater später eine Zeitung in die Hände. Dort konnte er lesen, dass Großvaters ehemaliger ärgster Feind, der Ortsgruppenleiter und schärfste Nazi aus dem Nachbardorf, nun ebenfalls diese Auszeichnung erhalten hatte.

In „*letzter*“ Minute

Weitere Kriegsereignisse – Bomben am Bahnhof

Mein Vater war von Kriegsbeginn an oft mit Soldaten zusammen, die einquartiert waren. Da waren zum Beispiel auch ein paar Männer aus Sachsen mit Pferden. Einer von denen hieß Karl und war als Pferdepfleger eingeteilt. Bei dem war mein Vater besonders gern.

Eines Tages fragte einer der Soldaten meinen Vater, ob er mit zum Bahnhof fahren wolle. Er hatte einen Citroën zur Verfügung, wie ihn manche noch aus alten Gangsterfilmen in Erinnerung haben.

Im Jägerhof gegenüber vom Bahnhof befand sich die Ortskommandantur, wo sie dann hinfuhren. Der Soldat sagte, dass er gleich wieder da sei, und Vater blieb im Auto sitzen.

Aber dann kam plötzlich Großvater vorbei und fragte ihn, ob er Lust habe, mit in die Kirche zu kommen. Da musste er nicht zweimal fragen, weil mein Vater gerne auf dem Kirchenharmonium „spielte“. Das Kirchlein lag in einem kleinen Buchenwäldchen etwa 200 Meter vom Bahnhof entfernt in westlicher Richtung. Als sie gerade den Waldrand erreicht hatten, sahen sie von der Mosel kommend sechs Jagdflugzeuge im Anflug. Auf dem Bahnhof stand ein Militärzug, deren Lok eine prächtige Dampfwolke erzeugte, die die Piloten wahrscheinlich schon aus der Ferne gesichtet hatten. Jetzt kamen sie immer tiefer angeflogen. Vater und Großvater hatten sich auf den Boden an eine Baumwurzel gelegt und konnten alles überblicken. Die Maschinen flogen schließlich so tief, dass sie die Piloten in den Kanzeln sehen konnten. Zunächst beschossen sie den Zug mit ihren Bordkanonen, bevor sie Bomben warfen.

Großvater und Vater sahen auch einen älteren Mann die Straße heraufkommen. Er stammte aus Mayen und war Kassenrendant der Amtskasse. Der Mann warf sich neben der Mauer einer Firma für Baumaterialien zu Boden. So überlebte er, obwohl die nahe Werkstatt der Firma von einer Bombe getroffen wurde. Eine zweite Bombe fiel unmittelbar neben den Citroën und zerstörte ihn völlig.

Als Ruhe eingekehrt und alles vorüber war, sagte Großvater zu Vater, er solle nach Hause laufen. Als stellvertretender Feuerwehrführer blieb Großvater noch dort.

Als er später nach Hause kam, soll er sehr eigenartig und einsilbig gewesen sein. Später sagte Großmutter dann, es habe daran gelegen, dass er realisiert hatte, dass sein Sohn nur Minuten zuvor noch in diesem dann völlig zerstörten Auto gesessen hatte und er getötet worden wäre, wäre er nicht kurz vor dem Angriff vorbeigekommen, um ihn zur Kirche mitzunehmen.

Dabei war dieser Luftangriff eine absolute Ausnahme, denn Kaisersesch war Lazarettort und auf mehreren Gebäuden waren große weiße Fahnen mit dem roten Kreuz angebracht. Trotz des dadurch erlangten Schutzstatus wurde es einmal richtig heikel für die Kaisersescher, als ein Konvoi mit V1-Raketen auf der steil ansteigenden und völlig vereisten Bahnhofstraße stecken blieb. Dabei waren die Alliierten immer darauf aus gewesen, solche Konvois aus der Luft ausfindig zu machen und zu bombardieren. In dieser Situation fürchteten die Bewohner zu Recht einen möglichen Angriff. Dabei waren diese Raketen schon selbst als Gefahr für die eigene Region berüchtigt. Sie starteten immer mit einem Höllenlärm vom nahen Flugplatz Büchel, aber dann stürzten einige doch schon gleich wieder im Raum Hillesheim ab. Manche machten sogar eine 180-Grad-Wende und flogen ostwärts ins eigene Land. So waren die Dinger nicht nur bei den Engländern gefürchtet. Der auf dem Eis hängen gebliebene Konvoi wurde allerdings auch nicht entdeckt und so verloren während des Krieges „nur“ zwei Menschen im Ort selbst ihr Leben durch Feindeinwirkung.

Einmal lag es daran, dass ein Haus in einer Silvesternacht nicht ausreichend verdunkelt worden war, obwohl die Verdunklung sonst streng befolgt wurde. Fast jeder wusste, dass die Region nachts von einem Feindflugzeug überflogen wurde. Der Pilot dieser Maschine muss dann tatsächlich auch dieses Licht am Boden gesehen haben, denn er warf eine Bombe ab. Die traf eine Scheune neben einem Wohnhaus. Alles wäre nicht so schlimm gewesen, wenn nicht durch die Erschütterung in diesem Wohnhaus die Decke des Dachbodens eingestürzt wäre. So aber ergoss sich das dort gelagerte Getreide auf das Kinderbett im Raum darunter, in dem die kleine Tochter der Familie starb.

Zum zweiten Todesopfer kam es auf nicht minder tragische Weise. Kurz vor Kriegsende gab es nur noch zwei Protestanten aus Kaisersesch selbst, die außer den sich im Ort aufhaltenden evangelischen Soldaten in die Kirche gingen: mein Großvater und der pensionierte Oberförster. Dessen Frau stand an dem Tag, als die Amerikaner in den Ort einmarschierten, hinter einem Fenster und schaute nach den langsam vorrückenden Soldaten. Vielleicht hatte sie die Gardine bewegt, denn einer der Soldaten schoss wohl aus Furcht vor einem deutschen Soldaten spontan in das Fenster hinein. Die Frau starb und mein Vater haderte sehr, warum Gott nun gerade diese Frau noch hatte sterben lassen.

Dabei waren die Amerikaner ganz langsam und ruhig aus dem Westen von der sogenannten Schönen Aussicht eingerückt. Zuvor hatte man 1944 noch zusätzliche große Gräben ausgehoben und mit dicken Stämmen Panzersperren errichtet. Die Aufsicht führte der Kaisersescher Straßenbaumeister, der auch Chef des Volkssturmes war. Mein Vater gehörte zum Jahrgang 31, und das war der erste Jahrgang, der nicht zum Militärdienst eingezogen worden war. Aber er war Schreibkraft bei diesem Straßenbaumeister.

Beinahe hätte der Sohn des Ortsarztes, ein junger Leutnant, beim Einmarsch doch noch größeres Unheil heraufbeschworen, als er mit zwei Panzerfäusten auf dem Rücken über die nach Westen führende Bahnhofstraße dem Feind entgegeneilen wollte. Doch dann stellte sich ihm ein Mann mit einer Pistole in den Weg und hinderte ihn an seinem Unternehmen. Leider kam es dann wenig später noch zu diesem unglücklichen Fensterschuss, aber insgesamt kam der Ort Kaisersesch relativ gut durch den Krieg.

Fast hätte ich noch eine kleine Episode vergessen: Am oberen Ende der Straße, in der mein Vater wohnte, gab es eine kleine provisorische Kapelle. Eigentlich war es ein normales Haus, in dem sich zwei verbundene Zimmer als Kapelle mit einem kleinen Altar darin befanden. Das hatte es auch schon vor dem Krieg gegeben. Als die Luftangriffe ab 1944 immer stärker wurden, hatte man die Oberschule für Jungen in Mayen geschlossen und die Kinder nach Hause geschickt. Die unbeschwerte Mayener Zeit, in der mein Vater beim häufigen Fußballspielen auch auf den schon als Kind recht stämmigen Mario Adorf stieß, der ein Jahr älter und eine Klasse höher war, war damit zunächst beendet.

In Kaisersesch fragte dann eine Krankenschwester nach, ob Vater vielleicht Messdiener sein wollte. Mein Vater willigte ein. Inzwischen waren die Amerikaner schon einmarschiert. Als dann aber der erste Gottesdienst gehalten wurde, kippte mein Vater erst mal bewusstlos um. Die teilnehmenden Damen hatten sich so stark parfümiert, dass es ihm den Atem verschlagen hatte.

Gegenüber der Kapelle gab es auf der anderen Straßenseite ein Gebäude mit einem großen Innenhof und einer Scheune. Der Hausmeister hatte deutlich zu verstehen gegeben, dass niemand die Scheune betreten dürfe. Irgendwann, es war noch Winter, siegte aber doch Vaters Neugier und in einem unbeobachteten Augenblick riskierte er einen Blick. In Regalen lagen tote deutsche und amerikanische Soldaten in ihrer Kleidung. Doch auch das war nicht das letzte Mal, dass er Toten ganz nahe kommen sollte.

„Harte Jungs“ ganz *nah* am *Tod*

Das Räumkommando

Es war schon die Zeit nach dem Krieg. Vater war inzwischen Schüler des Konvikts in Prüm. Seine Mutter hatte seinen Wechsel vom Gymnasium in Mayen nach Prüm veranlasst, nachdem er sich bei einer Heimfahrt von Mayen nach Kaisersesch ziemlich arg verletzt hatte.

Das war dadurch zustande gekommen, dass die jungen Burschen aus Kaisersesch die Steigung der Kelberger Straße in Mayen, die westwärts die Stadt verließ, dazu benutzten, um auf langsam fahrende Lastwagen aufzuspringen. Zwar versuchten das die Fahrer immer wieder mal zu unterbinden. Aber wenn sie wieder anfuhren, sprangen die verscheuchten Burschen doch wieder auf.

In Kaisersesch gab es schließlich eine Kurve, wo die Lastwagen wieder zum Langsamfahren gezwungen waren. Das war dann die richtige Stelle zum Abspringen. Doch einmal verpasste Vater den richtigen Moment, weil er mit dem Schulranzen hängen geblieben war. Also musste er später abspringen. Doch da waren die Bedingungen sehr viel schlechter, weil der Lastwagen schon sehr viel schneller fuhr. Vater sprang schließlich trotzdem, stürzte aber so übel, dass er schließlich an allen Ecken blutend nach Hause kam. Seine Mutter zog sofort die Konsequenzen und schickte ihn ins Konvikt nach Prüm, damit sich ein solcher Unfall nicht wiederholen konnte. Wenn sie geahnt hätte, in welche Gefahr er dort erst geraten sollte.

Eines Tages fuhr Vater per Anhalter von Gerolstein nach Prüm zurück zum Internat – auch auf einem Lastwagen, aber „offiziell". Von dem musste er später auch nicht während der Fahrt abspringen. Außer ihm saßen noch fünf Männer hinten auf der Pritsche. Auf der Mitte der Ladefläche stand eine große Werkzeugkiste, darauf ein Kasten Bier. Die Männer wirkten recht ausgelassen und guter Dinge. Aber als der Wagen hinter Gerolstein ein auf der rechten Seite der Landstraße stehendes einsames Gebäude erreichte, hatten sich zwei der Männer schon mit einigen Schraubenmuttern bewaffnet. Die waren offenbar für einen Hund gedacht, dessen Bellen nun vom Gebäude her zu hören war.Doch anscheinend war dies nicht die erste Begegnung, denn der Hund verschwand rechtzeitig, als die Männer versuchten, ihn mit den Schraubenmuttern zu bewerfen. Im Gegensatz zu den Männern fand mein Vater das gar nicht amüsant.

Ab und zu, wenn sie ihre Bierflaschen ansetzten, klopften sie auch auf diese große Kiste in der Mitte. Einer der Männer wirkte etwas vernünftiger und ruhiger und mein Vater fragte ihn, was denn eigentlich in dieser großen Kiste drin sei. Und der Mann flüsterte ihm zu, dass sich darin die Reste eines Kameraden befänden, den es bei der Entschärfung einer Granate erwischt hatte.

Meinem Vater wurde beinahe übel. Aber die Männer waren da anscheinend viel abgebrühter. Kein Wunder, solche Dinge waren Bestandteil ihres Lebens, denn sie gehörten zu einem Räumkommando.

Der *schlimmste* Verlust

Großmutters Tod

Anfang Februar 1949 erhielt mein Vater im Konvikt im Prüm Besuch von seiner Mutter. Sie brachte ihm Wäsche und Lebensmittel, unter anderem auch zehn gekochte Eier, die er noch in derselben Nacht verputzte. Sie nutzte auch die Gelegenheit, sich bei Direktor Hammes und seinem Klassenlehrer Blom (Latein und Griechisch) nach ihrem Sohn zu erkundigen. Beide Herren gaben ihm später zu verstehen, dass sie von seiner Mutter sehr beeindruckt waren. Großmutter verriet ihm später auch eine Bemerkung von Oberstudienrat Blom: Hermann Jösefje hat eine etwas „leichte Ader". Womit er Vaters recht humorvolles Gemüt meinte (das ihn später im Leben bei humorloseren Zeitgenossen immer wieder mal anecken ließ, die seine schlagfertig-freche Art nicht zu schätzen wussten).

Am Samstag, den 12. Februar, saß Vater abends in der Badewanne, als sein Klassenkamerad Matthias anklopfte: „Du musst dringend zum Direktor, Dein Bruder hat angerufen." Vater wusste sofort, was das zu bedeuten hatte. Beim letzten Telefonat mit seinem Bruder Paul hatte er schon erfahren, dass sich ihre Mutter stark erkältet hatte.

Vater begab sich also eilig ins Direktorenzimmer. Unterwegs rief ihm einer zu, dass der Direx in der Küche sei. Dort hatte ihn Vater noch nie gesehen. Tatsächlich stand er dort und schmierte Brote und kochte Tee. Dann sprach er aus, was Vater so gefürchtet hatte. „Ich muss dir sagen, dass es um deine Mutter nicht gut steht. Es ist unmöglich, bei diesen Verhältnissen nach Gerolstein zu gehen. Aber ich weiß, dass dich niemand zurückhalten kann.“ Es herrschten gerade bitterkalte Wintertage.

Ein Nachbar in Kaisersesch, der Schreinermeister war, hatte sich an einer Bandsäge verletzt. Als Großmutter davon erfuhr, ging sie sofort rüber, ohne sich zuvor in ausreichend warme Kleidung zu hüllen. Sie kümmerte sich um den Verletzten – und erkältete sich heftig. Und dann verschlechterte sich ihr Zustand zusehends. Eine befreundete Nonne und Krankenschwester aus dem benachbarten Kloster stellte fest, dass es sich um eine akute Lungenentzündung handelte. Doch auch der herbeigerufene Hausarzt konnte ohne Antibiotikum nichts mehr ausrichten.

Auf dem Weg zum Umkleiden kam Vater der Subdirektor entgegen und versuchte ihn aufzuhalten: „Du kannst bei diesem Wetter und den Straßenverhältnissen unmöglich nach Gerolstein gehen. Und mit einem Anhalterfahrzeug kannst du auch nicht rechnen.“ Vater antwortete fast verärgert: „Es geht um meine Mutter und nicht um Ihre.“

Ansonsten mochte mein Vater den Subdirektor, der wohl ein prima Kerl war. Beim Essen saß Vater ihm meist gegenüber als Vorkoster. Der Mann hatte nur noch eine Niere und durfte keine scharf gewürzten Sachen essen. Aber genau das kam Vater als ewigem Hungerleider ganz zugute, denn er sprang wenn nötig gerne ein.

Jetzt gab es für ihn jedoch keine andere Möglichkeit als den Fußmarsch nach Gerolstein, um so schnell wie möglich heim nach Kaisersesch zu kommen. Denn in Gerolstein startete morgens um 6 Uhr der Zug nach Kaisersesch. Da aber der Zug von Prüm nach Gerolstein auch um 6 Uhr losfuhr, hätte er den Anschluss nach Kaisersesch nicht mehr erreicht und wäre erst einen Tag später daheim angekommen. Unter normalen Umständen hätte ihn der Subdirektor auch mit dem konvikteigenen DKW, Baujahr 1936, nach Gerolstein gefahren. Aber die Straßen waren völlig verschneit und der Wagen hatte keine Winterreifen und schon gar keine Schneeketten. Damit hätten sie es nicht mal die erste Steigung aus Prüm heraus geschafft.

Vater besaß damals keinen normalen Anorak oder Parka, sondern er trug die alte Panzerjacke, mit der sein ältester Bruder Hans aus der Gefangenschaft heimgekehrt war. Diese Jacke hatte seine Mutter für ihn umgearbeitet. 1947 hatte es auch schon einen sehr strengen Winter gegeben. Und da die Schüler des Konvikts damals noch in einem Kloster in Niederprüm untergebracht waren, hatte sich die Jacke schon auf dem langen Fußweg bis zur Schule in Prüm bewährt. Auch in dieser langen Nacht leistete sie Vater wieder gute Dienste.

So brach er schließlich in Prüm auf in eine eiskalte Nacht, in der dann auf freier Fläche bei Büdesheim auch noch starker Schneefall einsetzte. Vater konnte trotz großer Müdigkeit der Versuchung widerstehen, sich mal hinzusetzen. Er wusste um die Gefahr, dass er dann sicher eingeschlafen wäre. Auch in Gerolstein sah er wegen des Wetters draußen keinen einzigen Menschen.

Das Stapfen durch den hohen Schnee hatte sehr viel Kraft gekostet, als er nach 23 Kilometern in Pelm an die Tür einer Gaststätte klopfte, in der noch Licht brannte. Der Wirt öffnete ihm und einer der beiden Männer im Gastraum fragte ihn, ob er etwa aus dem Konvikt in Prüm komme, denn da sei auch sein Sohn Otto. Das war einer von Vaters Freunden, der ihm auch Nachhilfe in Griechisch gab. Aber dieser Zufall weitete sich noch aus, denn der Mann erzählte außerdem, dass seine Frau früher eine Freundin in Dockweiler gehabt habe, die nach Kaisersesch geheiratet habe – Vaters Mutter.

Vater schlief dann dort und am nächsten Morgen brachte ihn ein Nachbar mit dem Beiwagen nach Gerolstein zum Bahnhof, wo er dann den Zug um 6 Uhr nehmen konnte. Am Kaisersescher Bahnhof wartete schon Vaters Bruder Paul. Er sagte nur: „Wir müssen laufen." Als Vater endlich daheim war, lebte seine Mutter noch eine Viertelstunde. Aber sie konnte ihren Hermann noch erkennen. Es war der 13. Februar 1949.

Noch einmal *zerstört*

Die Explosion von Prüm

Solche Räumkommandos, wie es mein Vater auf dieser Lastwagenfahrt nach Prüm angetroffen hatte, hatten in der Westeifel nach dem Krieg sehr viel zu tun. Durch die lange Kampfzeit und den allmählichen Rückzug war viel Material, Munition, Granaten und Bomben zurückgelassen worden. Auch standen an der Strecke nach Prüm etliche abgeschossene Panzer im Gelände.

Die Sieger aber sammelten nun alles entzündbare und explosive Material in den Westwallbunkern, um dann damit die Bunker zu sprengen und zu zerstören. Immer wieder war damals aus nah und fern das Donnern der Explosionen zu hören. Manchmal mussten die Prümer Internatsschüler den Unterricht unterbrechen und sich in den Keller begeben. War jedoch gerade Essenzeit im Konvikt, so konnten die Schüler bei der üblichen Sirenenwarnung in dem im Untergeschoss liegenden Speisesaal bleiben.

Eines Tages aber war alles anders. Es war der Sommerabend des 15. Juli 1949. Ein Brand war in einem nahe der Stadt gelegenen Stollen ausgebrochen. Es handelte sich um einen alten Hohlgangbunker der Wehrmacht, der beim Bau des Westwalls im Jahr 1939 als Bereitschaftsbunker gebaut worden war. Er befand sich in der Spitze des Kalvarienberges, der sich unmittelbar nordwestlich vom Stadtrand erhob. In diesem ca. 20 bis 30 Meter unter der Oberfläche der Bergkuppe gelegenen Bunker mit seinen zwei Stollen mit 60 bzw. 100 Metern Länge hatte die französische Besatzungsarmee etwa 500 Tonnen Munition gelagert. Damit sollten weitere Westwallanlagen gesprengt werden. Die Bevölkerung der

Stadt war beunruhigt angesichts dieser Tatsache, doch man tröstete sich mit der Perspektive, dass diese Munition nach und nach für die noch anstehenden Sprengungen der umfangreichen Westwallbefestigungen verbraucht würde. Aber stattdessen bahnte sich doch die Katastrophe an.

Die Prümer Feuerwehr hatte gegen 19 Uhr Feueralarm ausgelöst. Doch der Versuch, in den tiefen Stollen den Brandherd zu erreichen und zu löschen, schlug fehl.

Schließlich wurde der Subdirektor der Schule herausgerufen. Als er dann ins Gebäude zurückstürzte, rief er: „Alles sofort raus und runter nach Niederprüm."

Niederprüm war der südliche und flussabwärts gelegene Vorort von Prüm.

Mein Vater erinnert sich auch noch daran, dass der Landrat, der ebenfalls in der Straße des Konvikts wohnte, dem Subdirektor zurief: „Da passiert nichts! Über dem Stollen ist so viel Fels!"

Die Schüler des Internats erreichten schließlich den oberen Osthang des Prümtales zwischen Niederprüm und Ellwerath, als sich gegen 20 Uhr 22 eine gewaltige Explosion ereignete, die man noch bis Koblenz gehört haben soll und die bei Erdbebenwarten verzeichnet wurde.

Mein Vater berichtete mir, dass er zwar die Explosion sah, sich aber an den Knall gar nicht erinnern konnte. Aber alle sahen eine riesige rötliche Rauchwolke mit durch die Luft fliegenden Gesteinstrümmern, die zum Teil das Ausmaß eines Zimmers hatten. Das alles regnete auf die Stadt herab. Der vom Sandstein herrührende rote Staub erweckte den Anschein, als ob es brenne, was aber nicht der Fall war.

Es war mitten im Sommer und noch lange hell. Als sie schließlich zur Schule zurückkamen, sagte Schuldirektor Lenz zu seinem Stellvertreter, der auch Vaters Mathelehrer war: „Ich muss Ihnen etwas zeigen!"

Aber auch mein Vater konnte schließlich sehen, um was es ging: Der junge Studienrat, der noch als Soldat im Krieg gewesen war und erst danach studiert hatte, lag tot unter zwei Balken. Und der Direktor sagte wiederholt: „Ich habe ihn noch eindringlich gebeten, sich mit uns in Sicherheit zu begeben. Aber er hat nur geantwortet: „Ich war lange genug im Krieg, schlimmer wird es hier nicht sein."

Es war schlimmer. Er war tot.

Sie folgten dann der Straße weiter bergan in Richtung des Explosionsherdes, bis sie schließlich vor einem riesigen Erdwall standen. Der Berg hatte sich regelrecht verschoben und ein Weiterkommen war unmöglich.

Überall lagen Trümmer und Glasscherben, doch war das Wohnhaus der Schüler weitestgehend verschont geblieben. Am nächsten Morgen brachen sie zu fünft auf zum Studienrat Mallmann, um dort aufzuräumen. Und dann ging es für längere Zeit in Sonderferien.

Bei der Explosion waren 250.000 Kubikmeter Fels und Erde in die Luft gerissen worden und gingen dann zu großen Teilen auf die Stadt nieder. Zwölf Menschen verloren ihr Leben, darunter auch eine alte stadtbekannte Kräuterfrau. 15 Menschen wurden verletzt und beinahe 1000 Menschen verloren ihr Heim. Die Wasserversorgung war zerstört worden wie auch die Telefonleitungen und einige Straßen. Wie viele Wohnhäuser lagen auch das Krankenhaus und die Post in Trümmern. Der mehr als 20 Meter tiefe Explosionskrater hatte eine Ausdehnung von 190 mal 90 Meter. Hier hatte die zweite verheerende Verwüstung der Stadt ihren Ursprung, denn Prüm war ja erst wenige Jahre zuvor schon zum Ende des Krieges als Grenzstadt zu Belgien durch Boden- und Luftangriffe zu 80 Prozent zerstört worden.

In diesem Jahr 1949 beende ich die Erzählung zur Situation der Familie meines Großvaters in der Nazi- und Kriegszeit. Obwohl, es gibt noch einen kleinen Nachtrag zu dieser Zeit, ein kleines Ereignis in den 60er Jahren. Denn da erhielt mein Vater einen Brief aus Niedersachsen. Er stammte vom ehemaligen Amtsbürgermeister in Kaisersesch, der der Beschützer von Großvater gewesen war. Der Brief enthielt auch ein Foto des Mannes und das seiner alten Mutter. Vor allem aber enthielt er die Bitte um Mitteilung, ob Vaters ältester Bruder Hans, der 1957 mein Patenonkel geworden war, heil aus dem Krieg nach Hause zurückgekehrt war. Das habe ihm keine Ruhe gelassen, denn er hatte sich mitverantwortlich gefühlt, was dem jungen Mann seinerzeit in seiner Amtsverwaltung angetan worden war, als er dort als Kassenangestellter gearbeitet hatte.

Onkel Hans hatte dort ein schlimmes Mobbing erfahren, weil alle Altersgenossen an der Front waren, er aber nicht. Denn er war bei der Musterung wegen einer alten Armverletzung als kriegsuntauglich eingestuft worden. Im Gymnasium in Mayen hatte einmal ein Treppensturz zum Bruch seines linken Ellenbogengelenks geführt. Da die Verletzung aber falsch behandelt worden war, stand ein Knochenteil heraus und dieser Arm war um ein paar Zentimeter kürzer als der andere. Trotzdem wurde er dann in der Öffentlichkeit und vor allem an seiner Arbeitsstelle als Drückeberger beschimpft. Das konnte er als junger Mann schließlich nicht auf sich sitzen lassen. Er wollte weder als Krüppel noch als Feigling angesehen werden. Also kam er eines Tages nach Hause und verkündete, dass er sich freiwillig zum Militär gemeldet habe.

Tatsächlich wurde er eingezogen und als Sanitäter ausgebildet. Sein letzter Brief kam aus Nettuno in Süditalien, wo die Amerikaner gelandet waren. Schließlich geriet er auch in Gefangenschaft und kam letztlich in ein Gefangenenlager in Tabor in der Tschechei. Dort wurden dann Selektionen durchgeführt und arbeitsfähige Männer wurden an die Russen weitergegeben. Als man sein missratenes Unterarmgelenk sah, wurde er nicht nach Osten abtransportiert, sondern er kam frei.

In den rund 15 Jahren Nazizeit und Nachkriegszeit, die mein Vater bewusst miterlebt hatte seit Mitte der 30er Jahre, waren einige dramatische Dinge geschehen. Mit Sicherheit gab es viele solche Familienschicksale in der Eifel und überall im Land. Aber wie wir alle wissen, erlitten in diesen schrecklichen Jahren auch Millionen von Menschen weitaus schlimmere Schicksale, entweder durch die unmittelbare Handlungsweise der Machthaber und ihrer Helfer oder durch Einwirkungen des furchtbaren Krieges.

Der größte Verlust für unsere Familie war der Tod meiner Großmutter, die, unbeeinflusst von Nazis oder Krieg, einfach einer Lungenentzündung zum Opfer fiel, weil sie in ärgster Kälte jemandem spontan zu Hilfe geeilt war. Ich habe immer sehr bedauert, dass ich

Maria-Eva Sittig geb. Scholzen aus Dockweiler nie begegnet bin. Sie muss eine ganz besondere Frau gewesen sein.

Zwar hatte mein Vater 1949 die bis dahin wichtigste Frau in seinem Leben verloren. Doch im Nachbardorf Masburg gab es in jenem Jahr auch einen aus Mayen stammenden Schuster mit dem Namen Nikolaus Ax, der mit seiner Ehefrau Magdalena zwei Töchter und einen Sohn hatte. Aber damals ahnte mein Vater noch nichts davon, dass Hildegard, die ältere der beiden als äußerst hübsch bekannten Ax-Töchter, einmal seine Frau und meine Mutter werden würde.

Menschliches im größten *Schrecken*

Die Hürtgenwald-Schlacht und Peanuts-Fritz

Die furchtbarste Schlacht, die jemals auf Eifelboden stattfand, war die Schlacht im Hürtgenwald im Winter 1944. Die amerikanischen Kräfte konnten damals nördlich der Eifel zunächst relativ ungehindert ins Rheinland und Richtung Köln vorankommen. Doch im Hürtgenwald lagen noch immer starke deutsche Verbände, die sie nicht im Rücken haben wollten. So entbrannte in den Wintermonaten eine unerbittliche Schlacht, die größte, die die Amerikaner in diesem Krieg in Europa zu schlagen hatten. Kurz vor Kriegsende soll sie noch einmal mehr als 60.000 Menschen das Leben gekostet haben.

Aber selbst in all dem Schrecken der furchtbaren Hürtgenwald-Schlacht gab es immer auch noch ganz menschliche Begebenheiten.

Der Obergefreite Fritz Tillmanns aus Solingen gehörte zur 3. Kompanie des Regiments 1.056, das zur 89. Infanteriedivision gehörte. Am 4. September 1944 kam er zum ersten Mal in die Eifel. An diesem Tag verließen er und seine Kameraden den Zug in Kall und marschierten westwärts dem Feind entgegen. Die Amerikaner hatten bereits Monschau eingenommen und Tillmanns' Einheit hatte dort die erste Feindberührung. Der inzwischen 89-jährige Fritz Tillmanns berichtete mir im Frühjahr 2013 auch von einer kleinen Episode, die sich dort bei Monschau im Niemandsland zwischen den Fronten ereignet hat.

Fritz und seine Kameraden hatten beobachtet, dass dort ein Haus stand, in dem drei junge Frauen wohnten. Aber sie sahen auch, dass einmal am Tag ein Amerikaner zu diesem Haus kam, um die Mädels zu besuchen. Tillmanns und seine Kameraden beschlossen, den Amerikaner gefangen zu nehmen, und schlichen sich am nächsten Tag in die Nähe des betreffenden Hauses. Doch an diesem Tag kam der amerikanische Soldat nicht. Die Aktion war aber trotzdem nicht vergebens. Die Mädels waren gerade dabei, Haselnüsse zu knacken, und Fritz sagte, dass seine Hose hinten am Gesäß zerrissen sei und ob sie die nicht vielleicht flicken könnten. Eines der Mädels sagte: „Dann bück dich mal!“, und nähte die Hose gleich am Leib.

Am 8. November, als Tillmanns' Einheit weiter nördlich im Kalltal bei Kommerscheidt operierte, fielen ihnen drei amerikanische Panzer in die Hände. Die deutschen Soldaten waren damals recht erpicht darauf, amerikanische Vorräte, Zigaretten oder die wundervolle amerikanische Seife zu finden. Tillmanns suchte also auch in einem der Panzer und fand schließlich ein verschlossenes Fach, das er dann doch noch öffnen konnte. Darin befanden sich neben Essenrationen und Süßigkeiten auch einige dünnwandige Blechdosen, deren englische Aufschrift niemand übersetzen konnte. Also öffnete Fritz eine Dose – es waren Erdnüsse darin. Auch in den Fächern der übrigen beiden Panzer fanden sie weitere Erdnüsse und die Männer ernährten sich ein paar Tage davon.

Fritz Tillmanns hatte schon zwei seiner besten Freunde verloren, als die Männer schließlich nach Hürtgen verlegt wurden. Dort wurde er am 30. November ein drittes Mal durch ein Schrapnell verletzt wie zuvor schon zweimal in Russland in den Jahren 1942 und 1943. Zunächst kam er in ein Lazarett in Bonn, bevor er zu seiner Einheit zurückkehren musste. In Bürvenich bei Zülpich fand er nur noch einen kläglichen Rest seiner Kompanie von zehn bis zwölf Mann. Er wurde für eine Woche in einem Privatquartier untergebracht, wo auch schon andere Menschen Unterschlupf gefunden hatten, darunter eine junge Frau. Sie sahen sich nur in dieser einen Woche, bevor Fritz schließlich in Kriegsgefangenschaft geriet, aus der er erst 1947 nach Hause zurückkehrte.

Doch nicht nur Fritz überlebte den Krieg, sondern auch seine vier Brüder, die ebenfalls Soldaten gewesen waren. In diesem besonderen Fall ging es also besser aus als bei den vier Brüdern in der berühmten Filmgeschichte vom „Soldaten James Ryan".

Fritz Tillmanns fand 1947 auch „sein Mädchen" aus dem Quartier in Bürvenich wieder und sie heirateten 1948. 64 Jahre waren sie verheiratet, dann starb sie 2012 ein Jahr vor dem Fest der eisernen Hochzeit. Aber da ist noch ein weiterer Kummer, den Fritz Tillmanns jetzt besonders spürt, nachdem er inzwischen ganz allein in einer Umgebung lebt, in der die meisten seiner alten Freunde und Bekannten schon gegangen sind. Seine Frau und er hatten zwei Töchter. Die eine lebt an der Nordseeküste, aber die andere starb schon mit 42 Jahren. Nun pflegt er ihr Grab, obwohl er immer gedacht hatte, es würde eines Tages mal genau umgekehrt sein.

Wenn es warm genug ist, dann arbeitet er immer noch am liebsten in seiner Werkstatt an seinen Kunstschmiedearbeiten. Und er freut sich auf den September, wenn sich die letzten Veteranen in Schmidt hoch über dem Rursee begegnen. Bei früheren Treffen waren immer wieder auch Amerikaner dabei, die längst seine Freunde geworden waren. In gewissen Kreisen in den USA kennt man auch die Geschichte vom deutschen Soldaten, der nicht wusste, was das für eigenartige Dosen waren. Dort drüben heißt dieser Deutsche einfach nur „Peanuts-Fritz".

Dörfer im *Kaffee*-Wahn

Die Eifel nach dem Zweiten Weltkrieg

Der Krieg hinterließ eine weitgehend zerstörte Eifel. Nicht nur die Eifeldörfer und -städte waren auf das Schlimmste betroffen und wiesen umfassende Zerstörungen auf wie etwa Prüm (80 Prozent), Bitburg (73 Prozent), Gerolstein (70 Prozent), Hellenthal (70 Prozent), Düren (69 Prozent), Mayen (64 Prozent), Euskirchen (53 Prozent) und Wittlich (40 Prozent). Auch die Natur war stark in Mitleidenschaft gezogen. Die Wälder waren zerschossen und wiesen überwiegend zersplitterte Bäume auf, hölzernen Gerippen gleich. Das Land war zersprengt und markiert von Hunderttausenden Bomben- und Granattrichtern. Viele Brücken waren zerstört, Straßen unpassierbar und selbst Feldwege von Panzerspuren tiefgründig zerwühlt. Dazu kamen noch die unzähligen Minen und Munitionsteile, die als akute Gefahr auf Wiesen und Feldern oder in den Wäldern lauerten. Mit diesen Hinterlassenschaften konnten sich Räumkommandos noch bis in unsere Zeit hinein befassen. Dennoch sollen noch etwa 1000 Menschen in der Eifel durch diese „Kriegserbschaft" ihr Leben verloren haben.

Nicht nur der Straßenverkehr war stark eingeschränkt, auch die Bahnlinien waren größtenteils zerstört, ebenso wie die Kommunikationsmöglichkeiten. Zahlreiche Postämter der kleinen Eifelstädte waren zerbombt. Auch die Stromversorgung zeigte große Lücken, ebenso die Verfügbarkeit von Leitungswasser, wodurch vorhandene Brunnen wieder an Bedeutung gewannen.

Wichtig wurde es natürlich, sich an den Wiederaufbau zu begeben. Das benötigte Bauholz lieferten zwar die Gemeindewälder, aber vielerorts enthielt das Holz bis zu 70 Prozent Granatsplitter, wodurch es an Qualität stark einbüßte.

Es mag überraschen, dass die Versorgungslage in den ersten Nachkriegsjahren noch schlechter war als in der letzten Kriegsphase. Denn in dieser Zeit, in der auch die im Kriegseinsatz abwesenden Männer fehlten, waren zuletzt die Felder nicht angemessen bestellt worden und auch die folgenden Nachkriegswinter zeigten sich unbarmherzig. Obendrein gab es für Förster und Jagdhüter wegen des Schusswaffenmangels kaum Möglichkeiten, das sich vor allem auf den Feldern heftig bemerkbar machende Schwarzwild in Schach zu halten.

Auch die Beschaffung von Brennmaterial in den kalten Wintern wurde zur Überlebenssache, doch der Kölner Erzbischof Joseph Frings zeigte in seiner Silvesterpredigt 1946/47 Verständnis für das illegale „Organisieren" von lebenswichtigen Dingen. Fortan nannte man eine solche Art der Beschaffungs-„Kriminalität" auch „Fringsen".

Als die Versorgungslage noch schlechter wurde und die öffentliche Lebensmittelbereitstellung kaum auf 1000 Kalorien pro Tag kam (wie sie in zwei Tafeln Schokolade enthalten sind), gingen viele Städter mit verzichtbaren Wertgegenständen wie Schmuck oder mit Zigaretten aufs Land, um das gegen Essbares einzutauschen. Trotzdem stieg auch wieder die Zahl der Menschen in den Eifeldörfern. Denn es kehrten nicht nur nach und nach Kriegsgefangene in ihre Heimatorte zurück, sondern es wurden wundersamerweise auch wieder mehr Kinder geboren. Gleichzeitig blieben manche Evakuierte, Flüchtlinge und Heimatvertriebene aus dem Osten in der neuen Heimat.

Zur „Normalisierung" des Lebens gehörten jedoch nicht nur die Gewährleistung einer ausreichenden Nahrungsmittelversorgung und ein Wiederaufbau zerstörter Infrastrukturen, sondern auch ein Wiederaufleben politischer Aktivitäten. Die Organisation und Verantwortung für ein demokratisches Deutschland sollte ja nicht für alle Zeiten in Händen der Alliierten bleiben, sondern irgendwann in deutsche Hände übergehen. Also wurde schon 1945 die Bildung von Parteien zugelassen. Neben den „alten" Parteien

SPD, KPD und Zentrum bildeten sich nun auch noch die CDU/CSU und die FDP.

Kurioserweise bestimmte die britische Militärverwaltung 1946 die Zusammensetzung des ersten nordrheinwestfälischen Landtages in Düsseldorf nicht etwa nach einem aktuellen Wahlergebnis, sondern nach den Verhältnissen der letzten demokratischen Wahl des Jahres 1932. Dadurch erhielt die SPD die Spitzenposition, die sie jedoch bald wieder aufgeben musste, da sich bei Wahlen auf unterer Ebene zeigte, dass die CDU stärkste Kraft war. So wurde dann auch der Landtag von 1947 demokratisch gewählt und zeigte folgende Verteilung: CDU 37,5 Prozent, SPD 31,9 Prozent, KPD 13,9 Prozent, Zentrum 9,7 Prozent und FDP 5,9 Prozent.

An dieser Stelle ist unschwer das Spannungs- und Traditionsbewusstsein der neuen Partei FDP zu bemerken. Denn sie hat es ja bis heute verstanden (also schon fast 70 Jahre lang), in der Nähe der magischen Fünfprozenthürde zu bleiben. So blieb ihren Wählern wie auch ihren Politikern immer dieses gewisse „Prickeln" erhalten durch die Frage: „Dabei oder nicht dabei?"

Unabhängig davon war die „Formung" des neuen deutschen Staates zunächst weiterhin Sache der Besatzungsmächte, die ihre Zonen in Länder aufteilten. Schon 1946 hatten sie Nordrhein-Westfalen und Rheinland-Pfalz gebildet. Mit der Schaffung der Länder war ein entscheidender Schritt zur Auflösung Preußens getan, die schließlich am 25. Februar 1947 vom Alliierten Kontrollrat in Berlin endgültig vollzogen wurde. Das war der konsequente Schritt gegen das alte Preußen, das von den Alliierten als überkommene, militaristische und demokratiefeindliche Struktur angesehen wurde. Das in ihren Augen und Ohren häufige Säbelrasseln der preußischen Monarchen hatte sich wohl als unangenehmer Tinnitus in den Köpfen von Amerikanern, Engländern, Franzosen und anderen Nachbarn eingenistet und nur die konsequente Auslöschung Preußens versprach Aussicht auf Heilung.

So endete ein immerhin 130 Jahre währendes Kapitel der Eifelgeschichte, das seit 1815 nach Ende der französischen Besatzung zu Preußen gehört hatte. In Erinnerung blieben viele Konflikte mit dem preußischen Staat, aber auch die Hilfeleistungen in großer Not und ein lange Zeit ungeliebter Titel als „Preußisch Sibirien", der erst in der Jetztzeit eher ein Schmunzeln erzeugt als eine Betroffenheit wie damals, als er entstand.

Doch nun wieder zurück in die Nachkriegsjahre, die die Eifel grenztechnisch mal wieder beinahe in ihre „Urgeschichte" zurückkatapultierte, zumindest aber in die Zeit der Römer. Denn schon wieder entstand an der alten Grenzlinie über den Hauptkamm bis zum Vinxtbach am Rhein die entscheidende und merklich trennende Grenze: zwischen dem französischen Sektor in der Südeifel und dem britischen in der Nordeifel. Denn die Amerikaner, die bei uns gekämpft und die Eifel erobert hatten, zogen schon im Sommer 1945 ab. Also hatten wir mal wieder die geliebte Grenzsituation, die von den Franzosen auch deutlich als strenge Pass- und Zollgrenze herausgearbeitet wurde.

Denn während die Briten und Amerikaner an einer einigenden deutschen Situation und entsprechend orientierten Verwaltungen interessiert waren, wollten die Franzosen das ihnen überlassene Gebiet eher loslösen und mehr an Frankreich binden. Im Unterschied zu Briten und Amerikanern nahmen sie zunächst auch keine Heimatvertriebenen und Flüchtlinge auf, was die Briten sofort auch in der Nordeifel möglich machten. Apropos Briten: Sie übernahmen die Nazi-Immobilie mit dem lauschigen Kuschelnamen „Vogelsang", die eigentlich als stolze Ordensburg errichtet worden war. Die Briten nutzten sie fortan als Kaserne und benötigten allerdings auch noch ein als Truppenübungsplatz geeignetes weiträumiges Gelände. Als Folge mussten die gut 500 Einwohner des Dorfes Wollseifen ihren Heimatort aufgeben und fortziehen. Schließlich übernahmen die Belgier die Kaserne für 3000 Soldaten und das gesamte Gelände, das sie auch noch weiter vergrößerten.

Glücklicherweise wurden diese zahlreichen belgischen Soldaten nicht dazu eingesetzt, den sich stark entwickelnden Schmuggel zwischen beiden Ländern einzudämmen. Aber das Gefälle zwischen der Versorgungslage des „Siegerlandes" Belgien und Deutschland war enorm. Also machten sich mehr und mehr Eifeler auf, gegen mitgebrachte Butter oder Eier die besonders raren Dinge wie Zucker, Schokolade, Zigaretten und vor allem Kaffee einzutauschen. Manche Eifeler schleppten so auf stillen Wald- und Feldwegen 20 bis 30 Kilogramm Kaffee aus Belgien bis ins Heimatdorf, wo professionelle Weiterverkäufer aus dem Kölner Raum warteten. Dabei galt der Schmuggel nicht nur der Befriedigung eigener Bedürfnisse. Erlöse wurden auch zum Wiederaufbau wichtiger Gebäude verwendet. Als besonders markantes Beispiel ist hier die während der Hürtgenwald-Schlacht zerstörte Kirche St. Hubertus in Schmidt zu nennen. Da ihr Wiederaufbau überwiegend auf Erlöse durch Kaffeeverkauf zurückging, wurde sie schließlich im Volksmund auch St. Mokka genannt.

Doch nur das Schmuggeln in einem schmalen Korridor entlang der Grenze konnte die miserable Lebens- und Wirtschaftslage im gesamten Land nicht nachhaltig verbessern. Das vorhandene Geld konnte nicht sinnvoll genutzt werden, denn das Warenangebot war insgesamt viel zu begrenzt. Wie zu erwarten war, schnellten also die Preise in die Höhe. Schließlich kostete ein Pfund Butter 400 RM und die Armut nahm stetig zu.

Bevor diese Entwicklung noch weiter ausuferte, entschloss sich die Militärregierung zum Handeln und führte eine Währungsunion durch: Am 20. Juni 1948 wurde die Reichsmark durch die Deutsche Mark abgelöst. Diese gute Idee der Amerikaner erwies sich als der entscheidende Wendepunkt für die deutsche Wirtschaft.

Und ein Deutscher machte schließlich das Beste daraus: Ludwig Erhard, der uns Eifelern ja sofort ans Herz gewachsen war. Er hatte zwar diesen kleinen Geburtsfehler, im fränkischen Fürth geboren zu sein, aber trotzdem genoss er bei uns Eifelern gleich ein großes Vertrauen: Mit zwei so schönen „Eifeler" Vornamen – Ludwig und Erhard – und einem so lustigen jüngeren Bruder Heinz, da hätten wir ihn wahrscheinlich auch den Kommunismus bei uns einführen lassen, wenn seine Partei, die CDU, ihn denn gelassen hätte.

Erhards Erfolgsrezept war ja die von ihm propagierte soziale Marktwirtschaft, die auf dem Prinzip der Kräfte zwischen Angebot und Nachfrage basierte und auf frei verhandelten Preisen und Löhnen ohne staatliche Lenkung. Den Anschub brachte allerdings die finanzielle Hilfe durch die USA, die ab 1948 mit großen Summen anlief. Sie ging zurück auf den amerikanischen Außenminister

George C. Marshall, der 1953 auch den Friedensnobelpreis erhielt. Aufgrund des nach ihm benannten „Marshall-Plans" flossen schon 1948 stattliche 613,5 Millionen Dollar nach Deutschland. Bis 1952 erhöhte sich die Summe gar auf über 1,4 Milliarden Dollar. Dabei halfen die Amerikaner auch den anderen vom Krieg betroffenen europäischen Ländern mit insgesamt mehr als 13 Milliarden Dollar.

Die Amerikaner müssen schließlich gestaunt haben, was diese fleißigen Deutschen aus diesem finanziellen „Anschubser" entwickelten: Das deutsche Wirtschaftswunder nahm seinen „zarten", aber nicht mehr zu stoppenden Anfang. Und das hatte sogar Auswirkungen bis in unsere Eifel: Seit voriger Woche hab ich fließend Wasser. Und vor Weihnachten sollen wir auch noch Strom kriegen. Toll, dass das so schnell ging!

Atom*schlag* und Bunker-Babys

Die Eifel wird (beinahe) Regierungssitz

Erinnern Sie sich noch an Aachen, die entzückende Stadt an den nordwestlichen Ausläufern unserer Eifel? Mal abgesehen vom immer noch hochaktuellen Dom, den Printen und internationalen Reitturnieren – wir erinnern uns auch noch an den großen Karl und seine geliebte Residenz in Aachen.

Runde 1100 Jahre mussten vergehen, bis wir direkt an der Eifel (also beinahe jedenfalls) wieder den Regierungssitz kriegten. Denn dieser Adenauer war wirklich pfiffig. 1938 hatte er sich von seinem Schwager, einem Architekten, im Bad Honnefer Stadtteil Rhöndorf zu Füßen des Siebengebirges ein Haus bauen lassen und 1949 sorgte er dafür, dass das gegenüberliegende „kleine" gemütliche Bonn Bundeshauptstadt wurde, obwohl eigentlich das viel größere und zentraler im Land liegende Frankfurt heimlicher Favorit war. So war es für den schließlich am 15. September 1949 gewählten ersten Bundeskanzler Konrad Adenauer nur ein Katzensprung von daheim bis zum Regierungssitz. Und außerdem hatte er von seinem Haus aus einen wunderbaren Blick über den Rhein und ... ja, auf die nordöstlichen Ausläufer der Eifel, das Wachtberger Ländchen.

Mit Bonn hatte die Eifel nach der langen Wartezeit nach Karl dem Großen endlich wieder internationale Bedeutung. Auch fanden in der Zeit der Bundeshauptstadt Bonn viele der namhaftesten deutschen Politiker in der Eifel Wohnung und Heimat. Genscher wohnte zum Beispiel in Wachtberg, dem Zentrum der nordöstlichsten Nordosteifel. Als der Mann, der ja eigentlich aus Halle stammt, so heimatfern, aber politisch unausweichlich nach Bonn verschlagen wurde, half ihm der Bund für Umwelt und Naturschutz bei der Neuansiedlung. Damit kannten die sich aus. Meist waren es Wiederansiedlungen seltener Vögel. Aber auch seltene Säuger wurden hin und wieder berücksichtigt. Und Genscher hatte mit seinen großen Ohren sofort das Herz der Abteilung „Fledermausfürsorge" erobert. So erhielt er ohne langes Zaudern einen Nistkasten in Form einer Villa.

Aber das war noch nicht der Höhepunkt der politischen Wichtigkeit unserer Eifel. Die für die ganze Nation größte Bedeutung der Eifel ergab sich aus dem im Ahrtal gelegenen Regierungsbunker, dessen Anfänge bis in die Zeit des Ersten Weltkriegs zurückreichen. In zwei Tunneln einer unvollendeten Güterzugstrecke der Deutschen Reichsbahn begannen 1958 die Vorbereitungen für den Bau des Bunkers für die Bonner Bundesregierung in der Zeit des „Kalten Krieges". Bekannte Bundespolitiker wie Ludwig Erhard, Annemarie Renger und Helmut Schmidt haben den AdVB, den „Ausweichsitz der Verfassungsorgane des Bundes im Krisen- und Verteidigungsfall zur Wahrung von deren Funktionstüchtigkeit", selbst erlebt. Das war die harmlos klingende Bezeichnung für das wohl monströseste Bauwerk, welches im politischen Klima des Kalten Krieges in Deutschland je errichtet wurde. 3000 Mitglieder der höchsten Staatsorgane sollten im Falle eines heißen Krieges hier 30 Tage allen Widrigkeiten eines modernen ABC-Angriffes standhalten.

In diesen beiden Eisenbahntunneln (Kuxbergtunnel und Trotzenbergtunnel) einer im Ersten Weltkrieg begonnenen und nie fertiggestellten strategischen Bahnlinie wurde von 1959 bis 1971 eine inklusive aller Nebenstollen über 17 Kilometer lange Bunkeranlage in den Weinbergen erbaut mit 936 Schlaf- sowie 897 Büroräumen, eine ganze Regierungsstadt mit eigenem Plenarsaal. Hier lag der Zugang zu den wesentlichen Bereichen der Regierung, die sich mit einer Überdeckung von bis zu 110 Metern im Innenteil befanden – so das Zimmer des Bundeskanzlers, das Bundespräsidialamt oder der Raum für den gemeinsamen Ausschuss aus Bundestag und Bundesrat.

Über mehr als drei Jahrzehnte unterlag der „AdVB" unter den Weinbergen des Ahrtals der höchsten Geheimhaltungsstufe innerhalb der Bundesrepublik Deutschland. Gleichzeitig war er mit vier Milliarden DM das teuerste je in Deutschland entstandene Einzelbauwerk.

Noch 1944 hatten die Tunnel als Außenlager des Konzentrationslagers Buchenwald einer Produktionsstätte zur Montage mobiler Abschussrampen von V2-Fernlenkwaffen des Konstrukteurs Wernher von Braun gedient.

Doch was war das gegenüber dieser neuen Vision: Deutschland atomar zerstört und alles Leben ausgelöscht. Doch eines Tages hätte sich im Ahrtal quietschend eine dicke Stahltür geöffnet und die Überlebenden des Bunkers hätten das Land wieder neu besiedelt. Also die Sekretärin des Bundeskanzlers, ihre drei Dutzend Kinder und deren paar Hundert Väter wären die Keimzelle des neuen deutschen Lebens geworden. Aus der Eifel heraus. Was für ein großer Moment für unsere Heimat. Ein Augenblick von bis dahin nie gekannter geschichtlicher Bedeutung.

Aber so weit kam es nicht. Das große Geschenk, das die Eifel unserem Vaterlande hätte geben können, wurde verworfen und überflüssig gemacht durch die unerwartete Friedfertigkeit gewisser Menschen. Dieser Gorbatschow zum Beispiel. Mit seiner politischen Ära, die obendrein auch noch zum Fall der Mauer führte sowie zum Umzug der Staatsspitzen nach Berlin, verlor der Regierungsbunker seine Bedeutung. 1997 gab die Bundesregierung die „Dienststelle Marienthal" vollständig auf. Bis auf einen 203 Meter langen Abschnitt wurde er von 2001 bis 2006 vollständig entkernt und rückgebaut. Seit dem 1. März 2008 sind insgesamt 203 Meter des Bauwerks als „Dokumentationsstätte Regierungsbunker" im Kuxberg der Öffentlichkeit zugänglich.

So verlor die Eifel wieder ihre herausragende bundespolitische Bedeutung. Und uns und den übrigen Deutschen blieb nichts anderes übrig, als sich wieder auf andere Qualitäten unseres Mittelgebirges zu konzentrieren, die man überwiegend nicht in ehemaligen Eisenbahntunneln findet. Und mit einem Bild Fritz von Willes vor Augen dämmerte es uns schließlich wieder, dass wir Eifeler in einem verdammt schönen Landstrich Deutschlands leben – mit dem Namen Eifel!

Wunder*schön* und mordsmäßig *spannend*

Die Eifel heute

Nachdem wir uns ziemlich lange in der Vergangenheit aufgehalten haben (waren es nicht um die vier Milliarden Jahre?), sind wir doch noch im Heute angekommen – und wie!

Inzwischen ist die Eifel ein geografisches und kulturelles Gesamtkunstwerk, bei dem alles stimmt: sonnen- und tsunamisicher, Lavendel statt Lawinen, Schmetterlinge statt Malariamücken usw., usw. Wer will da noch ins völlig überhitzte Afrika oder in die von Grizzlys verseuchten Rocky Mountains? Außerdem halten wir eine ganze Reihe von Spitzenplätzen, auch etliche erste Plätze, zum Beispiel „Bestes Bier Deutschlands" – na klar! Jedes „Kind" zwischen 18 und 88 weiß, dass aus einer in der Südeifel gelegenen Stadt der beste Gerstensaft kommt. Der Name des Bieres ist amerikanischen Ursprungs und setzt sich zusammen aus dem Kurzbegriff für die kleinste Dateneinheit bei Computern und aus dem Begriff für ein Konglomerat aus zwischen zwei Pappbrot-Hälften gequetschtem plattem Fleischklops, Käse und Salat. Dieser goldgelbe Gerstensaft, der im Gegenlicht wirkt wie das herbe flüssige Sonnenlicht des vergangenen Sommers, ist der herb-würzige „Bruder" des Eifeler Honigs, der aber nicht aus einer Brauerei stammt, sondern gekotzt wird, nämlich von Bienen, weshalb er eigentlich Konig heißen müsste.

Mit der Begeisterung und dem Zuspruch für dieses Bier mit dem herb- aromatischen Geschmack aus guten Eifeler Zutaten erzielt diese Brauerei derartig astronomische Umsätze, dass die sich als einziger Getränkehersteller der Welt ein US-Jagdgeschwader als Bewachung leisten kann.

Obwohl ich ja auch sonst als völlig neutral und unbefangen gelte, kann *ich* – natürlich völlig frei von jeglichem Lokalpatriotismus – nur dazu nur sagen: Die Fakten sprechen eindeutig für die Spitzenstellung des Produkts wie auch der Firmenführung. Denn bevor sich die Amerikaner 5000 Soldaten und geschätzte 90 Flugzeuge (falls die Zahl der vorhandenen 90 Flugzeugbunker ein Hinweis sind) abzweigen lassen, wo sie die sonst dringend in der Welt brauchen, um Öl zu klauen und andere Menschenrechte zu schützen, da muss es schon was Wichtiges sein und der Preis stimmen. Und so eine Airbase ist kein Landschulheim. Bei der von mir fantasierten Jahresmiete wird mir ganz schwindelig.

Aber das Entscheidende ist doch, dass es funktioniert. Und das tut es bisher hervorragend. Allein die Abschreckung wirkt offenbar umfassend. Keine Gruppe der Anonymen Alkoholiker der All-Aida Südeifel (oder waren das die mit dem Schiff?) hat es bisher auch nur gewagt. Und wenn doch mal: Die Airbase liegt nur zehn Kilometer Luftlinie vom Brauhaus entfernt. Da brauchen die fast gar nicht zu starten. Wenn da nicht das tiefe Kylltal dazwischenläge, könnten die die Flieger fast nach Bitburg schieben, damit die dann da, also, irgendwie vom Boden aus … aber die fliegen dann ja doch. Im Tiefflug in ein paar Sekunden. Da fragt der erste nächtliche Schurke nach dem Einbruch noch danach, wer den Öffner mitgebracht hat, da liegt schon vor dem ersten Schluck alles in Schutt und Asche. So leicht klaut man bei uns nicht die besten Sachen, so nicht! Und diese Piloten wären sicher auch mal kurzfristig bereit, woanders einzuspringen. Wenn zum Beispiel mal eine größere Gang am Aachener Dom Printen klauen wollte: wäre auch nicht das Problem. Auch da brauchen die nur ein paar Minuten. So eine 20 Mille teure F16 schafft 2117 km/h. Nein, nicht pro Woche – in einer Stunde. Da brauchen Sie gar nicht raus an Ihr Auto und nachsehen: Die Zahl werden Sie definitiv nicht auf Ihrem Tacho finden. Wenn die in Bitburg hoch ist und der Pilot Gas gibt, dann muss der spätestens über Gemünd eine Vollbremsung machen, damit der überhaupt noch mitkriegt, wo Aachen überhaupt liegt. Sonst landet das Napalm in Venlo. Außerdem steht auch in Gemünd eine kleine, feine Brauerei, der der Pilot einen Kontrollblick zukommen lassen sollte. Und falls mal welche im Freilichtmuseum Kommern so ein Bauernhaus wegtragen wollen - einfach anrufen. Die kommen nicht weit mit dem Ding. Die Bewaffnung der F16 steht auch in einem solchen Fall für eine sichere Lösung. Am ganzen Stück würden die das Gehäuse jedenfalls nicht mehr wegtragen, das kann ich garantieren.

Tja, und die Osteifel? Alles in Butter, da sind wir doch auch schon lange bestens versorgt. Denn hier werden nicht nur wertvolle Getränke und Uhus, Wildkatzen und Schwarzstörche nachhaltig und konsequent geschützt, sondern auch unsere Kultur.

Dafür haben wir in der Osteifel den Militärstützpunkt Büchel bei Cochem. Da sollen die ja sogar immer noch amerikanische Atomwaffen haben. Aber nur so um die 20 Stück, also eigentlich nicht erwähnenswert. Vor allem weil es sich ja nur um den eher kleineren Typ B61 handeln soll, also genau das Richtige für kleinere ländliche Regionen: Das ist bei einer Sprengkraft von etwa 340 Kilotonnen TNT je Bombe nur das 26-Fache der Hiroshima-Bombe. Mit anderen Worten: Man wäre in der Lage, die Eifel noch mal in den Zustand zurückzuversetzen, den sie vor etwa vier Milliarden Jahren schon mal hatte. Das nenn ich doch mal eine Perspektive für Leute, die im Extremmodus von „Back to the Roots“ leben.

Ich hoffe nur, dass die da beim Personal wenige Leute mit Parkinson haben. So von wegen der Knöpfe. Aber es heißt ja, dass die USA die ollen Dinger in den nächsten Jahren für ein paar Milliarden Dollar sicherer machen wollen. Knöpfe mit Parkinson-Erkennung und anderen Sicherungen gegen Wackelkontakte.

Warum aber dieser Aufwand gerade dort? Meine Vermutung: Die haben frühzeitig herausgefunden, dass die Bücheler Kirche ab 2093 als Weltkulturerbe-Denkmal vorgesehen ist. In dem Fall würde ich sagen: Jawoll - weitermachen! Da ist massiver Schutz mit allen Mitteln geboten.

Das Jagdbombengeschwader 33 hat als Einsatzflugzeuge europäische „Tornados“, die mit maximal 2414 km/h sogar noch schneller sind als die F16. Aber einen kleinen Nachteil hat die Tornado schon: Sie schafft die Höchstgeschwindigkeit nur bei mehr als zehn Kilometern Höhe. Also bei einem kurzfristigen Einsatz gegen einen, der öffentlich und auch noch unter den Augen zweier Klassen französischer Austauschschüler gegen die Mauer der sensiblen Genovevaburg pinkelt, muss der Pilot auf den 20 Kilometern Luftlinie einen ziemlichen Parabolflug hinlegen, um über Maximumspeed nach Mayen zu kommen. Vielleicht könnte man ihn aber auch einfach nur bei „Normalgeschwindigkeit" geradeaus fliegen lassen. Bei „nur" 1400 km/h wäre er ja auch schon in weniger als einer Minute am Tatort. Das ist noch vertretbar. Und mit ein paar Sekunden Zuschlag könnte er auch noch die Vulkan Brauerei in Mendig absichern.

An dieser Stelle sei mir noch ein kleiner persönlicher Appell erlaubt: Liebe Betreuungslehrer, ich ersuche Sie dringend, in Mayen weilenden französischen Austauschschülern sofort ins Wort zu fallen, wenn sie mit breitem, schadenfrohem Grinsen ihrem sensiblen deutschen Mitschüler die völlig überflüssige Mitteilung machen: „Die Burg hier hat einer meiner Vorfahren schon am 6. Mai 1689 niedergebrannt!" *Solche* Austauschschüler wollen wir in Zukunft nicht mehr in Mayen haben!

Aber wir sind ja noch gar nicht fertig mit den ersten Plätzen, die in der Eifel gehalten werden. Dazu gehört natürlich auch das Mineralwasser. Das leuchtet jedem ein, der weiß, dass das beste Mineralwasser aus vulkanischem Gestein kommt. Und da wir die mit weitem Abstand vulkanischste Region Deutschlands und sogar auf dem europäischen Festland sind, ist auch unser Mineralwasser auf Platz 1, egal ob es sich dabei nun um Birresborner, Gerolsteiner, Dauner, Nürburgquelle oder Brohler handelt.

Ja, ich weiß schon: Sie denken, ich habe vor lauter Bier und Wasser die dritte Getränkegruppe völlig vergessen – den Wein. Aber wie könnte ich ein solch herausragendes weiteres Eifelprodukt vergessen? Dafür ist der rote Ahrwein viel zu bekannt und gut, der mit 86 Prozent der Anbaufläche Deutschlands größtes zusammenhängendes Rotweinanbaugebiet dominiert neben nur 14 Prozent Weißwein. Wahrscheinlich haben auch hier die Römer als Erste Wein angebaut, wie auch im anderen Eifeler Anbaugebiet weiter südlich. Urkundlich belegt ist der Anbau jedenfalls erstmals für das Jahr 893 durch ein Verzeichnis der Abtei Prüm (also nur ein Jahr nach dem letzten Wikingerüberfall). Heute sind es an den Hängen der Ahr rund 540 Hektar, auf denen 2010 neben den roten Trauben auch auf acht Prozent der Fläche Riesling reifte. Die älteste Winzergenossenschaft der Welt wurde 1868 in Mayschoß gegründet. Dort produzieren heute 400 Mitglieder jährlich rund 1,3 Millionen Flaschen mit etwa 1,9 Millionen Litern Gesamtmenge.

1868 war ganz nebenbei das Jahr, in dem in den USA das erste Amtsenthebungsverfahren gegen einen amerikanischen Präsidenten scheiterte und in dem der großen Nation der Sioux-Indianer im Vertrag von Fort Laramie beinahe das gesamte Gebiet des heutigen Staates South Dakota als Indianerland zur uneingeschränkten und unbehelligten Nutzung und Besiedlung überlassen wurde. Was natürlich keinen Bestand hatte.

Also wenden wir uns wieder dem Wein zu, denn da sind wir noch nicht ganz fertig. Schließlich hat die Eifel ja noch ein weiteres bedeutendes Anbaugebiet, nämlich an ihren südöstlichsten Abhängen. Oder will da etwa jemand bestreiten, dass der Abhang eines Berges nicht zum Berg selbst gehört? Was da aus dem Tal des zweifellos entzückendsten Mittelgebirgsentwässerungssystems mit dem Namen Mosel aufsteigt, ist nun mal der erste Anstieg der Eifel oder ihr letzter Abhang. Damit stellt die Eifel also auch das größte Steillagenweinbaugebiet der Welt und hat den größeren Anteil an der auch am Hunsrück liegenden und mit insgesamt 5300 Hektar größten Rieslinganbaufläche der Welt. Der 378 Meter hohe Calmont bei Bremm, der sich fast mit der Höhe des Eiffelturms über die Mosel erhebt, ist mit seinen mehr als 65 Prozent Neigungswinkeln außerdem der steilste („Eifel-)Weinberg“ der Welt. Also mal rein geojuristisch betrachtet gibt es demnach fast gar keinen Moselwein, sondern nur extrem moselnahen Eifelwein! Also rein geojuristisch gesehen ist „Mosel-Wein“ – großzügig betrachtet – nur ein Wein von der untersten flachen Talsohle unmittelbar am Flussufer oder aber von einer Insel in der Mosel. Nur weil die Osthänge des italienischen Vulkans Ätna, an denen auch Wein gedeiht, direkt aus dem

Mittelmeer aufsteigen, sagt da auch niemand, dass das „Mittelmeerwein“ ist, sondern es ist und bleibt natürlich Wein vom Ätna. Ich lasse mich hier also nicht noch auf weitere Diskussionen ein. Basta!

Aber wir haben ja vorhin noch vom Vulkanismus gesprochen: Mit der größten Dichte von ehemaligen Vulkanen und Kratern hält die Eifel wie oben auch schon angedeutet noch einen weiteren Spitzenplatz in unserer Republik. Aber um es auch noch ein wenig spannender zu machen, versichern uns die Geologen, dass einer oder mehrere unserer Eifelvulkane auf jeden Fall wieder hochgehen werden, also genauer gesagt zwischen demnächst und irgendwann.

Vieles spricht für die große Magmakammer unter dem Laacher See als die wahrscheinlichste Variante. Am Ostufer unmittelbar am Ufer-Wanderweg treten ja auch permanent Gasblasen aus, die vom Brodeln im Untergrund künden. An dieser Stelle des Laacher Sees kriegt man fast schon so ein leichtes Yellowstone-Gefühl. Aber im Yellowstone stinkt es nicht nur nach Schwefel, sondern auch noch nach Büffel. Aber wer braucht das denn noch zusätzlich? Mir ist schon der Schwefel zu viel.

Aber auch damit noch nicht genug der geologischen Spitzenplätze der Eifel: Der Mosenberg bei Bettenfeld westlich von Manderscheid ist ein ungewöhnlicher Reihenvulkan mit vier Gipfeln. Einen Platz 1 hält jedoch der nördlichste dieser Vulkangipfel, denn in ihm liegt Deutschlands einziger Bergkratersee (also ein Krater, der oberhalb der Grundwasserebene liegt und daher nur von Regenwasser gefüllt werden konnte). Er soll auch der einzige in Europa (Festland) nördlich der Alpen sein.

Noch ein erster Platz erwünscht? Die 1927 eröffnete „Gebirgs-, Renn- und Prüfstrecke“ des Nürburgrings gilt mit ihrer heute gut 25 Kilometern langen Strecke und ihren 170 Kurven immer noch als die schönste Rennstrecke der Welt. Und falls Sie einen schnellen Wagen haben, dürfte das der einzige Ort in unserem Land sein, wo Sie ihn mal richtig von der Kette lassen können. Denn die Strecke ist außerhalb von Veranstaltungen für private „Touristenfahrten“ geöffnet. Einmal die 20,8 Kilometer lange berühmte Nordschleife „in der grünen Hölle“ für 26 Euro. Man kann aber auch gleich gegen einen Baum fahren, dann hat man sozusagen das Porto gespart. Ach so, Sie sind sich nicht sicher, ob Sie einen schnellen Wagen haben, der da auf dem Ring einigermaßen mithalten kann? Nach Walter Röhrl, dem berühmten Rallye-Fahrer, haben Sie dann einen wirklich schnellen Wagen, wenn Sie morgens vor dem Ding stehen und Angst haben, ihn aufzuschließen. Bringen Sie diesen Zustand in Verbindung mit Ihrem Fahrzeug? Nein? Dann geht es Ihnen so wie mir. Kuppeln Sie auch gelegentlich aus zum Spritsparen? Ich mache das gelegentlich – und plötzlich rollt der auf einmal schneller, als er sonst fährt. Das ist doch offensichtlich ein Konstruktionsfehler, das müsste doch eher anders herum sein. Aber ich will ja nicht meckern. Mein voriger VW hat mit der ersten Benziner-Maschine über 400.000 Kilometer geschafft. Das meiste gerollt.

Aber nach so vielen ersten Plätzen in den Kategorien Getränke, Konzern, Geologie und Motorsport muss es auch mal einen Blick geben auf die Menschen der Eifel. Und da muss ich sagen: Es gibt so viele bekannte und berühmte Eifeler, dass es völlig den Rahmen sprengen würde, sie an dieser Stelle anzuführen. Aber einen muss ich nennen, der der entscheidende Wegbereiter unserer Zunft der Eifelkrimi-Schreiber in der Eifel ist. Der Duisburger Journalist Michael Preute fand nicht nur mitten in der Vulkaneifel seine neue Heimat, sondern er wurde auch als „Jacques Berndorf" der erste und erfolgreichste Verfasser von Eifelkrimis. Wie kein anderer hat er es geschafft, die Eifel in den vergangenen gut 20 Jahren in der gesamten Republik bekannt zu machen.

Erinnert das nicht daran, dass wir während unserer Zeitreise schon zwei anderen berühmten „Zuagroasten" (wie die Bayern zu nicht einheimischen „Neubürgern" sagen) begegnet sind, die nicht aus der Eifel stammten? Dennoch haben auch sie als nicht in der Eifel Geborene unsere Heimat weit über ihre Grenzen hinaus bekannt gemacht: Fritz von Wille aus Weimar und Clara Viebig aus Trier.

Sowohl Menschen aus dem hohen Norden Deutschlands als auch aus dem Bayerischen Wald haben im Laufe der Jahre mal so einen der Berndorf'schen Eifelkrimis in die Hand bekommen – und wurden neugierig auf das weit entfernte Stück „Wilder blutiger Westen“ in Deutschland. Diese Krimis erreichten Gebiete und Menschen im Land, wo es ursächlich zunächst noch gar kein Interesse für das kleine, schönste Mittelgebirge gab. So setzte Michael Preute einen Impuls in Gang, der nicht mehr aufhörte zu wirken. Die Touristikprofis und die Mannschaft der Eifeltouristik taten dann das Ihre noch eifrig und erfolgreich dazu. Auf Preutes erste Eifelkrimis folgte eine Entwicklung hin zu einem großen Markt mit Verlagen mit Krimis zu allen Regionen Deutschlands.

So hat er nach Auffassung vieler und auch nach meiner Meinung mit Millionen von Eifelkrimis die beste Neukundenakquise für unser „Gebirge“ betrieben, die möglich war.

Inzwischen ist der Tourismus eine markante Größe für die Existenz der Eifeler. Wenn ich mich recht erinnere, wurde der inzwischen durch den Tourismus in der Eifel erwirtschaftete Jahresertrag bei einer großen Gesprächsrunde im Dauner Forum von der rheinland-pfälzischen Wirtschaftsministerin Eveline Lemke mit der schlanken Summe von 500 Millionen Euro beziffert. Also das kriegen alle unsere Eifelomas auch in zwei Wintern nicht zusammengestrickt.

Bei diesem Forum ging es übrigens um die Frage, ob den Lavaabbauern in der Eifel (die 20 Millionen Euro im Jahr machen) in Zukunft die Erweiterung ihres Abbaus von jetzt aktiv 400 Hektar auf dann insgesamt 2000 eingeräumt werden soll. Womit wir vollends bei einem ganz, ganz heiklen und aktuellen Thema angekommen wären. Ja, auch das muss jetzt noch sein – ganz zum Schluss doch mal ein paar Wermutstropfen in den süßen Becher.

Manches kann man schon vom Boden aus erkennen, aber aus der Luft offenbart es sich in vollem Umfang. Wenn ich früher vom Flugplatz Mendig zusammen mit anderen Kameraden meines Fallschirmsportclubs zum Springen aufstieg, konnten wir sehr weiträumig das Land unter uns wahrnehmen. In den zehn bis 15 Minuten Flug bis zur Absetzhöhe von 1000 bis 2500 Meter über Grund kreisten wir über dem Maifeld und der Pellenz. Und da zeigte es sich ganz konkret: Viele der Vulkankuppen hatten wunde Flanken, wo gegraben und gebaggert worden war oder immer noch wird. Und es hörte nicht auf, bis die ersten kleinen Vulkane völlig verschwunden waren. Eine bittere Erfahrung und ein Schicksal, das auch weiter als latente Gefahr über den noch „heilen“ oder halbwegs heilen Vulkangipfel-Regionen unserer Heimat schwebt.

Ja, auch das stimmt: Wir verbrauchen diese Lava auch selbst als Bau- und Straßenbaumaterial. Und doch müssen wir unser Bewusstsein schärfen für das absolut Notwendige und für die Bewahrung größerer Naturwerte, die den Charakter unserer Heimat ausmachen. Noch kann man von vielen erhöhten Stellen diese wunderbare Landschaftsform erkennen, wo sich aus dem hoch gelegenen und hügeligen Grundplateau immer wieder markant diese fantastischen Vulkankegel erheben und dem Horizont eine besondere Zeichnung geben. Ich liebe diese Ausblicke. Und auch genau die sind unseren Gästen jedes Jahr 500 Millionen Euro wert. Wir sollten sehr genau Obacht geben, dass wir die nicht unseren Gästen und denen, die noch dazukommen können, wegnehmen. Wir sollten aber vor allem auch für uns selbst nicht den Charakter und die Seele unserer Heimat Eifel ruinieren oder zerstören lassen.

Ich will meine Heimat mit ihrem ganz eigenen Charakter behalten. Wenn sie den verliert und die Vulkanberge weg sind, dann werden wir ein beliebig austauschbares Stück Land, in das viele unserer Gäste nicht mehr zurückkehren werden.

Ich kaufe ab jetzt jedenfalls nur noch lavafreies Joghurt.

Aber da wir unsere charakteristische Heimat *noch* haben, müssen wir nicht länger so ernst sein und kehren zurück zur alten Routine.

Wie wir inzwischen wissen, stehen wir in der Aufmerksamkeit und Annahme bei unseren deutschen Landsleuten und auch bei den ganz nahen ausländischen Nachbarn sehr ordentlich da. Dabei gibt es immer noch böse Zungen, die behaupten, dass es in der Eifel häufiger regnet als in der Toskana oder der Provence und dass bei uns weniger Zypressen wachsen. Man sollte aber die Eifel wirklich nicht mit diesen Regionen vergleichen. Das ist sowohl klimatisch als auch kulturell ungerecht und unausgewogen. Denn wenn die beiden südlicheren Landschaften am Ende des Sommers unter sengender Sonne völlig verdorrt in einem lebhaften Graubraun vor sich hin siechen, trägt die Eifel noch immer ein sattes Grün. Und für Besucher aus Grönland mutet die Steilküste des Rursees bei Woffelsbach ohnehin an wie ein Stück Côte d'Azur.

Na gut, es schneit auch bei uns immer noch regelmäßig, oft sogar im Winter. Wenn dann aber Mitte Juni unsere Iglus weggeschmolzen sind und wir unvermittelt im Freien stehen, sehen wir sogleich freundlich lächelnde Menschen um uns, deren Autos sogar Kennzeichen aus Sachsen oder aus dem Bayerischen Wald tragen. Und dann plötzlich noch mehr Menschen mit Fahrzeugen mit den gelben Nummernschildern. Zu denen spüren wir ja eine ganz besonders tiefe Sympathie, weil wir mit ihnen vor langer, langer Zeit einmal gemeinsam als Schlammspringer an Land gekrabbelt sind.

Und kulturell: Bei uns wohnen inzwischen viel mehr Kölner als in der Provence oder der Toskana, was uns kulturell einen enormen Vorsprung verschafft. Wir haben nun nicht mehr nur den Charme des ländlichen Ambientes zu bieten, sondern sind auch inspiriert von Impulsen großstädtischen Lebens. Jetzt gibt es eben nicht mehr nur das traditionelle „Wer fängt einbeinig das lahmste Huhn?“ oder „Heugabel-Mikado“. Jetzt haben auch wir allerorten qualitativ hochwertige Veranstaltungen, mit denen wir selbst Kulturkritiker aus der gesamten Republik beeindrucken werden, wenn sie uns dann irgendwann auch mal finden. Dazu müssen nur endlich die alten preußischen Navigationsgeräte ausgetauscht werden, aus denen es bei der Zufahrt auf die Eifel immer noch tönt: „Bitte wenden!“

Die Burgfestspiele in Mayen locken jedes Jahr beinah 40.000 Menschen an, denn der Mayener Intendant Peter Nuesch ist ein komödiantischer Schelm und Theatermagier zugleich, der sein großes Publikum aber nicht nur mit Komödien in Schwung hält, sondern der auch mit besonderer Liebe ausgewählte wunderbare Kinderstü cke in Szene setzt. Unter den Besuchern auf der Genovevaburg befindet sich auch regelmäßig der „Mayener Jung“ Mario Adorf, der sich ja ein klein wenig mit Schauspielerei auskennt. Als ich ihm dort 2012 wieder bei der Premiere der herrlichen Komödie „Mond über Mayen“ begegnete, hat er nachher fast genau an den Stellen gelacht wie ich auch. Aber was sagt uns das jetzt? Keine Ahnung.

Auch auf der Burg Monschau wird eifrig „gespielt“. „Monschau Klassik“ bietet open air den ganzen Bogen von Operette und Oper bis zu klassischen und zeitgenössischen Konzerten. Das lockt selbst hartnäckigste Städter aus dem Rheinland in die frische Eifelluft.

Bei uns in Daun lockt dagegen das abwechslungsreiche sommerliche Musikfestival „Klassik auf dem Vulkan“ entweder auf den alten „Basaltbrocken“ des Dauner Burgbergs oder an den Kratersee des Gemündener Maares.

Nicht nur für Frischluft-Allergiker hat Hans Nieder die „Dauner Fototage“ (indoor) ins Leben gerufen, die im Frühjahr die besten Reisefotografen Deutschlands mit ihren spektakulären Multivisions-Shows in die Eifel bringen.

Jeden zweiten Herbst steht Daun und sein Landkreis Vulkaneifel als krimiträchtigste Region Deutschlands mit den meisten „Papiertoten“ auch ganz im Zeichen von Deutschlands größtem Krimifestival „Tatort Eifel“. Dann versammeln sich die populärsten deutschen Krimischauspieler, Regisseure und Produzenten bei vielen „mordsmäßigen“ Events.

Unser idyllisches Nachbarstädtchden Hillesheim ist dagegen das ganze Jahr über als „Deutschlands Krimihauptstadt“ zugänglich mit dem Krimihotel und dem „Kriminalhaus“, das u.a. eine Bibliothek mit rund 30.000 Krimis und das stilvolle „Cafe Sherlock“ beherbergt.

So weit der Ist-Zustand. Aber wie steht es um die Menschen, vor allem – wie steht es um das Thema Jugendliche? Wie sehen deren Zukunftschancen aus in der Eifel? Das ist leider ein Problembereich! Man kann nicht darüber hinwegsehen, dass manche junge Menschen die Eifel verlassen müssen, denn es existiert eindeutig ein Mangel an Möglichkeiten, auch bei uns aktuelle Berufe ergreifen zu können. Bewährte Berufe aus früheren Tagen wie Henker oder Streckbankschreiner werden ja bei uns kaum noch angeboten. In den Jobbörsen der Arbeitsagenturen sucht man sogar nach so was Grundsolidem wie Folterknecht oder Schweinehirt meist vergebens. Früher, als alles noch besser war, konnte noch jemand mit Hauptschulabschluss in der gehobenen Laufbahn zumindest eine bescheidene Karriere machen als „Hilfskraft der Inquisition“. Dafür findet sich heute – zumindest offiziell – selbst bei uns keine Verwendung mehr. Jedenfalls nicht in der Stellenbörsen hiesiger Arbeitsagenturen. Nicht mal so etwas Zukunftsträchtiges wie „Söldner“ wird angeboten, dabei ist das angesichts der weiter auf der Welt schwelenden Konflikte und Kriege ein immer noch gut funktionierender Markt, der jedoch von offizieller Seite sträflich vernachlässigt wird. Wir müssen da achtgeben, dass wir uns nicht völlig von zukunftsweisenden Tendenzen abkoppeln. Dabei könnte gerade so ein Schweinehirt durchaus auch heute noch sein Brot verdienen. Beispielsweise als Mittagsaufsicht in dem einen oder anderen Börsenviertel. Für orientierungslose Zocker, die, falls sie sich beim Länderruinieren mal ein Päuschen gönnen, ein wenig Anleitung brauchen für eine wirklich entspannte Mittagspause. Dann klappt's danach im Job auch noch besser und die Gier treibt vielleicht noch frischere Blüten.

Also auf die Jugend und ihre heimatnahen Perspektiven sollten wir in jedem Falle ein wachsames Auge haben. Ansonsten stehen wir ganz ordentlich da und sind auch weiterhin mittendrin im Geschichteschreiben. Aber es will mir scheinen, als wären es inzwischen eher ruhige und unauffälligere Jahre. Wir rechnen nicht konkret mit Epidemien und schon gar nicht mehr mit neuen Kriegen in Europa. Wir haben gelernt, den kargen Eifelböden das Bestmögliche zu entlocken. Doch vieles von dem, was wir essen, kommt eh längst auch von außen. Wenn nicht *noch* größere soziale Spannungen entstehen und durch das Auseinanderklaffen zwischen Armen und Reichen weiter wachsen, dann könnte es weiterhin eine Zeit bleiben, die ein Kollege von mir später mal als eine „ruhige Phase" bezeichnen könnte. Es sei denn, unsere Vulkane erwachen tatsächlich wie vorhergesagt wieder zum Leben. Dann dürfen einige von uns, nämlich die, die beim Packen schnell genug waren, sicher auch bei unseren französischen Freunden am Kernkraftwerk Chattenom neu siedeln. Dabei bin ich in Gedanken schon viel weiter: in der Zeit, da Afrika noch weiter nach Norden gewandert sein wird und es die Alpen noch weiter in die Höhe geschoben hat. Leider wird dabei zwischenzeitlich das Mittelmeer verloren gegangen sein. Aber dafür soll dann unser Oberrheingraben, unser „Rift Valley" als uralter Canyon einer großen Verschiebung, mit Meerwasser gefüllt sein. Die Ludwigshafener sind dann schon längst zu ihrer Verwandtschaft in den höher gelegenen Pfälzer Wald gezogen.

Noch spannender wird es aber weiter im Norden, bei uns im die Osteifel begrenzenden Rheintal. Wird das vielleicht zu einem schmalen Meeresarm bis hinauf zur Kölner Bucht, die dann eine Meeresbucht sein wird? Dann würden die Hanglagen von Koblenz, Andernach, Sinzig und Remagen „Meeresblick" haben. Wann also wird die Eifel wohl wieder am Meer liegen?

In 250 Millionen Jahren soll es jedenfalls wieder einen neuen Superkontinent „Novopangäa" geben. Aber das ist eigentlich noch viel zu lange hin, um über derartiges Grübeln das Außergewöhnliche, das Besondere und Schöne der jetzigen Eifel zu vergessen.

Achten wir darauf, dass sie uns erhalten bleibt. Und bleiben wir weiter friedlich miteinander - im nettesten „Sibirien", das die Welt je hatte.

Personenregister

Ortsregister

Verwendete Literatur

ADE, Dorothee; WILLMY, Andreas: *Die Kelten.* 2. Aufl. Darmstadt 2012

BECHER, Matthias: *Merowinger und Karolinger.* Darmstadt 2009

BERGER, Michael, RÖMER-HILLEBRECHT, Gideon (Hrsg.): *Jüdische Soldaten – Jüdischer Widerstand in Deutschland und Frankreich.* Paderborn 2011

BOJANOWSKI, Axel: *Das Ende der Dinosaurier – Der Streit stirbt nicht aus.* URL http://sueddeutsche.de/wissen/das-ende-der-dinosaurier-der-streit-stirbt-nicht-aus-1.889478

BURGDORFF, Stephan; PÖTZL, Norbert F.; WIEGREFE, Klaus (Hrsg.): *PREUSSEN, die unbekannte Großmacht.* München 2009

FRIED, Johannes: *Das Mittelalter.* München 2013

HARTMANN, Wilfried: *Karl der Große.* Stuttgart 2010

HOLLUNDER, Heike: *Dokumentationsstätte Regierungsbunker.* Köln 2010

MAI, Gunther: *Die Weimarer Republik.* München 2009

Landessammlung für Naturkunde Rheinland-Pfalz / Naturhistorisches Museum Mainz: *Das Eckfelder Maar.* URL http:// http://www.eckfelder maar.de/

LUNDT, Bea: *Europas Aufbruch in die Neuzeit 1500-1800.* Darmstadt 2009

MEIßNER, Rolf: *Die Geschichte der Erde.* 3. Aufl. München 2010

MÜLLER-BECK, Hansjürgen: *Die Steinzeit – Der Weg der Menschen in die Geschichte.* 4. Aufl. München 2009

NONN, Ulrich: *Die Franken.* Stuttgart 2010

RENN, Heinz; EIFELVEREIN e.V. (Hrsg.): *Die Eifel.* 4. Aufl. Düren 2006

SCHLÖẞER, Tobias: *Dinosaurier in Deutschland.* URL http://www.planet-wissen.de/politik_geschichte/urzeit/dinosaurier/saurier_in_deutschland.jsp Stand:11.02.2013

SCHMINCKE, Hans-Ulrich: *Vulkane der Eifel.* Heidelberg 2009

THAMER, Hans-Ulrich: *Die französische Revolution.* 4. Aufl. München 2013

VON FLOCKEN, Jan: Die vergessenen Deutschen in Napoleons Armee. In: *Die Welt* (2007-06-14), Artikel 945036

WOLFRAM, Herwig: *Die Germanen.* 9. Aufl. München 2009

WOLTERS, Reinhard: *Die Römer in Germanien.*6. Aufl. München 2011

VOLTMER, Rita: *Hexenwahn – Ängste der Neuzeit.* In: Aufsätze des Deutschen Historischen Museums Berlin, Ausstellung 2002

VOLTMER, Rita: *Jagd auf »böse Leute«. Hexenverfolgungen in der Region um den Laacher See (16.-17. Jahrhundert)* in: Plaidter Blätter. Jahrbuch des Plaidter Geschichtsvereins 1, 2003, S. 11-24

WIKIPEDIA: *Die Hürtgenwaldschlacht.* URL http://de.wikipedia.org/wiki/Schlacht_im_H%C3%BCrtgenwald Stand: 12.07.2013

WIKIPEDIA: *Karl II. von Spanien.* URL http://de.wikipedia.org/wiki/Karl_II._%28Spanien%29 Stand: 10.08.2013

Der Autor

Hans Jürgen Sittig, 1957 in Mayen geboren, entdeckte als Biologiestudent in Bonn seine Leidenschaft für das Schreiben und Fotografieren. Begeistert vom europäischen Norden und von Lappland belieferte er zunächst als Reiseschriftsteller und Fotojournalist 29 verschiedene Magazine und Zeitschriften und veröffentlichte überwiegend Bücher und Fotokunstkalender über Skandinavien. Ab 2001 wirkte Sittig außerdem als Schauspieler in bislang 14 verschiedenen TV-Serien, seit 2008 ist er Ensemble-Mitglied des Taltontheaters in Wuppertal, wo er unter anderem den „Miller“ in Schillers „Kabale und Liebe“ spielte.

2011 meldete sich Sittig dann markant als Eifelautor: Sein erster Eifelkrimi „Mordwald“ erhielt ebenso wie der Folgeband „Tod am Laacher See“ sowohl in Rundfunk und Presse als auch in bundesweit erscheinenden Magazinen herausragende Bewertungen (etwa wie „Mankell's Wallander jedenfalls war gestern, Sittig's Wärmland ist heute“).

2012 erschien ebenfalls bei Regionalia Sittigs Bildband „*Traumland Eifel*“, der von der Presse als herausragendes Werk mit fantastischen und spektakulären Bildern gefeiert wurde.

2013 wählte das SWR-Fernsehen den vielseitigen Eifel-Autor schließlich auch als Eifel-Repräsentant für die Rheinland-Pfalz-Serie „Ein perfekter Tag“.

Hans Jürgen Sittig lebt in Neunkirchen, einem kuscheligen Eifel-Dorf vor den Toren von Daun mitten in der Vulkaneifel. Hier scheint wirklich jeden Tag die Sonne (nur „gelegentlich“ mit ein paar Wolken davor).

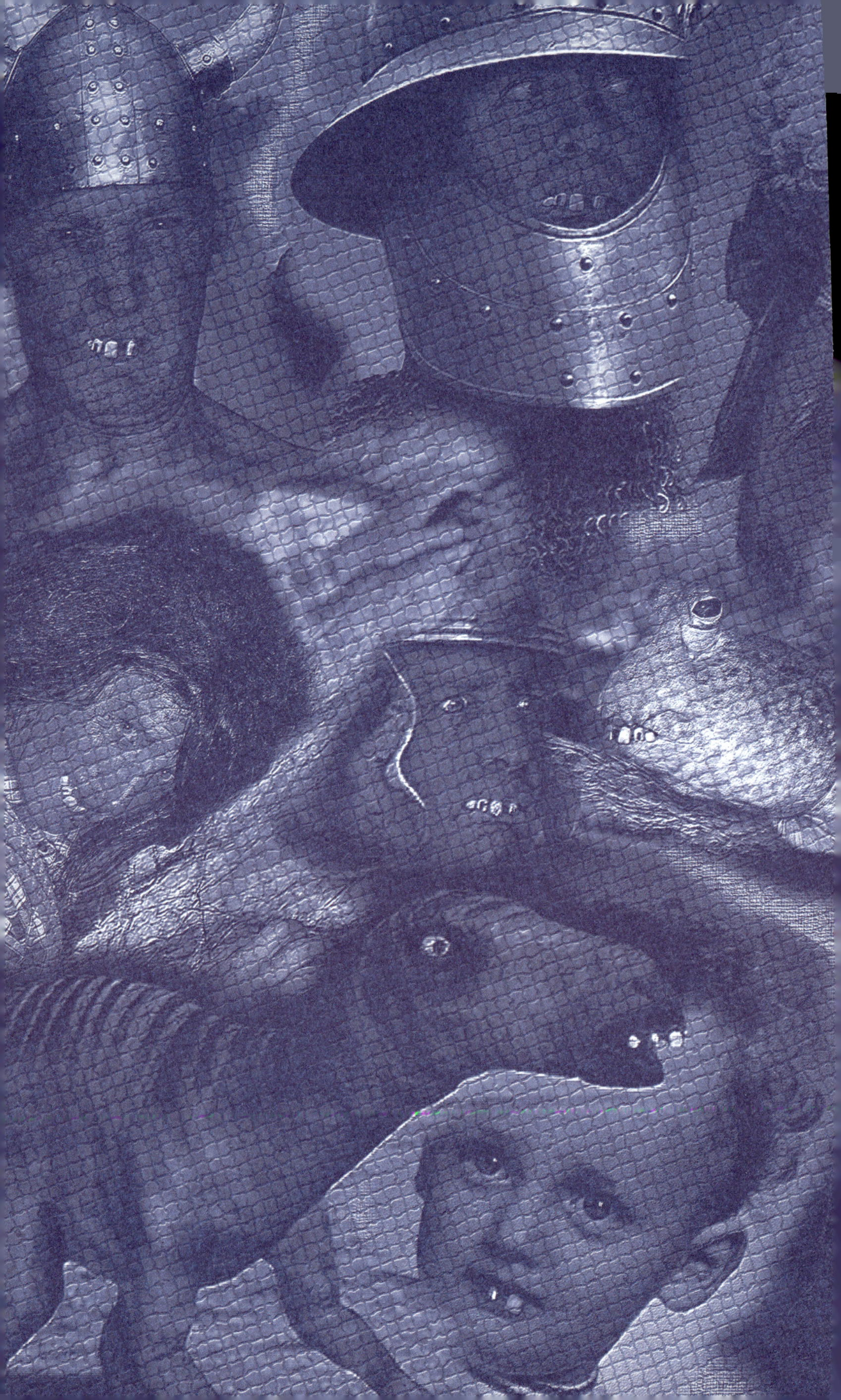